商业数据分析导论

主　编　桂海进　徐红林
副主编　李海波　李慰隽　王一民

北京理工大学出版社
BEIJING INSTITUTE OF TECHNOLOGY PRESS

图书在版编目（CIP）数据

商业数据分析导论 / 桂海进，徐红林主编．-- 北京 ：
北京理工大学出版社，2024．10．
ISBN 978-7-5763-4523-0

Ⅰ．F713．5

中国国家版本馆 CIP 数据核字第 2024ES1356 号

责任编辑：王俊洁　　**文案编辑**：王俊洁
责任校对：刘亚男　　**责任印制**：施胜娟

出版发行 / 北京理工大学出版社有限责任公司
社　　址 / 北京市丰台区四合庄路 6 号
邮　　编 / 100070
电　　话 /（010）68914026（教材售后服务热线）
　　　　　（010）63726648（课件资源服务热线）
网　　址 / http://www.bitpress.com.cn

版 印 次 / 2024 年 10 月第 1 版第 1 次印刷
印　　刷 / 河北盛世彩捷印刷有限公司
开　　本 / 787 mm×1092 mm　1/16
印　　张 / 18
字　　数 / 431 千字
定　　价 / 99.00 元

序　言

在数字经济高速发展的时代，商业数据分析已经成为企业洞察市场、把握机遇的关键，对商业数据高效精准分析已成为企业决策和发展的重要支撑。本教材旨在引领读者从业务、技术、管理等多角度，融合探索商业数据分析这一充满魅力与挑战的领域。

本教材以习近平新时代中国特色社会主义思想为指导，贯彻落实党的二十大精神，以培养数据思维为核心，从读者具身感受数据分析业务场景出发，以问题需求为驱动，全面介绍商业数据分析涉及的原理、方法、常用工具、可视化方案设计等专业知识；并以灵活多元化的技术工具视角，基于典型产业的数据分析任务，指导读者进行数据分析具体实践。

本教材按照商业数据分析实务的完整流程编排教学内容，由商业数据分析概述、商业数据采集、商业数据预处理、商业数据分析、商业数据分析可视化、商业数据分析报告六大核心知识模块和商业数据分析应用一个综合实训模块构成，模块七作为应用实训模块，为了增强学生实训效果，我们采用了分领域实训的方式，故编写体例与前六个模块有所区别。

其中，模块一重点介绍了商业数据分析的基本概念，旨在带领读者了解商业数据分析兴起的缘由、重要意义以及其在现代商业环境中的关键地位，为后续的学习奠定坚实的基础。模块二详细阐述了商业数据获取的常用方法和技术路径，确保数据的源头准确可靠。模块三在商业数据采集的基础上着重强调数据质量的重要性，介绍如何通过有效的方法和技术，清理、转换和整合杂乱无章的数据，使其具备可用性和高质量，为准确地进行数据分析做好准备。模块四介绍了商业数据分析方法，是本教材的核心内容之一，系统地阐述了各种经典和前沿的分析方法，帮助读者掌握从数据中挖掘有价值信息的技巧，以推动商业决策和业务优化。模块五通过直观的图表和展示方式，让复杂的数据变得可视化、清晰易懂，便于决策者迅速把握关键信息。模块六指导读者如何将分析结果以清晰、易懂的方式组织和呈现出来，形成具有说服力的文字报告、演示报告，助力企业的战略规划和运营决策。

模块七商业数据分析应用深植于丰富的背景需求之中，为读者铺设坚实的认知基石；通过流量分析、动态定价分析、公司财务数据分析、消费者行为分析等生动的场景导入，激发读者的学习兴趣，进一步拉近理论与实践的距离；以清晰的思路解析为桥梁，引领读者逐步深入理解；配以翔实的具体实践，辅以 Excel、Python、SQL 等技术以及 BBL 数据分析平台，确保知识技能的落地应用；最后，通过任务拓展，拓宽视野，激发创新思维，更好地促进读者在数据分析领域将产学研创相结合。

本教材由无锡商业职业技术学院桂海进、徐红林担任主编，由李海波、李慰隽、王一民担任副主编。桂海进负责全书框架设计、编写体例策划、全书定稿；徐红林、李海波和李慰隽负责全书的统稿和修订。徐红林负责模块一的撰写；李慰隽主要负责模块二、模块三的数据采集与处理；李海波和赵晓峰重点完成模块四和模块五的核心技术编写；刘慧风负责模块六商业数据分析报告的撰写；黄石安、丁一琳、李海波、李慰隽、肖裕水、徐红林等编者进行专业融合，共同完成了对模块七中的数据收集与实践项目编写工作，为教材提供了丰富且贴近实际的案例资源和实践指导。

特别感谢南京工业大学朱晓峰教授、苏州芯产教科技有限公司范博森先生和无锡商业职业技术学院颜艳对本教材的学术指导；感谢北京中云国创数据科技有限公司总经理王一民先生作为副主编对本教材的数据资源和实践平台的支持及实践指导；感谢在教材编写过程中给予帮助、指导的各位专家和同仁。

另外，本教材在编写过程中，编者参阅了大量国内外具有重要参考价值的文献，部分已在文中标注，在此向相关作者和媒体致以衷心的感谢。对于未能标注的文献，无论是由于疏忽还是无法确认出处的原因，编者在此一并向这些作者表达崇高的敬意。

本教材为教育部首批电子商务国家级职业教育教师教学创新团队（和商务数据分析与应用国家教学资源库建设）的研究成果。该教学创新团队重点依托教育部商业智能应用协同创新中心、江苏省商业智能应用工程技术开发中心和校级智慧旅游协同创新中心，协作创新，致力于开发专创融合型电子商务核心课程新形态教材和教学资源。

本教材技商融合特色鲜明，理论与实践结合紧密，适合作为高职高专商务数据分析专业的专业教材，商贸、旅游、计算机等相关专业的选修教材，也适合作为数据培训用书和数据分析爱好者的入门参考书。无论是初学者还是有一定基础的学习者，都能从中获得有益的指导与启发，深入理解商业数据分析的核心概念与方法，在瞬息万变的商业环境中锻炼分析能力与决策智慧，为未来在商业领域创造价值打下坚实基础。

由于编者水平有限，加之技术的快速发展，书中难免存在不足之处，敬请广大读者批评指正。

编者

目　录

模块一

商业数据分析概述

【模块引言】

在当今数字化浪潮汹涌澎湃的时代，数据已如洪流般充斥着商业的每一个角落，成为最为宝贵的资源之一。商业数据分析作为一门融合了统计学、数据科学和商业智慧的交叉学科，正通过数据驱动的决策方法、精准的市场预测和运营优化，深刻改变着企业的决策模式和运营方式。

商业数据分析的意义远超想象。它不仅是对数字的罗列和计算，更是对商业数据内在逻辑的深度挖掘与解读。通过学习商业数据分析，我们能够洞察市场的微妙变化，把握消费者的需求脉搏，优化运营流程，发现潜在的机会与风险。

本模块从商业数据分析业务入门的角度，简要介绍商业数据分析发展的背景、价值、历程，探讨商业数据分析的核心概念和基本原理，明确数据收集、整理、分析和解读的各个环节。并从能力提升、业务实施角度，介绍常用的统计学基础知识、数据分析工具以及所需养成的数据分析素养等。

【学习目标】

【知识目标】

- 了解商业数据分析产生的背景和作用；
- 理解并掌握商业数据分析的含义与价值；
- 了解商业数据分析的基本原理；
- 熟悉商业数据分析领域常用的指标以及含义。

【能力目标】

- 熟悉商业数据分析的流程；
- 初步了解商业数据分析常用工具软件的使用方法。

【素养目标】

- 树立科学的世界观、人生观、价值观；
- 培养商业数据分析师的基础素养；
- 培养严谨的数据分析思维。

知识能力图谱

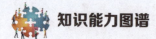

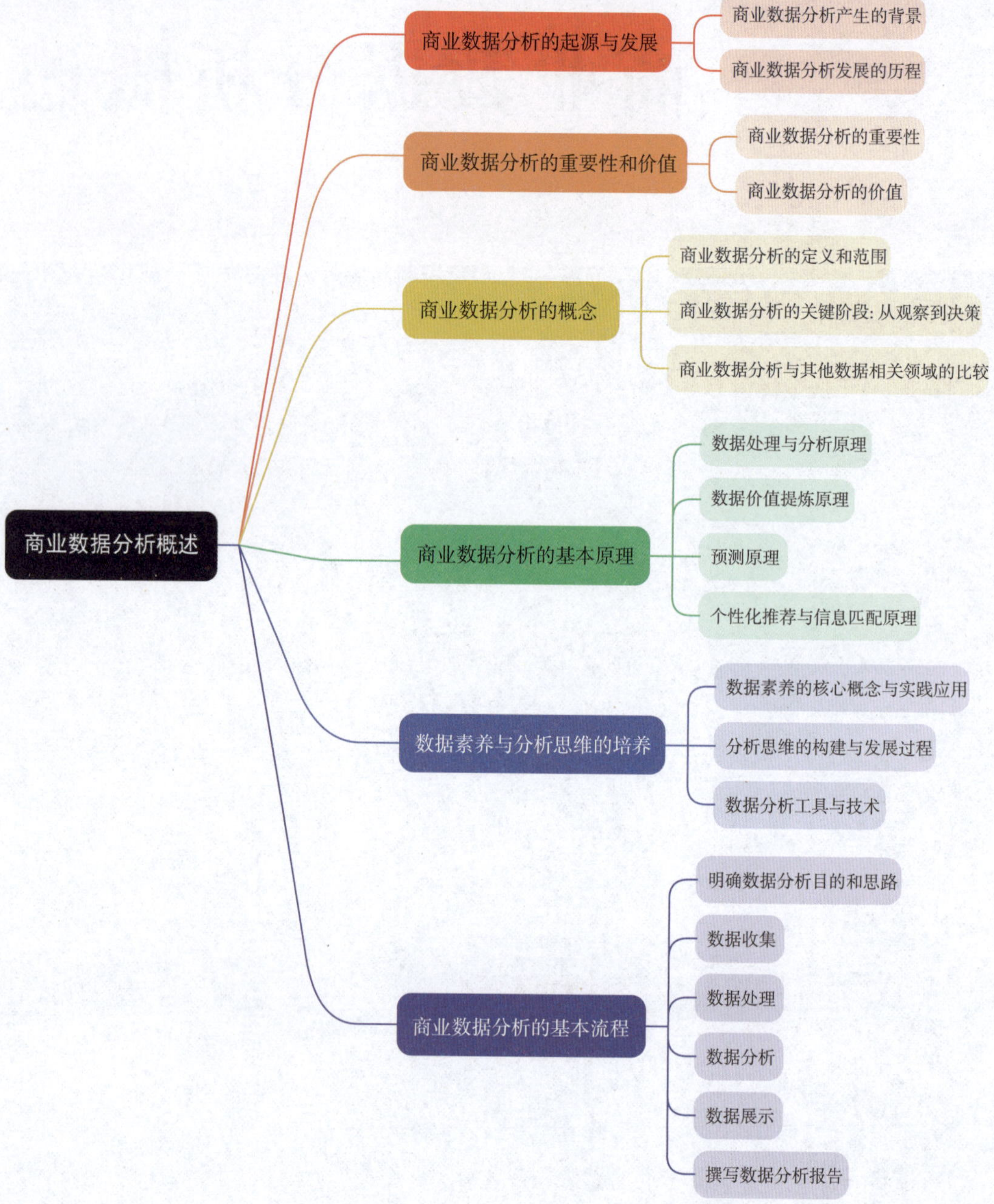
商业数据分析概述
商业数据分析的起源与发展
商业数据分析产生的背景
商业数据分析发展的历程
商业数据分析的重要性和价值
商业数据分析的重要性
商业数据分析的价值
商业数据分析的概念
商业数据分析的定义和范围
商业数据分析的关键阶段：从观察到决策
商业数据分析与其他数据相关领域的比较
商业数据分析的基本原理
数据处理与分析原理
数据价值提炼原理
预测原理
个性化推荐与信息匹配原理
数据素养与分析思维的培养
数据素养的核心概念与实践应用
分析思维的构建与发展过程
数据分析工具与技术
商业数据分析的基本流程
明确数据分析目的和思路
数据收集
数据处理
数据分析
数据展示
撰写数据分析报告

场景驱动

【场景导入】

阿里巴巴旗下的淘宝和天猫平台每天承载着数百万次的交易，涉及数十亿的用户数据。这些数据不仅包括商品的点击量、购买记录，还涵盖了用户的浏览习惯、评价内容，以及各种促销活动的反馈。随着“双 11”购物节的来临，阿里巴巴面临着巨大的商业挑战：如何精准预测用户的购物行为，优化库存管理，确保物流链的高效运转，以及最大化地提高促销活动的效果。

在这一背景下，阿里巴巴不仅需要实时处理海量的交易数据，还要从中提炼出关键的商业信息。例如，如何通过用户的浏览和购买历史，预测哪些商品会成为爆款？哪些地区的消费者对某类商品有更高的需求？如何根据实时数据动态调整促销策略和物流资源配置？这些问题的答案，直接关系到阿里巴巴在“双 11”期间的销售表现和客户满意度。

【需求识别】

在这个高度数据驱动的商业环境中，阿里巴巴对商业数据分析的需求显得尤为迫切。首先，他们需要一套强大的数据分析系统，能够实时整合和处理来自不同渠道的海量数据，包括交易数据、用户行为数据、社交媒体互动数据等。其次，阿里巴巴必须识别出影响消费者购买决策的关键因素，并通过精细化的数据分析，为个性化推荐、动态定价、库存优化等策略提供有力支持。

此外，在“双 11”这样的大型促销活动中，实时的市场监控与快速反应尤为重要。通过商业数据分析，阿里巴巴能够在活动期间快速发现问题，及时调整策略，确保运营的顺畅和高效。同时，通过分析消费者的反馈数据，阿里巴巴还能不断优化用户体验，提升品牌忠诚度。

【解决思路 1】构建实时数据分析平台：为了处理“双 11”期间大量涌入的交易数据，阿里巴巴可以构建一个高效的实时数据分析平台。该平台可以基于大数据技术，如 Hadoop 和 Spark，实时收集、整合来自不同渠道的交易数据和用户行为数据。通过这一平台，阿里巴巴能够在促销活动的每一个关键时刻迅速作出响应，动态调整库存、促销策略和物流安排。

【解决思路 2】应用机器学习算法进行预测分析：阿里巴巴可以利用机器学习算法对历史交易数据进行深度分析，从而预测消费者在“双 11”期间的购物行为。这包括爆款商品的预测、区域需求的预测，以及用户个性化推荐的优化。通过对历史数据和实时数据的结合分析，阿里巴巴能够提前做好资源配置，确保促销活动的成功。

【解决思路 3】优化用户体验与营销策略：通过深入分析用户的购买路径和反馈数据，阿里巴巴可以识别并优化用户在购物流程中的痛点，提升整体用户体验。同时，数据分析还能为精准营销提供支持，通过个性化推荐、动态定价和跨渠道营销策略，最大化地提高促销效果，提升客户满意度和品牌忠诚度。

通过阿里巴巴的实际案例，我们可以清楚地看到商业数据分析在现代企业中的重要作用和实际应用场景。然而，要充分掌握商业数据分析并有效地应用于企业实践中，我们需要系统地理解其理论基础和实践方法。因此，本模块将重点围绕商业数据分析的起源与发展、重要性和价值、概念、基本原理、基本流程，以及数据素养与分析思维的培养展开。通过这一系列的学习，读者将全面了解商业数据分析的基础知识和应用技巧，为后续深入地分析和实际操作奠定坚实的基础。

知识导入

一、商业数据分析的起源与发展

（一）商业数据分析产生的背景

随着万物互联时代的到来，移动互联、社交网络、电子商务等极大拓展了互联网的边界和应用范围，各类数据以惊人的速度迅速膨胀。互联网（包括：社交、搜索、电商）、移动互联网（包括：微博、微信）、物联网（包括：传感器、智慧地球）、医学影像、安全监控、金融（包括：银行、股市、保险）、电信（包括：通话、短信）等领域，数据的生成已经达到了前所未有的规模。对这些数据的充分理解和应用，已成为推动经济发展和科技进步的重要环节。

数据分析是数学与计算机科学相结合的产物，学习商业数据分析，应该首先了解它产生的背景。数字经济具有高创新性、强渗透性、广覆盖性，不仅是新的经济增长点，更是发展新质生产力的重要支点，是构建现代化经济体系的重要引擎。随着计算机技术全面融入社会生活，全球的数据量已经积累到一个开始引发变革的程度。如图 1-1 所示，全球大数据的储量正以指数级迅速增加。最新数据显示，中国的数据产量约占全球数据产量的 23%，美国的数据产量占比约为 21%，EMEA（欧洲、中东、非洲）的数据产量占比约为 30%，APJxC（亚太和日本）的数据产量占比约为 18%，全球其他地区的数据产量占比约为 8%（数据来自中国大数据网）。在我国，自党的十八大以来，党中央高度重视发展数字经济，将其上升为国家战略。根据国家网信办发布的数据，2022 年我国数据产量达 8.1 ZB，位居全球第二位。这一庞大的数据量标志着我们正处于数据大爆发的时代，如何获取数据并对这些数据进行有效分析，显得尤为重要。

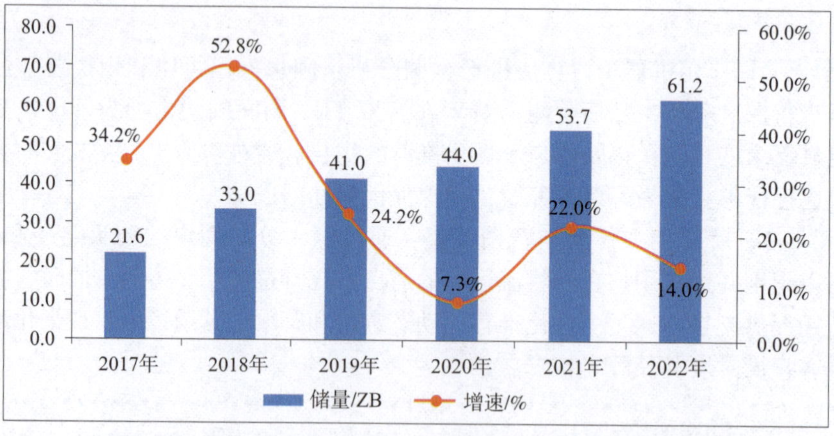

图 1-1　2017—2022 年全球大数据储量及增长率预测趋势图

在这样的背景下，商业数据分析应运而生，并迅速成为企业应对市场挑战和抓住发展机遇的关键工具。通过对以往运行的商业数据进行分析，企业能够预测未来的运营模式，从而提前做好准备，或者通过调整策略来加以利用。这不仅能够帮助企业在竞争中脱颖而出，更是许多企业生存与发展的关键所在。因此，了解商业数据分析产生的背景及其在现代经济中的作用和影响，对于深入学习这一领域至关重要。

（二）商业数据分析发展的历程

商业数据分析发展的历程可以追溯到20世纪中期，当时计算机技术的进步使得数据的存储和处理能力得到了极大提升，为数据分析奠定了基础。自那时起，数据分析经历了多个重要发展阶段，每个阶段都推动了商业数据分析能力的提升和应用范围的扩大。

1. 20世纪50年代至70年代：基础数据分析的兴起

20世纪50年代，计算机开始应用于商业领域，主要用于自动化计算和数据处理。随着数据库管理系统的出现，企业开始逐步积累大量的业务数据。到70年代，基本的数据分析工具，如描述性统计分析和回归分析，开始被广泛应用于企业中，帮助管理者理解历史数据并进行初步的业务决策。

2. 20世纪80年代至90年代：商业智能（BI）的诞生

进入80年代，商业智能（Business Intelligence，BI）概念逐渐形成。商业智能系统的目标是通过数据仓库、在线分析处理（OLAP）等技术，将分散的数据集中到一个统一的平台上，并通过各种分析工具进行深入挖掘和解读。这个时期，商业数据分析逐渐从简单的统计分析扩展到更加复杂的多维分析、数据挖掘等技术应用，企业能够基于数据的洞察进行更为精细的市场细分、客户行为分析和产品优化。

3. 21世纪初：大数据时代的来临

随着互联网和信息技术的迅猛发展，企业积累的数据量呈现爆炸式增长，大数据时代随之到来。数据不仅仅包括结构化的业务数据，还涵盖了大量的非结构化数据，如社交媒体、传感器数据、视频和音频等。为了应对这些海量数据的挑战，新的技术如Hadoop、NoSQL数据库、流数据处理和分布式计算平台开始被广泛采用。这一时期，数据分析的焦点从过去的历史分析转向实时分析和预测分析，帮助企业实现更为动态和前瞻性的决策。

4. 近年来：人工智能和机器学习的融合

进入21世纪第二个十年，人工智能（AI）和机器学习（ML）技术的快速发展，使得商业数据分析进入了一个新的阶段。这些技术可以从大量数据中自动学习模式，并进行高精度的预测和决策支持。深度学习、自然语言处理（NLP）、增强分析等技术的应用，使得商业数据分析不仅能够解释过去和预测未来，还能够自主生成决策建议，进一步提升企业的竞争力。

5. 未来趋势：智能化与自动化分析

展望未来，商业数据分析将继续朝着智能化和自动化方向发展。随着AI和大数据技术的进一步融合，企业将能够实现更加个性化、即时化的决策支持。自动化分析工具的普及将降低数据分析的门槛，使得更多企业，无论规模大小，都能从数据中获益。此外，随着物联网（IoT）的普及，企业将能够实时采集和分析更加多样化的数据，为决策提供更为丰富的依据。

综上所述，商业数据分析经历了从基础数据分析到智能化决策支持的巨大演变，每个阶段的技术进步都在不断推动其在商业领域的应用深度和广度。随着技术的不断创新，商业数据分析在未来将继续发挥关键作用，推动企业迈向更加智能和高效的运营模式。

二、商业数据分析的重要性和价值

（一）商业数据分析的重要性

在当今数据驱动的商业环境中，商业数据分析已成为企业获得竞争优势和制定战略决策的关键工具。其重要性体现在多个方面，涵盖了从提升决策质量到推动业务创新、优化运营流程等的广泛应用。

1. 提升决策质量

商业数据分析使企业能够从大量数据中提取有价值的信息，并基于此进行科学的决策。相比传统的经验决策方法，数据分析提供了更为客观和准确的依据，减少了决策过程中的主观偏见和不确定性。通过数据分析，企业能够深入了解市场动态、客户需求和竞争环境，从而制定更具前瞻性的战略决策。这种基于数据的决策不仅能够提升企业的应对能力，还能增强企业在市场中的竞争力。

2. 推动业务创新

商业数据分析不仅是决策支持的工具，还是推动业务创新的重要手段。通过分析市场趋势和消费者行为数据，企业可以识别出潜在的市场机会和未满足的需求，从而开发出新的产品和服务。此外，数据分析还可以帮助企业优化现有产品的性能和用户体验，提升市场份额和客户满意度。商业数据分析为企业开拓创新之路提供了数据支撑，推动了业务的持续发展。

3. 优化运营流程

运营效率的提升是商业数据分析带来的另一个显著优势。通过对企业内部流程、供应链管理和资源配置等数据的分析，企业可以识别出运营中的瓶颈和低效环节，进而实施精准的改进措施。例如，通过数据分析，企业可以优化库存管理，减少成本浪费；通过预测分析，企业能够提前调整生产计划，避免资源的过度或不足配置。这些基于数据的优化措施显著提高了企业的运营效率和资源利用率。

4. 降低风险与不确定性

商业环境中的不确定性和风险是企业面临的主要挑战之一。商业数据分析通过对历史数据和实时数据的分析，能够识别潜在的风险因素并进行有效的预测。例如，在金融领域，数据分析可以帮助企业预测市场波动、识别信用风险，从而采取相应的风险管理策略。在供应链管理中，数据分析可以预警潜在的供应中断或物流问题，帮助企业提前制定应对方案。通过降低风险和不确定性，商业数据分析为企业的稳定运营提供了有力保障。

5. 支持个性化客户体验

随着市场竞争的加剧，个性化的客户体验已成为企业吸引和保留客户的重要手段。商业数据分析通过对客户行为、偏好和购买模式的深入分析，能够帮助企业提供更加精准和个性化的产品与服务。例如，通过分析客户的历史购买数据，企业可以推荐最符合客户需求的产品；通过分析客户的浏览习惯，企业可以优化用户界面，提升客户的购物体验。提升个性化客户体验，不仅增强了客户忠诚度，还促进了企业的长期发展。

综上所述，商业数据分析在现代企业中的重要性不可忽视。它不仅提升了决策的科学性和准确性，还推动了业务创新、优化了运营流程、提高了运营效率、降低了风险，并提升了个性化客户体验。随着数据分析技术的不断进步，商业数据分析将继续在企业的成功与发展中发挥关键作用。

（二）商业数据分析的价值

在企业增长模式中，通常以某个核心业务平台为起点，通过借助先进的数字技术和数据平台，企业能够全面收集和整合客户的各类数据。例如，在互联网环境下，可能包括移动应用使用情况、网络点击、社交媒体互动等，这些数据共同构成了客户独特的行为轨迹。

企业或者平台为目标用户群提供产品或服务，用户在使用产品或服务过程中产生的交互、交易等行为，都可以作为数据记录和分析。通过对这些数据的深入分析，企业可以洞察客户需求，并反向推动产品和服务的改进，创造更多符合需求的增值产品和服务，重新投入用户的使用。通过这一循环，企业能够形成一个完整的业务闭环，从而持续驱动业务增长。

在这个背景下，商业数据分析发挥着至关重要的作用。其主要价值体现在以下几个方面：主动预测客户需求、降低商业欺诈风险、提供相关产品策略、促进用户反馈分析。这些功能不仅帮助企业提升运营效率，还为企业带来了实质性的竞争优势。

1. 主动预测客户需求

通过商业数据分析，企业可以积极主动预测需求。在当今竞争激烈的市场环境下，企业不仅需要获取客户，还需要了解客户的需求，以便提升客户体验并建立长期的客户关系。为实现这一目标，企业需要整合传统数据源和数字数据源，以全面理解客户的行为，提供与情境相关的实时体验。

例如，在高频产品消费场景中，企业通过“一物一码”方式，对产品进行数字化改造。在产品外包装上印制包含营销、防伪、溯源等多种功能的“二维码”，消费者通过“扫码”与企业的公众号关联，从而实现精准用户数据收集。这种赋码技术不仅可以解决精准用户采集的问题，还可以通过二维码营销功能提升产品销量。此外，不同功能的二维码还能帮助传统企业解决打假、防止窜货、追溯产品来源等关键问题。

2. 降低商业欺诈风险

通过商业数据分析，企业可以缓冲风险并减少欺诈。高效的数据分析能力有助于实现最佳的欺诈预防，提升企业的整体安全性。企业必须建立有效的机制，以便快速检测并预测欺诈行为，同时识别和跟踪不法行为者。

例如，将企业内不同业务线、产品和交易的数据进行集成和关联分析，可以提供统一的风险评估视角。通过多种类型的数据分析，企业能够更准确地识别欺诈趋势，并预测未来可能的欺诈手段，从而在审计和调查过程中提前发现漏洞，采取相应的预防措施。

3. 提供相关产品策略

通过商业数据分析，企业能够更精准地提供相关产品。产品是企业生存的基石，也通常是企业投入最大的领域。产品管理团队的任务是推动创新、发掘新功能并满足市场需求。

通过有效整理和分析来自第三方数据的个人观点、意见，企业能够在需求变化或新产品开发的过程中保持竞争力。这种分析帮助企业加快市场需求预测，在需求产生之前提供相应产品。如图 1-2 所示，分析师从近万份某问卷的开放式问答题中提炼出焦点话题，其中涉及苏宁电器、国美电器，也有小米手机、电动自行车等多个领域，展示了市场需求的多样性。

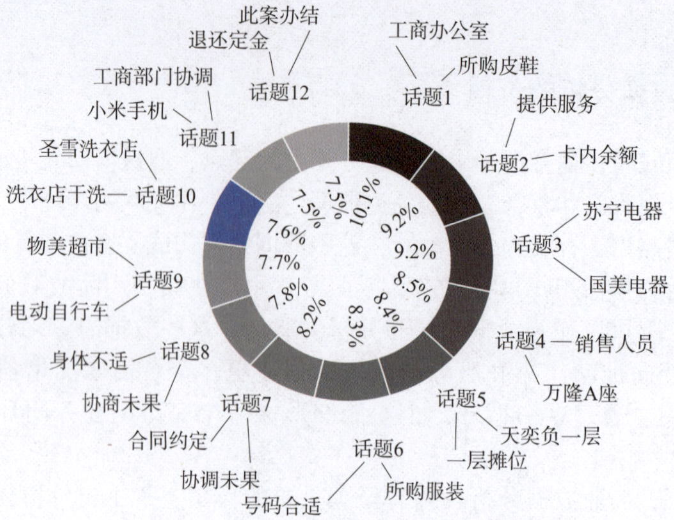

图 1-2 开放式问卷中提炼出的焦点话题

4. 促进用户反馈分析

通过商业数据分析，企业能够在客户交互过程中实时回应，让客户感受到被重视。例如：从众多用户评论中提取出和产品属性相关，并且有代表性的关键词，进行相似文本聚类，并赋予相应权重，最后匹配相应的情绪属性和情绪价值。这种分析结果使运营者从用户视角出发，了解产品的表现，识别出哪些方面表现良好，哪些方面需要改进和完善。

如图 1-3 所示，是分析师从用户对于小米汽车相关专利提取并聚类的关键词词云，词云中文字的大小代表了该词的重要性和出现频率。其中，“计算机服务器”“移动终端”“位置信息”“电子设备”“记录介质”等关键词显示较大，此类专利居多；“通信技术”和“无线通信技术”这两个概念出现的频率比较高，反映了这些技术在小米汽车专利中的重要性。

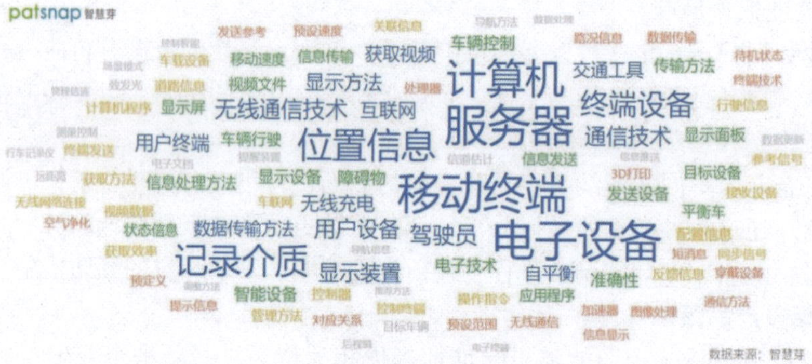

图 1-3 小米汽车相关专利的关键词词云

综上所述，商业数据分析不仅为企业提供了深刻的市场洞察和精准的决策支持，还通过优化运营流程、降低风险、提升客户体验等多方面的贡献，显著增强了企业的竞争力。在大数据时代，能够有效利用商业数据进行分析和决策的企业，必将在激烈的市场竞争中脱颖而出，实现可持续的业务增长。因此，充分认识并发挥商业数据分析的价值，是每一个企业在数字化转型过程中不可或缺的战略要务。

【商业数据分析的实际应用案例】

在大数据时代，商业数据分析已经成为企业优化流程、提高运营效率、增强市场竞争力的关键工具。以下两个实际案例展示了商业数据分析如何在企业中发挥作用。

案例 1：小米的智能家居消费需求分析

小米公司作为中国领先的智能家居设备制造商，通过深入的商业数据分析成功地掌握了消费者的需求，并据此推动了其智能家居产品的市场扩展。小米利用其庞大的用户数据，对智能家居消费行为进行详尽的分析，识别出不同用户群体的消费模式和偏好，从而为其产品开发和市场推广提供了数据支持。

小米的智能家居生态系统涵盖了多种产品，如智能音箱、智能灯具、智能电视和智能家电等。这些设备通过小米的 IoT（物联网）平台相互连接，并收集了大量的用户数据，包括设备的使用频率、使用场景、用户互动模式以及系统反馈等。通过对这些数据进行深入分析，小米能够了解不同用户在不同场景下对智能家居设备的需求。

例如，小米发现，都市白领和年轻家庭更倾向于购买智能音箱与智能灯具，而年长用户则对智能健康设备和智能安防系统更感兴趣。此外，数据还显示，北方用户在冬季对智能温控设备的需求明显增加，而南方用户更关注智能空调的节能模式。基于这些洞察，小米针对不同用户群体推出了相应的产品和营销策略。

通过这些数据分析，小米不仅能够精准预测市场需求，还能够定制化地设计产品功能。例如，针对年轻用户的智能音箱，小米增加了语音控制音乐播放、家庭提醒和智能家电控制的功能；而针对年长用户的智能健康设备，则重点开发了心率监测、远程医疗和紧急呼叫等功能。这些功能的开发，直接满足了用户的核心需求，提升了用户的购买意愿和满意度。

在营销方面，小米也利用数据分析优化了其市场推广策略。例如，在“双 11”购物节期间，小米通过对过去几年消费者的购买数据进行分析，识别出消费高峰时段和热门产品，并据此调整了产品促销时间和折扣力度。此外，小米还通过社交媒体和电子邮件，向不同用户群体推送个性化的促销信息。例如，小米向关注家庭安防的用户推送了智能门锁和摄像头的组合优惠，向热衷智能生活的年轻用户推送了智能音箱和灯具的套餐。这种精准营销策略大大提升了促销活动的效果，并显著提高了销售额。

最终，通过数据驱动的智能家居消费需求分析，小米不仅成功推出了多款广受欢迎的智能家居产品，还在竞争激烈的市场中保持了强劲的增长。个性化的产品设计和精准的市场推广，不仅提升了用户的满意度和品牌忠诚度，还进一步巩固了小米在智能家居市场的领先地位。

案例 2：阿里巴巴千人千面

阿里巴巴作为中国最大的电商平台之一，通过高度发达的数据分析能力，在精准营销方面取得了显著成功。阿里巴巴利用其庞大的用户数据，深入分析顾客的购买行为，精准识别不同客户群体的消费习惯和偏好，从而制定个性化的营销策略，大幅提升了促销活动的效果和客户满意度。

阿里巴巴旗下的淘宝和天猫平台每天处理数亿条用户行为数据，这些数据包括用户的浏览历史、购买记录、搜索关键词、购物车内容，以及在支付宝和蚂蚁金服中的支付行为。通过对这些数据的清洗、整合和分析，阿里巴巴能够精准地描绘出每一个用户的消费画像。例如，阿里巴巴发现，年轻消费者更倾向于购买潮流时尚商品，而家庭用户则更关注母婴用品和日用家居。

基于这些洞察，阿里巴巴开发了强大的个性化推荐系统，这个系统被应用于淘宝和天猫的商品展示中。当用户登录淘宝或天猫时，平台会根据用户的历史行为和相似用户的购物习惯，向其推荐最符合其兴趣的商品。例如，如果用户之前购买过智能手机，系统可能会推荐相关的配件或新的智能设备。这种个性化推荐不仅增加了用户的购买兴趣，还显著提高了成交率。

阿里巴巴还通过其天猫“双11”购物节等大型促销活动，进一步强化了精准营销的效果。天猫“双11”期间，阿里巴巴利用大数据分析，向不同的客户群体推送定制化的促销信息和购物建议。例如，针对VIP用户，阿里巴巴提供了专属优惠券和提前购物通道，增强了这些高价值客户的参与度和满意度。同时，阿里巴巴还通过社交媒体和短视频平台推广定制化的广告内容，使得更多潜在客户参与到促销活动中。

另外，阿里巴巴的“千人千面”技术也得到了广泛应用。通过这项技术，阿里巴巴能够为每个用户提供个性化的首页展示，包括推荐的商品、优惠信息以及定制化的广告。这种高度个性化的体验，使得每个用户在淘宝和天猫上的购物体验都变得独一无二，从而增强了用户的忠诚度和平台黏性。

最终，通过这些精准营销策略，阿里巴巴不仅成功提升了销售额，还显著增强了用户的品牌忠诚度。个性化的推荐和定制化的促销策略使得用户感受到深度的关怀和优质的服务体验，这不仅促进了用户的重复购买，还吸引了大量的新用户加入平台。此外，阿里巴巴通过优化营销资源配置，确保营销预算得到了最有效的利用，从而实现了更高的投资回报率。

通过小米智能家居的数据驱动产品开发和阿里巴巴“千人千面”的个性化营销案例，我们可以清晰地看到商业数据分析在企业中的实际应用如何转化为竞争优势。无论是小米利用数据洞察精准满足消费者的需求，还是阿里巴巴通过个性化推荐提升客户的体验和转化率，这些成功案例都证明了商业数据分析不仅是技术工具，更是驱动业务创新、提升客户价值和实现企业持续增长的核心动力。未来，随着商业数据分析技术的不断进步和普及，企业将能够更加精准地把握市场脉搏，在瞬息万变的商业环境中稳步前行。

三、商业数据分析的概念

（一）商业数据分析的定义和范围

随着大数据时代的来临，商业数据分析已经成为一个日益重要且活跃的领域。尽管不同的学者和专家对商业数据分析的定义有所不同，但其核心都围绕着通过多种分析方法为企业创造价值展开。

在本书中，商业数据分析被定义为：商业数据分析是指利用多种数据分析技术和方法，包括但不限于统计分析方法、数据挖掘、机器学习、预测分析和数据可视化，对企业收集的结构化和非结构化数据进行系统处理和深入分析的过程。其主要目的是提炼出有价值的信息，以支持企业的战略决策、业务优化和创新。这一定义广泛涵盖了商业数据分析的各个方面，从传统的统计方法到现代的智能分析技术，并强调其在不同业务领域中的实际应用。这一界定将作为本书讨论商业数据分析的基础，贯穿全书的各个章节，帮助读者全面理解这一领域。通过系统化的分析，企业能够发现数据背后的业务规律、因果关系，并预测未来趋势。

商业数据分析的应用范围非常广泛，涵盖了电子商务、市场营销、客户关系管理、风险管理、运营优化等多个领域。例如，在电子商务领域，商业数据分析可以帮助企业优化客户体验、改进营销策略、识别潜在市场机会，并深入理解客户需求。此外，通过定量和定性相结合的分析方法，企业能够挖掘历史数据和行业市场的潜在信息，为长期发展提供战略支持。

（二）商业数据分析的关键阶段：从观察到决策

1. 阶段 1：观察数据——当前发生了什么

首先，基本的数据展示可以揭示当前的情况。例如，公司上周投放了新的搜索引擎渠道 A 的广告，经过一周的运行后，企业希望比较新渠道 A 与现有渠道 B 的表现，了解各自带来的流量和转化效果。又比如，分析新上线的产品有多少用户喜欢，或者新注册流程中有多少用户完成注册。这些问题的答案都需要通过数据展示结果，以反映“当前发生了什么”。

2. 阶段 2：深化理解——为什么发生

当发现渠道 A 带来的流量高于渠道 B 时，就需要进一步结合商业背景来分析这种现象的原因。我们可以深入拆分数据，可能发现某个关键字带来大流量，或者该渠道吸引了更多的移动端用户。这种数据深度分析帮助我们理解现象背后的原因，已成为商业数据分析第二个阶段，也进一步体现了商业数据分析的商业价值。

3. 阶段 3：预测未来——会发生什么

在理解了渠道 A、B 带来的流量差异后，我们可以根据以往的知识预测未来可能的情况。例如，在投放渠道 C、D 的时候，可以预测渠道 C 比渠道 D 好；或者在上线新的注册流程或优化流程时，可以预先识别出容易出现问题的节点。通过数据挖掘技术，可以自动预测并判断渠道 C 和渠道 D 之间的差异，这就是商业数据分析的第三个阶段，预测未来的可能结果。

4. 阶段 4：商业决策——下一步如何做

最终，最有意义的阶段是商业决策，通过商业数据分析来判断企业的下一步行动。商业数据分析的最终目的是达成商业目标，当数据分析的结果能够直接转化为决策，或直接指导行动时，就能充分体现出商业数据分析的真正价值。

（三）商业数据分析与其他数据相关领域的比较

随着大数据技术的快速发展，商业数据分析已经成为企业决策和战略制定的重要工具。然而，商业数据分析并不是一个独立的学科，而是与多个数据相关领域紧密相连的。这些领域包括统计分析、数据挖掘和数据管理等。尽管它们在方法和技术上有许多交集，但它们在应用目标、核心功能和实际操作中各有不同。以下详细探讨商业数据分析与统计分析、数据挖掘和数据管理之间的关系与区别，帮助人们更好地理解商业数据分析在这些相关领域中的独特性与实际应用。

1. 商业数据分析与统计分析

在数据驱动的商业环境中，商业数据分析和统计分析是两种常用的方法，尽管它们在处理数据时常常互补，但其目的和应用场景有所不同。我们通过一个简单的场景来展示这两种方法在具体业务情境中的应用差异。

场景 1：例如，一家电商公司刚刚推出了一款新型电子产品。为了优化生产、营销策略和客户管理，公司决定分析这款产品的销售表现。为此，公司将结合商业数据分析和统计分析的方法，对销售数据进行全面评估。

接下来，我们会发现商业数据分析和统计分析分别提供了不同的视角与工具。在对该产品的销售数据进行分析时，这两种方法各自展现了它们的独特优势和应用场景。

1）商业数据分析。

（1）销售款式偏好分析：重点关注该电子产品不同颜色款式的销售占比，以确定哪种颜色款式更受消费者欢迎。这种分析可以直接指导后续的生产和营销决策，比如是否要增加某些颜色款式的产量，或者针对特定颜色款式进行促销活动。

（2）区域销售表现分析：分析不同地区的销售情况，以便更精准地投放广告资源，并优化物流配送方案，以提升运营效率。

（3）客户行为分析：通过研究消费者的购买频率和消费金额，以识别高价值客户，进而制定相应的客户维护策略，提升客户的忠诚度和终身价值。

2）统计分析。

（1）销售数据的集中趋势与离散程度：计算该电子产品的平均销售量、销售量的标准差等统计指标，从整体上了解销售数据的集中趋势和离散程度，提供对整体市场表现的概览。

（2）假设检验：运用假设检验来判断不同时间段的销售量是否存在显著差异，从而评估市场变化或营销活动的效果。

（3）回归分析：通过回归分析研究价格、促销活动等因素对销售量的影响程度，为公司制定定量化的营销策略提供依据。

商业数据分析与统计分析在方法、结果、反馈机制和职业应用上存在显著差异。商业数据分析通常结合统计方法和机器学习技术，关注通过数据挖掘和分析为企业决策提供支持；而统计分析则侧重于数据的收集、整理和呈现，主要应用于政府统计和市场调查等领域。表 1-1展示了这两者的具体区别。

表 1-1 商业数据分析与统计分析的比较

指标	采用的方法	最终的结果	是否有反馈	从业岗位
商业数据分析	统计+机器学习	讲故事+数据价值	跟踪结果并进行反馈	各行各业
统计分析	统计	表格+图形	没有反馈	政府统计、企业市场调查与统计

通过对商业数据分析与统计分析的比较，我们可以清楚地看到两者在方法、应用场景和职业领域上的显著差异。商业数据分析以数据驱动的决策为核心，结合了统计学和现代数据科学的技术，广泛应用于各行各业，旨在通过数据挖掘为企业创造直接的商业价值。而统计

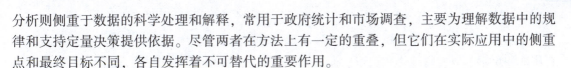

分析则侧重于数据的科学处理和解释，常用于政府统计和市场调查，主要为理解数据中的规律和支持定量决策提供依据。尽管两者在方法上有一定的重叠，但它们在实际应用中的侧重点和最终目标不同，各自发挥着不可替代的重要作用。

2. 商业数据分析与数据挖掘

在现代企业的数据驱动决策中，商业数据分析和数据挖掘是两种常用且密切相关的方法。尽管两者都依赖于对大量数据的深入分析，但它们在应用目标、方法论和分析结果上存在明显的区别。商业数据分析通常侧重于为具体的商业决策提供支持，而数据挖掘则更多关注从庞大的数据集中发现新的模式和知识。以下将通过一个场景，对商业数据分析与数据挖掘进行详细比较，帮助人们更好地理解它们在企业实践中的不同角色。

场景 2：一家大型零售公司希望深入了解其客户的购买行为，以优化营销策略并提高客户满意度。为此，公司决定对其庞大的客户交易数据进行分析，分别应用商业数据分析和数据挖掘两种方法，从不同角度揭示数据中的关键信息。

1）商业数据分析。

（1）目标导向：商业数据分析的主要目标是为企业的具体业务决策提供数据支持。通过分析客户的交易记录，商业数据分析能够帮助公司识别出高价值客户群体、了解最畅销的产品类别，并预测未来的销售趋势。结果通常直接用于制定产品推广策略、优化库存管理和改善客户关系管理。

（2）应用场景：商业数据分析通常以解决明确的业务问题为导向，例如提高某类产品的市场占有率、优化促销活动的流程等。它的分析过程基于已知的业务需求，并以此为框架进行数据处理和解读。

2）数据挖掘。

（1）模式发现：数据挖掘的核心在于从庞大的数据集中自动发现潜在的模式和关系。该方法并不预设具体的业务问题，而是通过各种算法（如聚类分析、关联规则、神经网络等）寻找数据中隐藏的规律。例如，通过数据挖掘，公司可能会发现某些产品之间的购买关联性或特定客户群体的购买习惯，从而揭示新的市场机会。

（2）应用场景：数据挖掘更适用于探索性分析，特别是在数据量巨大且维度复杂的情况下。它通常用于发现未知的知识，比如挖掘出意想不到的客户行为模式，或者发现销售数据中的潜在异常。数据挖掘的结果可以为后续的商业数据分析提供线索，并引导进一步的研究或决策。

商业数据分析与数据挖掘的比较如表 1-2 所示。

表 1-2 商业数据分析与数据挖掘的比较

指标	数据量	约束	对象	结果
商业数据分析	可能不大	从假设出发	数字化的数据	解释呈现结果
数据挖掘	极大	没有假设	海量异构数据	决策性建议

通过以上对商业数据分析和数据挖掘的比较，可以看到两者在应用目标、方法论和分析结果上都有显著的不同。商业数据分析侧重于为具体的业务决策提供支持，其方法通常包括统计分析和机器学习，目的是挖掘数据价值并为商业决策提供依据。数据挖掘则更加注重从庞大的数据集中发现潜在的模式和关系，常用于探索性分析，并不依赖于预先定义的业务

问题。

总结来说，商业数据分析具有目标导向性，通常在各行业中被广泛应用，其结果需要进行跟踪和反馈，以便持续优化决策。而数据挖掘则更加灵活和探索性强，适合用于发现未知的业务机会和规律。两者结合使用时，可以为企业提供全方位的洞察力，帮助企业在市场竞争中保持优势。

3. 商业数据分析与数据管理

在现代企业中，商业数据分析与数据管理是两个至关重要的领域，尽管它们都涉及对数据的处理和利用，但其核心目标和方法存在显著差异。数据管理侧重于确保数据的完整性、准确性和可用性，提供一个可靠的基础环境，而商业数据分析则利用这些数据为企业决策提供支持。为更好地理解两者在企业实践中的不同作用，我们将通过一个简单的场景进行详细比较。

场景 3：一家跨国企业需要处理并分析来自全球各地的销售和客户数据，以优化其市场策略。为此，公司依赖数据管理系统来确保数据的质量和一致性，同时利用商业数据分析方法对这些数据进行深度挖掘，以制定更有效的商业决策。

1）商业数据分析。

（1）数据的应用与洞察：商业数据分析则集中在如何利用数据来支持业务决策。通过对全球销售数据的分析，公司可以识别不同市场的趋势，预测未来的销售表现，并制定更有针对性的市场策略。

（2）分析结果的应用：商业数据分析的结果通常直接应用于具体的业务场景，如调整营销策略、优化库存管理或提高客户满意度。它依赖于数据管理提供的高质量数据，但其重点在于如何从这些数据中提炼出能够驱动业务增长的模式。

（3）持续反馈与优化：商业数据分析的一个关键特征是结果的反馈和持续优化。分析结果会被用来检验和调整公司的策略，并在新的数据基础上进行进一步分析，从而形成一个不断优化的循环。

2）数据管理。

（1）数据的组织与存储：数据管理的首要任务是确保数据的组织、存储和维护。这包括建立并维护数据库、确保数据的完整性、实施数据安全措施，以及管理数据的访问权限。数据管理为企业的数据分析提供了可靠的基础环境，保证分析所需的数据是准确且可用的。

（2）数据质量管理：数据管理还关注数据的质量，确保数据的准确性、一致性和及时性。例如，在这个场景中，企业需要确保全球各地销售数据的标准化，以便后续分析能够基于高质量的数据进行。

（3）数据治理与合规：数据管理涉及企业对数据使用的政策和标准的制定，确保数据的使用符合内部和外部的法律法规。它为企业的数据分析活动提供合规框架，防止数据的误用或泄露。

通过比较可以看出，数据管理与商业数据分析虽然都围绕数据展开，但它们在企业中扮演着不同的角色。数据管理确保数据的质量、完整性和合规性，是数据分析的基础。而商业数据分析则利用这些高质量的数据，为企业提供可操作的模式和决策支持。两者密不可分，数据管理提供了分析所需的基础设施，而商业数据分析则将这些数据转化为实际的业务价值。

商业数据分析与数据管理的比较如表 1-3 所示。

表 1-3 商业数据分析与数据管理的比较

指标	主要任务	应用场景	是否与决策直接相关	从业岗位
商业数据分析	数据分析与洞察	提供决策和优化策略	直接影响决策	数据分析师、商业分析师
数据管理	数据组织、质量管理	确保数据准确和可用性	简介支持决策	数据库管理员、数据工程师

通过表 1-3 可以看出数据管理与商业数据分析在任务和应用上的显著区别。数据管理专注于数据的基础性维护，而商业数据分析则着眼于数据的应用和业务决策。两者相辅相成，共同为企业的数据驱动决策提供支撑。

四、商业数据分析的基本原理

在当今数据驱动的商业环境中，理解商业数据分析的基本原理至关重要。这些原理不仅构成了数据分析实践的理论基础，也为企业在快速变化的市场中作出明智决策提供了强有力的支持。下面系统地探讨商业数据分析中的核心原理，包括数据处理与分析原理、数据价值提炼原理、预测原理和个性化推荐与信息匹配原理等关键领域。通过对这些原理的深入理解，人们能够更好地掌握数据分析的本质，并有效地将其应用于实际的商业场景中。

（一）数据处理与分析原理

在商业数据分析中，数据处理与分析是一个至关重要的环节。简单来说，数据处理就是对收集到的数据进行整理、清理和转换，使其能够被正确地理解和使用。数据分析则是在此基础上，对处理好的数据进行深入研究，找出有用的信息和规律，从而帮助企业作出更好的决策。

1. 数据收集与采集原理

首先，数据收集是指从不同的来源获取数据，比如从销售记录、客户反馈、社交媒体等获取信息。为了保证数据的完整性和准确性，数据收集过程需要仔细设计，比如确保所有重要的数据都被收集到，并且数据没有遗漏或重复。

2. 数据清洗与整理原理

当数据被收集后，往往会存在一些问题，比如数据不完整、包含错误信息或格式不统一等。数据清洗就是要解决这些问题。通过处理缺失值、删除错误信息以及统一数据格式等步骤，数据被整理得更加干净和规范，这样才能保证后续分析的准确性。比如，如果某些客户的生日信息缺失，在数据清洗过程中可以选择用默认值填补，或者直接删除这条记录。

3. 数据建模与分析原理

一旦数据被清洗和整理好，就可以进行数据建模和分析。数据建模是指通过一定的数学和统计方法，把数据转换成能够反映实际情况的模型。比如，通过分析过去几个月的销售数据，建立一个销售预测模型，预测未来几个月的销售趋势。数据分析则是利用这些模型来解读数据背后的信息，比如找出哪些因素会影响销售量，从而帮助企业制定更好的营销策略。

（二）数据价值提炼原理

数据本身并不直接创造价值，只有通过合理的分析和解读，才能从中提炼出对企业有用的信息，这就是数据价值提炼的过程。简单来说，数据价值提炼原理就是指如何从大量的数据中发现和挖掘出对企业决策有帮助的关键信息。

1. 数据与商业价值的关系

在现代商业中，数据可以帮助企业了解市场趋势、预测消费者需求、优化产品和服务。然而，数据的真正价值体现在它能否为企业提供有用的商业洞察。这就像一个数据价值金字塔（图 1-4），通过逐步的分析和处理，数据的价值层层递进。

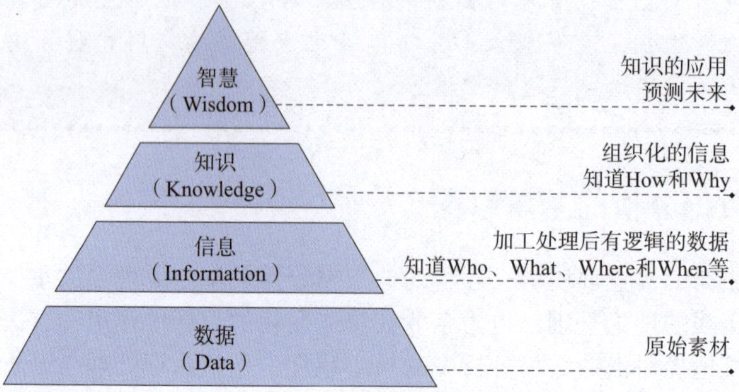

图 1-4 数据价值金字塔

（1）数据（金字塔底层）：这是原始的、未经处理的数字和信息，比如销售记录、客户反馈等。虽然这些数据本身很重要，但它们只有在经过处理后才有实际意义。

（2）信息（金字塔中层）：通过对原始数据的整理和分析，我们可以获得有意义的信息。例如，分析某个商品在不同地区的销售情况，可以得到该商品的区域销售表现。

（3）知识（金字塔上层）：进一步挖掘信息之间的关系，可以形成知识。比如，通过比较各地区的销售数据，可以发现哪些因素（如价格、促销活动）对销售影响最大。这种知识能够帮助企业制定策略。

（4）智慧（金字塔顶层）：最终，经过深度分析，我们可以提炼出能够指导实际决策的洞察和智慧。例如，通过分析得知，某种商品在节假日销售激增，这一洞察可以帮助企业在未来的类似时间段制定更有针对性的促销策略，从而提高销售额。

通过理解数据价值金字塔，企业可以更有策略地利用数据，从中提炼出对业务发展至关重要的信息。

2. 数据驱动决策的理论基础

数据驱动决策（Data-Driven Decision Making，DDDM）是指在决策过程中，以数据为依据，经过系统分析和模型计算后，制定出有依据的行动方案。它的优势在于能够减少决策过程中的不确定性，并提供更加准确和可量化的依据。例如，某家公司在推出新产品前，通过分析市场调查数据，得出目标客户群体的偏好和购买行为，从而制定更有针对性的产品设计和营销策略。

数据驱动决策适用于许多商业场景，以下是一些常见的应用领域：

（1）营销策略优化：通过分析客户数据和市场趋势，企业可以识别出哪些营销活动最有效，并相应调整策略。例如，通过分析广告投放数据，找出哪些平台上的广告带来的转化率最高，从而将更多的预算分配给这些平台。

（2）库存管理：在零售行业，通过数据分析预测未来的需求趋势，企业可以更好地管理库存，减少库存过剩或缺货的情况。例如，根据历史销售数据，预测某些产品在特定季节的需求高峰，提前备货。

（3）客户关系管理：通过分析客户的购买历史和行为模式，企业可以识别出高价值客户，并为他们提供个性化的服务和优惠，从而提高客户满意度和忠诚度。

（4）风险管理：金融机构通过分析客户信用数据、市场风险数据，制定出更加稳健的风险管理策略，降低不良贷款和投资失败的风险。

3. 提炼数据价值的常见方法

在商业数据分析中，数据的真正价值往往隐藏在海量的原始数据中。为了从这些数据中提炼出有用的商业信息，企业需要采用一系列系统化的方法。下面介绍几种常见且有效的提炼数据价值的方法，帮助企业从数据中挖掘出能够驱动业务发展的关键价值。

1）识别关键指标。

（1）关键指标是反映企业运营和战略目标的重要数据点。

（2）识别这些指标有助于集中资源，评估和优化业务核心环节。例如，电商公司的转化率和客户满意度是影响销售及客户留存的关键指标。

2）数据分析与解读。

（1）描述性分析：总结数据特征，如平均值、标准差，帮助理解数据的基本情况。

（2）探索性分析：发现数据中的隐藏模式，如通过聚类分析找到不同的客户群体。

（3）预测性分析：利用历史数据预测未来趋势，支持生产和营销计划的制定。

3）应用分析结果。

（1）将分析结果转化为实际行动，帮助企业制定策略和优化流程。例如，通过分析销售数据，企业可以调整库存管理，确保供应链的高效运作。

（2）持续评估和调整策略，以适应市场变化并提高业务绩效。

4）数据可视化。

（1）使用图表和图形展示分析结果，使数据更直观易懂。

（2）数据可视化帮助企业快速掌握关键信息，支持明智决策。

通过识别关键指标、分析数据并应用结果，企业可以有效地从数据中提炼出有价值的信息。这不仅提高了决策的准确性，还为企业的持续发展提供了坚实的支持。掌握提炼数据价值的方法，能使企业在竞争中脱颖而出。

（三）预测原理

预测原理是商业数据分析中的关键部分，通过分析历史数据，帮助企业预测未来的趋势和行为。这种方法广泛应用于销售预测、需求预测、市场趋势分析等多个领域，为企业决策提供科学依据。

1. 时间序列分析

时间序列分析是最常见的预测方法之一，特别适用于基于过去数据的连续性进行预测。企业可以利用时间序列分析来识别季节性销售趋势、优化库存管理或预测经济指标。常用的方法包括移动平均、指数平滑和自回归移动平均模型（以下简称 ARIMA 模型）等，这些方法可以帮助企业准确预测未来的销售量和市场需求，从而制定更有效的生产和库存计划。

2. 回归分析

回归分析用于研究多个变量之间的关系，并利用这种关系来预测未来值。这种方法广泛应用于市场营销效果分析、定价策略制定和销售预测中。例如，企业可以通过回归分析来预测广告支出对销售额的影响，进而优化营销预算。常用的回归分析方法包括线性回归、多元回归和逻辑回归等，这些方法可以帮助企业在多变的市场环境中作出更加精准的决策。

3. 分类分析

分类分析通过对数据进行分类来预测结果，通常用于客户分类、信用评分和欺诈检测等场景。企业可以利用分类分析来预测哪些客户最有可能购买某个产品，从而进行精准营销。常用的方法包括决策树、支持向量机和随机森林等，这些技术帮助企业更好地了解客户行为和市场细分，从而提升营销效果。

预测原理通过分析历史数据中的模式和关系，帮助企业预见未来的变化。无论是时间序列分析、回归分析还是分类分析，掌握这些方法都能显著提高企业在市场中的竞争力。通过预测分析，企业能够提前规划、调整策略，在快速变化的市场环境中保持领先地位。

（四）个性化推荐与信息匹配原理

在现代商业环境中，个性化推荐与信息匹配技术广泛应用于电子商务、社交媒体、在线广告等领域。这些技术通过分析用户的行为和偏好，向他们推荐最相关的产品或信息，从而提高用户体验和商业效益。

1. 个性化推荐原理

个性化推荐系统的核心在于根据用户的历史行为、兴趣和偏好，向他们推荐可能感兴趣的产品或服务。这种技术常见于电商平台，比如亚马逊会根据用户的浏览历史和购买记录，推荐类似的商品。这不仅能提升用户的购物体验，还能增加销售额。

（1）协同过滤：这是最常见的个性化推荐方法之一。它通过分析大量用户的行为数据，发现具有相似兴趣的用户群体，并根据其他用户的选择向某个用户推荐产品。例如，如果很多和你有相似购买记录的用户购买了某本书，系统可能会推荐这本书给你。

（2）基于内容的推荐：这种方法分析用户已喜欢的产品特征，并推荐具有相似特征的其他产品。例如，如果你在视频网站上喜欢观看科幻电影，系统会推荐其他科幻类影片。

2. 信息匹配原理

信息匹配是指将最相关的信息或广告展示给特定用户。这种技术在精准营销中尤为重要，能够显著提高广告的点击率和转化率。例如，谷歌的广告系统会根据用户的搜索历史和浏览习惯，向其展示与他们当前兴趣最相关的广告。

（1）用户画像：通过收集和分析用户的个人信息与行为数据，系统能够构建详细的用户画像，从而更准确地匹配信息。例如，一个在线零售商可以根据用户的浏览历史和购物车内容，向他们推送相关优惠信息或促销活动。

（2）上下文匹配：这是根据用户当前的环境或情境来推送信息的方法。例如，当你在搜索一款新手机时，系统可能会向你推荐相关的手机配件或促销活动。

个性化推荐与信息匹配原理通过精准分析用户行为和偏好，帮助企业在合适的时间向合适的人推荐最相关的产品或信息。这不仅提高了用户体验，还显著提升了企业的商业效益。掌握这些技术，能够使企业在激烈的市场竞争中占据更大的优势，并更好地满足客户需求。

五、商业数据分析的基本流程

商业数据分析的基本流程，概括起来主要包括：明确数据分析目的和思路、数据收集、数据处理、数据分析、数据展示以及撰写数据分析报告这6个阶段，如图1-5所示。

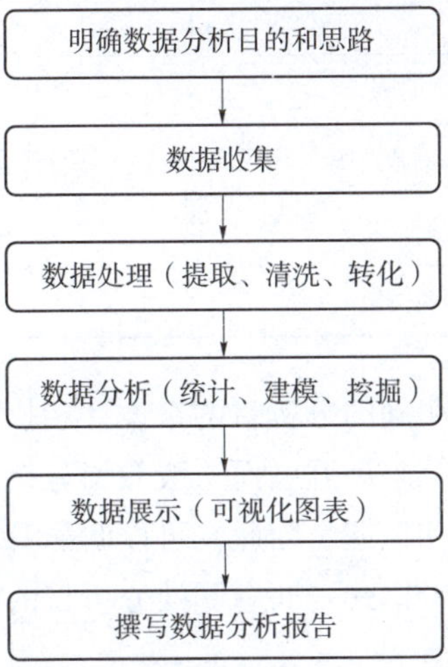

图1-5　商业数据分析的基本流程

（一）明确数据分析目的和思路

【案例背景】

法国学者哈伯特曾经说过：对于一只盲目航行的船来说，所有的风都是逆风。做任何事情都要求目标明确，商业数据分析也是一样。在进行数据分析之前，专业的数据分析师通常都会思考：为什么要开展数据分析？通过这次数据分析我需要解决什么问题？相比之下，一般的数据分析人员更关注具体的技术层面的操作，如使用哪些公式、选择哪些图表，以及如何设计图表使其更美观。也就是说，商业数据分析的第一步，需要明确商业数据分析的目的和思路。看到表1-4，你会想到哪些潜在问题？

表1-4　2009—2015年国民经济一览表　　亿元

指标	2015年	2014年	2013年	2012年	2011年	2010年	2009年
国民总收入	686 181.5	644 791.1	590 422.4	539 116.5	484 753.2	411 265.2	348 498.5
国内生产总值	689 052.1	6 439 740	595 244.4	540 367.4	489 300.6	413 030.3	349 031.4
第一产业增加值	60 862.1	58 343	55 329.1	50 902.3	46 163.1	39 362.6	34 161.8
第二产业增加值	282 040.3	277 573.4	261 956.1	244 643.3	227 036.8	191 629.8	160 171.7
第三产业增加值	346 149.7	308 058.6	277 959.3	244 821.9	216 098.6	132 038	154 747.9

显然，表1-4是2009—2015年国民总收入、国内生产总值和三大产业的统计数据，它可以分析很多内容，例如对比不同年份国民总收入的变化。又如，分析不同产业不同年份的所占比例，还可以对比不同产业不同年份所占比例的变化。此时，明确数据分析的目的和思路就很重要。什么是好的分析目的和思路呢？如表1-5所示，左侧表格和右侧表格，一个是初学者的分析目的和思路，另一个是专业分析师的分析目的和思路。

表 1-5　数据分析目的和思路对比

数据分析初学者	专业数据分析师
这个动态柱状图具体是怎么做的呢	国内生产总值近几年呈现怎样的变化
为第一产业数据添加次要坐标轴更合适吗	所有的数据都表现为增长，这意味着什么
是不是可以给数据系列添加数据标签	这种图表结构是否能够有效表达观点
这个图标的颜色是不是可以调整一下	分析目的是否都考虑全面了

专业的数据分析师，是根据明确的分析目的来设计和执行整个分析过程，确保分析步骤始终围绕最初设定的方向和预期结果展开。而一般数据分析人员则往往更关注外在的表现形式，缺乏对分析目的的深入理解和把握。因此，可以明显看出，左侧的分析目的和思路较为表面化，可能反映了初学者的思考模式；而右侧的分析目的和思路则更具深度与系统性，体现了专业分析师的水准。

正如我们所见，数据分析的效果在很大程度上取决于分析师对分析目的的把握和思路的设计。然而，明确分析目的和思路只是数据分析的起点。要将这些设想转化为切实的商业价值，还需要系统化地执行。接下来，我们将深入探讨商业数据分析的具体流程，这一流程包括从数据的收集与处理，到最终的分析与结果展示等多个关键步骤。通过理解这些步骤，能够帮助人们在实践中更好地应用数据分析技术，实现预期的商业目标。

（二）数据收集

数据收集是指在明确数据分析目的的框架下，系统地收集相关数据的过程。它为商业数据分析提供了必要的素材和依据，是数据分析工作的基础。数据收集的范围广泛，通常包括一手数据与二手数据。一手数据主要指可直接获取的数据，如公司内部的数据库、物联网采集的数据、市场调查获得的数据等。二手数据主要指经过整理和加工后得到的数据，如统计局在互联网上发布的数据、公开出版物中的数据等。

如图 1-6 所示，以企业用户数据来源渠道为例，数据来源可以分为企业内部和企业外部。内部来源包括：企业自有网站/应用程序（App）、内部客户管理系统（CRM）/企业资源规划（ERP）、自有电商平台、线下零售店、客户服务中心、官方微博微信等；外部来源包括：社交媒体、第三方电商平台、搜索引擎、邮件服务提供商（ISP）、广告投放平台（DSP）等。

（三）数据处理

数据处理的主要目的是从大量可能杂乱无章、难以理解的数据中，提取并转化为对特定人群具有价值和意义的可用数据。简单来说，就是将数据从不可用或低可用状态转变为高可用状态。

如果数据本身存在错误，即使采用最先进的数据分析方法，得到的结果也是错误的，无法提供有意义的参考，甚至可能误导决策。数据处理主要包括数据清洗、数据转化、数据抽取、数据合并、数据计算等步骤。通常，即使是所谓“干净”的原始数据，也需要经过一定的处理才能适用于后续的数据分析工作。

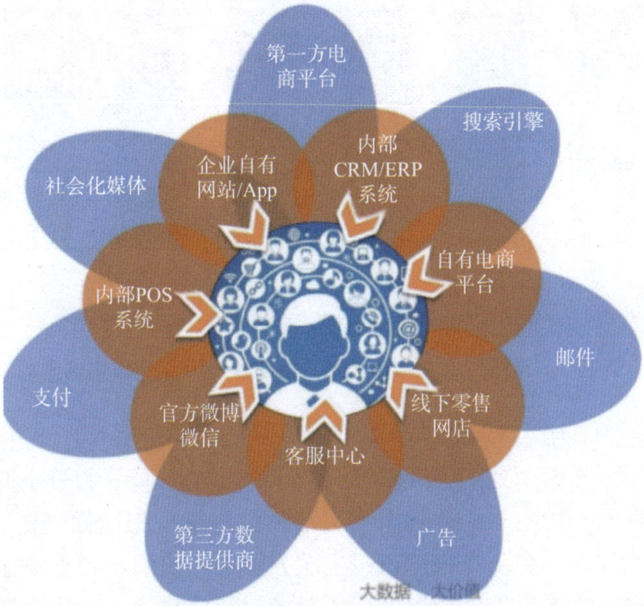

图 1-6 企业用户数据来源渠道

（四）数据分析

数据分析阶段是通过多种方法和技术对已准备好的数据进行深入探索，从中发现因果关系、内部联系和业务规律，并为决策者提供决策参考。在这一阶段，掌握数据分析工具和方法至关重要。首先，需要熟悉常规的数据分析方法，如对比分析法、分组分析法等。其次，掌握常用的数据分析工具也很重要，Excel 是最常见的工具，能够满足一般的数据分析需求。一般的数据分析可以通过 Excel 完成，也许还要熟悉一个专业的分析软件。此外，了解并掌握如 SPSS 等专业分析软件也有助于更复杂的数据处理和分析。

（五）数据展示

数据展示是指选择适当的方式来呈现分析结果，使隐藏在数据中的关系和规律直观、清晰地展现出来。为了让他人一目了然地理解数据分析的结论，通常采用表格和图形的方式来呈现数据。常用的数据图表包括饼图、柱形图、条形图、折线图、散点图、雷达图等，当然可以对这些图表进一步整理加工，使之变为人们所需要的图形，例如金字塔图、矩阵图、瀑布图、漏斗图、帕雷托图等。如图 1-7 所示，对 2015—2022 年中国不同媒体类型网络广告市场份额，以不同色块占比的堆叠柱形图展示。

正所谓“字不如表，表不如图”。在大多数情况下，图形能更有效、更直观地传递分析结果，因此在能用图形说明问题的情况下，尽量避免使用表格；同样，在能用表格表达清楚的情况下，尽量减少文字的使用。

（六）撰写数据分析报告

数据分析报告是对整个数据分析过程的一个总结与呈现。通过报告，可以系统地呈现起

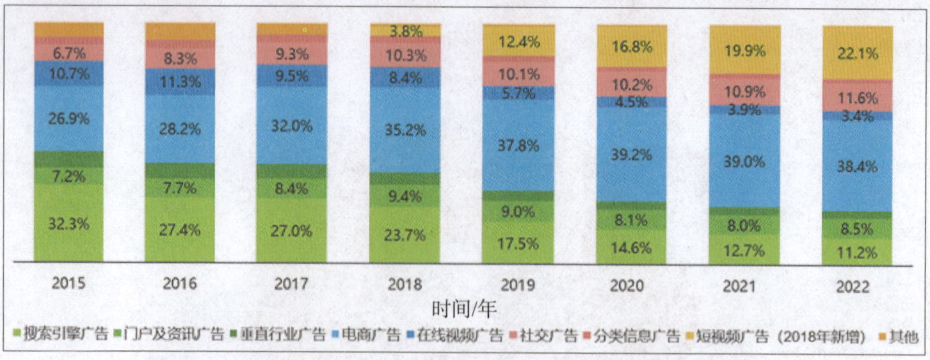

图 1-7　2015—2022 年中国不同媒体类型网络广告市场份额

因、过程、结果及建议，为决策者提供参考。数据分析报告是通过科学分析，全面评估企业的运营状况，为决策提供严谨的依据，从而帮助企业降低运营风险，提升企业的核心竞争力。

一份高质量的数据分析报告，首先需要有清晰的分析框架，做到图文并茂，层次明晰，以便阅读者能够迅速理解内容。结构清晰、主次分明可以使阅读者正确理解报告内容；图文并茂的呈现方式不仅使数据更加生动形象，还能增强视觉冲击力，帮助阅读者更直观地理解问题和得出结论。

另外，数据分析报告不仅要找出问题，更重要的是提供明确的结论、建议和解决方案。只有这样，数据分析报告才能真正体现其价值，并有效解决商业目标所面临的问题。观点明确、结论清晰是高质量的商业数据分析报告的重要因素。

六、数据素养与分析思维的培养

在数据驱动的时代，数据素养和分析思维已成为现代职场中不可或缺的能力。数据素养不仅指理解和处理数据的能力，更强调在商业决策过程中，通过数据进行有效沟通和推理的素养；而分析思维则是通过对数据的深度解读和逻辑推理，帮助人们揭示复杂现象背后的因果关系，并作出明智的决策。下面将深入探讨数据素养的核心概念与实践应用、分析思维的构建与发展过程、数据分析工具与技术，以提升在实际工作中的数据分析能力和决策水平。

（一）数据素养的核心概念与实践应用

1. 数据素养的核心概念

数据素养（Data Literacy）是指个体理解、分析、解释数据，并在决策过程中有效使用数据的能力。这不仅仅是技术能力的体现，更是一种综合素养，涵盖了从数据的获取、清洗、分析，到最终的应用与沟通。具备良好数据素养的人能够理解数据的来源、识别数据的质量、评估数据的相关性，并根据数据作出科学的判断和决策。

在当前的商业环境中，数据素养已成为各行各业人们的基本技能。无论是市场分析、产品开发，还是财务管理和运营优化，数据素养都起着至关重要的作用。企业不仅要求专业的数据分析师具备数据素养，更希望所有员工都能在各自的岗位上运用数据推动业务发展。

2. 数据素养的实践应用

数据素养不仅是理论上的要求，更需要人们在实际工作中加以应用。通过在各类商业场景中运用数据素养，企业能够更有效地分析市场趋势、优化产品开发流程、提高运营效率，并进行有效的风险管理。数据素养的实践尤为重要，它不仅依赖于对本地化数据工具的掌握，还体现在企业如何将数据分析转化为切实的商业成果。接下来，我们通过若干典型场景与实践环节阐述数据素养的具体表现，如表 1-6~表 1-9 所示。

表 1-6 市场分析场景及数据素养①

环节	具体实践	数据素养体现
数据收集与整理	在中国，像阿里巴巴和京东这样的电商平台，营销团队通过这些平台的消费者行为数据、社交媒体（如微博、微信）的互动数据，以及竞争对手的市场活动数据，进行市场分析	团队能够利用阿里巴巴数据平台等工具，筛选出高质量的数据并进行清洗和标准化处理的能力
数据分析与解读	通过使用阿里云 DataWorks（数据工程）等数据分析平台，营销团队可以分析用户的购买习惯和偏好，如“双 11”期间的购物趋势	识别数据模式和将分析结果转化为市场洞察的能力
策略制定与实施	基于数据分析，营销团队可以制定针对不同用户群体的精准广告投放策略，如通过微信小程序或字节跳动广告平台进行定向推广	将数据驱动的分析结果转化为具体的营销策略的能力

表 1-7 市场分析场景及数据素养②

环节	具体实践	数据素养体现
用户需求识别	像小米这样的公司，通过 MIUI（小米用户界面）系统中用户的行为数据和反馈来识别用户的需求	准确解读用户数据，并将其与产品开发需求相结合的能力
产品迭代与优化	在产品开发过程中，团队使用工具如腾讯的腾讯云分析，定期分析用户使用数据，评估新功能的表现和用户满意度	通过数据分析来指导产品迭代和优化的能力
性能监控与评估	在产品上线后，产品经理通过数据监控工具（如百度统计）追踪产品的性能，及时发现并修复问题	对关键指标的持续监控和快速响应的能力

表 1-8 运营优化场景及数据素养①

环节	具体实践	数据素养体现
供应链数据分析	在中国的制造企业中，如华为，通过对供应链数据的分析（如库存水平、供应商交付时间）来优化库存管理	数据素养体现在使用工具如 SAP（中国云平台）识别供应链中的瓶颈并优化资源配置的能力
生产效率提升	利用海尔的工业互联网平台（COSMOPlat），管理层通过分析生产线数据（如设备运行时间、产出效率）发现生产流程中的低效环节	数据素养在此表现为通过数据驱动的决策提升生产效率的能力
成本控制与财务分析	在中国的财务管理中，使用如用友 ERP 系统，通过分析运营成本数据，找出节约空间	数据素养体现在通过财务数据分析，提出切实可行的成本控制建议的能力

表 1-9　运营优化场景及数据素养②

环节	具体实践	数据素养体现
信用风险评估	在中国的金融机构，如中国平安，数据分析师通过客户的历史交易数据和信用评分模型（如基于芝麻信用的数据），评估客户的信用风险	建模与解读信用数据，从而为贷款决策提供依据的能力
市场风险预测	通过使用工具如 Wind 资讯，分析宏观经济数据和市场趋势，预测市场波动的可能性	对复杂经济数据的深度分析，以及将分析结果应用于风险预测和管理的能力
合规性监控	在中国的金融市场，金融机构使用合规管理系统，通过数据监控交易行为，确保符合监管要求	从海量数据中识别出异常行为，并采取措施防止合规风险的能力

在市场分析的各个关键环节中，数据素养贯穿始终，确保了从数据收集与整理到策略制定与实施的每一步都基于精准的数据和深刻的洞察。通过利用阿里巴巴数据平台和阿里云 DataWorks 等工具，团队能够有效筛选和分析数据，识别市场趋势和消费者行为模式。最终，这些数据驱动的分析结果被转化为具体的营销策略，通过精准的广告投放实现企业目标。以上各个环节展示了数据素养不仅体现在技术工具的掌握上，更体现在将分析结果转化为实际商业价值的能力上。

（二）分析思维的构建与发展过程

在数据驱动的决策过程中，数据分析思维起着至关重要的作用。构建数据分析思维不仅有助于人们深入理解和解读数据，还能提升解决复杂问题的能力。要有效构建这一思维，关键在于掌握几种核心思维类型，并通过系统化的方法加以培养和发展。构建数据分析思维的核心在于理解并应用以下几种关键思维，如表 1-10 所示。

表 1-10　关键思维

思维	定义	应用场景
逻辑思维	逻辑思维指的是对数据进行有序、系统化分析的能力，确保分析过程中的每一步都是合乎逻辑的。它要求分析师能够清晰地推导数据之间的因果关系，并形成合理的结论	在分析市场趋势或财务报表时，逻辑思维帮助分析师理清各变量之间的关系，识别出影响结果的关键因素
批判性思维	批判性思维指的是以质疑与验证的态度对待数据和分析过程的能力。分析师需要不断评估数据的准确性、分析方法的合理性以及结论的有效性	在进行客户细分分析时，批判性思维使分析师能够识别潜在的数据偏差，避免由于不准确的数据导致错误的市场策略
系统性思维	系统性思维是指从整体的角度出发，考虑数据分析中的各个环节和元素，理解它们之间的相互作用。它强调全局观，帮助分析师在复杂的数据环境中作出全面的分析	在供应链管理中，系统性思维帮助分析师从采购、生产到销售的各个环节进行全面的数据分析，优化整体流程
创造性思维	创造性思维是指在面对复杂问题时，提出创新性解决方案的能力。它帮助分析师跳出现有框架，探索新的数据分析方法或模型	在营销策略的设计中，创造性思维使分析师能够发现新的消费者行为模式，并提出独特的营销策略

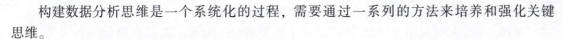

构建数据分析思维是一个系统化的过程，需要通过一系列的方法来培养和强化关键思维。

1. 强化逻辑思维是构建数据分析思维的基础

分析师可以通过学习逻辑推理课程或参加逻辑训练来加强对数据推导过程的掌握。例如，通过练习逻辑推理题，分析师能够更好地识别和分析数据之间的关系。在实际工作中，设计和解读逻辑图表（如因果图和流程图）有助于训练逻辑思维，提高分析的准确性。

2. 批判性思维的培养同样重要

这种思维能力可以通过参与数据分析案例讨论或进行数据审查练习来逐步形成。分析师需要在日常工作中保持质疑的态度，对数据来源、分析方法和结论的合理性进行反思。通过定期进行数据质量评估，并参与同行评审，分析师可以识别分析中的潜在问题，确保分析结果的可靠性和有效性。

3. 系统性思维的构建有助于全面理解和分析复杂的系统

通过学习系统性思维的相关理论，以及应用全局分析方法（如波士顿矩阵、SWOT 分析），分析师能够提高对复杂系统的理解和分析能力。在项目管理或供应链分析中，系统性思维的应用确保所有关键因素和环节都得到全面考虑，从而优化整体流程和决策。

4. 创造性思维在数据分析中不可或缺

分析师可以通过头脑风暴、创新思维训练以及跨学科学习来激发创造力。鼓励分析师从不同的角度思考问题，并探索新的数据分析方法，有助于提出创新性解决方案。在实践中，尝试使用不同的分析工具或模型，并鼓励团队在数据分析中提出独特的观点和策略，会显著提升分析工作的创新性和效果。

构建数据分析思维不仅仅是理论上的学习，更需要通过实践应用来巩固和发展。分析师应在日常工作中不断实践这些关键思维，并通过反思和总结逐步提高分析能力。无论是在市场分析、项目管理还是供应链优化中，运用这些思维方法都能帮助分析师作出更为精准和富有创造性的决策，从而为企业创造更大的价值。

（三）数据分析工具与技术

在数据分析领域，开源工具和我国本土工具越来越受到重视。这些工具不仅具备强大的功能，还能灵活适应各种应用场景。下面重点探讨几种开源工具和我国本土开发的工具，以及它们在不同数据分析任务中的应用。

1. 传统的基础数据分析工具：Excel

Microsoft Excel 是数据分析领域中人们最为广泛使用的传统工具之一，尤其在企业日常数据处理和分析中占据着重要地位。Excel 提供了强大的数据处理功能，包括数据清洗、整理、基本的统计分析，以及多种图表的制作功能。Excel 的优势在于其易用性和普及性，使得任何用户都能快速上手并进行有效的数据分析。例如，在财务管理中，Excel 常被用来构建预算模型和现金流分析，通过数据透视表和图表直观地展示公司的财务状况和经营成果。此外，Excel 的灵活性使其能够与其他工具（如 Python 或 R）结合使用，扩展其分析能力。

2. 高级统计分析工具：SPSS（社会科学统计软件包）

SPSS（Statistical Package for the Social Sciences）是一款专业的统计分析软件，广泛应用于社会科学、市场研究和商业分析领域。SPSS 以其强大的统计分析功能和易于操作的用户界面著称，适合处理各种复杂的统计分析任务。它支持回归分析、因子分析、聚类分析等高级统计方法，能够帮助分析师深入挖掘数据中的模式和趋势。

例如，在市场研究中，SPSS 被广泛用于消费者行为分析，通过回归分析和因子分析，研究消费者的购买决策过程和品牌偏好。在教育领域，研究人员利用 SPSS 分析学生成绩，识别影响学业表现的关键因素。SPSS 的直观操作界面使得非专业统计人员也能轻松使用，快速获取准确的分析结果。

3. 开源的数据分析工具

开源工具因其免费、可定制和强大的社区支持而备受欢迎，在数据分析的各个阶段中都有广泛应用。

（1）Python（蟒蛇）与其数据科学库：Python 因其简洁的语法和丰富的数据科学库成为数据分析的首选编程语言。Python 不仅适合处理结构化数据，还能够执行复杂的统计分析和数据可视化。例如，中国的金融科技公司经常利用 Python 开发预测模型，以分析大量历史交易数据来预测市场趋势。

（2）R 语言：R 是一款专为统计分析和数据可视化设计的开源工具，尤其在学术界和统计领域得到广泛应用。R 的强大在于其丰富的统计分析包和图形展示功能，如 Ggplot2（R 语言中的可视化数据包）和 Shiny（R 语言中的 Web 交互界面的应用框架），使得分析师能够创建复杂的统计模型和交互式应用。在中国的医疗和生命科学领域，R 被广泛用于生物统计和临床试验数据分析。

4. 数据可视化工具

数据可视化是数据分析的重要环节，通过直观的图形展示分析结果，有助于决策者快速理解信息。在开源工具中，Charts 由百度开发，广泛应用于中国企业的数据可视化项目。Charts 支持多种图表类型，并且易于与其他前端框架集成，适合构建复杂的交互式数据展示平台。Tableau 虽然是国外的商业软件，但在中国企业中广泛应用，因其强大的可视化功能和用户友好的操作界面，使数据分析师可以快速创建专业的可视化报告，广泛应用于商业智能和数据分析领域。

5. 我国本土数据分析工具

随着中国在科技领域的快速发展，本土开发的数据分析工具在各行各业中也得到了广泛应用。

（1）阿里云 DataWorks：阿里云 DataWorks 是一个智能数据分析平台，集数据集成、开发、管理和监控于一体。它支持从数据采集、清洗到分析和可视化的全流程应用，特别适合大规模数据处理和多元数据源的整合。许多中国企业利用 DataWorks 来实现跨部门的数据协作和实时分析，帮助管理层快速作出数据驱动的决策。

（2）腾讯云分析（Tencent Cloud Analytics）：腾讯云分析专注于用户行为分析，广泛应用于移动应用和游戏行业。它帮助企业深入分析用户行为、增长路径和留存率，通过数据优化产品体验和营销策略。腾讯云分析的优势在于其强大的用户行为追踪和实时数据处理能力，成为中国互联网企业进行精准用户画像分析的利器。

（3）蓝鹰数字商科综合实验室：结合数字商业实验与数据分析、人工智能技术，为学生和研究人员提供全方位的实践与研究支持。在这里，参与者可以通过模拟真实的商业环境，深入了解电子商务、数字营销、供应链管理等核心领域的运营机制。同时，实验室配备了先进的数据分析工具和人工智能平台，使得用户能够处理大规模数据、进行商业智能分析，并训练和应用人工智能模型。

知识拓展

（一）统计学领域的常用指标

除了表现数据分布特征的诸如众数、中位数、方差等指标之外，还有一些是在商业数据分析中必须了解和掌握的基本常用指标。

1. 总体与样本/参数和统计量

总体，是指包含所研究的全部个体（数据）的集合，通常由所研究的一些个体组成。样本，是指从总体中抽取的一部分元素的集合，构成样本的元素的数目称为样本量。抽样的目的是根据样本提供的信息推断总体的特征。

参数，是指用来描述总体特征的概括性的数字度量，是研究者想要了解的总体某种特征值。统计量，是用来描述样本特征的概括性数字度量，是根据样本数据计算出的一个量，因此统计量是样本的一个函数。

通常，是根据抽样计算样本统计量，再根据样本统计量去估计总体参数。比如，用样本平均数去估计总体平均数等。

2. 绝对数和相对数

绝对数是反映客观现象总体在一定时间、一定地点下的总规模、总水平的综合性指标，也是数据分析中常用的指标。比如年 GDP、总人口等。

相对数是指两个有联系的指标计算而得出的数值，它是反映客观现象之间数量联系紧密程度的综合指标。相对数一般以倍数、百分数等表示。相对数的计算公式为：

相对数＝比较值（比数）/基础值（基数）

3. 百分比和百分点

百分比是相对数中的一种，它表示一个数是另一个数的百分之几，也称为百分率或百分数。百分比的分母是 100，也就是用 1%作为度量单位，因此便于比较。

百分点是指不同时期以百分数的形式表示的相对指标的变动幅度，1%等于 1 个百分点。

4. 频数和频率

频数是一个数据在整体中出现的次数。

频率是某一事件发生的次数与总的事件数之比。频率通常用比例或百分数表示。

5. 比例与比率

比例是指在总体中各数据占总体的比重，通常反映总体的构成和比例，即部分与整体之间的关系。

比率是样本（或总体）中各不同类别数据之间的比值，由于比率不是部分与整体之间的对比关系，因而比值可能大于 1。

6. 倍数和番数

倍数是指用一个数据除以另一个数据获得的结果，倍数一般用来表示上升、增长幅度，一般不表示减少幅度。

番数指原来数量的 2 的 n 次方。

7. 同比和环比

同比是指与历史同时期的数据相比较而获得的比值，反映事物发展的相对性。

环比是指与上一个统计时期的值进行对比获得的值，主要反映事物逐期发展的情况。

8. 变量

变量来源于数学，是计算机语言中能储存计算结果或能表示值抽象的概念。变量可以通过变量名访问。

9. 连续变量

在统计学中，变量按变量值是否连续可分为连续变量与离散变量两种。在一定区间内可以任意取值的变量叫连续变量，其数值是连续不断的，相邻两个数值可作无限分割，即可取无限个数值。如：年龄、体重等变量。

10. 离散变量

离散变量的各变量值之间都是以整数断开的，如人数、工厂数、机器台数等，都只能按整数计算。离散变量的数值只能用计数的方法取得。

11. 定性变量

定性变量又名分类变量，是指观测的个体只能归属于几种互不相容类别中的一种，一般是用非数字来表达其类别，这样的观测数据称为定性变量。可以理解成分类别的变量，如学历、性别、婚否等。

12. 缺失值

缺失值是指现有数据集中某个或某些属性的值是不完全的。

13. 特征值

特征值是线性代数中的一个重要概念。在数学、物理学、化学、计算机等领域有着广泛的应用。设 A 是向量空间的一个线性变换，如果空间中某一非零向量通过 A 变换后所得到的向量和 X 仅差一个常数因子，即 $AX=kX$，则称 k 为 A 的特征值，X 称为 A 的属于特征值 k 的特征向量或特征矢量。

14. 异常值

异常值是指一组测定值中与平均值的偏差超过两倍标准差的测定值，与平均值的偏差超过三倍标准差的测定值，称为高度异常的异常值。

15. 皮尔森相关系数

皮尔森相关系数是指用来反映两个变量线性相关程度的统计量。相关系数用 r 表示，其中 n 为样本量，分别为两个变量的观测值和均值。r 描述的是两个变量间线性相关强弱的程度。r 的绝对值越大，表明相关性越强。

16. 相关系数

相关系数是最早由统计学家卡尔·皮尔逊设计的统计指标，是指研究变量之间线性相关程度的量，一般用字母 r 表示。由于研究对象的不同，相关系数有多种定义方式，较为常用的是皮尔森相关系数。

（二）数字商业领域的常用指标

1. 页面浏览量

页面浏览量（PV，Page View），是指某段时间内访问网站或某一页面的用户的总数量，通常用来衡量一篇文章或一次活动带来的流量效果，也是评价网站日常流量数据的重要指标。PV 可重复累计，以用户访问网站作为统计依据，用户每刷新一次，即重新计算一次。

2. 独立访客数

独立访客数（UV，Unique Visitor），是指来到网站或页面的用户总数，这个用户是独立的，同一用户不同时段访问网站只算作一个独立访客，不会重复累计，通常以 PC 端的网络饼干（Cookie）数量作为统计依据。

3. 访问

访问（Visit）是指用户通过外部链接来到网站，从用户来到网站到用户在浏览器中关闭页面，这一过程算作一次访问。访问可重复累计，比如我打开一个网站又关闭，再重新打开，这就算作两次访问。

4. 主页

主页（HomePage）是指在一个网站起主目录作用的页面，也是网站起点，通常是网站首页。

5. 着陆页

着陆页（Landing Page）是指用户从外部链接来到网站，直接跳转到的第一个页面。比如朋友发了一个介绍爆款 T 恤的淘宝链接给好友，对方点开则直接跳转到介绍 T 恤的页面，而不是淘宝其他众多页面之一，此时，介绍 T 恤的此页面就是着陆页。

6. 跳出率

跳出率（Bounce Rate）是指用户通过链接来到网站，在当前页面没有任何交互就离开网站的行为，这就算作此页面增加了一个“跳出”，跳出率一般针对网站的某个页面而言。

跳出率 = 在这个页面跳出的用户数/PV

7. 退出率

退出率一般针对某个页面而言，是指用户访问某网站的某个页面之后，从浏览器中将与此网站相关的所有页面全部关闭，就算此页面增加了一个“退出”。

退出率 = 在这个页面退出的用户数/PV

8. 顾客的生命周期价值

顾客的生命周期价值是指顾客在他/她的一生中为一个公司产生的预期折算利润。

9. 平均停留时长

平均停留时长（Avr. time）是指某个页面被用户访问，在页面停留时长的平均值，通常用来衡量一个页面内容的质量。

Avr. time = 访客数量/用户总停留时长

10. 点击率

点击率（Click Through Rate，CTR）也称为点击通过率，是指某个广告的 Banner URL（图片地址）被点击的次数与被浏览的总次数的比值。一般是用来考核广告投放引流效果的一项重要指标。

CTR = 点击数(Click)/被用户看到的次数

11. 转化率

转化率（Conversion rate）是指用户完成设定的转化环节的次数和总会话人数的百分比，通常用来评价一个转化环节的好坏，如果转化率较低，则急需优化该转化环节。

转化率 = 转化会话数/总会话数

12. 漏斗

漏斗通常是指用户在实现目标转化前所经历的具体流程，比如在网店购物，从点击商品链接到查看详情页，再到查看顾客评价、领取商家优惠券，再到填写地址、付款，每个环节都有可能流失用户，这就要求商家必须做好每一个转化环节，漏斗是评价转化环节优劣的指标。

13. 投资回报率

投资回报率（Return On Investment，ROI）反映投入和产出的关系，衡量投资回报是否值得。其计算公式为：

投资回报率（ROI）= 年利润或年均利润/投资总额×100%

该指标通常用于评估企业对于某项活动的价值，ROI 高，表示该项目价值高。

14. 重复购买率

重复购买率是指消费者在网站中的重复购买次数。

15. 流失分析

流失分析（Churn Analysis/Attrition Analysis）用于描述哪些顾客可能停止使用公司的产品/业务，以及识别哪些顾客的流失会带来最大损失。流失分析的结果用于为可能会流失的顾客准备新的优惠。

16. 购物篮分析

购物篮分析通常用于识别在交易中经常同时出现的商品组合或服务组合，例如经常同时购买的产品。此类分析的结果被用于推荐附加商品，为陈列商品的决策提供依据等。

17. 社交网络分析

社交网络分析（Social Network Analysis，SNA）用于描绘并测量人与人、组与组、机构与机构、电脑与电脑、URL 与 URL 以及其他种类相连的信息/知识实体之间的关系与流动。这些人或组是网络中的节点，而它们之间的连线表示关系或流动。SNA 为分析人际关系提供了一种方法，既是数学的又是视觉的。

18. 生存分析

生存分析（Survival Analysis）就是估测一名顾客继续使用某业务的时间，或在后续时段流失的可能性。此类信息能让企业判断所要预测时段的顾客留存，并引入合适的提高顾客忠诚度的政策。

实践训练

认识商业数据分析工具

——以 BBL 为例

【任务背景】

BBL 蓝鹰商业数据分析实验室（简称蓝鹰 BL 平台或 BLL）是一个 DVAAS（Data Visualization as a Service）（数据可视化服务）平台解决方案，可为业务人员、数据工程师、数据分析师、数据科学家提供一站式数据可视化解决方案。既可作为公有云、私有云独立部署使用，也可作为可视化插件集成到三方系统。用户只需在可视化 UI（用户界面）上简单配置，即可服务多种数据可视化应用，并支持高级交互、行业分析、模式探索、社交智能等可视化功能。

【任务提出】

通过熟悉商业数据分析工具 BBL 的操作界面，能够运用商业数据分析工具，完成最基本的操作，初步了解商业数据分析的基本特点。

【任务实施】

（一）实践准备

首先熟悉 BBL 的基本界面。输入 http://bbl. zygcdata.com/，输入用户名及密码后登录，进入 BBL 蓝鹰商业数据分析实验室的首页，如图 1-8 所示。

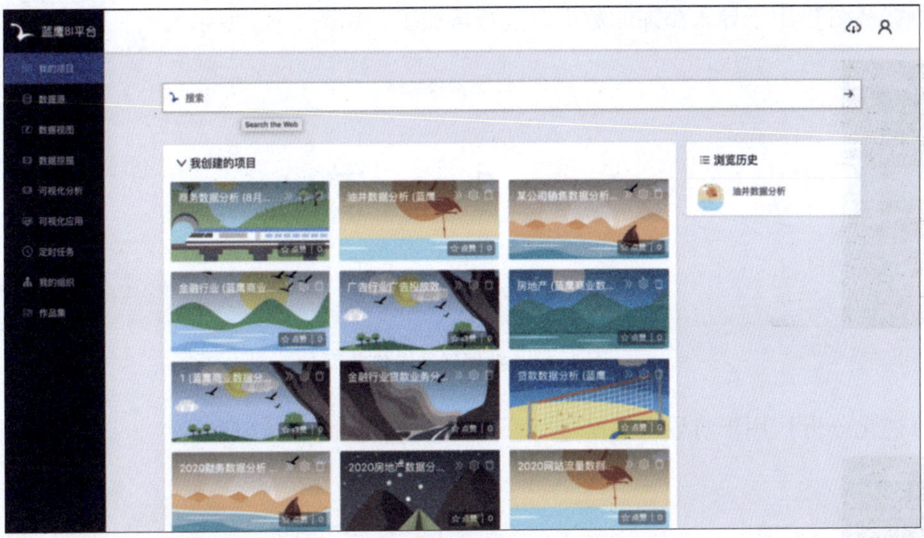

图 1-8　BBL 蓝鹰商业数据分析实验室的首页

BBL 首页的界面由“我创建的项目”“我参与的项目”“浏览历史”“搜索框”等组成。利用 BBL 进行商业数据分析，以项目为基础，用户可以根据不同的分析主题创建不同的项目，同时可以对项目进行编辑、删除等操作。

“我创建的项目”是用户自己创建的项目，点击项目图标，进入该项目的操作界面，通过左侧的导航栏，如图 1-9 所示，即可完成数据视图、数据挖掘、可视化分析、可视化应用（包括仪表盘和数据大屏）和定时任务等操作。

“我参与的项目”是用户作为组织成员，可以浏览甚至可以编辑处理的项目，根据自身在组织中的角色与权限，点击项目图标，进入该项目的操作界面，完成项目浏览、项目分享、项目下载，甚至项目的数据导入、数据处理、可视化分析、可视化应用（包括仪表盘和数据大屏）和定时任务等操作。

“浏览历史”显示用户最近浏览、编辑的项目名称。

在“搜索框”中输入搜索关键词，即可查询用户创建和参与的项目。

如图 1-9 所示，BBL 的导航栏包括“数据源”“数据视图”“可视化分析”“可视化应用”和“定时任务”等。

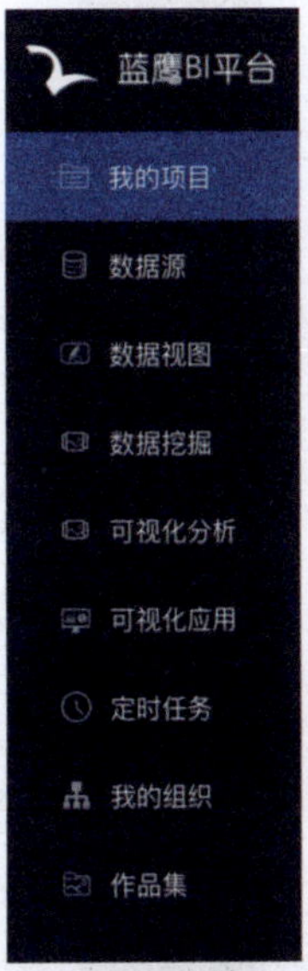

图 1-9　BBL 的导航栏

【数据源】专门用于添加数据源和导入数据源，如图 1-10 所示。

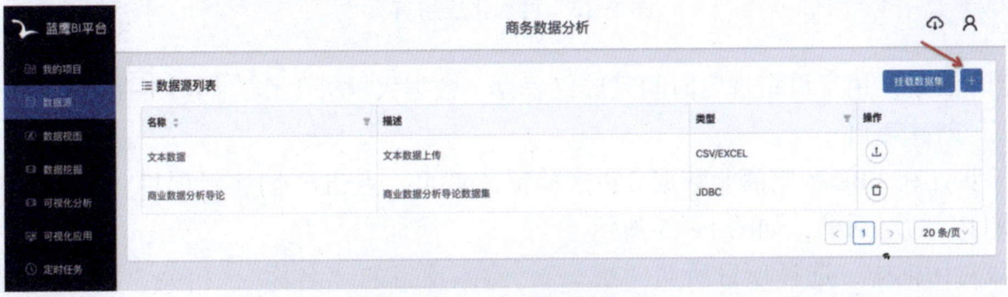

图 1-10　数据源操作首页

【数据视图】用于导入添加的数据源进行再加工，如图 1-11 所示。

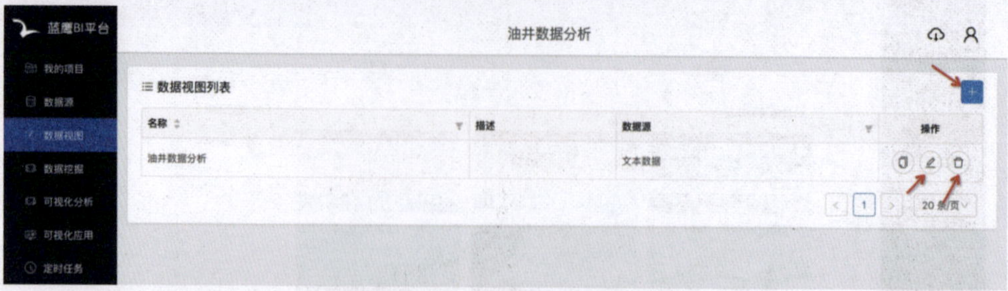

图 1-11　数据视图操作首页

【可视化分析】用于对导入数据进行可视化分析，如图 1-12 所示。

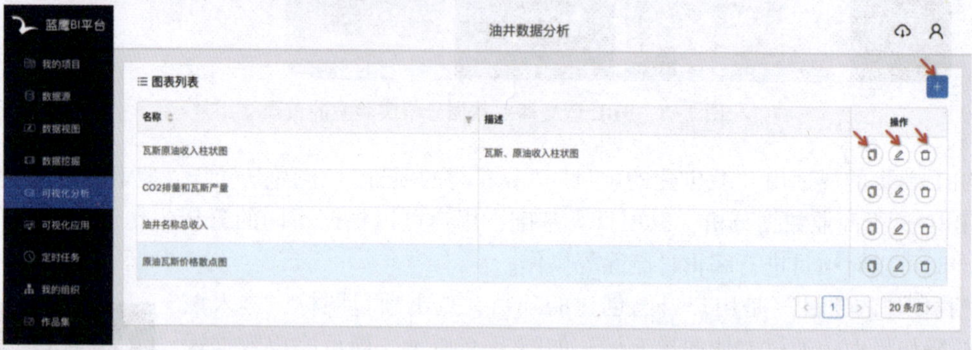

图 1-12　可视化分析首页

【可视化应用】通过仪表盘和数据大屏，集中了可视化分析的所有图表，同时可对图表进行编辑与修饰，如图 1-13 所示。

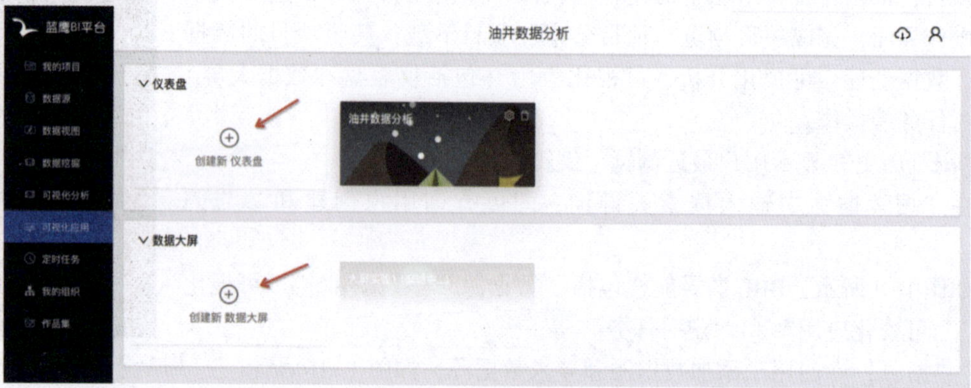

图 1-13　可视化应用首页

【定时任务】用于设定规定时间完成仪表盘、数据大屏等工作，如图 1-14 所示。

（二）新建项目

第一步，在 BBL 蓝鹰商业数据分析实验室的首页，点击“创建新项目”按钮，会弹出“创建项目”的对话框，如图 1-15 所示。

在该对话框中，选择项目所属“组织”，输入项目的“名称”、相关“描述”，确定项目的“可见”范围（公开或者授权），点击“保存”按钮，即完成了新建项目的创建。

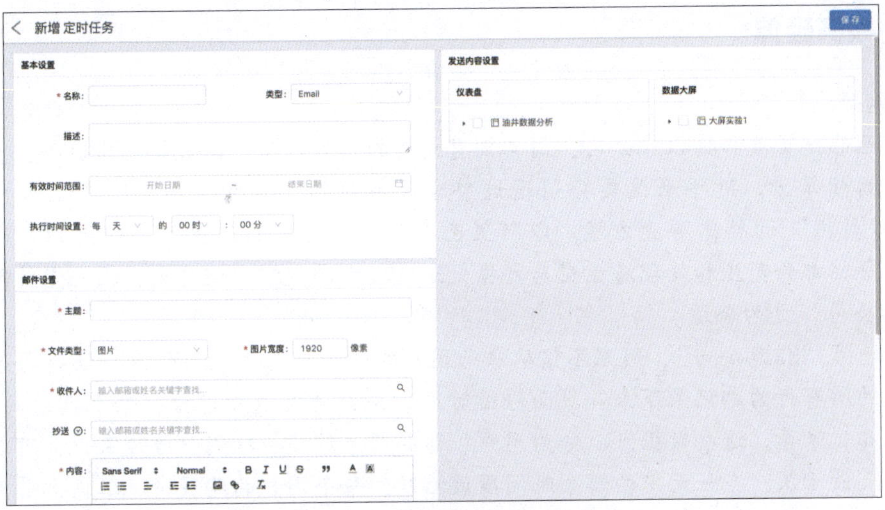

图 1-14　定时任务操作界面

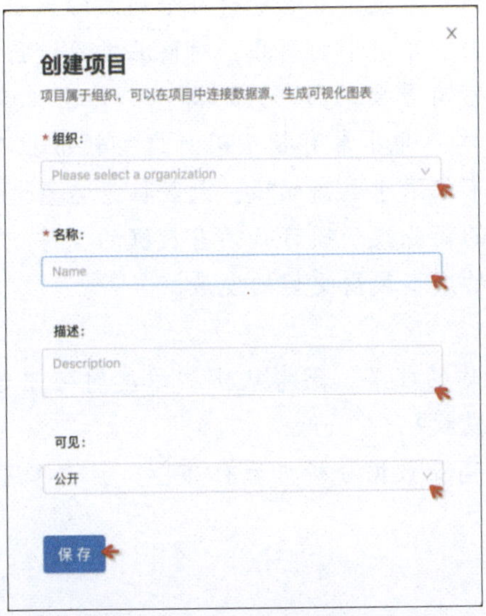

图 1-15　新建项目对话框

（三）项目管理

在 BBL 蓝鹰商业数据分析实验室的首页，点击项目图标右上角或者左下角的按钮，即可完成项目的管理，包括移交、编辑、删除与点赞，如图 1-16 所示。

图 1-16　项目管理示例图

案例延伸

【案例描述】

阿里巴巴、百度和腾讯等公司，因其拥有大量的用户注册、运营等行为数据，已成为大数据领域的领军者。近年来这类公司通过整合大数据的信息和应用，给专业客户提供了“硬件软件数据”的整体解决方案。以阿里巴巴为例，阿里的淘宝作为最大的电商交易平台，每时每刻都会产生和处理海量交易数据，这些数据的直接价值更大，因此定义阿里为一家“信息公司”更为合适。

作为一家“信息公司”，阿里不仅从每个用户的购买行为中获得信息，还将每个用户在其网站上的所有行为都记录下来：页面停留时间、用户是否查看评论、每个搜索的关键词、浏览的商品，等等。这些数据可以分为用户、商品两个维度。从用户维度来说，可以分析用户在哪一天最活跃，在一天中的哪个时间段最活跃，每个用户的购买情况如何，是否存在复购行为等，同时可以对用户进行价值分析，将用户分类，针对不同的用户提出不同的留存方案，提高用户留存率；针对商品维度，可以分析每个商品的点击、收藏、加购到最终购买的各项数据，分析出销量、点击量等前十的商品，对商品类目进行同样的分析，可以找出畅销的商品，对于电商平台的运营有重要的帮助。例如：“买过 X 商品的人，也同时买过 Y 商品”的推荐功能看上去很简单，却非常有效，同时这些精准推荐结果的得出过程也非常复杂。以数据为导向的方法并不仅限于电商领域，大数据意味着大信息量。数据显示出什么是有效的、什么是无效的，新的商业投资项目必须有数据的支撑。对数据的长期专注让数字商业能够以更高的效率、更低的成本获得更好的发展。

【分析讨论】

1. 根据上述案例，结合你的理解，思考从哪些维度对阿里巴巴的数据进行分析可以预测客户需求和提供产品精准投放？

2. 举例描述你接触过的商业数据分析行为有哪些？实际作用是什么？

思考与练习

一、单选题

1. 在商业数据分析中，（　　）指标通常用于衡量客户忠诚度。

A. 新客户数量　　B. 客户流失率

C. 客户购买频率　　D. 市场占有率

2. 要分析销售数据的季节性波动，（　　）方法较为合适。

A. 聚类分析　　B. 回归分析

C. 时间序列分析　　D. 因子分析

3. 进行商业数据分析时，发现产品 A 的销量与价格之间存在明显的负相关关系，这意味着（　　）。

A. 提高价格会使销量增加　　B. 提高价格可能会使销量减少

C. 降低价格会使销量减少　　D. 价格对销量没有影响

4. （　　）数据可视化工具最适合展示不同地区的销售占比情况。

A. 折线图　　B. 柱状图

C. 箱线图　　D. 饼图

二、多选题

1. 商业数据分析中常用的数据收集方法包括（　　）。

A. 问卷调查　　B. 数据库查询法

C. 实验法　　D. 观察法

2. （　　）属于商业数据分析的主要步骤。

A. 数据收集　　B. 数据预处理

C. 数据分析与建模　　D. 结果可视化与解读

3. 在进行商业数据分析时，（　　）是可能用到的分析模型。

A. 波士顿矩阵　　B. 波特五力模型

C. SWOT 分析模型　　D. 漏斗模型

4. 商业数据分析可以帮助企业（　　）。

A. 优化运营流程　　B. 制定营销策略

C. 预测市场趋势　　D. 降低成本

三、简答题

1. 如果想要成为一名数据分析师，应该做好哪些方面的知识准备？

2. 商业数据分析的基本原理有哪些？

结束语

本模块作为本书的基础部分，全面概述了商业数据分析的起源、发展及其在现代商业中的重要性。通过本模块的学习，学生已经掌握了商业数据分析的概念和基本原理，理解了商业数据分析在数字经济中的关键作用。这为后续的学习奠定了坚实的理论基础。

本书系统地构建了商业数据分析的完整学习路径，从基础到实践逐步深入。首先，模块二介绍了数据采集技术，涵盖传统与新兴渠道的数据获取方法；模块三则深入探讨数据预处理技术，包括数据清洗、转换和整合，为数据分析奠定坚实基础。模块四讲解了各类数据分析方法，从统计分析到机器学习，帮助学生提升分析能力。模块五聚焦数据可视化，通过图表和仪表盘等形式展示分析结果，使决策者能够直观地理解数据。模块六指导学生撰写专业的商业数据分析报告，提升撰写报告和传达结果的能力。最后，模块七通过综合实训，使学生综合应用前述各模块的知识和技能，完成完整的数据分析项目。

在学习完本书之后，学生将掌握商业数据分析的核心知识和技能，具备从数据采集、处理、分析到撰写报告的全流程实践能力。同时，学生的分析思维将得到强化，特别是在逻辑性、系统性和批判性方面，能够从多角度深入理解数据，为企业的战略决策提供有力支持，成为在数字化商业环境中具有竞争力的高素质人才。

模块一　答案

模块二

商业数据采集

【模块引言】

在当今迅速变化的商业环境中，收集、分析和利用数据已成为人们成功的基石。商业数据采集是指收集能够提供关于企业运营、市场动态、客户行为和行业趋势等方面具有洞见价值信息的过程。

随着技术的不断进步，特别是在大数据、人工智能和云计算等领域的发展，商业数据采集的方法和范围发生了根本性的变化。现代企业不仅能够从传统的调查和记录中获取数据，还能够利用各种自动化工具和技术，从网络行为、社交媒体互动、物联网设备等多样化来源中收集大量数据。这些数据为企业提供了前所未有的市场洞察力和决策支持。

然而，随着数据量的激增，如何有效地管理和分析这些数据，以及如何确保数据安全和隐私保护，成为企业面临的新挑战。商业数据采集不再仅仅是收集信息的过程，它已经演变为一种综合性的策略，需要企业在技术能力、数据分析技能和伦理责任方面进行均衡的投入和发展。

本模块按照什么是商业数据采集（What），为什么要采集商业数据（Why）以及如何采集商业数据（How）的逻辑来展开；并深入讨论在新业务场景中，商业逻辑和技术的融合。

【学习目标】

【知识目标】

- 了解商业数据采集的目的及意义；
- 掌握常用的商业数据采集方法；
- 熟悉商业数据相关联的法律法规；
- 了解最新的数据采集技术和行业趋势；
- 了解有质量的商业数据特征。

【能力目标】

- 学会运用包括网络爬虫和数据库查询等工具与技术进行商业数据采集；
- 学会对收集的商业数据进行初步分析并获取有价值的信息；
- 初步学会根据商业数据分析需求制定商业数据采集方案；
- 基本掌握商业数据采集的流程，学会根据需求高质量地完成商业数据采集任务。

【素养目标】

- 养成尊重商业数据隐私和用户权益的意识；
- 培养批判性思维能力以及对数据安全性、可靠性、正确性的独立评估能力；
- 培养沟通能力以及团队协作能力；
- 养成终身学习的习惯和意识。

知识能力图谱

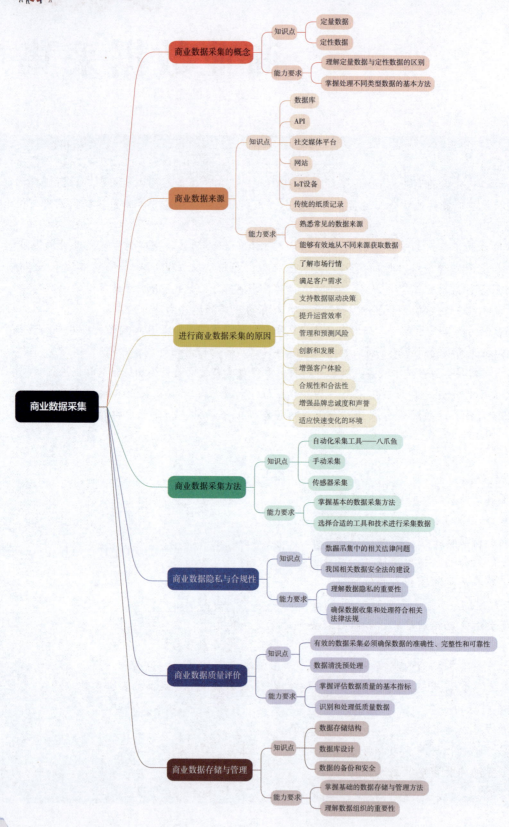

- 商业数据采集
  - 商业数据采集的概念
    - 知识点
      - 定量数据
      - 定性数据
    - 能力要求
      - 理解定量数据与定性数据的区别
      - 掌握处理不同类型数据的基本方法
  - 商业数据来源
    - 知识点
      - 数据库
      - API
      - 社交媒体平台
      - 网站
      - IoT设备
      - 传统的纸质记录
    - 能力要求
      - 熟悉常见的数据来源
      - 能够有效地从不同来源获取数据
  - 进行商业数据采集的原因
    - 了解市场行情
    - 满足客户需求
    - 支持数据驱动决策
    - 提升运营效率
    - 管理和预测风险
    - 创新和发展
    - 增强客户体验
    - 合规性和合法性
    - 增强品牌忠诚度和声誉
    - 适应快速变化的环境
  - 商业数据采集方法
    - 知识点
      - 自动化采集工具——八爪鱼
      - 手动采集
      - 传感器采集
    - 能力要求
      - 掌握基本的数据采集方法
      - 选择合适的工具和技术进行采集数据
  - 商业数据隐私与合规性
    - 知识点
      - 数据采集中的相关法律问题
      - 我国相关数据安全法的建设
    - 能力要求
      - 理解数据隐私的重要性
      - 确保数据收集和处理符合相关法律法规
  - 商业数据质量评价
    - 知识点
      - 有效的数据采集必须确保数据的准确性、完整性和可靠性
      - 数据清洗预处理
    - 能力要求
      - 掌握评估数据质量的基本指标
      - 识别和处理低质量数据
  - 商业数据存储与管理
    - 知识点
      - 数据存储结构
      - 数据库设计
      - 数据的备份和安全
    - 能力要求
      - 掌握基础的数据存储与管理方法
      - 理解数据组织的重要性

场景驱动

【场景构建】

某酒店正在进行服务品质提升计划。如果使用传统方法来实施服务品质提升计划，则通常通过纸质问卷、电话调查或面对面访谈等方式收集客户反馈、审核服务标准、培育发展员工。酒店经理原本想给住客发放调查问卷，可是发现调查问卷的回收率有限，收到顾客的评价非常少，很难根据收集回来的数据作出相应的提升服务品质的方案。同时，酒店经理又想到酒店在各大旅游电商平台或者点评网站上都有用户评论（User Generated Content，UGC），里面有大量的点评文字、图片、对于酒店细分项目的具体评分和总体满意度的评分。酒店经理认为，相对于调查问卷，这些 UGC 数量大、内容丰富，更能体现用户的真实想法。然而此时酒店经理又遇到了一个问题，各大点评网站上的酒店数量巨大，全部翻阅一遍，工作量也非常大，请问酒店经理此时应该如何解决？

【需求识别】

该酒店既接待国内客人，也接待外国游客，客房数量 800 间以上，酒店除了住宿，还提供 Spa、餐饮、购物等其他娱乐休闲项目。酒店经理需要通过了解顾客对酒店提供各方面的服务和产品的打分，来制定相应的提升服务品质的计划。开展这项工作的关键是准确获得和分析用户评论数据，但是点评网站上的用户评论数量巨大，手动复制粘贴工作量惊人，这是此项工作难点。

【解决思路】

酒店经理与客服部门的同事经过一番讨论后，得出以下的方案：首先，选定数据获取平台。其中包括猫途鹰、携程网等（见图 2-1）。其次，查看酒店在各个平台上的总评论数量、评论的细分信息。根据不同网站的形式，选择爬虫工具。

在执行这个方案的过程中，明确数据采集的具体要求至关重要。为了解决酒店经理的问题，下一步需要确定从猫途鹰网页上的评论中采集哪些具体信息。采集下来的数据以何种形式储存？可以先尝试手动采集一部分数据，评估效果。在采集数据后，是否可以直接分析？是否需要对数据进行修正或清洗？此外，还应考虑是否有更智能的工具可以提升数据爬取的速度和质量。

以此场景为基础，本模块将重点达成以下目标：

（1）介绍不同类型的数据（如结构化数据、非结构化数据）及其特点，能帮助确定最适合项目需求的数据采集策略。

（2）识别数据来源的可靠性和有效性，保证收集到的数据能够反映真实的业务或研究情况。

（3）了解并遵守数据隐私和安全规范，即在数据采集和处理过程中，确保符合相关的数据保护法律法规。

（4）掌握和运用最新技术和趋势。例如，适应和掌握新出现的数据采集工具和平台，如使用 API、网络爬虫或自动化工具来提高数据采集的效率和效果。

（5）培养专业素养和职业道德，例如，发展批判性思维，独立评估数据来源的可靠性和数据本身的质量，避免因数据偏见或错误导致错误的结论；保持终身学习的态度，不断更新自己的知识库和技能集，以适应不断变化的技术和市场需求。通过将这些原则和技能应用到实际工作中，无论是数据分析师、项目经理还是业务分析师，都能更有效地进行数据采集和分析，为企业带来更深入的洞察力和更有力的决策支持。

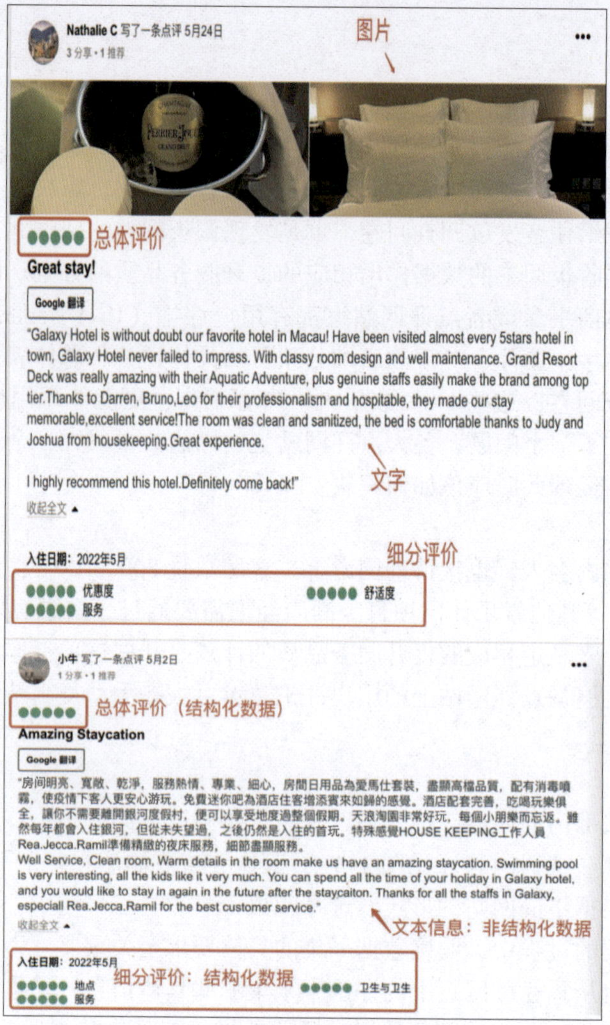

图 2-1　猫途鹰酒店评论

知识导入

一、商业数据采集的概念

数据采集原理是数据分析和商业智能的基础，涵盖从各种来源系统中收集数据的技术和方法。

商业数据采集是指商业信息的收集、整理和记录信息的过程。这些信息随后可用于数据分析和决策支持。数据可以是定量的，也可以是定性的。数据来源多样，包括在线系统、物理记录、传感器等。

（一）定量数据

1. 定义

定量数据是可以以数字形式量化的数据，通常用于计算和统计分析。

2. 来源

（1）在线系统：如电子商务平台的销售数据，提供关于产品销量、客户购买行为等的数字信息。

（2）传感器：如生产车间传感器的温度数据，用于监控和调整生产环境。

3. 示例

一家零售店通过其网站收集的每日销售数据。

一家制造公司使用的机器传感器数据，用于监控生产线速度和产品质量数据。

（二）定性数据

1. 定义

定性数据通常是指非数字形式的描述性数据，用于描述属性、特征或行为。

2. 来源

（1）用户反馈：如客户的评论、面试记录，这些通常包含个人的观点、感受和偏好。

（2）在线系统：如社交媒体平台上的用户评论，它们提供了关于产品或服务的主观反馈。

3. 示例

（1）在线评论：在线旅游评价系统中用户对某个产品的评价和评论。

（2）社交互动：在社交媒体上发布的用户观点与意见，如微博上的“点赞”或“转发”，提供了用户态度及其变化趋势的信息。

课堂自测

根据以上数据采集的定义，猫途鹰网站属于在线系统、物理记录还是传感器？猫途鹰上的用户生成的数据，属于定量数据还是定性数据？

二、商业数据来源

商业数据可以从多种来源获取，包括但不限于数据库、API、社交媒体平台、网站、IoT设备和传统的纸质记录。这些丰富的来源提供了多样化的数据类型和相关性强的数据。

（一）数据库（Databases）

数据库是系统地存储和组织的数据集合，常用于存储结构化数据。

举例：企业客户关系管理系统（CRM）中的客户信息数据库，包含了客户的联系信息、购买历史和服务记录。

（二）API（Application Program Interface）（应用程序编程接口）

API允许不同软件应用之间进行交互，是获取第三方数据的常用方式。

举例：天气信息API可以提供实时天气数据，金融市场API提供最新的股票价格和市场动态。

（三）社交媒体平台（Social Media Platforms）

社交媒体平台是收集公众意见和趋势的宝库，尤其是在消费者行为分析和品牌监测方面。

举例：通过小红书上的帖子分析，企业可以了解消费者对品牌的看法和市场趋势。

（四）网站（Websites）

通过网络爬虫或网络抓取技术，网站可以作为数据采集的重要来源，尤其是对于公开可获取的信息。

举例：竞争对手官方网站上的产品价格和功能描述，可以用于市场竞争分析。

（五）IoT 设备（Internet of Things Devices）

IoT 设备能够收集并传输各种实时数据，对于监测和分析物理世界的状态非常有用。

举例：智能家居设备可以提供房屋的能源使用数据，智能手表能够收集健康和运动数据。

（六）传统的纸质记录

课堂自测

和旅游业务场景紧密相连的网站或者移动端，除了猫途鹰以外，还有哪些？和国内零售相关的电商平台有哪些？如果是做跨境电商，有哪些平台含有大量的用户生成数据？

三、进行商业数据采集的原因

进行商业数据采集的原因是多方面的，这不仅对于企业决策的优化至关重要，而且是推动企业持续发展和提升竞争力的关键因素。

（一）了解市场行情

在竞争激烈的市场环境中，拥有深入的市场洞察力是企业生存和发展的关键。数据采集有助于企业了解市场趋势、消费者行为、竞争对手动态以及潜在的市场机会。

（二）满足客户需求

了解客户需求是企业提供优质产品和服务的基础。通过数据采集，企业能够深入了解客户的偏好、购买习惯和反馈，从而更好地满足他们的需求。

（三）支持数据驱动决策

在现代商业环境中，数据驱动的决策能够确保企业明晰地依靠事实或数据采取有效的行动。通过分析采集到的数据，企业能够作出更加合理和科学的商业决策。

（四）提升运营效率

数据采集和分析能够揭示业务流程中的瓶颈和不足，帮助企业优化运营，提高效率，降低成本。

（五）管理和预测风险

在不确定的经济环境中，预测风险并采取预防措施是企业管理的重要组成部分。数据采集和分析可以帮助企业识别潜在风险并及时应对。

（六）创新和发展

数据采集为企业提供了创新的基础。通过分析数据，企业可以识别新的业务机会，创新产品和服务。

（七）增强客户体验

在顾客体验日益成为企业竞争的关键因素的今天，利用数据来了解和提升顾客体验是至关重要的。

（八）合规性和合法性

对于许多行业来说，收集特定的业务数据是法律或监管要求的一部分。这不仅确保了企业的合规性，也为其长远发展提供了保障。

（九）增强品牌忠诚度和声誉

通过更好地理解客户的反馈和需求，企业能够更有效地调整和改进产品与服务，从而提升客户的忠诚度和满意度。

（十）适应快速变化的环境

在快速变化的商业环境中，持续的数据采集使企业能够灵活地应对变化，保持竞争力。

总的来说，商业数据采集不仅帮助企业更好地理解和适应市场，还为其持续改进和创新提供了基础，是现代企业不可或缺的一部分。

四、商业数据采集方法

常见的商业数据采集方法有三种：

自动化采集：使用软件工具、网络爬虫或 API 从在线资源自动收集数据。

手动采集：人工收集数据，通常用于无法自动化的过程或需要专业判断的情况。

传感器采集：使用传感器和其他测量设备自动收集物理或环境数据。传统数据采集方式与新技术驱动的数据采集方式的比较，如表 2-1 所示。

表 2-1 传统数据采集方法与新技术驱动的数据采集方法的比较

特征	传统数据采集方法	新技术驱动的数据采集方法
数据收集方法	手动填写问卷、电话访谈、面对面访谈	网络爬虫、API 集成、自动化在线调查
数据类型	主要为结构化数据，如问卷填写内容	结构化数据与非结构化数据，包括社交媒体内容、物联网数据
数据量处理能力	通常处理小量数据	能够处理大量数据，适应大量数据的收集和分析
数据分析	手动分析，依赖基础的统计工具	利用高级数据分析工具，如机器学习、人工智能
时效性	数据收集和分析时间较长	实时或近实时数据处理和分析
成本和资源	人力密集型，成本较高	初始技术投资后，长期运营成本较低
数据准确性和一致性	受限于手动错误和偏见	减少人为错误，提高数据质量
可扩展性	扩展困难，成本高昂	轻松扩展，可整合多种数据源
数据安全性和隐私	通常依赖纸质记录和基本电子文件保护	需要复杂的数据安全和隐私保护措施
市场适应性	对市场变化的响应较慢	快速适应市场变化和需求

下面主要介绍前两种数据采集方法。

（一）自动化采集工具——八爪鱼

八爪鱼数据采集系统（网址：https：//www. bazhuayu. com/）以完全自主研发的分布式云计算平台为核心，可以在很短的时间内，轻松从各种不同的网站或者网页获取大量的规范化数据。并且，八爪鱼采集器的使用范围广，其涵盖新闻媒体、电商平台、社交媒体、房产采集、招投标采集、跨境电商采集等，如图 2-2 所示。

图 2-2 八爪鱼数据采集系统官网首页

八爪鱼数据采集系统的优点包括：操作简单、拖拽式采集流程；内置可扩展的 OCR 接口，支持解析图片中的文字；定时自动采集；内置从入门到精通所需要的视频教程，短时间内就能上手使用，针对非企业用户是免费使用。

其数据采集可以简单分为如下三个步骤：

1. 打开客户端

选择简易模式和网站模板，如图 2-3 所示。由于不同的网站其背后的网页架构有所差异，八爪鱼采集器已经涵盖主流网站的采集场景，如主流电商平台、本地生活、媒体生活等，其模板数还在不断增加。

图 2-3　八爪鱼数据采集系统相关模板

2. 选择数据采集模式

在数据采集模式中一共有两种模式：“使用模板采集数据”和“自定义配置采集数据”。当我们采用“使用模板采集数据”时，用户只需输入几个参数（网址、关键词、页数等），就能在几分钟内快速获取目标网站数据。其操作类似 PPT 模板，只需修改关键信息就能直接使用，无须自己从头配置。这对于没有代码背景的用户是十分友好的。对“自定义配置采集数据”感兴趣的用户，可以参照 https：//www. bazhuayu. com/tutorial8/81zdypz。

3. 点击“采集”

用户可以练习如何批量采集数据，如微博热搜榜的采集、B 站中主页采集模块显示热门评论采集、豆瓣热门书评采集、Amazon 商品评论采集、京东商品列表采集或者淘宝商品列表页面采集。具体的操作步骤，有兴趣的用户可以参考 https：//www. bazhuayu. com/tutorial8/hottutorial。

（二）手动采集

手动采集数据通常需要考虑两个方面：

（1）哪些数据需要采集？比如用户评论的关键内容、评论时间、评分等信息，如图 2-4 所示。这种手动选择的过程有助于确保所采集数据的准确性和相关性。

（2）如果将数据存储在 Excel 表格中，需要设置数据表格的变量名，并确保每一列的数据格式统一，如图 2–5 所示。通过这种方式，可以更好地组织和分析采集到的数据。

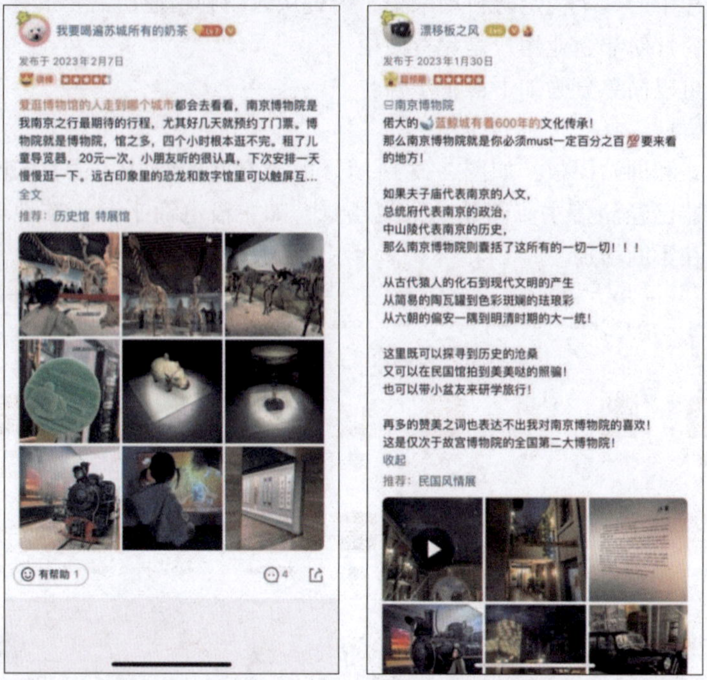

图 2–4　大众点评上游客对南京博物院的评价

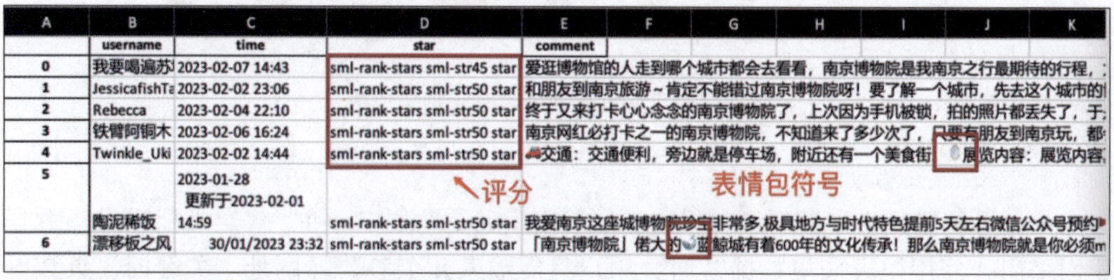

A	B	C	D	E	F	G	H	I	J	K
	username	time	star	comment						
0	我要喝遍苏	2023-02-07 14:43	sml-rank-stars sml-str45 star	爱逛博物馆的人走到哪个城市都会去看看，南京博物院是我南京之行最期待的行程，						
1	JessicafishTa	2023-02-02 23:06	sml-rank-stars sml-str50 star	和朋友到南京旅游～肯定不能错过南京博物院呀！要了解一个城市，先去这个城市的						
2	Rebecca	2023-02-04 22:10	sml-rank-stars sml-str50 star	终于又来打卡心心念念的南京博物院了，上次因为手机被锁，拍的照片都丢失了，于						
3	铁臂阿铜木	2023-02-06 16:24	sml-rank-stars sml-str50 star	南京网红必打卡之一的南京博物院，不知道来了多少次了，只要有朋友到南京玩，都						
4	Twinkle_Uki	2023-02-02 14:44	sml-rank-stars sml-str50 star	交通：交通便利，旁边就是停车场，附近还有一个美食街 展览内容：展览内容						
5	陶泥稀饭	2023-01-28 更新于2023-02-01 14:59	sml-rank-stars sml-str50 star	我爱南京这座城博物院珍宝非常多,极具地方与时代特色提前5天左右微信公众号预约						
6	漂移板之风	30/01/2023 23:32	sml-rank-stars sml-str50 star	「南京博物院」偌大的蓝鲸城有着600年的文化传承！那么南京博物院就是你必须m						

图 2–5　手动采集数据的结果

手动采集虽然效率较低，但在某些特定场景下仍然是必不可少的。例如，在某些需要高精度或人工判断的数据采集过程中，手动操作可以确保数据的高质量和准确性。通过手动采集，用户可以更加细致地选择和过滤信息，特别是在需要对文本进行深度分析或主观判断的场景中，手动采集具有明显的优势。此外，在对小规模或零散数据进行采集时，手动方式也更具灵活性，用户可以根据需要实时调整采集的范围和内容。

课堂自测

在京东或者淘宝上选取某一商品的评论，并手动采集 20 条用户评论数据。

（三）传感器采集

略。

五、商业数据隐私和合规性

在进行数据采集时，必须遵守相关的法律和规定，保护个人隐私和数据安全。

（一）数据采集中的相关法律问题

在互联网经济背景下，用户数据已经成为重要的商业资产，能够增强互联网经营者的竞争优势，并为互联网经营者带来巨大的经济利益。然而，在大数据的时代下，数据的合法合规问题越发凸显。并不是任何个人或者主体都可以进行数据采集、使用和处理，尤其是涉及个人信息的数据，必须严格遵守相关法律规定。此外，数据收集、处理和传输的方式也面临着严格的监管。

（1）收集数据的行为要合法，符合政策，尊重社会公德，遵守商业道德，诚实信用。《民法典》第111条规定："自然人的个人信息受法律保护。任何组织和个人需要获取他人个人信息的，应当依法取得并确保信息安全，不得非法收集、使用、加工、传输他人个人信息，不得非法买卖、提供或者公开他人个人信息。"另外，有些专门、敏感数据（比如道路山川、海洋湖泊分布等信息）的收集，还需要取得相关部门的授权，且数据收集人员应具备相应的专业资格。

（2）在进行数据采集的时候，数据采集者需要如实告知被采集者其采集数据的目的、方式和范围，并且需要经过被采集者的同意和授权。按照上述原则，如果电信业务经营者、互联网信息服务提供者将收集的用户个人数据用于提供服务之外的目的，将被视为违法。基于这些原则，2021年8月23日由国家互联网信息办公室、国家发展和改革委员会、工业和信息化部、公安部、交通运输部联合发布《汽车数据安全管理若干规定（试行）》（以下简称《规定》）已经明确，汽车数据处理者应当履行个人信息保护责任，充分保护个人信息安全和合法权益。开展个人信息处理活动，汽车数据处理者应当通过显著方式告知个人相关信息，取得个人同意或者符合法律、行政法规规定的其他情形。处理敏感个人信息，汽车数据处理者还应当取得个人单独同意，满足限定处理目的、提示收集状态、终止收集等具体要求或者符合法律、行政法规和强制性国家标准等其他要求。汽车数据处理者具有增强行车安全的目的和充分的必要性，方可收集指纹、声音、人脸、心律等生物识别特征信息。

（3）收集、产生的个人信息和重要数据如果跨境传输，因业务需要，需确保跨境传输的数据符合相关法律法规的要求。根据《规定》中的要求，汽车数据处理者开展重要数据处理活动时，必须遵守在境内存储的规定，增强数据安全保护措施，确保数据不外泄。增加重要数据安全保护，积极防范数据安全风险，落实年度报告制度要求，并主动报告有关年度数据安全管理情况。若业务需要，确需向境外提供重要数据的，汽车数据处理者应当落实数据出境安全评估制度要求，不得超出出境安全评估结论违规向境外提供重要数据，并在年度报告中补充报告相关情况。

然而，用户数据采集的相关问题不止于此，此外，我们还要考虑用户数据行为是否合法合规。例如，在极大规模采集和使用用户数据的过程中，是否会违犯《反不正当竞争法》中的某些原则性条款。在未来的发展中，国家市场监督管理总局联合工业与信息化部等有关部门，将进一步加强网络不正当竞争行为的综合整治，加强行政监管；相关组织应发挥行业协会的自律管理作用，加强对用户数据抓取不正当竞争行为的行业自律。

（二）我国相关数据安全法的建设

自从2013年美国"棱镜"事件曝光后，我国也愈加重视数据安全问题。2015年8月发布的《促进大数据发展行动纲要》（以下简称《纲要》）强调了数据产业在推动经济发展中的关键作用，并提出了更高的安全性要求。该《纲要》明确将数据安全保障作为主要任务之一。2017 年 6 月 1 日，《网络安全法》正式实施，进一步规范了网络空间的主权与国家安全、社会公共利益，保护公民、法人和其他组织的合法权益。2017 年 11 月，随着《中华人民共和国个人信息保护法（草案）》的颁布，个人信息的收集、处理和利用得到了更加严格的法律规范，旨在保障个人信息权及其他合法权益，并促进个人信息的合理利用与跨境传输的安全。2018 年 10 月，全国人大正式启动了专门针对数据安全法的研究工作，并于 2019 年 5 月由国家互联网信息办公室发布了《数据安全管理办法（征求意见稿）》，进一步细化了对网络运营者在数据收集、处理、使用以及安全监管等方面的具体要求。2020 年 4 月，在中共中央、国务院印发的《关于构建更加完善的要素市场化配置体制机制的意见》中，将数据作为一种新型生产要素纳入其中，与土地、劳动力、资本、技术等一并成为市场化改革的重要组成部分。2020 年 7 月《数据安全法（草案）》（以下简称《数安法》）面向社会征求意见，这体现出国家对数据安全领域的高度关注。《数安法》的制定是继《中华人民共和国网络安全探索与交流法》之后，在数据保护领域重要的立法，它是我国数据安全保护体系构建的顶层设计，这部统筹数字经济时代"安全与发展"并重的法规，不仅仅是个人数据野蛮掘金时代的结束，还是数字经济加速发展的必要保证。2020 年 9 月，我国召开"抓住数字机遇，共谋合作发展"国际研讨会，在高级别会议上提出《全球数据安全倡议》，体现我国政府在数据安全问题上兼具国际化视野与全局策略。

课堂自测

如果你在一家中国运营的公司做数据分析师，负责处理和分析顾客数据。在处理这些数据时，应该考虑哪些关键的数据隐私和合规性原则和规定？请从以下选项中选择所有适用的答案。

A. 只需遵守您所在国家的数据保护法规。

B. 确保处理个人数据时遵守《个人信息保护法》，即使数据处理并未在中国境内进行。

C. 在收集和处理个人数据之前，无须获取数据主体的同意。

D. 应定期对数据保护措施进行审核，并根据需要进行更新，以符合法律要求。

E. 数据加密和安全存储是可选的，不是必需的。

正确答案：B、D。

解析：

选项 A 是错误的。虽然公司需要遵守本国法规，但国际业务可能涉及其他国家的法规，需要额外注意。

选项 B 是正确的。中国的《个人信息保护法》（PIPL）对处理中国境内个人数据的公司有着明确的要求，无论这些数据的处理是否发生在中国境内。

选项 C 是错误的。根据《个人信息保护法》，收集和使用个人信息之前通常需要得到数据主体的明确同意。

选项 D 是正确的。定期审计和更新数据保护措施是符合数据隐私法规的关键部分，特别是在面对快速变化的技术环境和法律要求时。

选项 E 是错误的。数据加密和安全存储是保护数据安全的基本要求，对于符合《个人信息保护法》等数据保护法规是必需的。

六、商业数据质量评价

(一) 有效的数据采集必须确保数据的准确性、完整性和可靠性

请评价表 2-2 数据集的质量。

表 2-2 数据集

顾客编号	年龄	购买金额	购买日期
1	25	200	10/01/2022
2	NaN	150	15/01/2022
3	35	NaN	20/01/2022
NaN	28	100	Not a Date
5	102	50	30/01/2022

在这个数据集中：

(1) 第二行中的“年龄”缺失，表示为 NaN，体现了数据的不完整性。

(2) 第三行中的“购买金额”缺失，也是数据不完整性的体现。

(3) 第四行中的“顾客编号”缺失，同样反映了数据的不完整性。

(4) 第四行中的“购买日期”为“Not a Date”，这是一个格式错误，体现了数据的不准确性。

(5) 第五行中的“年龄”为“102”，这体现了数据的不可靠性。

(二) 数据清洗和预处理

数据清洗和预处理是数据采集的重要组成部分，旨在修正错误、填补缺失值和去除冗余信息。

具体清洗和预处理方法见模块三。

自测小问题

请指出表 2-3 这个数据集中的问题。

表 2-3 数据集

ProductID	Product Name	Price	Stock Quantity
101	Laptop	1 200	10
102	Smartphone	800	NaN
103	None	600	15
104	Headphones	NaN	8
105	Camera	400	5

七、商业数据存储和管理

采集的数据需要被有效地存储和管理，以便于后续的分析和处理。这涉及数据存储结

构、数据库设计以及数据的备份和安全。

（一）数据存储结构

数据存储结构是指数据在存储介质上的组织方式。常见的数据存储结构包括文件系统和数据库系统。文件系统适合存储文档、图片等非结构化数据，而数据库系统则更适合处理结构化数据，如表格中的记录和字段。选择合适的存储结构，有助于提高数据的读取速度和存储效率。

（二）数据库设计

数据库设计是将数据以表格的形式组织起来，便于快速查询和分析。一个好的数据库设计可以减少数据冗余，避免数据不一致的问题。理解数据库的基本概念，如表、字段、主键和外键，可以帮助人们更好地组织和管理数据。常见的数据库管理系统（DBMS）如 MySQL、SQL Server 和 SQLite，都是进行数据库设计的重要工具。

（三）数据的备份和安全

数据备份是防止数据丢失的重要措施。通过定期备份，可以确保在数据丢失或损坏时能够快速恢复。备份方式包括本地备份和云备份，建议使用多重备份策略，以确保数据安全。此外，数据安全还涉及对数据的访问控制，确保只有授权人员才能够查看或修改数据。这可以通过设置数据库权限、使用加密技术以及定期更新安全策略来实现。

通过合理的数据存储结构、精心设计的数据库，以及完善的备份和安全措施，可以确保采集的数据在后续分析和处理过程中始终保持高效和安全。这不仅可以提升数据利用率，还为数据驱动的决策提供可靠的支持。

本模块知识总结如图 2-6 所示。

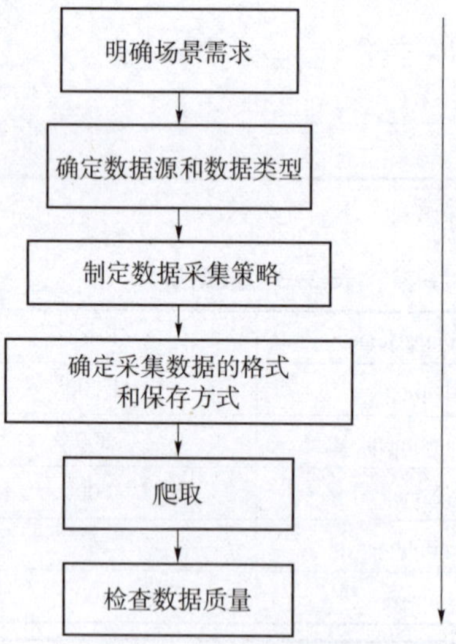

图 2-6　本模块知识总结

知识总结

在现代商业环境中，数据采集的重要性愈加凸显。它不仅仅是理解市场动态、客户需求、业务性能的关键，还为企业提供了数据驱动的决策支持，从而提高了运营效率和客户满意度。在数据采集的方法上，我们可以看到从传统到现代的显著转变。传统方法如纸质问卷和电话访谈，虽然适用于小规模和高度结构化的数据需求，但在处理大量数据方面存在局限性。相比之下，新技术方法如网络爬虫和 API 集成等自动化工具，不仅能够高效处理大规模和多样化的数据，还能满足现代企业对大数据的需求。

同时，数据类型也发生了显著变化，已从结构化数据（如表单数据、调查问卷结果）扩展到包括社交媒体内容、图片、视频等在内的非结构化数据。这种多样性的数据类型为企业提供了更全面的信息视角，但也对数据处理和分析提出了更高的要求。传统的统计分析方法已不足以应对复杂的数据集，越来越多的企业开始采用机器学习和人工智能技术，以实现更深入的分析和更精准的预测。

综上所述，商业数据采集已成为企业获取竞争优势的一个关键环节。随着技术的发展，数据采集和分析的方法与范围还在持续扩大，企业必须不断适应这些变化，才能充分挖掘数据潜力，推动业务增长和创新。

知识拓展

数据存储和管理是数据处理的重要环节，它关系到数据如何被保存、访问和保护。涉及数据的组织、备份、恢复、安全性、隐私保护以及符合法律法规要求等方面。

1. 数据存储

数据存储是数据处理的重要环节，它直接关系到数据的保存、访问和保护。主要涉及以下方面：

（1）存储介质与技术：数据可以存储在多种介质上，如本地硬盘、网络附加存储（NAS）、存储区域网络（SAN）以及云存储服务［如 Amazon（亚马逊云）S3、Google Cloud Storage（谷歌云）等］。选择合适的存储技术，取决于数据访问频率、成本效益分析以及性能需求。

（2）数据格式化与组织：数据需以某种组织形式存储，无论是文件系统的层级结构，还是数据库管理系统中的表和索引。正确的数据格式化和组织有助于高效的数据检索和维护。

（3）分布式存储系统：在多个位置分布数据副本，不仅增加了数据的可靠性和容灾能力，还可以优化数据访问速度。

2. 数据管理

数据管理贯穿数据的整个生命周期，从数据创建、存储、使用到最终的归档或删除，每一步都需要确保数据的有效性和安全性。在数据管理的时候，主要涉及以下几个主要方面：

（1）数据安全与保护：包括数据加密、访问控制、防火墙保护等措施，确保数据不被未授权者访问或恶意攻击。

（2）数据备份与恢复：通过定期备份保护数据不受硬件故障、操作错误或其他灾难性事件的影响。恢复计划确保在数据丢失时可以迅速恢复正常运作。

（3）数据监控与审计：实时监控数据的访问和使用情况，定期进行审计，确保数据处理流程的透明性和追溯性。

3. 合规性

在数据管理的过程中，合规性是至关重要的一环。

（1）遵守法律法规：在数据存储和管理过程中，必须严格遵循所在国家和地区的相关数据保护法律。例如，欧盟的《通用数据保护条例》以及中国的《网络安全法》和《个人信息保护法》等法律法规。这些法规旨在确保个人数据的隐私和安全，企业在处理数据时应当合规操作，以避免法律风险。

（2）国际数据传输：在跨境传输数据时，必须确保符合国际法律和相关条约的规定。这不仅包括对数据保护措施方面的要求，还涉及数据在不同司法管辖区间的安全性和合规性，确保数据在跨国运营时的连续性和合法性。

实践训练

旅游生成数据的采集

【任务背景】

假设你是一家旅游咨询公司的数据分析师，公司正在为某旅游企业提供新开发项目的咨询服务。为了提供深入的行业信息，你打算通过用户生成的数据来实现这一目标。用户生成的数据包括旅行者在社交媒体上分享的帖子、评论、照片和视频，以及旅游网站和应用上的评价与反馈。这些数据能够提供旅游目的地的热门趋势、顾客满意度和市场需求等关键信息。

为确保项目的成功实施，需要制定一个详细的数据采集计划。该计划涉及从多个在线平台和社交媒体网站采集数据。

【任务分析】

由于该项目数据存在多样性和丰富性等特点。因此，为了保证数据采集的效率和广度，获取到有价值的信息。在实施该任务的过程中，需要考虑以下问题：

（1）列举三种可能用于采集旅游行业用户生成数据的在线平台或社交媒体网站。

（2）如何确保在采集数据的过程中遵守数据隐私和合规性标准？

（3）解释自动化采集工具如何帮助你高效地收集和管理这些数据？

（4）鉴于用户生成数据的非结构化特征，你将如何处理和分析这些数据以提取有价值的信息？

（5）旅游行业的用户生成的数据中可能存在哪些数据质量问题？

（6）提出一个实际的业务问题，希望通过分析这些用户生成的数据来解决它。

【实施步骤】

通过以上学习，本模块实践训练的解决方案总结如下：

1. 确定需求

（1）数据来源：确定需要爬取的数据来源，比如携程、去哪儿网、大众点评等网站。

（2）数据类型：确定需要爬取的数据类型，包括评论文本、评分、图片等。

（3）爬取频率：确定爬取数据的频率，是一次性爬取还是定期更新。

2. 选择爬虫工具

（1）界面式工具：八爪鱼、后羿等。

（2）自编代码：Python（Beautiful Soup、Selenium 等）。

3. 配置爬取流程

在爬虫任务中，配置以下流程：

（1）输入网址：输入要爬取的网站地址，如酒店评论页面。

（2）页面加载设置：确保页面加载完全后再开始爬取，避免遗漏动态加载的内容。

（3）数据提取：使用八爪鱼的点选工具，选择需要爬取的数据字段，如用户评论、评分、日期等。

（4）分页设置：配置分页规则，确保可以爬取所有页面的评论。

（5）测试爬虫任务：运行测试任务，检查数据提取是否正确，调整配置，直到数据准确。

4. 执行爬虫任务

启动爬虫任务，八爪鱼会自动按照配置爬取数据并保存到本地或云端。

5. 数据导出

导出爬取的数据，格式可以选择 CSV、Excel、JSON 等，导出后做进一步处理。

场景拓展

数据采集在现代商业决策中起着至关重要的作用，帮助企业获取市场信息，优化策略，提高竞争力。数据来源和数据类型多种多样，不仅限于网络、社交媒体等平台。通过理解需求，熟悉不同数据类型以及数据来源，才能够更有效地采集数据。以下是需要采集数据的几个商业场景：

（一）市场研究与消费者洞察（市场研究公司）

1. 场景描述

市场研究公司需要了解特定市场的消费者行为、偏好以及购买动机，以便为客户提供深入的市场信息和策略建议。

2. 数据采集需求

通过调查问卷、社交媒体分析、购买数据，以及其他公开数据源采集关于消费者行为和市场趋势的数据。

3. 数据采集来源

使用点销售系统、客户关系管理系统、网站和应用的用户行为追踪工具以及社交媒体平台来收集数据。

（二）客户行为分析（零售业）

1. 场景描述

零售商需要了解客户在其实体店或网站上的购物习惯，以优化产品摆放、促销活动和库存管理。

2. 数据采集需求

收集客户的购物历史，包括购买的产品、购买时间、购买频率，以及店内和网络的销售数据。

3. 数据采集来源

使用点销售系统、客户关系管理系统、网站和应用的用户行为追踪工具以及社交媒体平台来收集数据。

（三）品牌声誉管理（公关部门）

1. 场景描述

企业需要监控公众对品牌的看法，以便及时响应可能对品牌形象产生负面影响的情况。

2. 数据采集需求

通过监控新闻报道、社交媒体以及消费者评价平台，收集公众对品牌的看法和反应。

3. 数据采集来源

在线新闻网站、社交媒体平台和电商购物平台。

（四）房地产市场分析（房地产公司）

1. 场景描述

房地产开发商和投资者需要评估不同地区的房地产市场潜力，包括价格趋势、供需情况以及区域发展计划。

2. 数据采集需求

收集和分析房产交易记录、地方政府的发展规划、经济增长数据以及人口统计数据。

3. 数据采集来源

房产交易记录（来源于地方或国家的土地注册局或房地产交易登记处；在线房地产市场平台，提供历史交易数据，包括成交价格、物业类型、地点等信息）、地方政府的发展规划（市政府或区域发展局发布的公开文件和规划报告，参加公共听证会和审查会议，收集即将发生的城市规划和基础设施项目信息）、经济增长数据（国家统计局发布的经济报告，包括 GDP 增长率、就业率、行业发展状况等；商业研究机构和金融机构发布的市场分析报告）、人口统计数据（国家或地方统计部门发布的人口普查数据；社会经济调查数据，提供居民收入水平、教育水平、人口迁移趋势等信息）。

（五）供应链优化（物流公司）

1. 场景描述

物流公司需要优化其供应链以提高效率，降低成本，并提供更好的客户服务。这涉及确保货物及时从供应商移动到客户，同时最小化库存和运输成本。为此，公司需要对其运营网络进行详细的分析和监控。

2. 数据采集需求

收集货物流动数据、库存水平、运输成本数据、供应商性能数据、客户需求预测。

3. 数据采集来源

内部管理系统（包含库存管理系统、运输管理系统和订单管理系统）、外部数据源（供应商系统、市场研究数据、销售数据和公共交通数据）。

案例延伸

【案例描述】

京东作为中国主流电商平台之一，其商业活动涉及营销、交易、仓储、配送和售后等环节，并且每一个商业环节都会产生海量的数据。比如，当用户在手机端浏览的时候，用户浏览、收藏、加入购物车和购买商品的行为也都会生成数据。通过这些数据，能在

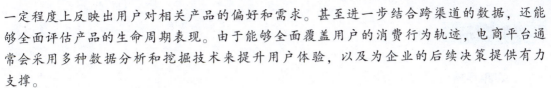

一定程度上反映出用户对相关产品的偏好和需求。甚至进一步结合跨渠道的数据，还能够全面评估产品的生命周期表现。由于能够全面覆盖用户的消费行为轨迹，电商平台通常会采用多种数据分析和挖掘技术来提升用户体验，以及为企业的后续决策提供有力支撑。

目前京东的数据采集方案主要分为两大类：用户行为日志采集方案（点击流系统）和通用数据采集方案（数据直通车）。

（一）点击流系统

目前京东有着丰富的入口平台及展示形式，包括 PC 网页、H5 页面、App 应用、App 内部的 H5 页面、智能设备、微信、手 QQ 以及微信生态下的新场景微信小程序。其中，PC 网页、H5 页面、App 内部的 H5 页面、微信、手 QQ 以及微信小程序由网页方式呈现，用户通过浏览器访问；而智能设备，例如手机、移动手环、智能家电等，则是以 App 应用的方式呈现，用户访问 App 即可获得相应的服务。以浏览器和 App 应用两种使用场景的日志采集方案为例，在浏览器端的日志采集中，主要涉及：①日志采集；②服务器日志接收；③日志存储。而移动设备的页面有别于浏览器页面，移动设备主要为原生页组成的 App 应用，原生页使用原生预研开发完成。因此，移动设备的日志采集主要涉及：①采集方式，移动设备上 App 应用的数据采集主要使用的是 SDK 工具，App 应用在发版前将 SDK 工具集成进来，设定不同的事件行为场景，当用户触发相应的场景时，则会执行 SDK 相应的脚本，采集对应的行为日志。②日志存储，用户的各种场景都会产生日志，为了减少用户的流量损耗，将日志先在客户端缓存，并对数据进行聚合，在适当时机对数据进行加密和压缩后上报至日志服务器，同时由于数据的聚合和压缩也可以减少对服务器的请求情况。

（二）数据直通车

数据直通车为京东线上数据提供接入京东数据仓库的完整解决方案，为后续的查询、分发、计算和分析提供数据基础。直通车提供丰富多样、简单易用的数据处理功能，可满足离线接入、实时计算、集成分发等多种需求，并进行全程状态监控。

数据直通车接入数据类型，根据抽取的数据量及抽取对线上的影响，分为定时离线接入和实时接入两种抽取方式。每种抽取方式支持不同的数据类型，每天在零点后获取前一天完整的数据，然后对这些数据进行集中加工处理，并将数据最终储存到目标表对应的分区中。

【案例分析】

京东的标准化数据采集方案充分体现了商业数据采集的多源异构性。无论是在平台上的行为，还是顾客的需求和消费意向，都与数据的收集和分析密切相关。平台需要采集到高质量、相关性强的数据，并通过分析来挖掘其背后的商业价值，因此，企业必须熟练掌握商业数据采集原则、对象、方法和途径，利用合适工具构建一体化采集，才能适应大数据时代的需求。

然而，这并不意味着企业可以随意采集数据，只顾利益而忽视数据的合规性。例如，交通出行的平台会采集乘客的出行信息，或者有的电动驾驶车为了智能驾驶需要搜集相关的道路信息，这些信息的采集不仅涉及相关乘客隐私并反映客户出行偏好，还可能反映出乘客的出行偏好和路线选择。如果这些信息被不当使用或非法分享，不仅会违反相关法律法规，还会对国家的经济安全、国土安全、科技安全和信息安全构成潜在威胁。因此，企业对于数据的采集和应用必须基于法律规定的框架，要合法合规。

思考与练习

一、单选题

1. 数据采集的基本原理不包括下列哪项？（ ）

A. 数据的类型　　B. 数据的颜色

C. 数据的来源　　D. 数据采集方法

2. 在数据清洗过程中通常不包括下列哪项操作？（ ）

A. 处理缺失值　　B. 去除重复记录

C. 改变数据格式　　D. 修改数据的真实性

3. 下列哪项不是确保数据隐私和安全的措施？（ ）

A. 数据加密　　B. 遵守数据保护法规

C. 随意共享数据　　D. 设置访问权限

4. 以下哪项技术通常不被认为是数据采集的新趋势？（ ）

A. 云存储　　B. 大数据技术

C. 手工记录　　D. 人工智能

5. 以下哪项不是常用的数据采集方法？（ ）

A. API 调用　　B. 网络爬虫

C. 数据库查询　　D. 随机猜测

二、多选题

1. 在保证数据隐私和安全的过程中，应采取哪些措施？（ ）

A. 加密敏感数据　　B. 随机存储数据

C. 遵守相关的法律法规　　D. 实现访问控制

2. 在数据采集和处理过程中，应如何体现职业道德？（ ）

A. 尊重数据隐私　　B. 无视版权和数据来源

C. 遵守数据保护法律法规　　D. 保证数据的透明度和可追溯性

3. 数据预处理的步骤通常包括哪些？（ ）

A. 处理缺失值　　B. 纠正错误数据

C. 数据归一化　　D. 改变数据的含义

4. 以下哪项技术通常被认为是数据采集的新趋势？（ ）

A. 云存储　　B. 大数据技术

C. 手工记录　　D. 人工智能

三、简答题

1. 简述数据采集的基本原理，并说明为什么了解数据的类型和来源在数据采集过程中很重要。

2. 说明数据分析在数据采集流程中扮演的角色，并举例说明如何通过数据分析提取有价值的信息。

四、实操题

1. 题目背景：

某旅游管理公司希望通过分析旅游景点的在线评价数据，了解游客对各大景点的评价情况，以便于优化旅游资源配置和提升服务质量。你的任务是利用数据采集工具收集某知名旅游网站上指定景点的用户评价数据，并进行初步的数据清洗和分析。

2. 任务描述：

选择数据采集工具：可以选择任意一种数据采集工具来完成数据采集任务。

确定目标网站或数据字段：选择某知名旅游网站［如 TripAdvisor（猫途鹰）、携程网等］。

目标景点：选择一个具体的景点（如长城、故宫等）。

采集字段：景点名称、用户 ID、评价日期、评价内容、评分（1~5 星）。

数据采集：设置爬虫工具，爬取目标景点的用户评价数据，确保采集的数据包含足够的样本量（至少 100 条评价）。

结束语

在本模块中，我们系统地探讨了商业数据采集的各种方法与技术，强调了数据采集在商业决策中的关键作用。通过有效的数据采集，企业能够更深入地了解市场动态、客户需求和竞争格局，为后续的分析和战略制定提供了宝贵的基础数据。

接下来，我们将进入模块三，深入探讨如何对采集到的这些数据进行预处理。数据预处理是确保数据质量和提升分析准确性的关键步骤，它为商业数据分析奠定了坚实的基础。

模块二　答案

模块三

商业数据预处理

【模块引言】

在当今这个数据极其丰富的时代，商业数据分析已成为企业竞争力的关键。然而，数据本身的价值并不是显而易见的，它需要经过精细的处理才能转化为有用的信息。

数据预处理是数据分析流程中至关重要的一环，涉及从原始数据中清洗、转换、整合数据等一系列步骤，目的是确保分析过程的准确性和有效性。在商业环境下，数据预处理尤其重要，因为商业决策的质量直接受到数据质量的影响。

本模块将深入探讨商业数据预处理的各个方面，包括数据清洗、数据整合、数据变换和数据规约等关键过程。通过具体的示例和案例分析，让学生学会如何在实际应用中有效地进行数据预处理，为后续的商业数据分析打下坚实基础。

通过本模块的学习，学生不仅能够掌握数据预处理的理论和技术，还能够理解其在商业分析中的实际应用和重要性。期待学生能将该模块的知识应用到解决实际商业问题中，以数据驱动的方式提升自我数据素养，为日后就业做好准备。

【学习目标】

【知识目标】

- 理解数据预处理、数据清洗、数据整合以及数据变换的基本概念；
- 理解并掌握数据合并、连接和重塑的基本原理；
- 理解并掌握常用的数据规范化、标准化和转换方法；
- 理解并掌握数据降维、数据压缩、数据抽取、特征选择等方法。

【能力目标】

- 学会使用数据处理工具（如Excel、SQL或Python等）进行数据清洗、整合、变换和规约操作；
- 学会针对具体问题选择合适的数据预处理技术。

【素养目标】

- 逐步养成对数据预处理方法的批判性思维能力，具备评估方法适用性和有效性的能力；
- 逐步形成持续学习和适应新工具、新方法的习惯，能应对数据分析领域的快速发展；
- 培养处理、分析数据的职业伦理感。

知识能力图谱

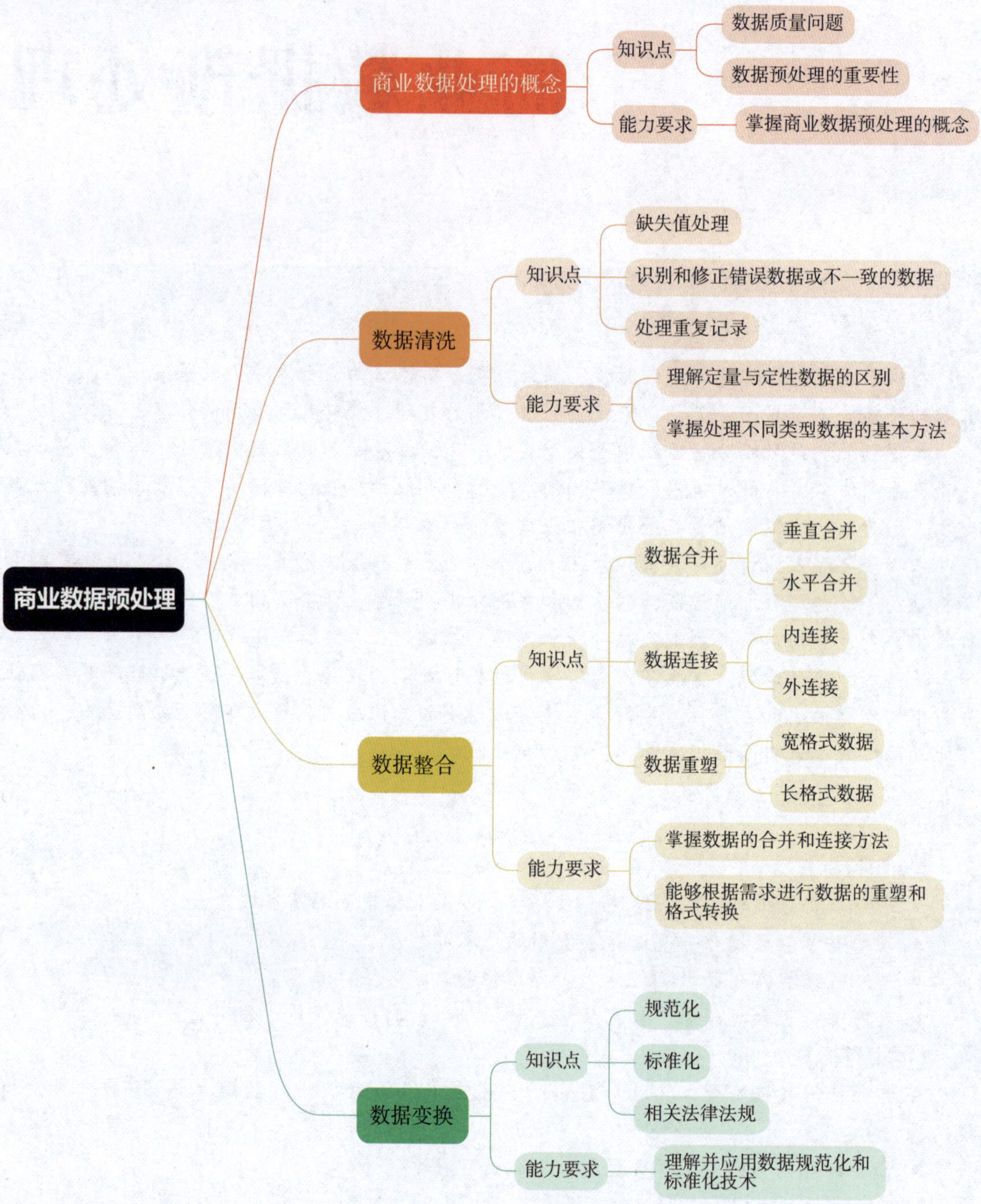
商业数据预处理
商业数据处理的概念
知识点
数据质量问题
数据预处理的重要性
能力要求
掌握商业数据预处理的概念
数据清洗
知识点
缺失值处理
识别和修正错误数据或不一致的数据
处理重复记录
能力要求
理解定量与定性数据的区别
掌握处理不同类型数据的基本方法
数据整合
知识点
数据合并
垂直合并
水平合并
数据连接
内连接
外连接
数据重塑
宽格式数据
长格式数据
能力要求
掌握数据的合并和连接方法
能够根据需求进行数据的重塑和格式转换
数据变换
知识点
规范化
标准化
相关法律法规
能力要求
理解并应用数据规范化和标准化技术

场景驱动

【场景导入】

某电商零售平台正在优化该平台的营销活动。该平台销售从服装到美妆产品的多种商品，并通过电子邮件营销、社交媒体广告和网站推荐等多种渠道进行产品推广。该平台获取了关于顾客行为的大量数据，包括点击率、购买历史、顾客反馈、广告响应数据等，目的是利用这些数据来优化营销策略，提高营销活动的回报率。然而，这些数据由不同的部门收集，存储在不同的系统中，且格式不统一，质量参差不齐。具体表现如下：

1. 购买历史数据缺失

小明在该平台上购买了服装和美妆产品，但由于系统故障，只有购买服装的记录被保存，而购买美妆产品的记录丢失了。这种数据缺失会影响顾客行为分析的完整性和准确性，如表 3-1 所示。

表 3-1 购买历史数据缺失

顾客 ID	商品类别	购买日期	购买金额/元
小明	服装	2024-03-15	380
小明	美妆	—	—

2. 点击率数据不准确

顾客小红点击了一则微信公众号推送内容的链接，但由于跟踪代码的错误，这次点击没有被正确记录。结果可能导致低估了营销的效果，如表 3-2 所示。

表 3-2 点击率数据不准确

顾客 ID	营销渠道	点击次数	预期点击次数
小红	微信公众号	0	1

3. 顾客反馈数据不一致

顾客小兰在社交媒体上对某产品给出了正面反馈，而在该平台评价系统中却给出了负面反馈。这种不一致可能源于不同的反馈收集机制或顾客在不同时间点的不同体验，如表 3-3 所示。

表 3-3 顾客反馈数据不一致

顾客 ID	反馈渠道	反馈内容
小兰	社交媒体	正面
小兰	平台内评价系统	负面

4. 广告响应数据分散

顾客小黄在不同时间通过不同的广告渠道对同一促销活动作出了响应，但这些响应记录分散存储在不同的数据库中，导致分析时难以整合，如表 3-4 所示。

表 3-4　广告响应数据分散

顾客 ID	广告渠道	响应时间
小黄	社交媒体	2024-03-10
小黄	网站推荐	2024-03-12

请问：以上的数据可否直接分析？需要经过哪些处理？

【需求识别】

上述数据表格示例揭示了几种典型的数据质量问题，这些问题如果不解决，会严重影响数据分析的准确性和可靠性。

购买历史数据缺失（顾客小明的购买历史中，购买美妆产品的记录丢失，缺失日期和金额）：这种数据缺失问题会导致顾客购买行为分析的不完整，影响对顾客偏好和购买模式的理解，进而影响库存管理和个性化推荐的准确性。

点击率数据不准确［顾客小红在电子邮件营销中的点击行为没有被正确记录（记录为 0 次点击，而预期应为 1 次）］：这种不准确的点击率数据会使营销效果评估产生误差，并可能导致营销资源的错误分配。

顾客反馈数据不一致（顾客小兰在不同平台上对同一产品反馈不一致，社交媒体上是正面，而平台内评价系统中是负面）：这将影响到整体的客户满意度分析，并可能对产品或服务策略的制定造成误导。

广告响应数据分散（顾客小黄对同一促销活动的响应记录分散在不同的数据源中，未能集中存储和分析）：导致难以综合评估广告效果，并影响精准营销策略的优化。

【解决思路】

（1）如何处理顾客购买历史中的缺失数据？提出两种方法并比较它们。

（2）面对顾客在不同平台上反馈不一致的情况，如何确定哪些数据更可信？

（3）描述一个流程来整合分散的广告响应数据，并确保整合后数据的准确性。

（4）点击率数据出现错误时，你将如何发现并纠正这些错误？

（5）经过预处理的数据如何帮助你改善电子邮件营销的效率？

在本模块中，我们通过一个在线零售平台的实际商业场景，深入探讨了商业数据预处理的重要性和应用。在这个场景中，我们面对的是一个典型的数据集，包含了从不同渠道收集的质量参差不齐的顾客行为数据，如购买历史、点击率、顾客反馈和营销数据。我们识别并分析了这些数据中存在的多种问题，包括数据缺失、不准确、不一致和数据分散等。这些问题如果未经过有效的预处理，将直接影响数据分析的准确性和决策的有效性。例如，缺失的购买历史数据会影响顾客偏好分析和库存分析的判断；不准确的点击率会误导营销效果评估；反馈数据的不一致性会影响顾客满意度的判断；而分散的广告响应数据则会加重分析的复杂度。

通过讨论如何解决这些数据问题，强调了数据清洗、整合、转换和规约等预处理步骤的重要性。这些步骤不仅帮助我们提高数据的质量，而且为进一步的数据分析和商业决策提供了坚实的基础。特别是在在线零售这样一个竞争激烈的领域，规范和高质量的数据预处理能够显著提升营销策略的效果，增强顾客体验，进而促进业务的增长和利润的提升。

总而言之，本模块通过一个实际场景强调了数据预处理在商业数据分析中的关键作用，展示了通过精确的数据预处理如何为商业决策提供强有力的支持。这不仅加深了我们对数据预处理技术和方法的理解，而且启发我们如何在实际的商业分析和决策中有效地应用这些知识。

知识导入

一、商业数据预处理的概念

数据预处理是数据分析的初步阶段，涉及对原始数据进行清洗、整合、变换和规约等一系列操作，以提升数据的质量，确保后续分析的准确性和有效性。在商业数据分析的背景下，商业数据预处理是将大量杂乱无章的商业数据转化为清晰、可分析的信息的关键步骤。

（一）数据质量问题

在数据分析中，数据质量问题是影响数据分析结果可靠性和准确性的关键因素。常见的数据质量问题包括缺失值、异常值和重复数据。

缺失值是指在数据集中未记录或缺乏的信息，这可能发生在数据收集的各个阶段，原因包括信息未被录入、数据丢失或传输错误等。缺失值的存在会破坏数据的完整性，进而影响分析的准确性，导致结果偏差或不完整。

异常值是指那些显著偏离其他数据点的值，通常由输入错误、偶发事件或自然波动引起。异常值如果不加以处理，可能会扭曲统计分析结果，导致误导性的结论，对决策产生不利影响。

重复数据是指数据集中有一条或多条记录在全部或部分字段上与其他记录完全相同。这种情况可能是由于数据输入错误、数据合并不当或系统错误引起的。重复数据会影响数据的准确性，导致冗余信息和分析结果的不可靠性。因此，识别和处理这些数据质量问题是确保数据分析结果可靠和准确的重要步骤。

（二）数据预处理的重要性

数据预处理在商业数据分析中起着至关重要的作用，它不仅直接影响分析结果的可靠性，还在提高数据质量、保证分析结果的准确性、提升分析效率和支持复杂数据分析方法方面发挥着关键作用。

通过数据预处理，可以有效去除数据中的噪声和不相关信息，确保数据的完整性和一致性，从而提升数据的准确性和可用性。这对于避免因数据质量低下而导致的误导性分析结果尤为重要。此外，数据预处理还可以减少数据的规模和复杂性，从而加快分析过程，提高数据处理的速度和效率。在多渠道的商业环境中，数据预处理有助于整合来自不同来源和格式的数据，确保数据的一致性，为全面的数据分析奠定坚实的基础。更为重要的是，高质量的预处理数据是运用高级分析方法（如机器学习、深度学习）的前提，这些方法对数据质量有着更高的要求。通过有效的数据预处理，企业能够获得更为可靠的分析结果，支持科学的决策，推动业务的可持续发展。

自测小问题

在数据预处理的时候要考虑数据质量的哪些方面？

二、数据清洗

数据清洗的主要目的是提高数据集的质量，确保数据分析的准确性和有效性。通过清洗过程，数据分析师可以从原始的、可能包含多种问题的数据集中提取出准确、一致且可靠的数据，为后续的数据分析和业务决策提供坚实的基础。

（一）处理缺失值

缺失值可以通过多种方法进行处理，包括删除含缺失值的记录、使用平均值或中位数填充、使用更复杂的模型预测缺失值，或者应用插值方法估计缺失值。选择合适的方法时，需要考虑数据类型（数值型或类别型）、缺失数据的比例，以及缺失数据是否随机分布等因素。

1. 发现缺失值

```
import pandas as pd
import numpy as np

# 创建示例数据
data = {'顾客 ID': ['001', '002', '003', '004'],
        '购买金额': [200, 150, np. nan, np. nan]}
df = pd. DataFrame(data)

# 发现缺失值
print(df. isnull())
print(df. info())
```

2. 填补缺失值

```
import pandas as pd
import numpy as np

# 创建示例数据
data = {'顾客 ID': ['001', '002', '003', '004'],
        '购买金额': [200, 150, np. nan, np. nan]}
df = pd. DataFrame(data)

# 用平均值填充缺失的购买金额
df['购买金额']. fillna(df['购买金额']. mean(), inplace=True)
print(df)
```

3. 缺失值处理策略

（1）删除：如果数据缺失不是很多，可以选择删除含有缺失值的行或列。这是最简单直接的处理方法，但可能会导致信息损失。

（2）填充：可以使用均值、中位数、众数或其他统计值填充缺失数据，对于连续数据通常使用均值或中位数，对于分类数据通常使用众数。

（二）识别和修正错误数据或不一致的数据

错误的数据可能是由录入错误、测量误差或数据传输问题引起的。修正这些数据通常需

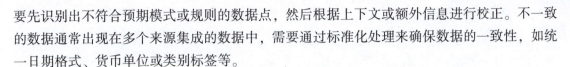

要先识别出不符合预期模式或规则的数据点，然后根据上下文或额外信息进行校正。不一致的数据通常出现在多个来源集成的数据中，需要通过标准化处理来确保数据的一致性，如统一日期格式、货币单位或类别标签等。

1. 发现不一致的数据

```
import pandas as pd

# 创建示例数据
data = {'顾客 ID': ['001', '002'],
        '购买日期': ['2024-01-21', '21/01/2024']}
df = pd.DataFrame(data)

# 发现不一致的数据
# 这里假设我们期望所有日期都遵循相同的格式
for date in df['购买日期']:
    if not pd.to_datetime(date, errors='coerce'):
        print(f"不一致的日期格式：{date}")
```

2. 修正不一致的数据

```
import pandas as pd

# 创建示例数据
data = {'顾客 ID': ['001', '002'],
        '购买日期': ['2024-01-21', '21/01/2024']}
df = pd.DataFrame(data)

# 统一日期格式
df['购买日期'] = pd.to_datetime(df['购买日期'])
print(df)
```

3. 异常值处理策略

异常值处理策略可以总结为以下几种方法：

（1）如果异常值是由错误或不可靠的数据源引发的，可以直接删除这些数据点。

（2）如果异常值是由已知的错误（如录入错误）引发的，则应将这些值修正到合理范围内。

（3）如果异常值真实地反映了某种现象的一部分，那么应当保留这些数据。在保留异常值的情况下，关键是要理解这些异常值出现的原因，而不是简单地移除它们。

（三）处理重复记录（即重复数据）

识别并删除数据集中的重复记录是清洗数据的关键步骤，尤其是在合并多个数据源时。重复项可以通过数据排序、标识唯一性键值或使用专门的数据清洗工具来识别和删除。

1. 发现重复记录

```
import pandas as pd

# 创建示例数据,包含重复记录
data = {'顾客 ID': ['001', '002', '001'],
        '购买日期': ['2024-01-21', '2024-01-15', '2024-01-21'],
        '购买金额': [200, 150, 200]}
df = pd. DataFrame(data)

# 发现重复记录
print(df. duplicated())
```

2. 删除重复记录

```
import pandas as pd

# 创建示例数据,包含重复记录
data = {'顾客 ID': ['001', '002', '001'],
        '购买日期': ['2024-01-21', '2024-01-15', '2024-01-21'],
        '购买金额': [200, 150, 200]}

df = pd. DataFrame(data)

# 删除重复记录
df. drop_duplicates(inplace=True)
print(df)
```

3. 重复记录的处理策略

（1）删除：如果异常值是由错误或不可靠的数据源引起的，可以直接删除这些数据点。

（2）修正：如果异常值是由已知错误（如录入错误）引起的，应当修正这些值到合理范围。

（3）保留：如果异常值真实地反映了现象的一部分，应当保留。在这种情况下，重要的是理解为什么会出现这些异常值，而不是简单地移除它们。

通过运用这些方法，可以有效地在数据预处理阶段识别出数据集中的缺失值、不一致数据和重复记录，为接下来的数据清洗工作打下基础。

自测小问题

检查以下数据集是否存在缺失值、异常值和重复记录等问题，如有，请修正。

```
import pandas as pd

data = {'顾客 ID': ['001', '002', '003', '001'],
        '购买日期': ['2024-01-21', '2024/01/22', '2024-01-23', '2024-01-21'],
        '购买金额': [200, 150, None, 200]}
df = pd. DataFrame(data)
```

三、数据整合

数据整合是指将来自不同来源和不同格式的数据集合并为一个一致的数据集。这一过程对于确保数据分析的完整性和准确性至关重要。

（一）数据合并

数据合并通常分为垂直合并和水平合并两种方式。

1. 垂直合并

垂直合并（也称为纵向合并）是指将两个或多个数据表沿着行的方向拼接，类似于在一份文件的末尾追加另一份文件。进行垂直合并的前提是这些数据集具有相同的列（字段名相同），但行可以不同。如下所示：

```
import pandas as pd

# 创建示例数据集
data_jan = {'顾客 ID': ['001', '002', '003'],
            '购买金额': [200, 150, 300]}
df_jan = pd. DataFrame(data_jan)

data_feb = {'顾客 ID': ['004', '005', '006'],
            '购买金额': [220, 250, 330]}
df_feb = pd. DataFrame(data_feb)

# 垂直合并这两个数据集
df_combined = pd. concat([df_jan, df_feb], ignore_index=True)
print(df_combined)
```

2. 水平合并

水平合并（也称为横向合并）则涉及将两个或多个数据集沿着列的方向拼接，类似于将一张表格并排放置到另一张表格的侧面。进行水平合并的前提是数据集具有相同的行，或者可以通过某些键进行匹配。

（二）数据连接

数据连接主要包括内连接和外连接两种方式。

1. 内连接

内连接是数据库和数据处理中常用的一种连接方式，它只返回两个数据集中键值匹配的记录。如果某一行在一个数据集中有对应的键值，并且在另一个数据集中也有匹配，那么这行数据会出现在内连接的结果中。简单来说，内连接的结果是两个数据集的交集，未匹配的行将被排除在外。

在下面这个例子中：

顾客 ID 001 只在 1 月有销售记录，在 2 月的销售额下会显示为 NaN。

顾客 ID 004 只在 2 月有销售记录，在 1 月的销售额下会显示为 NaN。

顾客 ID 002 和 003 在两个月都有销售记录，因此在合并后的数据集中会显示它们在两个月的销售额。这种方式可以帮助我们合并两个数据集，同时可保留所有的信息，即使某些信息在另一个数据集中不存在也不会丢失。

```
# 创建示例顾客数据集
data_customers = {'顾客 ID': ['001', '002', '003'],
                  '顾客姓名': ['Alice', 'Bob', 'Charlie']}
df_customers = pd. DataFrame(data_customers)

# 创建示例订单数据集
data_orders = {'顾客 ID': ['001', '002', '003'],
               '订单金额': [250, 150, 200]}
df_orders = pd. DataFrame(data_orders)

# 使用内连接合并这两个数据集
df_merged = pd. merge(df_customers, df_orders, on='顾客 ID')
print(df_merged)
```

2. 外连接

相比之下，外连接则提供了更灵活的数据合并方式，分为左连接、右连接和全连接三种。

左连接（Left Join）会返回左数据集的所有行，即使某些行在右数据集中没有匹配，对于未匹配的行，结果中将填充空值（如 NaN）。

右连接（Right Join）则与之相反，它返回右数据集的所有行，即使其键值在左数据集中没有匹配，未匹配的部分同样用空值填充。

全连接（Full Join）是最全面的一种连接方式，它返回两个数据集的所有行，无论某些行是否在另一个数据集中有匹配，未匹配部分都将填充空值。全连接的结果可以看作是两个数据集的并集。

```
import pandas as pd

# 创建示例数据集 A
data_a = {
    '顾客 ID': ['001', '002', '003'],
    '1 月销售额': [200, 150, 300]
}
df_a = pd. DataFrame(data_a)

# 创建示例数据集 B
data_b = {
    '顾客 ID': ['002', '003', '004'],
    '2 月销售额': [220, 330, 400]
}
df_b = pd. DataFrame(data_b)

# 进行全外连接
df_full_outer = pd. merge(df_a, df_b, on='顾客 ID', how='outer')
print(df_full_outer)
```

（三）数据重塑

数据重塑是数据预处理的一个重要部分，涉及对数据结构进行重新排列和组织，以便更好地适应分析需求或提升数据的可用性。将数据从宽格式转换为长格式是一种常见的数据重塑方法，尤其适用于将包含多个观测变量的宽格式数据转换为更适合分析的长格式数据。在长格式数据中，每一行通常代表一个观测点，而在宽格式数据中，每一行代表多个观测点或多个时间点的数据。

1. 宽格式数据

宽格式数据通常有多个列，每个列代表不同的变量或不同时间点的观测值。例如，一个宽格式数据集可能会有多个销售额列，每列代表一个月份的销售额。

2. 长格式数据

长格式数据将宽格式数据的多个列转换为少数几列，但增加了行数。在长格式数据中，通常有两个关键的列：一个是变量名（如时间、类别）；另一个是对应的值。

假设我们有如表 3-5 所示宽格式数据：

表 3-5 宽格式数据

ID	2021 销售额	2022 销售额
1	100	150
2	200	250

通过以下操作：

```
import pandas as pd

# 创建宽格式的 DataFrame
data = {'ID': [1, 2],
        '2021 销售额': [100, 150],
        '2022 销售额': [200, 250]}

df_wide = pd. DataFrame(data)


# 转换为长格式
df_long = pd. melt(df_wide, id_vars=['ID'], value_vars=['2021 销售额', '2022 销售额'],
                   var_name='年份', value_name='销售额')

print(df_long)
```

得到如表 3-6 所示结果：

表 3-6 结果 万元

ID	年份	销售额
1	2021	100
1	2022	200

续表

ID	年份	销售额
2	2021	150
2	2022	250

这种长格式数据便于进行多种数据分析操作，特别是涉及时间序列或分组比较的分析。

四、数据变换

数据变换是数据预处理的一个重要环节，涉及将数据转换或映射到新的格式，从而更有效地进行后续分析。

（一）规范化

1. 定义

规范化是指将数据按比例缩放到一个小的特定区间，如0到1之间。这一过程有助于处理不同量级和分布的数据，使之能在相同的尺度下进行比较和分析。

2. 常用方法

将数据转换到0和1之间。公式为：

$$(x-\min(x))/(\max(x)-\min(x))$$

（二）标准化

1. 定义

标准化涉及数据的转换，使得数据的均值为0，标准差为1。这有助于消除数据的单位限制，使其分布更加标准化。

2. 常用方法

Z得分标准化：计算方法是将数据的每个值减去其平均值，然后除以标准差。公式为：

$$(x-\mathrm{mean}(x))/\mathrm{std}(x)$$

（三）相关法律法规

在我国，在数据预处理领域必须严格遵守《网络安全法》和《个人信息保护法》等相关法律法规。这些法律为数据预处理活动设定了明确的法律框架，确保个人信息和数据安全得到有效保护。

自2017年《网络安全法》实施以来，该法律明确了网络运营者在个人信息收集和使用中的责任，要求强化数据安全和加强用户隐私保护。根据该法律，任何组织和个人在进行数据预处理时，都必须遵循合法、正当、必要的原则，确保数据在收集、存储、使用、传输等各个环节都不被非法盗取、泄露或者被滥用。

2021年实施的《个人信息保护法》进一步强化了个人信息保护。该法律规定，处理个人信息必须有明确的目的，数据预处理活动需要具备透明性，并且需获得数据主体的同意。此外，法律要求数据预处理者采取适当的技术和管理保护措施，确保个人信息在收集、存储、处理和传输过程中的安全，防止信息被非法获取、使用、披露或滥用。

在遵守这些法律法规的基础上，数据预处理过程还需要关注以下几点：一是确保数据在收集和处理过程中受尊重并保护个人隐私，不侵犯数据主体的合法权益；二是在数据预处理中实行数据最小化原则，即仅处理完成特定目的所必需的数据；三是加强数据安全管理，防止数据在预处理过程中发生泄露、丢失或被篡改的风险；四是建立数据处理的透明机制，确保数据主体了解其数据如何被收集和使用，并能够行使其对个人数据的控制权。

通过这些综合措施，数据预处理活动不仅符合中国的法律法规要求，还能提升数据预处理活动的透明度和安全性，为企业或组织顺利完成数据预处理任务提供有力保障。

知识总结

本模块知识总结如图 3-1 所示。

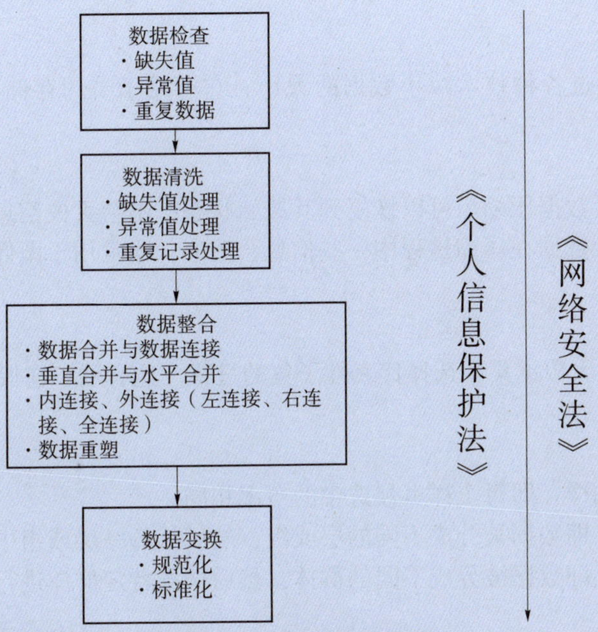

图 3-1　本模块知识总结

在本模块中，我们深入探索了数据预处理的重要性及其在数据分析中的核心作用，详细讲解数据清洗、合并、重塑、变换的各个步骤。数据预处理不仅是一项技术工作，它还体现了对数据真实性、完整性的尊重和对分析准确性的追求。每一步数据预处理操作都是基于对数据质量和数据结构深思熟虑的改善，旨在确保分析结果的可靠性和有效性。这不仅要求学生具备扎实的技术能力，还需要培养他们对数据负责任的态度，以及在处理敏感信息时遵守伦理和法规的意识。

知识拓展

数据规约

数据规约是数据预处理的一个重要步骤，旨在减少数据集的大小，同时尽可能保留原始数据的信息。数据规约可以加快数据处理的速度，提高数据分析的效率。以下是数据规约的一些关键知识点：

（一）降维

1. 定义

降维是指减少数据集中变量数量的过程，目的是简化数据模型，减少分析时间，同时尽可能保留原始数据的重要信息。

2. 方法

（1）主成分分析（PCA）：这是一种统计方法，它可以通过正交变换将一组可能相关的变量转换为一组线性不相关的变量，称为主成分。PCA 常用于减少数据集的维数，同时保留数据集中最重要的变异性。

（2）线性判别分析（LDA）：这是一种监督学习的降维技术，旨在找到不同类别或分组之间区分度最大的特征子空间。

（二）数据压缩

1. 定义

数据压缩是指通过各种技术减小数据的大小。它有助于节约存储空间，提高数据处理速度。

2. 方法

（1）无损压缩：数据压缩后可以恢复到其原始状态，不会丢失信息。

（2）有损压缩：数据在压缩过程中一些信息会丢失，通常用于图像、视频和音频数据。

（三）数据抽样

1. 定义

数据抽样是指从大数据集中选择代表性子集的过程。这有助于在保留数据集核心特征的前提下减少数据量。

2. 方法

（1）简单随机抽样：即每个样本被选中的概率相同。

（2）分层抽样：即数据被分成不同的层或组，然后从每一层或组中随机抽样。

（3）聚类抽样：即数据被分成不同的群体，然后选择特定群体进行深入分析。

（四）特征选择

1. 定义

特征选择是指从原始数据特征中选择最相关特征的过程，以简化模型，提高模型的可解释性，同时减少过拟合的风险。

2. 方法

（1）过滤方法：根据统计测试或与目标变量的相关性来选择特征。

（2）包裹方法：利用具体的机器学习算法性能作为评价标准，选择最佳特征子集。

（3）嵌入方法：将特征选择过程与模型训练过程结合在一起，如使用带有正则化项的线性模型。

通过有效的数据规约，数据分析师可以减轻计算负担，加速数据处理过程，同时保留对分析目标有用的关键信息。

实践训练

线上销售数据与线下销售数据的处理

【任务背景】

假设你是一家零售公司的数据分析师，该公司销售多种商品，并通过在线和实体店铺进行销售。你收到了最近一个季度的销售数据，数据来源包括在线销售数据和线下几家实体店的销售数据。你的任务是整合和预处理这些数据，以便进行进一步的销售分析，比如分析不同产品的销售趋势、不同渠道的销售表现等。

你收到了两个数据文件：在线销售数据（online_sales. csv）和实体店销售数据（store_sales. csv）。这两个数据集分别记录了线上销售和线下实体店销售（以下简称线下销售）的信息，但数据质量存在问题。

（一）线上销售数据（表 3-7）

表 3-7　线上销售数据

产品 ID	销售金额	销售日期	客户 ID	支付方式
001	120	2024-03-01	C001	支付宝
002	NaN	2024-03-05	C002	微信
003	250	2024-03-02	C003	支付宝
001	150	2024-03-01	C001	支付宝

（二）线下销售数据（表 3-8）

表 3-8　线下销售数据

产品编号	销售额	销售日期	门店 ID
A01	300	2024/03/03	S001
A02	450	2024/03/04	S002
A01	300	2024-03-05	S001
B01	-200	2024/03/05	S003

【任务提出】

（1）在线上销售数据中存在缺失值（例如销售金额），如何处理这些缺失数据？

（2）在线上销售数据中存在重复记录（产品 ID 为 001 的记录重复），应如何识别和处理这类重复数据？

（3）线下销售数据的产品编号与线上销售数据的产品 ID 应该是对应的，但存在不一致（比如在线上销售数据中是数字，在线下销售数据中是字母数字组合），如何统一这两个字段，以便于数据合并？

（4）线下销售数据中的销售额存在负数（可能是退货或错误数据），如何识别和处理这些异常值？

（5）两个数据集中的销售日期格式不一致（一个使用“-”分隔，一个使用“/”分隔），如何统一日期格式，以便进行时间序列分析？

（6）如何将这两个数据集合并为一个，以便进行全面的销售分析？

【实施步骤】

（一）数据整合

1. 数据收集

从各个系统中收集所有相关数据，确保没有遗漏。

```
# 示例:从不同数据库中收集数据
import pandas as pd
# 假设从数据库1、2、3中收集的数据
df1 = pd.read_sql('SELECT *  FROM purchase_history', con=database1)
df2 = pd.read_sql('SELECT *  FROM click_data', con=database2)
df3 = pd.read_sql('SELECT *  FROM feedback_data', con=database3)
df4 = pd.read_sql('SELECT *  FROM ad_response_data', con=database4)
```

2. 数据合并

将各个数据源的数据合并成一个统一的数据集。

```
# 示例:合并数据
df = pd.merge(df1, df2, on='顾客 ID', how='outer')
df = pd.merge(df, df3, on='顾客 ID', how='outer')
df = pd.merge(df, df4, on='顾客 ID', how='outer')
```

(二)数据清洗

1. 处理缺失数据

对于购买历史数据缺失的情况，需要填补缺失值或删除影响较大的缺失记录。

```
# 示例:处理缺失数据
df['购买金额'].fillna(0, inplace=True)  # 用0填补缺失的购买金额
df.dropna(subset=['购买日期'], inplace=True)  # 删除购买日期缺失的记录
```

2. 处理不准确数据

修正点击率数据的错误记录。

```
# 示例:修正点击率数据
df['点击次数'] = df.apply(lambda row: row['预期点击次数'] if row['点击次数'] == 0 else row['点击次数'], axis=1)
```

3. 处理不一致数据

对顾客反馈数据进行对比和统一处理。

```
# 示例:统一顾客反馈数据
def unify_feedback(row):
    if row['反馈渠道'] == '社交媒体'and row['反馈内容'] == '正面':
        return '正面'

    elif row['反馈渠道'] == '平台内评价系统'and row['反馈内容'] == '负面':
        return '负面'
    return row['反馈内容']

df['统一反馈'] = df.apply(unify_feedback, axis=1)
```

4. 整合分散数据

整合广告响应数据，使其便于分析。

```
# 示例:整合广告响应数据
ad_responses = df.groupby('顾客 ID')['广告渠道'].apply(list).reset_index()
```

（三）数据标准化

1. 数据格式统一

确保所有数据的格式一致。

```
# 示例：数据格式统一
df['购买日期'] = pd.to_datetime(df['购买日期'])
df['响应时间'] = pd.to_datetime(df['响应时间'])
```

2. 数据类型转换

将所有数据转换为合适的数据类型。

```
# 示例：数据类型转换
df['点击次数'] = df['点击次数'].astype(int)
df['购买金额'] = df['购买金额'].astype(float)
```

（四）数据验证

1. 数据完整性检查

确保数据合并和清洗后没有遗漏或错误。

```
# 示例：数据完整性检查
assert df.isnull().sum().sum() == 0, "存在未处理的缺失值"
```

2. 数据一致性检查

确保数据逻辑一致性。

```
# 示例：数据一致性检查
assert df[df['统一反馈'] == '正面']['反馈渠道'].nunique() == 1, "反馈数据不一致"
```

通过上述处理步骤，可以确保数据的完整性、一致性和准确性，为营销策略的优化提供可靠的数据支持。

案例延伸

【案例描述】

淘宝这类大型电商平台中，数据清洗扮演着至关重要的角色，尤其是在优化其推荐系统以提升用户体验和增加销售额的过程中。淘宝依赖庞大的数据集来分析和预测用户偏好，包括用户行为数据、商品信息和用户反馈等。然而，由于数据量庞大且来源多样化，存在诸多问题，如不完整的商品描述、不一致的数据格式和重复的用户反馈等，这些问题的存在直接影响数据分析的准确性和推荐系统的效率。因此，淘宝的数据工程师团队需要通过一系列数据清洗过程来解决这些问题，包括处理缺失值、纠正错误信息、删除重复项和标准化数据格式等关键步骤。

1. 处理缺失值

淘宝的数据工程师可能会发现某些商品的关键信息（如分类、品牌）缺失。他们可以通过相似商品的信息或利用数据挖掘技术填补这些空缺。这个过程可能需要数天到数周时间，具体取决于数据的量和复杂程度。

2. 纠正错误信息

通过分析用户浏览和购买行为，淘宝可以发现并纠正商品信息中的错误分类或标签。自动化脚本可以帮助识别一些明显的错误，但人工审核也是不可或缺的，尤其是对于高价值的商品。

3. 删除重复项

淘宝的数据中可能包含大量重复的用户评价。数据工程师需要编写算法去识别和删除这些重复项，这一过程的时间消耗依数据规模而定，但对于提高数据质量和分析准确性至关重要。

4. 标准化数据格式

由于商品信息来自数百万的卖家，数据格式高度不一致。将这些数据标准化是一个耗时的过程，可能需要几周到几个月的时间，尤其是在首次尝试建立标准化流程时。

【分析讨论】

数据清洗过程对淘宝而言是一个复杂且耗时的任务，需要投入大量的人力和计算资源。从填补缺失的商品信息、纠正分类错误到标准化来自数百万卖家的商品信息格式，每一步都需要精确和系统的处理。清洗工作涉及的成本不仅包括人力成本，还有软件和硬件的投入，以及可能需要购买或开发的数据清洗工具的成本。虽然这个过程可能需要数周至数月才能完成，但这是提高数据质量、保障推荐系统性能的必要投入。

通过这一系列详尽的数据清洗流程，淘宝能够显著提升推荐系统的准确度，进而提高用户满意度并驱动销售增长。数据清洗虽耗时耗资，但其带来的长远好处是显而易见的：更准确的推荐不仅能增强用户体验，还能直接促进销售和利润增长。这个案例强调了在数据驱动的商业环境中，数据清洗和预处理不仅是技术问题，更是一项对业务发展至关重要的战略投资。

思考与练习

一、单选题

1. 数据预处理中，哪项操作不属于数据清洗的步骤？(　　)

A. 缺失值处理　　B. 异常值处理

C. 数据标准化　　D. 重复数据处理

2. 在数据合并中，如果我们只想保留两个数据集中都有的键对应的数据，应该使用哪种类型的连接？(　　)

A. 内连接　　B. 全外连接

C. 左外连接　　D. 右外连接

3. 数据变换中，将数据缩放到 0 和 1 之间，这一过程称为（　　）。

A. 标准化　　B. 规范化

C. 正规化　　D. 中心化

二、多选题

1. 数据预处理的哪些步骤涉及数据的变换？(　　)

A. 缺失值填充　　B. 数据规范化

C. 数据标准化　　D. 异常值处理

2. 在数据清洗过程中，需要处理的数据问题包括（　　）。

A. 缺失值　　B. 重复数据

C. 数据合并　　　　　　　　　　　D. 异常值

三、简答题

1. 解释数据清洗中缺失值处理的意义，并提供一个缺失值处理的方法。

2. 描述数据变换中的数据标准化过程及其重要性。

四、实操题

1. 项目背景：

某零售公司希望通过分析其销售数据，了解不同商品的销售情况以及顾客的购买行为，以优化商品配置和提高顾客满意度。公司拥有大量的销售数据，这些数据分布在如下多个文件和数据库中，数据质量参差不齐，存在缺失值、重复记录和格式不统一等问题。在这种情况下，数据预处理显得尤为重要。

```
OrderID,ProductID,ProductName,Category,Quantity,Price,TotalPrice,OrderDate,CustomerID,CustomerName,CustomerEmail,CustomerLocation
1,101,Widget A,Widgets,5,20.00,100.00,2023-01-15,1001,John Doe,JOHN.DOE@EMAIL.COM,New York
2,102,Widget B,Widgets,2,15.00,30.00,2023-01-16,1002,Jane Smith,JANE.SMITH@EMAIL.COM,Los Angeles
3,101,Widget A,Widgets,,20.00,100.00,2023-01-17,1001,John Doe,JOHN.DOE@EMAIL.COM,New York
4,103,Gadget C,Gadgets,1,50.00,50.00,2023-01-18,1003,Emily Jones,EMILY@EMAIL.COM,Chicago
5,104,Gadget D,Gadgets,3,25.00,75.00,2023-01-19,1004,Michael Brown,MICHAEL.BROWN@EMAIL.COM,Houston
6,105,Widget C,Widgets,4,20.00,80.00,2023-01-20,1002,Jane Smith,JANE.SMITH@EMAIL.COM,Los Angeles
1,101,Widget A,Widgets,5,20.00,100.00,2023-01-15,1001,John Doe,JOHN.DOE@EMAIL.COM,New York
7,106,Gadget E,Gadgets,2,45.00,90.00,2023-01-21,1005,Sarah Connor,SARAH.CONNOR@EMAIL.COM,San Francisco
8,107,Widget D,Widgets,1,30.00,30.00,2023-01-22,1006,David Wilson,DAVID.WILSON@EMAIL.COM,Miami
9,108,Gadget F,Gadgets,2,60.00,120.00,2023-01-23,1007,Anna White,ANNA@EMAIL.COM,Seattle
10,109,Widget E,Widgets,1,25.00,25.00,2023-01-24,1008,James Taylor,JAMES.TAYLOR@EMAIL.COM,New York
```

2. 数据集描述：

公司提供了一份销售数据集，记录了多个订单的信息。数据集包含以下字段：

OrderID（订单编号）；

ProductID（商品编号）；

Product Name（商品名称）；

Category（商品类别）；

Quantity（销售数量）；

Price（商品单价）；

Total Price（总价格）（销售数量×单价）；

Order Date（订单日期）；

CustomerID（顾客编号）；

Customer Name（顾客姓名）；

Customer Email（顾客邮箱）；

Customer Location（顾客所在城市）。

3. 数据预处理的目标：

提高数据质量：通过数据清洗、删除缺失值和重复记录，确保数据的完整性和准确性。

统一数据格式：将数据集中的字段格式进行统一处理，便于后续的数据分析和挖掘。

校验计算字段：确保数据集中计算字段的准确性，如 TotalPrice 字段应为 Quantity 与 Price 的乘积。

提取关键信息：从日期字段中提取出年、月、日等信息，为时间序列分析提供基础。

结束语

在这一模块中，我们探讨了数据预处理在数据分析中的核心作用。通过数据清洗、合并、重塑、转换和规约等关键步骤，我们确保了数据的质量和结构，为后续的分析奠定了坚实基础。数据预处理不仅提升了数据的准确性和可用性，还为复杂分析方法的应用提供了必要条件。

接下来，我们将进入模块四，专注于如何利用预处理后的数据进行商业数据分析，深入挖掘数据背后的信息，为企业决策提供有力支持。

模块三　答案

模块四

商业数据分析

【模块引言】

我们正处于一个声势浩大的数字革命时代，数字经济已经成为全球经济增长和社会进步的关键力量。数字经济以互联网、大数据、人工智能等技术为基础，改变了传统产业的运作方式，促进了数字技术创新驱动发展的实现。

在数字化过程中，企业积累了大量的数据，如果这些数据能够得到充分、有效利用，它们将成为企业的重要资产；反之，它们不仅占用存储空间，还会增加存储成本和管理成本。所以没有对数据进行分析是一种巨大的资源浪费，而有分析没有数据也是在做无用功。

因此，当前企业面临的关键问题是：如何真正发挥数据的价值？如何让数据驱动业务发展，带来创新动力，提高运营效率，并辅助企业作出更好的决策？

通常，企业存储的原始数据是未经过处理的。因此，在进行数据分析前，往往要对数据进行预处理，即需要数据清洗、转换和整合等，以确保数据的质量和可靠性。数据预处理的流程以及具体方法在前一模块已经做了具体叙述。

本模块的重点在于介绍如何从这些已经做过预处理的数据中提取有用的信息，帮助企业更好地作出决策，以提高效率和降低风险，并最终提高业绩。这正是数据分析的重要意义所在。

本模块将按照商业数据分析的内容，包括分析的目标、步骤、方法以及如何建立分析模型，结合具体的业务场景，使用 BBL 平台进行实战练习，实现理论与实践相结合。

【学习目标】

【知识目标】

- 了解商业数据分析的典型应用场景；
- 掌握商业数据分析的流程；
- 理解和掌握商业数据分析常用的 9 个基本模型；
- 理解和掌握商业数据分析常用的 9 种方法。

【能力目标】

- 学会灵活运用商业数据分析方法进行数据分析，为商务决策提供行之有效的方法；
- 学会针对特定的商务场景，建立分析模型，为方案规划或趋势分析提供理论基础；
- 能够运用商业数据分析软件或平台进行数据分析。

【素养目标】

- 培养数据安全、诚信公平、严谨细致的职业价值观；
- 培养数据思维能力；
- 培养数字化信息技术应用职业素养；
- 培养团队协作分析能力。

知识能力图谱

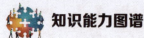

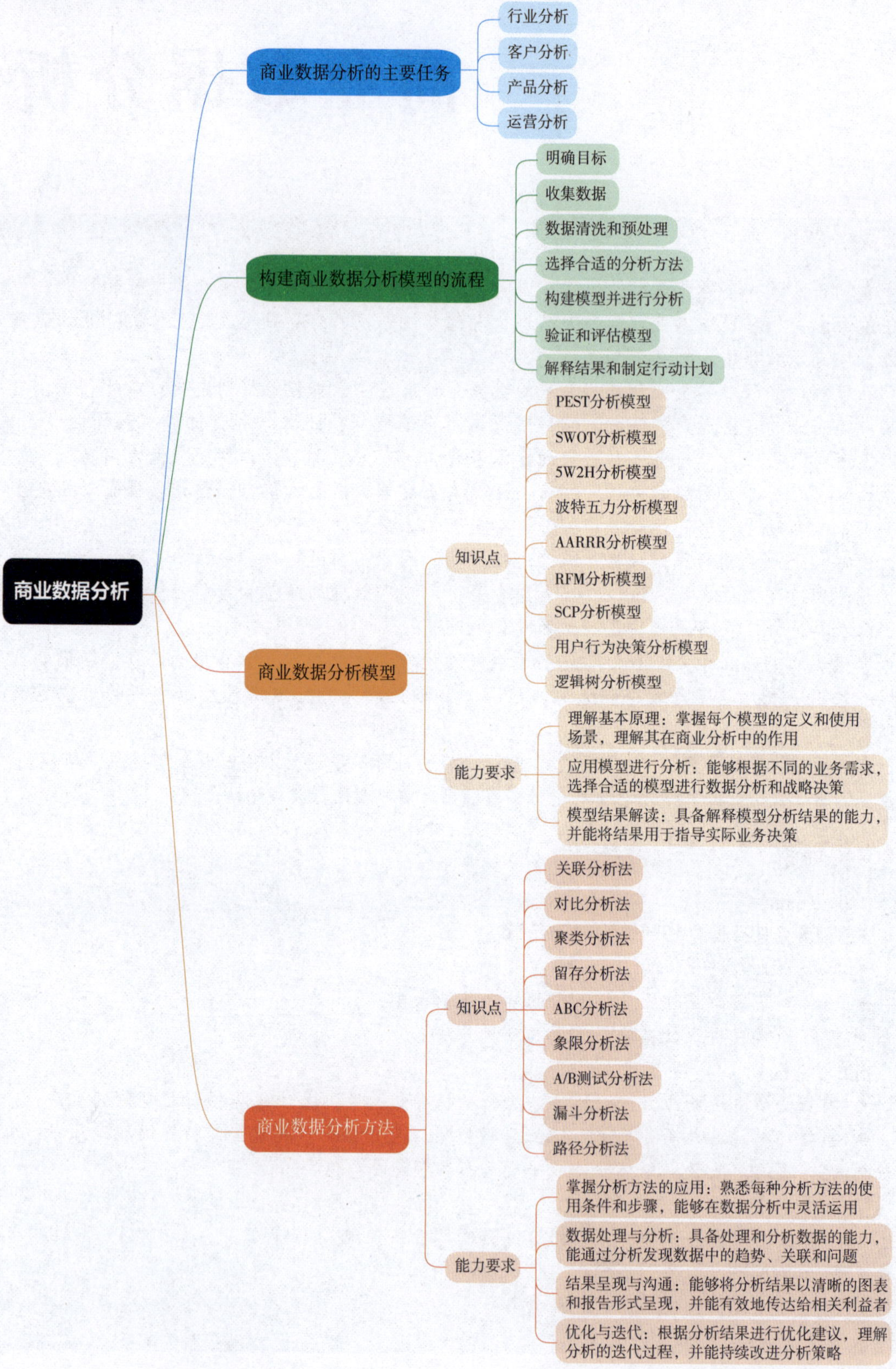
商业数据分析
商业数据分析的主要任务
行业分析
客户分析
产品分析
运营分析
构建商业数据分析模型的流程
明确目标
收集数据
数据清洗和预处理
选择合适的分析方法
构建模型并进行分析
验证和评估模型
解释结果和制定行动计划
商业数据分析模型
知识点
PEST分析模型
SWOT分析模型
5W2H分析模型
波特五力分析模型
AARRR分析模型
RFM分析模型
SCP分析模型
用户行为决策分析模型
逻辑树分析模型
能力要求
理解基本原理：掌握每个模型的定义和使用场景，理解其在商业分析中的作用
应用模型进行分析：能够根据不同的业务需求，选择合适的模型进行数据分析和战略决策
模型结果解读：具备解释模型分析结果的能力，并能将结果用于指导实际业务决策
商业数据分析方法
知识点
关联分析法
对比分析法
聚类分析法
留存分析法
ABC分析法
象限分析法
A/B测试分析法
漏斗分析法
路径分析法
能力要求
掌握分析方法的应用：熟悉每种分析方法的使用条件和步骤，能够在数据分析中灵活运用
数据处理与分析：具备处理和分析数据的能力，能通过分析发现数据中的趋势、关联和问题
结果呈现与沟通：能够将分析结果以清晰的图表和报告形式呈现，并能有效地传达给相关利益者
优化与迭代：根据分析结果进行优化建议，理解分析的迭代过程，并能持续改进分析策略

场景驱动

【场景导入】

基于电力大数据的中小型企业运营发展分析

中小企业是国民经济和社会发展的重要支柱，在促进经济增长、保障就业、活跃市场、改善民生等方面发挥着关键作用。近年来，受原材料价格上涨、订单不足、用工难度和成本增加、回款速度缓慢、物流成本高以及部分地区停电限电等影响，中小企业运营压力加大、经营困难加剧。在这样的背景下，面对当前中小企业存在位置分布范围广、走访价值密度小、实时准确性不足的多重问题，政府部门如何深入了解企业经营状况，制定有效的助企惠企政策，激发中小企业活力，助力其转型升级，实现高质量发展，成为亟待解决的问题。

尽管中小企业在位置分布范围广、走访价值密度小、实时准确性不足等方面面临挑战，但是，随着互联网技术、信息化和大数据分析技术的快速发展，电力部门积累了大量的电力生产、服务和消费环节数据，且中小企业也存储了大量的生产运营、市场、销售和财务数据等。政府部门如何利用这些海量的数据资源，最大限度地挖掘数据的潜在价值，已经成为推动中小企业发展的关键。

【需求识别】

数据分析助力政府决策，推动中小企业高质量发展。

【解决思路】

1. 数据预处理

由于用户电量数据、企业经营数据属于敏感数据，所以，可以利用前面模块所介绍的方法对数据进行有效融合、高效清洗，保障数据的可靠性、完整性和安全性。

2. 问题发现与目标明确

数据分析的关键在于发现问题并明确分析目标。政府部门通过数据分析，需要解决什么问题，目前存在哪些问题，可以出台何种政策或采取何种措施，以推动经济高质量发展。比如，通过数据分析，可以全面了解不同行业、不同区域的中小企业运营情况，进而加强监测和风险干预能力。

3. 模型选择、分析方法与指标确立

根据数据分析的具体目标，选取适当的模型和分析方法，深入探索电力数据与经济活动之间的关联性。确立数据分析指标，制定企业经营预警机制，从而提高决策的科学性和前瞻性。

为此，本模块重点介绍商业数据分析常用的模型及分析方法，并结合不同的商业场景，给出了具体应用案例。通过实训案例探究，进一步培养数据技能和数据思维，并提升职业素养。

知识导入

在数据产品的开发过程中，数据分析与其紧密相连。一个优秀的数据产品经理，要掌握常用的数据分析框架和方法，才能确保所开发的数据产品能够更好地服务于数据分析师和业务人员，切实贴合业务需求。

在进行数据分析之前，先要明确数据分析任务，并基于此搭建数据分析模型。随后，根据分析模型的具体内容，细分出不同的数据指标，选择适当的分析方法进行深入分析，最终获得所需的分析结果或结论。

一、商业数据分析的主要任务

根据高职“商务数据分析与应用”专业建设指导委员会发布的人才能力分析表，商业数据分析的典型任务可归纳为行业分析、客户分析、产品分析和运营分析四大类。

（一）行业分析

行业分析通常由营销和运营岗位完成，该岗位隶属于营销部、运营部，并与数据开发部及公司战略管理部等密切合作。行业分析涵盖行业数据采集、市场需求调研、产业链分析、细分市场分析、市场生命周期分析和行业竞争分析，最后形成市场分析报告。

1. 行业数据采集

根据行业特性确定数据指标筛选范围，制定符合业务要求的数据报表模板；整合该行业数据资源，采用合适的方式进行数据采集并完成数据报表的制作。

2. 市场需求调研

根据客户行为、行业特性及业务目标要求设计出调研问卷；通过网络调研、深度访谈等方法收集调研问卷；通过 Excel 等数据处理工具对回收问卷进行数据清洗，得到可靠样本数据。

3. 产业链分析

通过分析供应商、制造商、经销商和客户等环节之间的交互关系，绘制交互示意图；结合前期市场调研和价值链分析，编制产业链的合理性评估表。

4. 细分市场分析

根据历史数据确定优势细分市场，并编制相应的市场列表；依据产品特点和消费者需求，关联目标细分市场，编写关联列表；通过定性与定量的分析方法进行匹配度分析，形成匹配度对应列表。

5. 市场生命周期分析

基于历史数据判定出细分市场所处的生命周期；通过行业资讯、领域专家意见以及历史数据，识别细分市场所处生命周期中的机遇与挑战；并提出改善建议。

6. 行业竞争分析

通过网络和纸质渠道收集同行业企业的市场信息；分析同行业企业与本企业的市场相关性与差异性，编写市场差异性分析内容；通过 SWOT 方法分析自身企业的机遇与挑战，制定 SWOT 分析图表。

（二）客户分析

客户分析通常由客户运营岗负责，该岗位设置在运营部，并与市场部、品牌部、策划部、客服部、设计部、物流部等部门密切合作。客户分析包括客户数据收集、客户特征分析（客户画像）、客户行为分析、客户价值评估、目标客户精准营销（营销策略制定和资源配置）和销售效果跟踪，最终形成市场分析报告。

1. 客户数据收集

首先，需要深入了解 B 端（企业端）及 C 端（消费者端）客户数据收集的不同方法；熟悉公司品牌和产品定位以及用户定位，并明确各业务部门对客户数据的需求；通过客户的访问、浏览、购买、评价等行为数据，进行用户数据属性标签收集整理。同时，熟悉 Excel、CRM（客户关系管理）、评价分析、舆情监控等客户数据收集与分析工具（软件），并掌握问卷、调研等数据收集方法，对数据进行清洗和处理。

2. 客户特征分析（客户画像）

理解并区分 B 端（企业端）及 C 端（消费者端）客户的行为属性差异；通过分析客户的购买行为、地域分布、购买金额、购买频次等行为特征，对客户进行特征分析；熟悉客户的地域、性别、年龄等基础属性，并进行分类和分析。同时，利用 Excel、CRM 等工具，深入挖掘并梳理客户特征。

3. 客户行为分析

针对客户的评价行为、购买趋势、购买喜好、营销偏好和产品偏好等方面进行深入分析；基于客户行为数据，制定不同渠道的内容策略，挖掘客户接受度高的营销方式。

4. 客户价值评估

理解并区分 B 端（企业端）及 C 端（消费者端）的价值评估行为；熟悉客户画像、回购率、客单价、地域等行为分析的概念和行为价值。根据各业务部门的需求，深入挖掘客户价值并进行相关价值评估，对客户的行为特征进行价值的二次挖掘。

5. 目标客户精准营销

熟悉 B2B 及 B2C 平台区别，了解 B 端（企业端）及 C 端（消费者端）不同平台的客户精准分析、营销策略及营销规则工具；熟悉 B2C 平台渠道下微博、微信、淘宝、京东等各平台对客户的推广营销渠道及推广方法规则；掌握消费者心理，并基于推广渠道规则，制定短信、邮件、自媒体、直播等渠道的精准投放计划，协调公司相关资源，确保营销计划的有效实施和投放。

6. 销售效果跟踪

熟悉营销回购率、转化率、投入产出比（ROI）等指标。对各渠道的客户营销数据进行总结、分析和对比，输出各渠道的效果报告，调整不同渠道的客户运营策略。持续跟踪各渠道的销售效果，优化投入产出比，为各业务部门提供建议，协助各渠道调整客户营销模式。

（三）产品分析

产品分析通常由产品、客服岗位负责，这些岗位通常设置在产品部、运营部、客服部，并与设计部、美工部、生产部等部门密切合作。产品分析的主要内容包括竞争对手分析、用户特征分析、产品需求分析、产品生命周期分析和用户体验分析，最后通过调研报告形成合理化建议，对产品开发及市场走向提出预测。

1. 竞争对手分析

通过分析目标客户、定价策略、市场占有率等因素，确定主要竞争对手。对竞争对手在价格、产品、渠道、促销等方面全面调研，并对调研数据进行整理归纳。利用 SWOT 分析法，评估竞争对手产品及自身产品的优劣势，形成对比分析。

2. 用户特征分析

根据研究目标，确定典型用户特征的分析内容。通过数据收集与整理，关注用户的年龄、地域、消费能力和消费偏好等方面。使用 Excel 等工具分析用户数据，为不同用户群体赋予标签，以便进行更精确的市场定位。

3. 产品需求分析

基于典型用户特征分析结果，收集用户对产品的需求偏好。通过整理和分析需求偏好，提出产品开发的价格区间、功能卖点、产品创新、包装等建议。通过产品的持续升级和迭代，增强用户对产品及品牌的长期忠诚度。

4. 产品生命周期分析

利用 Excel 等工具汇总产品部、运营部、客服部的产品销售数据，密切监控季节、气温、地域等因素对产品销售周期性数据的影响和波动情况。协助采购、生产等部门制定合理的采购和生产计划，以适应市场需求变化。

5. 用户体验分析

通过用户访谈或工具软件收集用户体验数据，了解当前用户体验的现状。持续跟踪和分析用户反馈，监测产品的使用情况，并及时提出改进方案。识别用户痛点及产品机会，邀请有代表性的典型用户参与产品设计，评估产品价值与用户体验的整体效果。

（四）运营分析

运营分析通常由产品、客服岗位完成，该岗位设置在产品部、运营部、客服部，与设计部、美工部、生产部等均有合作。运营分析包括销售数据分析、推广数据分析和客服数据分析。

1. 销售数据分析

首先，通过评估历史销售数据，明确企业的销售目标定位；在此基础上，结合市场调研结果，整理并归纳调研数据，以设计具体的销售指标。运用 Excel 等数据管理工具或调用平台数据，制定销售业绩、价格体系、区域布局、产品结构、销售业绩异动等指标。通过建立多维报表，明确销售任务；制作销售多维报表，得出整体销售分析指标。通过内部报告系统或数据采集工具获取销售数据，并通过与客服部门沟通，获取销售反馈信息。其次，对数据进行整理和清洗，以保证数据的有效性和完整性。进一步对整体销售数据进行分析，包括销售额、销售量、季节性变化、产品结构和价格体系；对销售区域进行分析，包括区域分布、重点区域、区域销售波动及区域与产品的关系分析；在产品分析中，关注产品系列结构和产品与区域的关联性；价格体系分析则包括价格构成、价格与产品、价格与区域的关系分析。基于既往数据，进行总体销售预测、区域销售预测及季节性销售变化的预测。此外，还需分析电商平台特有的指标，如货品流失率、客单价和存销比，并进行相应的预测。最后，设计数据可视化方法，结合业务场景制定实用的可视化方案，以便直观展现分析结果。

2. 推广数据分析

首先，根据公司现有的商务推广数据、商品维度和外部竞争数据，明确数据分析的目标。制定分析原则和策略后，确定详细的分析步骤和时间规划。其次，根据整体规划，将分析过程分为不同阶段，利用 Excel 和 PPT 等工具规划分析方案。针对具体推广业务和推广方式，对数据进行合并或拆分，以便更好地进行分析。根据业务需求和所使用的分析工具，对数据进行标准化、归一化处理，或对定性数据进行量化。通过现有推广数据，分析不同推广方式和渠道对不同人群的效果，并提出合理的推广建议。对各推广渠道的整体效果进行分析，并以图表形式展示。最后，还需对各种推广方式、渠道和目标人群的组合效果进行图表化展示，以便于更好地理解和应用分析结果。

3. 客服数据分析

首先，基于企业目标、运营过程、历史数据及企业环境，设计明确的数据分析目标。通过调研企业领导及各层次人员，收集历史数据及增长幅度，包括成本、人员留存率、销售成功率、人均销售收入、数据可用率、数据及时率和销售成功营销率等在内的关键指标，旨在提升运营质量、降低成本和促进精准营销。其次，将具体问题抽象为指标，以达成特定的企业目标。通过收集基本数据，计算成本、人员留存率、销售成功率和人均销售收入等指标，并利用数据分析工具分析转化率、响应时间和销售额等数据。对售前、售中、售后各阶段的指标进行综合分析。最后，将数据分析结果以图表形式呈现给用户。

二、构建商业数据分析模型的流程

构建一个有效的数据分析模型是实现精确精准决策和深刻洞察的关键步骤。以下介绍构建商业数据分析模型的主要流程，以提高模型的有效性和可靠性。

（一）明确目标

在构建数据分析模型之前，明确目标是至关重要的。具体且明确的目标有助于确定所需的数据和分析方法。例如，目标可能包括改善销售业绩、优化市场营销策略或提升生产效率。确保目标具备可测量性，并且能够使用数据来验证结果。

（二）收集数据

数据是构建数据分析模型的基础。根据明确的目标，确定需要收集的数据类型，并选择合适的数据来源。这可能包括内部数据库、市场调研数据、社交媒体数据等。数据的代表性、准确性和完整性对模型的成功至关重要。

（三）数据清洗和预处理

在进行数据分析之前，必须对数据进行清洗和预处理。这包括删除重复值、处理缺失数据、处理异常值等。此外，还可能进行特征选择和变换，以便更好地满足分析需求。数据清洗和预处理是确保模型准确性和可靠性的重要步骤。

（四）选择合适的分析方法

根据目标和数据特征，选择合适的分析方法。常见的数据分析方法包括描述性统计、推断统计、机器学习和深度学习等，要确保所选方法能够有效解决问题并从数据中提取有意义的信息。

（五）构建模型并进行分析

在这一阶段，根据所选分析方法构建适当的模型。这可能包括线性回归模型、聚类模型、分类模型等。利用构建的模型对数据进行分析，提取有用的见解，并将结果与既定目标进行比较。必要时，可以调整模型参数或尝试不同的模型以优化结果。

（六）验证和评估模型

构建模型后，需要对其进行验证和评估。通过使用新数据集测试模型，检查其准确性和预测能力。使用适当的评估指标，如准确率、召回率、F1 分数等，对模型进行评估。如果模型表现良好，则可以继续使用；否则，需要重新调整模型或重新审视数据和目标。

（七）解释结果和制定行动计划

将分析结果转化为洞察力和决策支持。解释模型结果并与目标对比，制定相应的行动计划，以实现所需的改进或调整。确保将分析结果传递给利益相关者，并在必要时进行有效的沟通和解释。

总之，构建一个有效的数据分析模型需要明确目标、收集数据、数据清洗和预处理、选择合适的分析方法、构建模型并进行分析、验证和评估模型，最后是解释结果与制定行动计划。这些步骤共同推动数据驱动的决策和业务优化。

三、商业数据分析模型

商业数据分析模型，是从宏观角度出发的管理分析框架或者业务分析框架。一般而言，包括 PEST 分析模型、SWOT 分析模型、5W2H 分析模型、波特五力分析模型、AARRR 分析模型、RFM 分析模型、SCP 分析模型、用户行为决策分析模型、逻辑树分析模型等（为方便叙述，以上各种分析模型都简称为××模型）。

（一）PEST 分析模型

PEST 分析模型是战略外部环境分析的基本模型，如图 4-1 所示。通过政治（Politics）、经济（Economic）、社会（Society）和技术（Technology）四个环境因素的分析，可以全面把握宏观环境，并评估这些因素对制定和实施战略目标的影响。

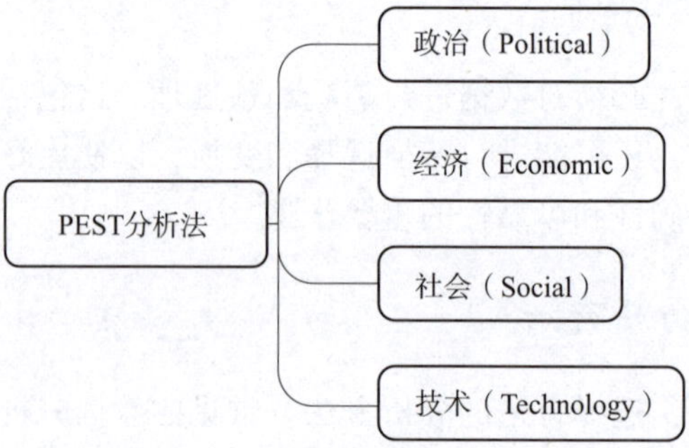

图 4-1　PEST 分析模型

1. 政治环境

政治环境是指一个国家的社会制度，执政党性质，政府的方针、政策、法令等。不同的政治环境对行业发展有不同的影响。关键指标包括政治体制、经济体制、财政政策、税收政策、产业政策、投资政策、专利数量、国防开支水平、政府补贴水平、民众对政治的参与度等。

2. 经济环境

经济环境是指一个国家的经济制度、经济结构、产业布局、资源状况、经济发展水平以及未来的经济走势等。经济环境包括宏观经济环境和微观经济环境两个方面。宏观经济环境主要关注人口数量及其增长趋势、国民收入、国民生产总值及其变化情况。这些指标反映了国民经济发展水平和发展速度。微观经济环境则侧重于企业所在地区或其服务区域的消费者

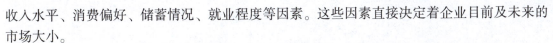

收入水平、消费偏好、储蓄情况、就业程度等因素。这些因素直接决定着企业目前及未来的市场大小。

构成经济环境的关键要素包括 GDP 的变化发展趋势、利率水平、通货膨胀程度及趋势、失业率、居民可支配收入水平、汇率水平、能源供给成本、市场机制的完善程度、市场需求状况等。

3. 社会环境

社会环境是指所在社会中成员的民族特征、文化传统、价值观念、宗教信仰、教育水平以及风俗习惯等因素。社会环境可进一步分为人口环境和文化环境。构成社会环境的要素包括妇女生育率、人口结构比例、性别比例、特殊利益集团数量、结婚数、离婚数、人口出生率、死亡率、人口移进移出率、社会保障计划、人口预期寿命、人均收入、生活方式、平均可支配收入、对政府的信任度、对政府的态度、对工作的态度、购买习惯、对道德的关切、储蓄倾向、性别角色、投资倾向、种族平等状况、节育措施状况、平均教育状况、对退休的态度、对质量的态度、对闲暇的态度、对服务的态度、对待外国人的态度、污染控制、对能源的节约、社会活动项目、社会责任、对职业的态度、对权威的态度、城市城镇和农村的人口变化、宗教信仰状况等。

4. 技术环境

技术环境是指企业业务所在国家和地区的技术水平、技术政策、新产品开发能力以及技术发展动态。这不仅包括那些引起革命性变化的发明，还涵盖与企业生产有关的新技术、新工艺、新材料的出现和发展趋势以及应用前景。

在分析技术环境时，不仅要关注与企业所处领域直接相关的技术手段，还需密切跟踪国家对科技开发的投资和支持重点、该领域的技术发展动态和研究开发费用总额、技术转移和技术商品化速度，以及专利及其保护情况等。

课堂自测

利用 PEST 模型为某一石油公司是否将生产转向可再生能源作决策分析。

（二）SWOT 分析模型

SWOT 分析模型是一种基于内部环境和外部环境及竞争条件的态势分析工具，如图 4-2 所示。它通过列举与研究对象密切相关的各种主要内部优势、劣势和外部的机会和威胁等，并依照矩阵形式排列，通过系统分析的方法，将各种因素相互匹配，从而得出具有决策意义的结论。

其中，S（Strengths）是优势、W（Weaknesses）是劣势、O（Opportunities）是机会、T（Threats）是威胁。运用 SWOT 分析模型，可以对研究对象所处的情景进行全面、系统、准确的研究，从而根据研究结果制定相应的发展战略、计划以及对策等。

如图 4-2 所示，SWOT 分析模型有四种不同类型的组合：优势—机会（SO）组合、劣势—机会（WO）组合、优势—威胁（ST）组合和劣势—威胁（WT）组合。

1. 优势—机会（SO）

SO 组合是利用内部优势来抓住外部机会的一种理想策略。当企业在特定领域具有优势，且外部环境又为发挥这种优势提供有利机会时，可以采取该战略。例如，当市场前景良好、

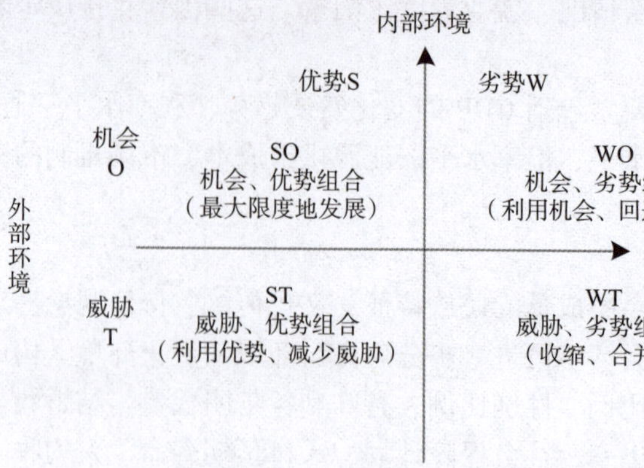

图 4-2　SWOT 分析模型

供应商规模扩大且竞争对手陷入财务困境时，企业可以凭借其市场份额的提升等内部优势，实施收购竞争对手或扩大生产规模的战略。

2. 劣势—机会（WO）

WO 组合是通过利用外部机会来弥补内部劣势的一种常见策略。当企业面临外部机会，但由于内部存在某些劣势而无法充分利用这些机会时，可采取措施先克服这些劣势。例如，如果某企业的劣势在于关键原材料供应不畅，导致生产能力受到限制，在产品市场前景看好的情况下，该企业可通过扩大供应商规模、新技术革新、竞争对手财务危机等各种外部机会，克服劣势。

3. 优势—威胁（ST）

ST 组合是利用内部优势来回避或减轻外部威胁影响的策略。当企业面临竞争对手利用新技术大幅度降低成本、自身材料供应紧张、环保压力等诸多威胁时，若企业拥有充足的现金、熟练的技术工人和强大的产品开发能力等优势，可以通过开发新工艺，简化生产工艺过程，提高原材料利用率，从而降低材料消耗和生产成本来应对外部威胁。

4. 劣势—威胁（WT）

WT 组合是一种旨在减少内部劣势、回避外部环境威胁的防御性策略。当企业存在内忧外患时，往往面临生存危机，降低成本也许成为改变劣势的主要措施。如果企业成本状况恶化，原材料供应不足，生产能力不够且设备老化，无法实现规模效益，此时企业可能需要采取目标聚焦战略或差异化战略，以回避成本劣势及由此带来的威胁。

课堂自测

利用 SWOT 模型分析汽车逆向物流发展战略

汽车工业是中国经济的支柱产业。某企业为了响应国家号召，积极开展汽车产业逆向物流业务，进行包括二手车处置、汽车行业逆向物流等产品召回业务。对于该企业来说，短期内肯定是要付出一定的代价，但从长远来看，汽车逆向物流的发展对企业和国家的长期发展往往是利大于弊的。为此，基于 SWOT 分析，我们可以针对目前汽车工业逆向物流发展的现状和存在的问题提出相应的解决方案。

汽车工业逆向物流发展 SWOT 矩阵如表 4-1 所示。

表 4-1　汽车工业逆向物流发展 SWOT 矩阵

机会（O）	威胁（T）	优势（S）	劣势（W）
①支持逆向物流发展的政策和法规。 ②促进汽车行业逆向物流发展的市场需求。 ③可观的利润刺激了汽车行业逆向物流的发展	①外国物流企业进入中国，中国物流企业受到威胁。 ②中国在汽车逆向物流的法律政策上不够健全	①中国汽车制造企业工业体系、积极的物流网络诚信，可以改善企业形象。 ②中国汽车市场份额相对集中，一些大型汽车制造商占中国汽车市场的80%以上	①大多数企业并不完全了解逆向物流。 ②信息系统的应 用量较少。 ③国内缺乏大量的逆向物流
SO 策略	ST 策略	WO 策略	WT 策略
①开发逆向物流服务。 ②发展大规模的逆向物流市场。 ③中国的汽车市场份额非常集中。 因此，中国汽车公司完全可以利用自主开发的模式进行逆向物流服务	①在市场区域开展有限的逆向物流服务，抓住机会向其他地区开展逆向物流服务。 ②专业人员和服务的缺少。 在这种情况下，部分逆向物流服务可以外包给第三方物流公司	①仅在有限的逆向物流服务中，以避免竞争。 ②由于他们自己的专业和技术人员的缺陷，再加上汽车市场竞争的加剧，公司没有能力进行逆向物流业务。 在这种情况下，中国汽车公司的逆向物流服务可以外包给第三方物流	①缺乏大量的逆向物流汽车人才。 ②中国汽车公司和外国企业的实力还不够强大。 ③国内逆向物流法律法规还不够健全。 此情况下不必提供汽车逆向物流服务

（三）5W2H 分析模型

5W2H 分析模型，又称七问分析模型，是通过提出五个以“W”开头和两个以“H”开头的关键问题，来发现和解决问题的思路与线索，因此被称为 5W2H 分析模型。

如图 4-3 所示，5W2H 分别是：Why（为什么）、What（做什么）、Who（谁来做）、When（何时）、Where（何地）、How（如何做）、How much（多少）。这七个问题的具体内涵如下：

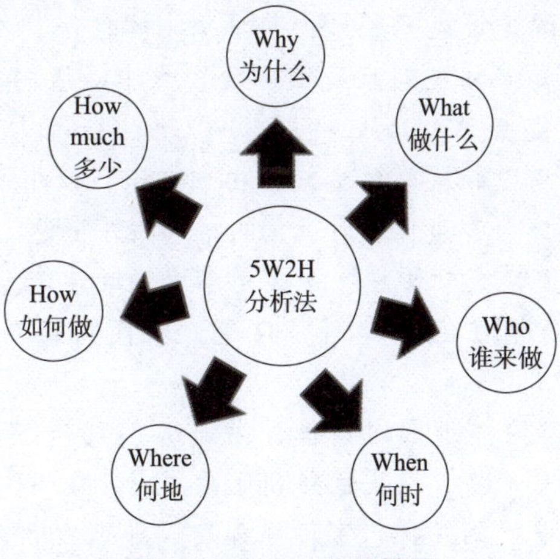

图 4-3　5W2H 分析模型

1. Why——为什么

为什么要这么做？（原因是什么？）这个问题的提出是为了寻找问题出现的背景和条件，明确行动的动机和必要性。

2. What——做什么

任务是什么？（目的是什么？）这个问题旨在明确当前所面对的问题和需要完成的工作，以确保理解目标的准确性。

3. Who——谁来做

由谁来承担？（谁来完成任务？）这个问题的提出是为了确认问题的对象。

4. When——何时

任务何时完成？（最佳时机是什么？）这个问题旨在解决与时间相关的安排，确保任务在合适的时间内完成。

5. Where——何地

在哪里展开工作？（从哪里入手？）这个问题涉及任务的地理位置或操作的切入点，以优化资源分配和任务执行。

6. How——如何做

如何实施？（如何提高效率？）这个问题的出现是为了探讨执行任务的方式和方法，确保任务能够高效完成。

7. How much——多少

涉及的数量和质量要求是什么？（成本和产出如何？）这个问题旨在评估完成任务所需的资源投入，包括时间、资金和人力等。

课堂自测

使用5W2H模型与M品牌的电热水器销售经理进行谈判并用于决策

假设有一家家电经销商，在某省会排名前五。2018年，该经销商想代理M品牌的电热水器，使用5W2H模型与M品牌的销售经理进行谈判并用于决策。

M品牌的销售经理对这家经销商的回答如下：

What：M品牌是某国热水器排名第一的品牌，进入中国已有三年，市场销售平淡，已投资5 000万美元在中国建设生产基地，并根据中国住房的特点改进了产品外观及性能，产品种类齐全，从超薄实用型到家庭供（暖）水中心级的产品一应俱全，而且具有耗电量低、储热时间长等优点。

Who：M品牌的目标消费群从单身贵族到白领之家，以中高收入的都市白领人群为对象，因此其品牌风格是完全都市化、时尚化的，产品外观设计也极为精致。

Where：M品牌的渠道模式分两种：一类是各大商场电器连锁店、专卖店的店铺式终端销售；另一种是与高档住宅捆绑销售渠道，即直接装入在建住房的卫生间捆绑销售。

When：2018年M品牌在本地区的销售目标是建立15个终端专柜，2~4个形象店，并建立1万户消费者数据库系统，实现销售800万元。

Why：M品牌从产品设计到定价、宣传等都是以都市白领为对象，因为这群人更注重生活的方便性及家居的美观性。M品牌的产品比市场上的燃气热水器、太阳能热水器能更好地满足目标消费群的需求，尤其是M品牌的用电安全性以及产品外观美学化的造型，解决了过去电热水器粗大笨重的弊病，有更强的吸引力。

Why：现在大多数品牌对价格都是严格限定的，经销商谈价格主要以其价格制定的依据及支持措施为主，当然在合同里最好要求厂方承诺给自己的价格不高于同行经销商，如果厂家不敢做此承诺，就试探其价格浮动的底线或争取贸易优惠条件。

How：为配合渠道开发，M品牌提供导购员及特殊渠道销售代表，并由M品牌市场部免费培训；媒体上投入两个月的电视及报纸广告，将M品牌的知名度提升至40%，同时派发并户投宣传折页；各售点专柜统一按品牌执行手册的标准装修；上市时针对结婚人群做几次增值促销活动，比如买M品牌抽奖送蜜月旅游等活动。

How much：预计全年投入各类促销推广费用200万元，用以支持经销商的渠道建设、品牌宣传及促销活动。

经过上述谈判，该经销商能够充分了解M品牌2018年在该市的计划，再对其投资的确切性、人员的专业化程度及营销组织的性质考察后，可以作出经销M品牌的决策。

对经销商来说，选择到合适的产品及合适的生意合作方式，是避免厂商矛盾或冲突的第一要务，也是降低经销商市场风险，提高资金利用效率的核心选择。

（四）波特五力分析模型

波特五力分析模型通过供应商的议价能力、顾客的议价能力、新进入者的威胁、替代品的威胁、同行业竞争者的竞争程度这五种力量，来评估行业的基本竞争态势。波特五力模型提供的是一种分析思考框架，尤其适合分析战略经营的问题（例如企业新开一家门店、开发一个新产品），帮助分析师很好地结构化思考竞争中的关键因素，如图4-4所示。

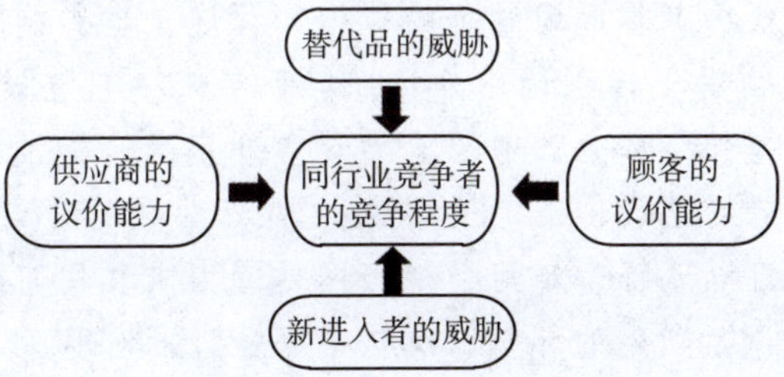

图4-4 波特五力分析模型

1. 供应商的议价能力

供方主要通过其提高投入要素价格与降低单位价值质量的能力，来影响行业中现有企业的盈利能力与产品竞争力。供方力量的强弱主要取决于他们所提供给买主的是什么投入要素，当供方所提供的投入要素价值构成了买主产品总成本的较大比例、对买主产品生产过程非常重要，或者严重影响买主产品的质量时，供方对于买主的潜在讨价还价能力就大大增强。

2. 顾客的议价能力

顾客主要通过其压价与要求提供较高的产品或服务质量的能力，来影响行业中现有企业的盈利能力。影响顾客议价能力的因素可能有以下几个：

（1）顾客的总数较少，而每个顾客的购买量较大，占了卖方销售量的很大比例；

（2）卖方行业由大量相对来说规模较小的企业所组成；

（3）顾客所购买的基本上是一种标准化产品，并且向多个卖方购买产品在经济上是可行的；

（4）顾客有能力实现后向一体化，而卖主不可能实现前向一体化。也就是说，当顾客可以选择自己生产所需的产品时，这让他们在谈判中占据了优势，因为他们不必完全依赖供应商。而供应商却没有能力直接销售产品，必须依赖顾客购买，这使得他们在谈判中处于劣势。

3. 新进入者的威胁

新进入者通过引入新的生产能力和资源，试图在已被现有企业瓜分的市场中争夺份额，这可能导致现有企业的市场份额和盈利水平下降，甚至可能威胁到其生存。新进入者带来的竞争威胁取决于进入壁垒的高度和现有企业对新进入者可能作出的反应。

4. 替代品的威胁

来自不同行业的企业，因其生产的产品可以互为替代品，可能会在市场上形成竞争。这种竞争压力的强弱取决于替代品的价格、质量以及用户的转换成本。替代品价格越低、质量越高、转换成本越低，对行业中现有企业的竞争压力就越大。具体可以通过考察替代品的销售增长率、生产能力以及盈利扩张情况来描述替代品带来的竞争威胁。

5. 同行业竞争者的竞争程度

大多数行业中的企业相互之间的利益紧密相连，各企业的竞争战略旨在通过获得相对于竞争对手的优势来增强自身的市场地位。因此，这些企业在实施战略的过程中必然会产生冲突与对抗，这些现象构成了行业内企业之间的竞争。同行业竞争的激烈程度通常表现在价格战、广告宣传、产品介绍和售后服务等方面，其强度取决于多种因素。

课堂自测

以波特五力模型为基础，分析“B 站破圈”后所处的环境以及核心竞争力

产品市场的五力不仅决定着市场竞争的规模和程度，也影响着企业的竞争能力和发展能力。虽然该模型最初用于传统行业分析，但近年来，它也被广泛应用于传媒产业。然而，由于行业特性的差异，部分五力要素需要重新定义，如消费者的议价能力，在传统产业中被定义为购买者的“讨价还价”，但在传媒产业经济语境下，消费者无法直接与视频网站进行议价，故可以理解为对某个视频网站的需求和用户黏度。现以波特五力模型为基础，分析 B 站破圈后所处的环境以及核心竞争力，对 B 站未来战略改进会起一定的指导作用。

1. 顾客的议价能力

对于 B 站这样的视频网站而言，其消费者（顾客）的议价能力一般可以用注册会员量、使用用户月活量等来衡量。由于大多数消费者打开 B 站前并没有特定的目标，而是将其视为一个放松和学习的网络社区，这表明用户对 B 站平台的忠诚度较高，因此消费者的议价能力相对较低。

2. 供应商的议价能力

据 B 站 2019 年第四季度季报来看，其 PUGV（Professional User Generated Video）（专业用户创作视频）占据了整个平台播放量的 91%，标志着 B 站已经突破了二次元的圈层。UP 主在 B 站可以免费上传内容，无须和 B 站进行议价。但是纵观目前整个行业生态，优质版权供应商的议价能力仍高居不下，故 B 站对供应商的议价能力中等。

3. 新进入者的威胁

随着直播和短视频的兴起，B 站面临一定的潜在威胁。对此，B 站选择兼容，拓展了游戏、音乐等直播模块。直播行业的优势在于弹幕的高互动性和粉丝文化，短视频的优势在于低成本和高质量的内容。尽管如此，这些潜在竞争者难以复制 B 站的成功模式，因此潜在进入者的威胁较小。

4. 替代品的威胁

B 站经过 10 多年的成长，渐渐成为中国年轻人交流、狂欢的多元文化社区。同类平台中，需要警惕的有被快手收购，同样源起于二次元文化圈的鼻祖 Acfun（弹幕视频网站）（以下统称 A 站）。2019 年，A 站首页高举“欢迎回家”，主打纯二次元网站。如何留住二次元忠粉，成为 B 站目前的一大难题，也是舆论矛头所在。然而，B 站拥有比 A 站更丰富的动漫资源和尚未变质的文化氛围，因此面对替代品的威胁能力为中等。

5. 同行业竞争者的竞争程度

我国网络视频行业的消费者尚未饱和，业内竞争激烈，部分视频网站通过加大自制内容投入，重金争夺优质内容独播权，并积极与其他平台进行资源整合，从而提高竞争力。而 B 站更为优质的弹幕文化和氛围营销，也将成为一大利器。总体来说，B 站在二次元内容的竞争上实力较强，但在传统影视、综艺等内容的竞争上实力较弱。

综上分析，B 站可以通过以下方式进行战略改进：

（1）提升付费用户转化率。通过维持优质内容和服务，将快速增长的流量转换为付费用户，同时开发直播平台业务以刺激用户付费。

（2）增加变现渠道。例如，通过游戏代理分发收入、直播打赏、平台会员增值服务以及广告与电子商务等。

（3）坚持 PUGV。通过优质内容维持高用户月活量和良好的用户体验。

（五）AARRR 分析模型

AARRR 是获取（Acquisition）、激活（Activation）、留存（Retention）、变现（Revenue）、推荐（或传播）（Refer）五个单词的缩写，如图 4-5 所示，该模型将数据分为五大模块，每个模块分别解决特定的问题：获取模块关注如何吸引用户发现产品或者服务；激活模块重点解决用户的第一次使用体验；留存模块分析用户是否还会回到产品（重复使用）；变现模块探讨产品如何通过用户实现盈利；而推荐（或传播）模块（以下统一采用传播）解决用户是否愿意告诉其他用户。

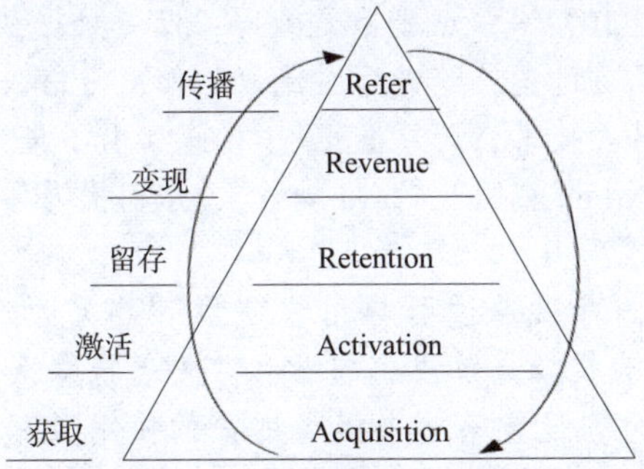

图 4-5 AARRR 分析模型

1. 获取

获取是指通过评估渠道的获客数量和质量来衡量获取用户的效果。常见的渠道评估指标包括每日新增、累计新增、启动次数、首次交易户、首绑交易户、一次性用户数、平均使用时长等。这些指标有助于评估不同渠道的用户获取效率。

2. 激活

激活是指提高用户的活跃度，包括注册激活、主动活跃、推送活跃、交易活跃等，重点是提高用户活跃度。通过活跃度指标，可以深入了解用户的使用和体验，从而采取措施提高用户的黏性，确保用户持续参与和使用产品或服务。

3. 留存

留存是指保持用户的持续使用，重点在于提高留存率。通常，用户的留存率在早期会出现较大幅度的下降，但在后期逐渐趋于稳定，稳定下来的用户往往是产品的核心目标用户。常用的留存率指标包括：次日留存、3 日留存、7 日留存、30 日留存。一般来说，次日留存>3日留存>7 日留存>次月留存。留存率指标还有每日流失、每日回流、用户生命周期、平均生命周期贡献、7 日回访用户、使用间隔、页面访问量、回访率等。具体选择哪些指标进行统计，应根据产品或服务的特性来决定。

4. 变现

变现是指通过用户获取收入。收入有很多种来源，主要有三种来源：付费应用、应用内付费以及广告。付费应用在国内的接受程度较低；应用内付费在游戏行业应用较为常见；广告是大部分开发者的收入来源。无论收入来源如何，都直接或间接依赖于用户。因此，激活阶段的用户活跃度提升以及留存阶段的用户留存率提高，都是实现收入变现的重要基础。

5. 传播

传播就是用户将产品或服务推荐给其他用户。尤其是在社交网络兴起的背景下，基于社交网络的“病毒式传播”已经成为获取用户的一个新途径。“病毒式传播”的成本很低，效果却可能极为显著。通过传播获取新用户，可以形成了一个螺旋式上升的轨道。

课堂自测

基于 AARRR 分析模型的 IT 技术类微信公众号服务策略优化

自 2012 年 8 月腾讯公司正式推出微信公众号以来，其数量迅速增加，涵盖了科技、旅游、医药、美食等各个领域。本案例以 IT 技术类微信公众号为例，针对其运营过程中存在的问题，基于 AARRR 分析模型提出了在“用户获取”“用户激活”“留存率提升”“收入变现”和“传播”5 个环节提出的相应的优化策略建议。

1. 用户获取环节优化

在获取用户方面，可以通过结合时事热点挖掘文章选题。例如，微信公众号“CSDN”的一篇文章，阅读量达到了 10 万+，点赞数达到了 232（数据截至 2019 年 8 月 5 日）。此外，还可以加大推广力度，通过多渠道进行引流。例如，微信公众号“程序猿”在用户关注后的自动回复中会显示出“技术公众号推荐”，在此列出了包含自身在内的 20 余个 IT 技术类微信公众号，例如“Python 编程”“Java 编程”，从而提升曝光率和关注度。

2. 用户激活环节的优化

为提高用户的活跃度，可以通过引导用户完成“指定动作”来提高活跃度，比如“点击微信公众号菜单”“为文章点赞或留言”“将文章转发至微信朋友圈”等。IT 技术类微信公众号中可以考虑合理设置菜单来提高用户的使用效率，或者围绕自身核心模块增设特色栏目，定期发起活动来提高用户的活跃度。

3. 留存率提升环节的优化

此环节旨在提高用户黏性。因此，对于IT技术类微信公众号而言，既要注重IT技术类微信公众号的推文质量，也要积极参与用户交流互动。所以，可以考虑从以下两个方面进行优化：一是需要注重文章编排，做到图文并茂，抓住移动互联网时代人们浅阅读、碎片化阅读的特点；运营中要掌握推送环节的相关技巧，保证文章推送频率，让用户养成良好的阅读习惯。二是可以构建IT技术互动社区，将以往一对多的互动形式延伸为多对多的互动形式。在用户相互交流的过程中，运营者可以及时发现问题并集中解决，从而不断提高微信公众号的服务质量和用户黏性。

4. 收入变现环节优化

一般来说，微信公众号可以从用户价值区块、品牌价值区块、平台价值区块和内容价值区块获取收入。对于IT技术类微信公众号的优化而言，同样可以从这4个价值区块入手。例如，用户价值区块是目前最常见的盈利模式，通过“广告+微信公众号文章”的形式进行变现。在优化过程中，应关注用户需求和用户价值的“自属性”，有效匹配信息与广告内容。品牌价值区块可以通过外部合作实现，而平台价值区块则可以通过构建IT技术类微信公众号矩阵，搭建商业运营平台形成联盟。

5. 传播环节的优化

在微信公众号的运营过程中，用户自发传播具有一些显著优势：一是获取用户成本低，转发至朋友圈等平台为微信公众号提供了广告位；二是传播效果更佳，使得潜在用户对微信公众号的认可度更高；自传播带来的用户黏性和转化率更高。因此，可以通过强化微信公众号价值理念来提高文章分享转化率，并推出分享奖励机制及提供便捷分享渠道，以增强用户自发传播的力度。

（六）RFM 分析模型

RFM 分析模型由三个关键指标组成，即最近一次消费时间间隔（Recency）、消费频率（Frequency）、消费金额（Monetary）。这三个指标在不同的业务情境中定义可能有所不同，需要根据具体的业务需求灵活调整。

1. 最近一次消费时间间隔（R）

最近一次消费时间间隔是指用户最近一次消费距离当前的时间间隔。通常，最近一次消费时间越短，即R值越小，用户的价值就越高。

2. 消费频率（F）

消费频率是指用户一段时间内的消费次数。购买频率越高，也就是F的值越大，用户价值越高。

3. 消费金额（M）

消费金额是指用户在特定时间段内的总消费金额。消费金额越高，即M值越大，通常表明用户具有更高的经济贡献，因此用户的价值也相应更高。

如果将这三个指标按价值从低到高排序，并把这3个指标作为x、y、z坐标轴，就可以把空间分为8部分，如图4-6所示。把图4-6中RFM这3个值对应的价值是高还是低，转化到表4-2，形成用户分类的规则，就可以非常清楚地知道重要价值用户、重要发展用户、重要保护用户、重要挽留客户等八类客户的分类依据和标准。

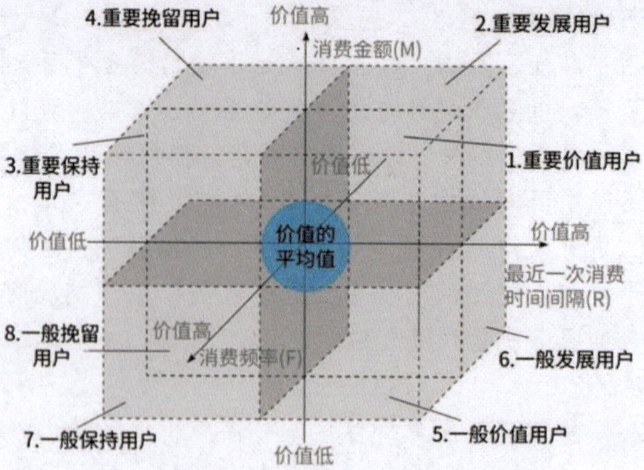

图 4-6 RFM 分析模型

表 4-2 基于 RFM 分析模型的用户分类规则

用户分类	R 值	F 值	M 值
1. 重要价值用户	高	高	高
2. 重要发展用户	高	低	高
3. 重要保持用户	低	高	高
4. 重要挽留用户	低	低	高
5. 一般价值用户	高	高	低
6. 一般发展用户	高	低	低
7. 一般保持用户	低	高	低
8. 一般挽留用户	低	低	低

基于 RFM 分析模型，可以对不同价值用户使用不同的营销策略，实现产品运营中的精细化运营，帮助企业把产品资源发挥到最大效果。

课堂自测

基于 RFM 分析模型的店铺会员价值分类

假设某客户运营平台收集到的客户交易信息，包括客户名称、上次交易时间、交易总额和交易笔数等。那么，根据前述的 RFM 模型，可以对这些数据进行相应计算。具体而言，R 值代表最近一次交易时间间隔，如果低于均值，则评价为高；如果大于或等于均值，则评价为“低”。F 值为消费频率（消费时间间隔），如果大于或等于均值，说明时间间隔过长，评价为低，低于均值，评价为高；M 值为消费金额，如果大于或等于均值，说明消费金额高，评价为高，低于均值，评价为低。通过将这些评价结果用“0”和“1”表示低或高的评价。则可以得到每个会员 R、F、M 的得分。

接下来，按照以下规则对客户分类：“011”——“重要发展客户”；“101”——“重要保持客户”；“001”——“重要挽留客户”；“110”——“一般价值客户”；“100”——“一般发展客户”；“010”——“一般保持客户”；“000”——“一般挽留客户”。根据这些分类，可以得出该店铺的客户价值分类占比，如图 4-7 示意。其中，一般挽留客户占比约 13.33%，对这部分会员，可通过邮件、电话、短信、微信等渠道推送最新优惠活动。如果这些措施未能有效唤醒此类客户，可以考虑暂时放弃，将更多的时间和资源集中在高价值客户的服务和维护上。

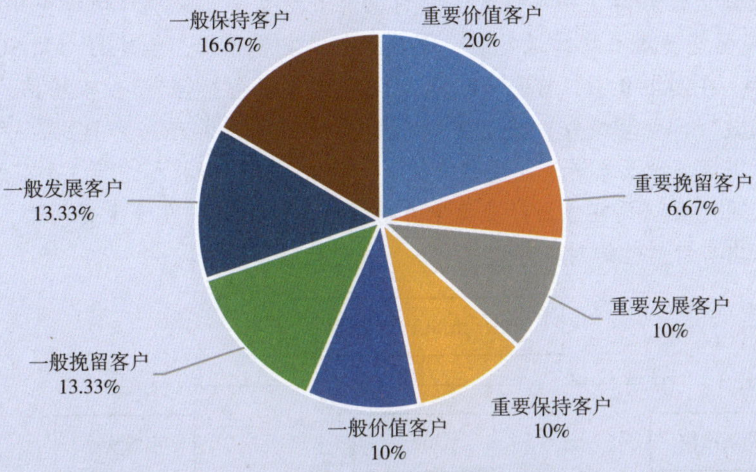

图 4-7 某店铺会员价值分类占比

（七）SCP 分析模型

SCP（Structure-Conduct-Performance）分析模型，又称为结构—行为—绩效模型，由美国哈佛大学产业经济学权威贝恩、谢勒等人建立于 20 世纪 30 年代。该模型提供了一个既能深入具体环节，又有系统逻辑体系的行业结构（Structure）—企业行为（Conduct）—经营绩效（Performance）的产业分析框架。SCP 分析模型从对特定行业结构、企业行为和经营绩效三个角度来分析外部冲击的影响，如图 4-8 所示。

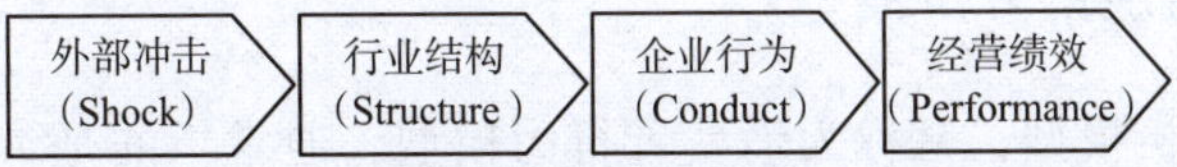

图 4-8 SCP 分析模型

1. 外部冲击

主要是指企业外部经济环境、政治、技术、文化变迁、消费习惯等因素的变化。

2. 行业结构

主要是指外部各种环境的变化对企业所在行业可能的影响，包括行业竞争的变化、产品需求的变化、细分市场的变化、营销模型的变化等。

3. 企业行为

主要是指企业针对外部冲击和行业结构的变化，有可能采取的应对措施，包括企业方面对相关业务单元的整合、业务的扩张与收缩、营运方式的转变、管理的变革等一系列变动。

4. 经营绩效

主要是指在外部环境发生变化的情况下，企业在经营利润、产品成本、市场份额等方面的变化趋势。

课堂自测

H 公司的 SCP 分析模型

H 公司为一家旅游企业。该公司在国家旅游产业发展的支持下取得了一定的成功与发展，现阶段地区性旅游在一定程度上受到旅游市场竞争、宏观环境等变化因素的影响。为了保障 H 公司能健康可持续地发展，需基于行业发展分析，构建 H 公司 SCP 分析模型，如图 4-9 所示。在图 4-9 中，首先人们从市场行为（即企业行为）、市场结构（即行业结构）和市场绩效（即经营绩效）三个方面构建了 H 公司旅游产业竞争力的一级指标框架；其次，在分析市场环境及旅游产业供需情况下，针对每个一级指标进行 3 个二级指标的选择与筛选。要求通过 H 公司在旅游产业竞争力指标优化的过程中发现主要问题，并对 H 公司提升竞争力给出有针对性的对策建议。

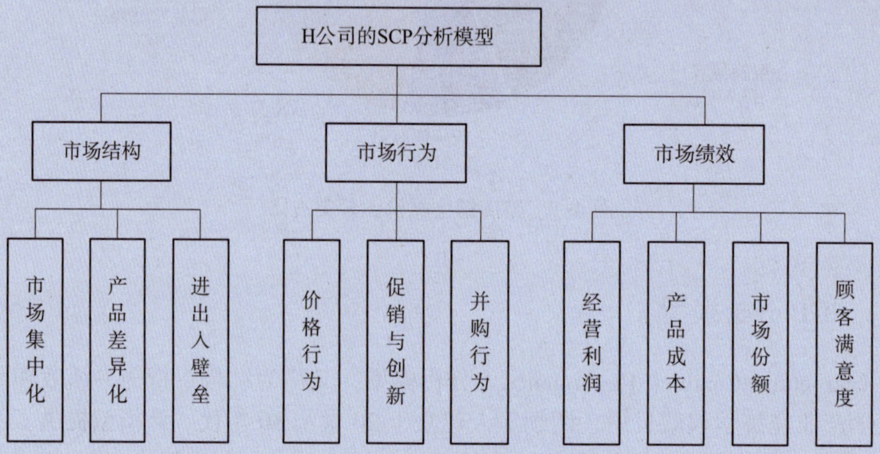

图 4-9　H 公司的 SCP 分析模型

（八）用户行为决策分析模型

用户行为决策分析模型，又称为消费者行为模型，通常指的是 AIDMA 分析模型，即从 Attention[（注意），即引起注意]→Interest[（兴趣），即产生兴趣]→Desire[（消费欲望），即激发欲望]→Memory[（记忆），即强化记忆]→Action[（行动），即促使行动]，如图 4-10所示。

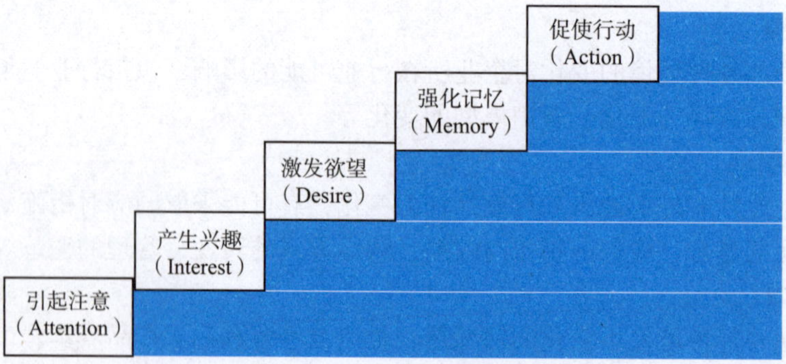

图 4-10　AIDMA 分析模型

随着互联网的兴起，消费者在商品的选择上已不限于实体，更多的是电商的形式。此外，商品形式也不仅限于实物，也有虚拟的、知识类的产品。因此，已有的 AIDMA 分析模型做了进一步的延伸，日本电通集团提出了基于网络购买消费者行为的 AISAS 理论。AISAS 的前两个阶段和 AIDMA 分析模型相同，但在第三个阶段 S 为 Search，即主动进行信息的搜索，第四个阶段为 A（Action），即达成购买行为，最后一个阶段 S 为 Share，即消费者将购买体验和感受分享给他人。因此，AISAS 更加准确地概括了在网络条件下，消费者获得信息、分享信息的能力。AISAS 理论是 AIDMA 理论的发展，如图 4-11 所示。

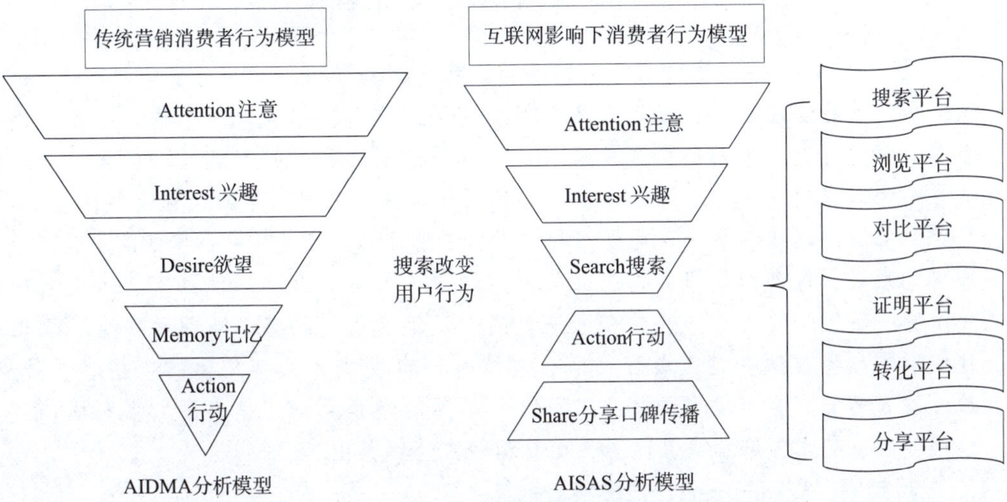

图 4-11 AIDMA 分析模型 和 AISAS 分析模型

用户行为决策分析模型广泛应用于电商行业的用户运营或产品运营岗位。通过分析各环节各渠道的数据，如转化率、流失率、存活率等来制定一些营销策略，精准化运营，甚至优化产品。

课堂自测

结合 AISAS 分析模型对 F 品牌产品进行推广营销策略分析

假设 F 品牌定位高端市场，且客户群体为 25~38 岁具有一定经济实力的知性女性。那么该品牌如何根据自身定位，结合 AISAS 分析模型制定一套符合其在淘宝网发展的推广营销策略。

1. 引起注意（A）——引入流量与积累用户

淘宝网最基本的交易流程如图 4-12 所示。从图 4-12 可以看出，引起消费者关注 F 品牌的是店铺基础。虽然投放首页广告通常是增加曝光度的方式之一，但其费用较高。因此，可以选择利用相对平价的直通车、第三方平台等尝试进行初步推广。淘宝网直通车是为卖家服务的付费推广工具，而且费用相对低廉。F 品牌可以利用直通车通过关键词、宝贝标题、图片等优化产品，大大提高产品的曝光率，使消费者更容易注意到品牌。此外，可以积极申请参与国内知名团购类型网站的活动，若能被选中，势必会为店铺带来大量流量并提升知名度。再者，借助第三方公众平台助力“病毒式传播”，比如微博或者微信朋友圈、公众号等。

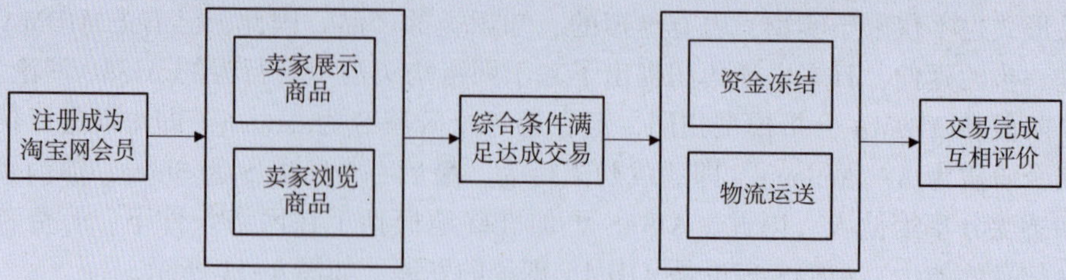

图 4-12　淘宝网基本的交易流程

2. 激发兴趣（I）——品牌文化的传递与消费者间的互动

仅仅引起消费者注意并不代表消费者就会购买，同时，起初对某个商品不感兴趣的消费者在后期也可能产生兴趣。这种兴趣是可以通过引导和发掘来实现的，尤其是在像淘宝这样一个以服装品牌为主的平台上。对F品牌来说，关键在于如何让那些匆忙浏览、已经注意到品牌的消费者愿意花费更多时间深入了解品牌。因此，F品牌可以从服装设计到摄影再到后期，每个细节都去关注品牌的内涵与价值的渗透。一件具有艺术文化底蕴的服装就像一种无声的语言，能够在第一时间引发消费者的共鸣。即使消费者不立即购买，他们通常也会收藏并持续关注品牌，甚至可能自发成为品牌文化的传播者。另外，可以通过发布转发有奖、集赞送礼、“双11”等活动增强互动营销力度，多利用传统文化、科学技术、艺术等增加商品内涵，优化体验式营销氛围。

3. 进行搜索（S）——抓住目标消费群体

通过发布调查问卷，了解消费者在淘宝网决定购买决策前，会进行哪些元素的搜索对比，比如：服装的面料、工艺、细节、穿着方法、洗涤保养方法等。那么，对于F品牌而言，更需要注重以上商品知识的传播，为消费者提供体贴的售前体验，站在消费者的角度思考问题，无疑不是F品牌抓住目标消费群体的前提。

4. 购买行动（A）——直接购买或间接行动

在网络消费者中，对于F品牌有所关注、有过兴趣、进行过搜索的消费者，都是F品牌的潜在消费者，前三步都有可能直接或间接导致购买行动。无论以何种缘由导致购买行为，这些消费者通常都认可F品牌的企业文化，能够接受其价格定位，并且后期成为F品牌的宣传者和传递者。为了长期维系与老顾客的关系并扩大品牌影响力，F品牌应定期开展会员营销互动活动，如节日问候短信、新品上架通知等。

5. 进行分享（S）——加强品牌形象与新老顾客的维系

淘宝网购物后的分享通常分为线上评价、第三方平台推广和线下口碑相传。分享有利有弊，正面的评价可以为品牌带来良好的口碑宣传，但负面评价也不可避免。对于服装而言，通常归类为色差大、工艺细节不达标、面料触感没有想象中好、成分含量与描述不符合、尺寸大小不合适、物流速度太慢、性价比不高等各方面的原因，消费者的不满意，不仅影响第二次购买率，更多的是其负面口碑传播极有可能造成品牌巨大的客流损失。因此，F品牌不仅需要为消费者提供优质的、具备差异化的服装，更需要提供差异化的服务，从而提高消费者满意度，在分享过程中为品牌的持续发展提供良好基础。

综上所述，在淘宝网以品牌模式引导运营极有必要；以网络消费者行为模型（AISAS）为依托运营淘宝网服装品牌具有现实可行性。

（九）逻辑树分析模型

逻辑树分析模型是一种用于分层解析问题的工具，通过将问题分解为多个子问题，并逐层展开，帮助分析师系统地理清思路，避免重复和无关的思考。如图 4–13 所示，逻辑树分析模型的核心理念是把一个已知问题当成树干，然后开始考虑这个问题和哪些相关问题或者子任务有关。每想到一点，就给这个问题（也就是“树干”）加一个“树枝”，并标明这个“树枝”代表什么问题。一个大的“树枝”上还可以有小的“树枝”，以此类推，找出问题的所有相关联项目。逻辑树分析模型具有三大优点：事先找出遗漏或重复、展开原因和解决对策、清晰地展示各部分内容的因果关系。

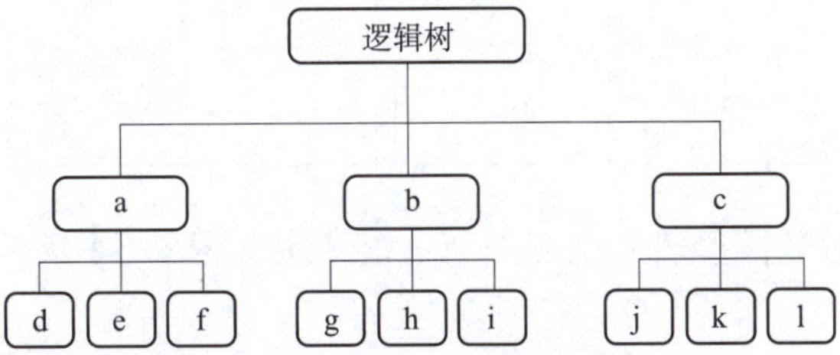

图 4–13　逻辑树分析模型

麦肯锡将逻辑树分析模型的使用，分成 7 个步骤：第一步确认要解决什么问题，就是将原本模糊笼统的问题，确定为一个个具体的、单一的问题；第二步是分解问题，运用树枝的逻辑层层展开，将问题的各个结构拆分成一个个更细致的、互相独立的部分；第三步剔除非关键问题，即针对各个部分再依次进行分析，找出问题的关键点，删除次要问题；第四步制定详细的工作计划，并将计划分成可执行的带日期的步骤；第五步进行关键分析，针对关键驱动因素，通过头脑风暴，找到解决方案；第六步综合分析调查结果，建立论证；第七步陈述工作过程，进行交流沟通。

逻辑树分析模型有三种类型，分别是议题树模型、假设树模型、是否树模型，这三种逻辑树分析模型结构类似，但是有不同的使用前提。

1. 议题树模型

议题树模型适用于对问题不够了解，或者需要全面分解问题以确保不遗漏任何重要方面的情况。使用议题树时，首先，从左到右画出树状图，明确思考的主题；其次，将问题进行分解，分解为第一层级上的问题；接着，将第一层级的问题再次分解，得到第二层级；依次类推，逐级分解直至所有层级的问题得到充分展开。

2. 假设树模型

假设树模型适用于对问题已有较为深入的理解，并已提出某种假设解决方案时。假设树的目标是验证所提出的假设是否成立，而非全面展现问题全貌。这一模型的重点在于集中验证假设，加快解决问题的进程。

3. 是否树模型

是否树模型的结构比前两种要简单得多，其主要形式是：先提出一个问题，然后对这一问题进行是否判断，分析的结果只能是“是”或者“否”，然后接着进行下一轮判断分析，继续得出分析结果“是”或者“否”。

在使用是否树模型进行分析前，对一些结果应有已有的标准方案，如果答案为“是”，就可以应用事先准备好的标准方案；如果答案为“否”，那就需要进行下一轮的判断分析，对具体情况再进行具体分析，根据结果确定解决方案。是否树模型大多在对问题及其结构已经足够了解时使用。

课堂自测

用逻辑树分析模型对某公司 App 所获取的数据进行分析

表 4-3 是一家公司 App 一周内每天的活跃率。试对表 4-3 中的数据进行分析，说明存在的问题。

表 4-3　某公司 App 一周内每天的活跃率

日期	12 月 3 日	12 月 4 日	12 月 5 日	12 月 6 日	12 月 7 日	12 月 8 日	12 月 9 日
星期	一	二	三	四	五	六	七
活跃率（DAU）/%	14.4	14.7	16.3	17.8	14.5	1.8	4

这里采用逻辑树分析模型进行数据分析，其模型如图 4-14 所示。

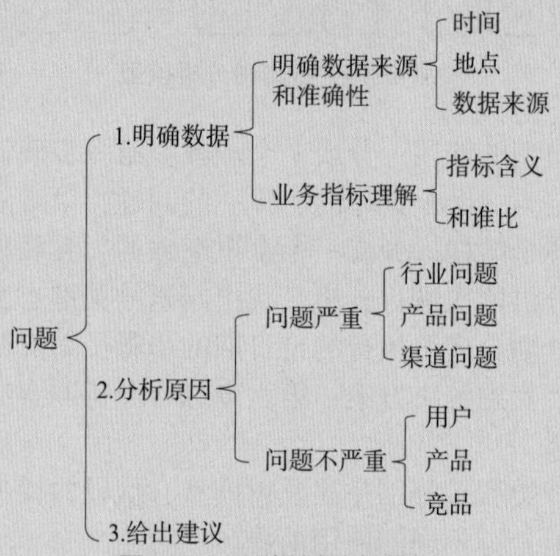

图 4-14　逻辑树分析模型

具体实现步骤如下：

第一步：明确数据的来源以及准确性。从时间来看，所提供的数据时间范围是最近一周的数据；从地点来看，这是针对 App 内所有用户的数据，不是特指某个地区的用户；从数据来源看，数据是运营部门给的，假设核对过没有问题。

第二步：理解数据指标。由于表 4-3 给出的是周用户活跃率，因此需要明确该活跃率与哪些数据进行比较。为此，需要给出对比数据。假设给出的对比数据如图 4-15 所示。

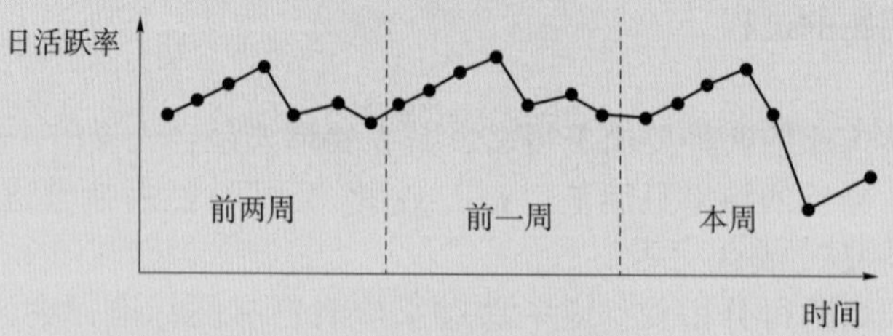

图 4-15　某公司 App 前两周的日活跃率变化趋势

第三步：通过数据对比，发现该公司 App 的活跃率在周六出现了断崖式下跌，如图 4-16所示。初步判定该问题比较严重。

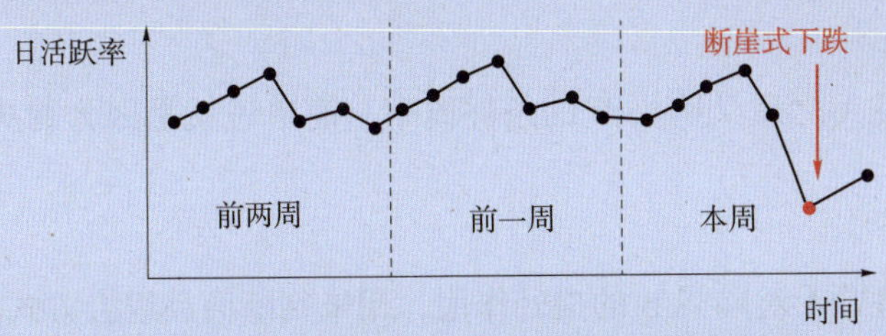

图 4-16　某公司 App 本周的日活跃率变化问题凸现

第四步：分别从行业、产品、渠道问题方面分析原因。行业问题通常从以下三个方面进行分析：

(1) 是否有行业规律存在，比如节假日效应、周六日导致数据下降。

(2) 是否行业整顿引发问题，例如，此前游戏行业因政策整顿导致数据波动。

(3) 是否竞争对手有重大动作，如促销活动吸引了用户流向竞争对手。

产品问题则需要找相关部门了解情况，共同去查找问题。例如，是否存在服务器崩溃情况？最近是否上线了新版本？是否存在功能故障或 Bug 问题？近期是否有大量用户投诉？投诉的主要原因是什么？

渠道问题可以通过多维度拆解方式进行问题剖析。拆解以后发现三个渠道中的数据出现如图 4-17所示的变化趋势。从图 4-17 可以发现，渠道 B 出现了问题。因此，接下来将重点分析渠道 B 出现该问题的原因。

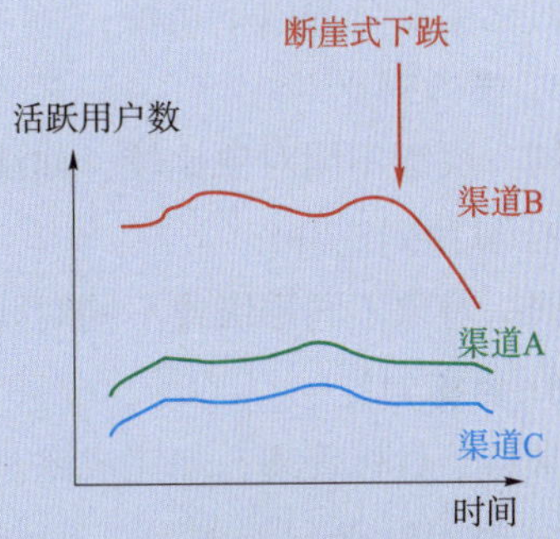

图 4-17　按照渠道拆解后的某公司 App 本周的日活跃率变化趋势

四、商业数据分析方法

面对不同的业务需求，针对不同的分析目的，选用的数据分析方法不尽相同。目前常用的商业数据分析方法有以下九种：关联分析法、对比分析法、聚类分析法、留存分析法、ABC 分析法、象限分析法、A/B 测试分析法、漏斗分析法以及路径分析法。

（一）关联分析法

关联分析法，也叫作购物篮分析法，是一种通过研究用户消费数据，分析不同商品之间的关联性，从而揭示用户购物行为的分析方法。关联分析法的核心目标是找到频繁共同出现的商品组合。例如，某超市发现“67%的顾客在购买啤酒的同时也会购买尿布”，因此，通过合理的啤酒和尿布的货架摆放或捆绑销售可提高超市的服务质量和效益。关联分析法在电商分析和零售分析中应用相当广泛。

关联分析法需要考虑的常见指标如下：

1. 支持度

支持度是指 A 商品和 B 商品同时被购买的概率，或者说某个商品组合的购买次数占总商品购买次数的比例。

2. 置信度

置信度是指购买 A 之后又购买 B 的条件概率，简单说就是因为购买了 A 所以购买了 B 的概率。

3. 提升度

提升度是指先购买 A 对购买 B 的提升作用，用来判断商品组合方式是否具有实际价值。

（二）对比分析法

对比分析法就是用两组或两组以上的数据进行比较的分析方法。对比分析法是一种挖掘数据规律的思维，能够和任何一种分析方法相结合，一次合格的对比分析通常会涉及 *N* 次对比。

对比主要分为以下几种：

1. 横向对比

同一层级不同对象比较，如江苏省内不同城市同一种商品的销售情况。

2. 纵向对比

同一对象不同层级或不同时间段的比较，如江苏南京 2024 年各月茅台销售情况。

3. 目标对比

常见于目标管理，如完成率对比等。

4. 时间对比

通过相同周期、环比、同比等方式对销售情况进行比较分析。例如，将 2023 年 5 月与 2022 年 5 月进行对比，分析淡季与旺季之间的销售波动情况。通过这些对比，可以发现不同时间点的市场变化趋势，为未来的市场发展提供依据。

$$同比增长率=(本期发展水平/去年同期发展水平-1)\times 100\%$$

环比是本期统计数据与上期进行比较，强调是和相邻的统计周期对比，比如 2023 年 5 月与 2023 年 4 月进行对比，环比侧重反映数据的短期变化，用环比增长速度反映指标变化时，时效性强，比较灵敏。环比的发展速度是报告期水平与前一时期水平之比，表明现象逐期的发展速度。

$$环比增长率=(本期数据/上期数据-1)\times 100\%$$

课堂自测

对比分析法在某公司的产品销量趋势分析中的应用

某一公司某产品在 2019—2021 年每月的销售量如图 4-18 所示，按季节统计其销售量的变化趋势如图 4-19 所示。通过对比分析法可以发现，该公司夏季和冬季的产品销量较高，春季和秋季的产品销量较低。由此可以得出，其产品销量具有明显的季节特征。

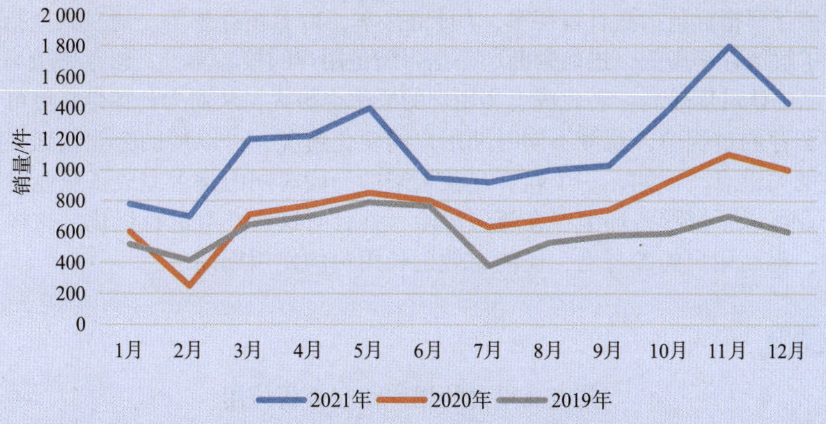

图 4-18　2019—2021 年每月的销售量

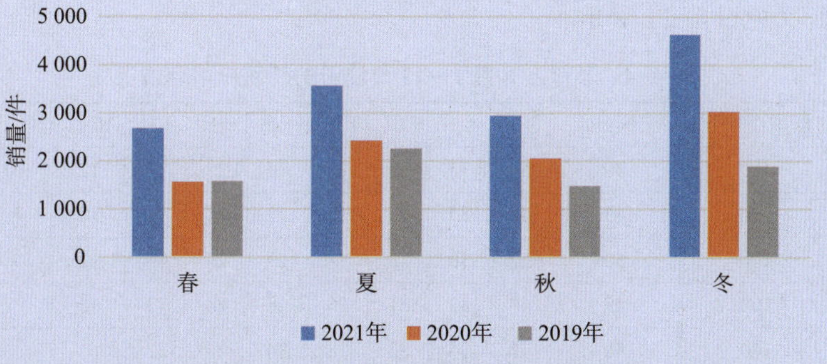

图 4-19　2019—2021 年各季节的销售量

（三）聚类分析法

聚类分析法属于探索性的数据分析方法。其核心思想是针对大量数据样本，根据数据自身的特性将其分为若干类，确保同一类内的数据相似度较高，而不同类之间差异明显。在应用研究中，很多问题可以借助聚类分析法来解决，比如，网站的信息分类问题、网页的点击行为关联性问题以及用户分类问题等。

常见的聚类分析法包括 K 均值（K-Means）、谱聚类（Spectral Clustering）、层次聚类（Hierarchical Clustering）。其中，K 均值是最为常用的一种方法，通常用于将数据分成 2~20 个不同的簇（Clustering）。从图 4-20 中可以看出，数据可以被分到红绿蓝三个不同的簇中，每个簇有其特有的性质。

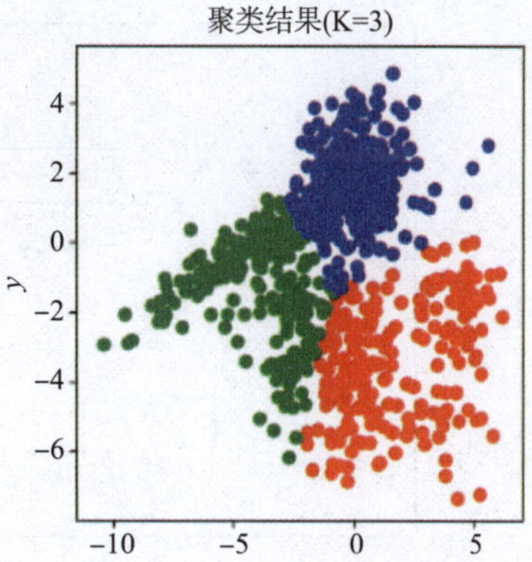

图 4-20　K 均值聚类分析示意图

（四）留存分析法

留存分析法是一种用来分析用户参与情况、活跃程度的分析方法。该方法主要通过考察客户使用产品的时间长度及其带来的收益来进行评估。留存分析法特别关注用户的初期行为和长期持续使用的趋势，从而评估产品对用户的价值以及用户忠诚度的重要性。常见的留存率指标包括次日留存率、7日留存率、30日留存率等。通过这些指标，可以从用户的角度了解留存率高低，进而判断产品是否满足用户的核心需求。留存率较高，通常意味着用户对产品的认可度较高，转化成忠实用户的概率也更大，从而为公司带来更可观的收益。

在用户留存的过程中，观测不同时期用户的变化情况，可以帮助企业找到提升用户体验和产品改进的关键点。例如，一个新客户在未来的一段时间内是否完成了企业希望用户完成的行为，企业可以了解哪些环节存在流失风险，并针对这些环节进行优化。这样不仅可以改善用户体验，提高用户的参与度，还能有效延长用户的使用周期。

课堂自测

某电商平台的用户留存分析应用

某平台对2021年8月1—13日注册的新用户留存情况进行了统计，如表4-4所示，发现其留存情况如图4-21所示。

表4-4 某平台8月1—13日注册的新用户留存情况 %

日期	新增用户数	次日	3日	4日	5日	6日	7日	8日	9日	10日	11日	12日	13日
2021.08.01	100	40	50	35	33	26	34	25	17	12	10	9	6
2021.08.02	100	43	48	34	22	22	25	18	13	10	8	7	
2021.08.03	100	50	52	36	33	31	29	23	15	12	7		
2021.08.04	100	49	48	33	31	26	28	18	12	10			
2021.08.05	100	50	52	36	32	28	30	24	22				
2021.08.06	100	51	53	37	30	24	29	20					
2021.08.07	100	52	55	39	31	27	31						
2021.08.08	100	53	51	35	23	19							
2021.08.09	100	48	50	35	34								
2021.08.10	100	49	51	36									
2021.08.11	100	52	52										
2021.08.12	100	49											
2021.08.13	100												

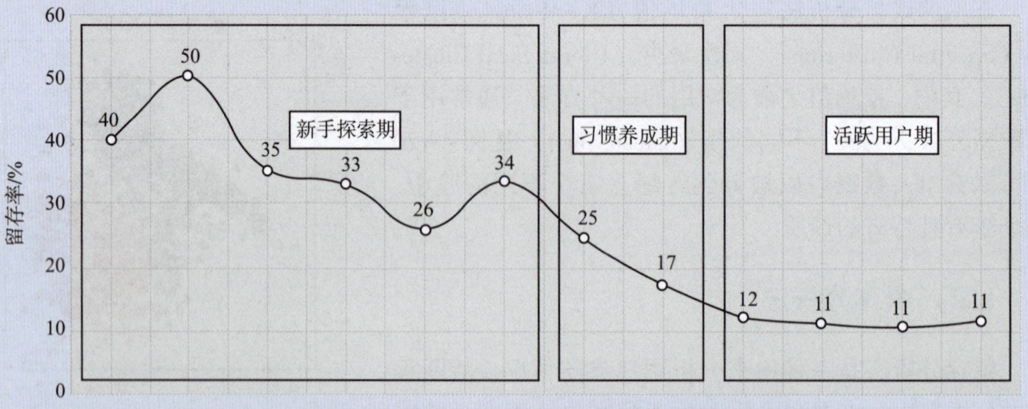

图4-21 某平台2021年8月1日注册的新用户留存率

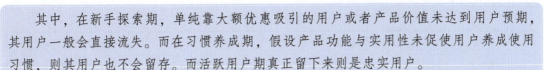

其中，在新手探索期，单纯靠大额优惠吸引的用户或者产品价值未达到用户预期，其用户一般会直接流失。而在习惯养成期，假设产品功能与实用性未促使用户养成使用习惯，则其用户也不会留存。而活跃用户期真正留下来则是忠实用户。

通过对图 4-22 的分析可以发现，新用户留存率骤减 60%，说明该平台没有使用户迅速发现产品价值。另外，整体留存率于第 10 日趋向于平稳，留存率稳定于 11%左右，这说明 8 月 1 日的新增用户中只有 11%左右发展成了忠实用户。再仔细观察，可以发现 3—7 日出现留存率增长现象（注意：留存率并不会呈现持续下降情况），这可以进一步分析原因，是否在 8 月 3—7 日进行了促销活动等。

（五）ABC 分析法

ABC 分析法，又称 ABC 分类法、帕累托分析法或巴雷托分析法，是一种以重点分析为核心的管理方法。该方法通常用于库存管理、物资重点管理等场景，依据“80/20”法则，即 20%的关键资源或活动决定了 80%的结果或影响。这种方法能够有效地识别和区分对业务产生重要影响的少数关键因素，并进行优先管理。

ABC 分析法有很多的应用场景。例如，在库存管理场景下，可以根据目前的商品库存价值将商品进行分类：商品、库存 PCS、库存金额、库存金额占比。在物流配送场景下，根据产品的类别和特征，将其划分为三个类别：第一类别为 A 类，累计品种数量占比仅为 5%～15%，而价值总额占比为 70%～80%；第二类别为 B 类，累计品种数量占比仅为 20%～30%，而价值总额占比为 15%～25%；第二类别为 C 类，累计品种数量占比仅为 60%～70%，而价值总额占比为 5%～10%，如图 4-22 所示。

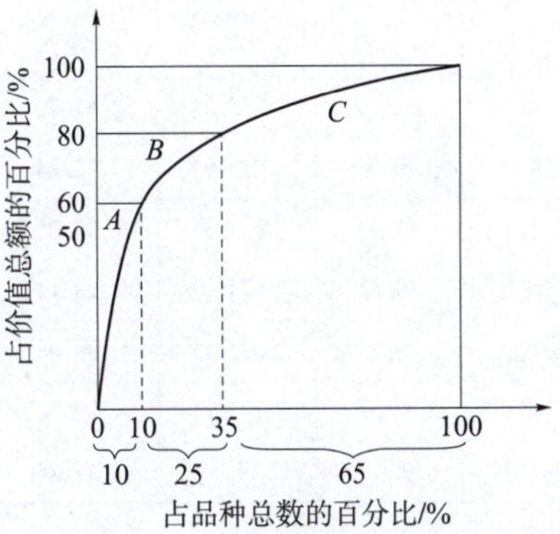

图 4-22 在物流配送场景下的 ABC 分析法示意图

ABC 分析法的理论基础在于：社会上任何复杂的事物，都存在着“关键的少数和一般的多数”这样一个原则。通过识别出那些对业务影响最大但数量较少的关键因素，并将有限的资源和精力集中于这些关键点，企业可以实现更高的效率和更好的收益。

课堂自测

ABC 分析法在某企业成品油库存管理中的应用

某企业成品油的年销售情况如表 4-5 所示。现按销售额大小排序编号，并计算累计销售量、累计销售量百分比、累计销售额、累计销售额百分比等，并按 ABC 分析法对产品分类。结果如表 4-6 所示。

表 4-5　某企业成品油的年销售情况

牌号	销售数量/万吨	单位售价（元·吨$^{-1}$）	销售额/万元
煤油Ⅰ	9.27	5 600.00	51 912
汽油Ⅱ	19.83	5 700.00	113 031
汽油Ⅲ	371.83	5 851.00	2 175 519
汽油Ⅳ	136.89	6 182.00	846 255
汽油Ⅴ	10.68	5 904.00	63 054
煤油Ⅱ	265.32	5 950.00	1 578 654
汽油Ⅰ	41.43	5 520.00	228 694
柴油Ⅰ	1 237.89	5 075.00	6 282 291
柴油Ⅱ	19.26	5 583.00	107 529

表 4-6　某企业成品油的 ABC 分析法

牌号	销售数量/万吨	累计销售数量/万吨	累计销售数量百分比/%	按照累计销售量占比分类	销售额/万元	累计销售额/万元	累计销售额百分比/%	按照累计销售额占比分类
柴油Ⅰ	1 237.89	1 237.89	58.60	A	6 282 291	6 282 291	54.88	A
汽油Ⅲ	371.83	1 609.72	76.20	A	2 175 519	8 457 810	73.89	A
煤油Ⅱ	265.32	1 875.04	88.76	B	1 578 654	10 036 464	87.68	B
汽油Ⅳ	136.89	2 011.93	95.24	C	846 255	10 882 719	95.07	C
汽油Ⅰ	41.43	2 053.36	97.21	C	228 694	11 111 413	97.07	C
汽油Ⅱ	19.83	2 073.19	98.14	C	113 031	11 224 444	98.06	C
柴油Ⅱ	19.26	2 092.45	99.06	C	107 529	11 331 973	99.00	C
汽油Ⅴ	10.68	2 103.13	99.56	C	63 054	11 395 027	99.55	C
煤油Ⅰ	9.27	2 112.4	100.00	C	51 912	11 446 939	100.00	C

通过 ABC 分析法可知，柴油Ⅰ、汽油Ⅲ属于 A 类产品。在库存管理中要给予最高的优先权。B 类产品给予正常的控制，C 类产品只需要进行简单的管理。

（六）象限分析法

象限分析法是通过对两种及以上维度的划分，借助坐标图形展示数据分布情况，以此帮助企业从多个角度洞察业务表现。象限分析法是一种有效的驱动型分析方法，广泛应用于产品分析、市场分析、客户管理、商品管理等领域，常见的 RFM 模型也属于这一分析范畴。

例如，波士顿矩阵（又称为 BCG 矩阵），是一种经典的象限分析工具，通过分析企业的产品组合来实现资源的最优配置。在此矩阵中，企业可以依据市场份额和市场增长率两大因素对产品进行分类和战略定位，如图 4-23 所示。比如，评估业务中各个大区的 GMV（商品交易总额）占比以及 GMV 同比增长率，从而识别到重点核心大区和有潜在的发展机遇。

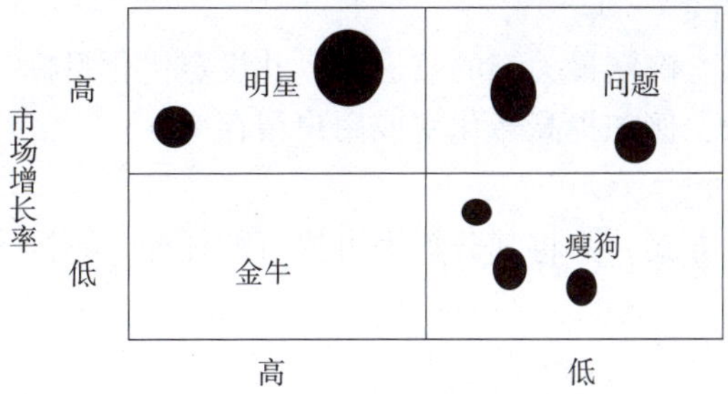

图 4-23 波士顿矩阵

波士顿矩阵显示，企业的市场地位和市场增长率是决定产品组合战略的两个关键因素。通过分析这两个因素，可以将产品划分为四种类型：①销售增长率和市场占有率双高的产品群（明星产品）；②销售增长率和市场占有率双低的产品群（瘦狗产品）；③销售增长率高、市场占有率低的产品群（问题产品）；④销售增长率低、市场占有率高的产品群（金牛产品）。

象限分析法的优势有两点：

1. 找到问题的共性原因

通过象限分析法，可以有效地将不同特征的事件进行归因分析，总结其共性原因。如图 4-24 所示的广告点击的四象限分布案例中，第一象限的事件可以提炼出有效的推广渠道与推广策略，第三和第四象限可以排除一些无效的推广渠道。

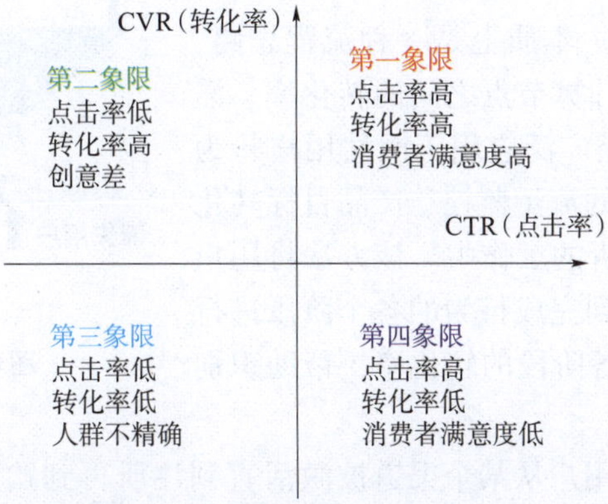

图 4-24 广告点击的四象限分布

2. 建立分组优化策略

象限分析法可以帮助人们针对不同类型的产品或客户建立优化策略。例如 RFM 客户管理模型中按照象限将客户分为重点发展客户、重点保持客户、一般发展客户、一般保持客户等不同类型。给重点发展客户倾斜更多的资源，比如 VIP 服务、个性化服务、附加销售等。

（七）A/B 测试分析法

A/B 测试分析法是一种用于 Web 或 App 界面及流程的优化方法。它通过在同一时间段内，对不同版本的界面或功能进行比较，收集并分析用户体验数据和业务指标，最终选择效果更优的版本来应用。

A/B 测试分析法的流程如下：

1. 现状分析和目标设定

首先，明确业务数据，确定最关键的改进点，并设定优化目标。优化目标的设定应紧密围绕用户体验和业务增长，例如提高转化率或用户留存率。

2. 方案设计

根据目标，提出优化方案，并将其分解为可执行的任务。不同方案需要明确区分，确保测试的有效性。

3. 设计与开发

制作至少两个版本的优化设计并实现，以便后续进行对比分析。

4. 分配流量

确保在足够的测试流量下，公平地分配用户至不同版本，以获得统计学上的显著性结果。

5. 采集与分析数据

收集足够的数据，进行有效性检验。如果统计结果显示差异显著且有意义，则可确定优化方案的优越性，并进行进一步的测试或部署。

6. 最终决策

根据数据结果发布新版，同时准备好在继续测试或新版本效果不佳时，快速切换回较优版本的能力。

（八）漏斗分析法

漏斗分析法（或模型）本质上是一种流程思路，在确定好关键节点之后，计算节点之间的转化率。漏斗分析法（图 4-25）已经广泛应用于网站用户行为分析和 App 用户行为分析的流量监控、产品目标转化等日常数据运营与数据分析的工作中。该方法将用户在使用产品过程中从引导到完成行为的各个阶段进行分层展示，通过逐级计算各阶段的转化率，帮助识别并解决潜在问题。

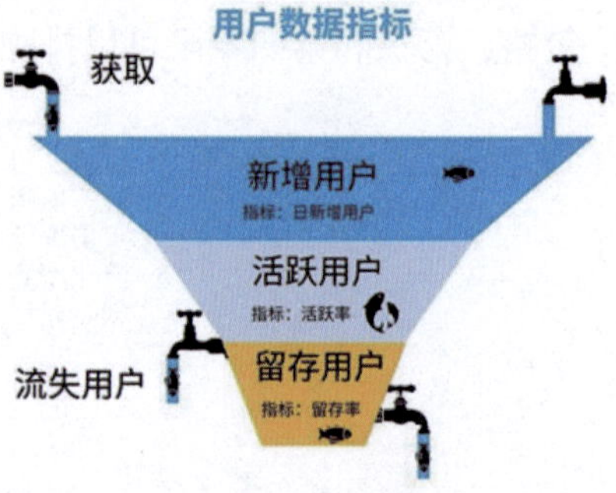

图 4-25　漏斗分析法

例如，在某 App 中，用户从某个渠道被激活直到注册再到购买商品，用户一般经过的路径为激活 App（下载 App）、用户注册、进入 App 产品页、对比产品、放入购物车、确认商品、支付完成。漏斗分析法能够展现用户在每个阶段的流失情况，找出需要优化的关键点，进而提高整体转化率和用户体验。

1. 漏斗分析法的基本流程

（1）创建某个流程的漏斗；

（2）发现问题节点；

（3）对问题进行分析；

（4）实施优化改进；

（5）验证改进的有效性。

2. 漏斗分析法要注意的两个要点

（1）不但要看总体的转化率，还要关注转化过程每一步的转化率；

（2）需要进行多维度的拆解分析，分解出各环节的具体问题，以便于有针对性地优化。

课堂自测

某电商平台的购物状况在漏斗分析法中的应用

当你打开电商 App 想买东西的时候，你至少会经历以下几步：打开 App 进入首页→点击首页上某个商品广告页→进去商品详情页，看了觉得还不错，点购物车→进入购物车页面，填快递信息，点支付→进入支付页面，完成支付，商家发货。整个流程一共经历了：首页→广告页→详情页→购物车→支付共 5 个步骤。这 5 个步骤缺一不可，存在前后关系。但并非所有人都能一帆风顺走完这 5 个步骤。有的人不喜欢商品的广告，连广告页都不进去。有的人发现实物不怎么好看，在详情页就离开了。有的人觉得价格实在太贵，在购物车页退出了。总之，很多人最后没有完成支付。这些动作均反映在数据上，不管怎么说，参与这 5 个步骤的人，是越来越少的。因此，可以用一个漏斗来形象地表示这种关系，如图 4-26 所示。

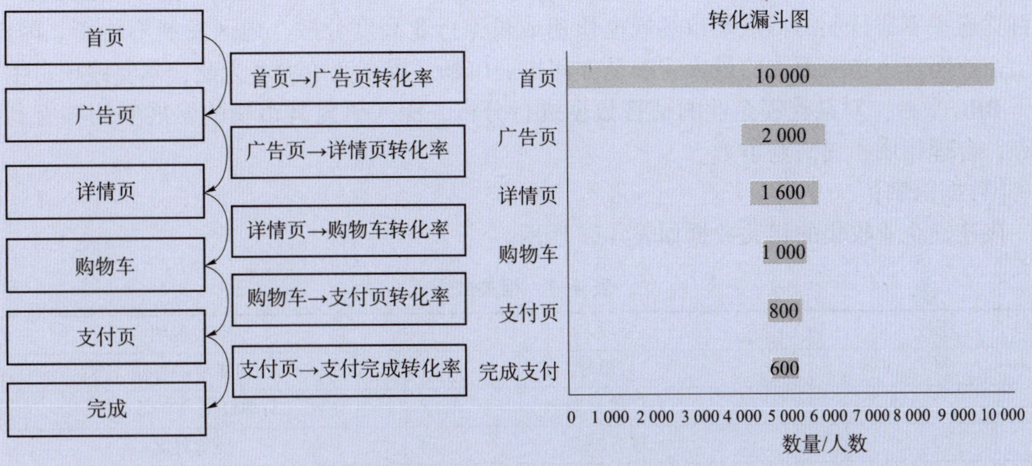

图 4-26 某电商 App 购物漏斗分析法

有了漏斗以后，可以进行数据分析。其中，每一步转化率 = 下一步人数/上一步人数。比如：首页→广告页转化率，就是广告页人数/首页人数 = 20%；此外，还可以计算整体转化率，即最后一步人数/第一步人数，本例里就是 600/10 000 = 6%。

通过对每一步转化率以及整体转化率的分析，可以发现问题，并针对某个环节优化，提升整体转化率，这是最终目标。

（九）路径分析法

路径分析法是追踪用户从某个开始事件直到事件结束的行为路径，从而能够帮助人们评估用户行为的效果、优化用户体验，并最终促使用户完成特定的目标行为。通过计算用户在使用某个 App 时每一步的流向和转化率，可以深入了解用户从打开 App 到执行特定操作的全过程。

那么，如何进行用户行为路径分析呢？

1. 检查用户在使用产品时的路径分布情况

例如，在访问某个电商产品的首页后，有多少比例的用户继续浏览商品详情页，又有多少比例的用户直接跳转到商品的付款页面。

2. 进行路径优化分析

例如，确定哪些路径是用户访问的主要路径，在哪一步时用户最容易流失。

3. 分析用户的行为特征

例如用户是直奔目的目标型还是浏览型。

4. 需对用户进行细分

通过标签化用户行为和路径，识别不同用户群体的特征，针对不同群体制定相应的优化策略。

实践训练 1

公司销售数据分析

【任务背景】

2006—2007 年连锁零售业的发展经历了巨大的变化。2008 年年初，连锁经营受 CPI 高涨、消费旺盛等因素影响，销售和利润均有大幅增长。但进入第四季度，增速明显放缓。由于百货连锁零售行业的特点是市场规模快速成长，行业高度分散，地区发展不均衡。因此，对于企业而言，当前面临的最大需求是如何拓展市场、提高竞争力？为此，本实践项目主要基于 BBL 平台，对某连锁企业的销售数据进行分析，深入研究其市场的发展空间和有利投入点，合理拓展，提高竞争力。

【数据信息】

该连锁企业收集的相关数据如表 4-7 所示。

表 4-7 相关数据

序号	字段名	字段说明
1	订单号	订单唯一标识
2	订单日期	订单日期（年月日）
3	顾客姓名	顾客姓名
4	订单等级	订单等级
5	订单数量	订单数量
6	销售额	销售额（元）
7	折扣点	折扣点
8	运输方式	运输方式
9	利润额	利润额
10	单价	单价
11	运输成本	运输成本
12	区域	区域
13	省份	省份
14	城市	城市
15	产品类别	产品类别
16	产品子类别	产品子类别
17	产品名称	产品名称
18	产品包箱	产品包箱
19	运送日期	运送日期
20	运送时长	运送时长

【实施步骤】

（一）新建项目

新建一个项目，命名为“某公司销售数据分析”，点击进入项目。

（二）数据导入

（1）切换到数据源列表页，点击右上角“挂载数据集”，选择“商业数据分析导论”，如图 4-27 所示。

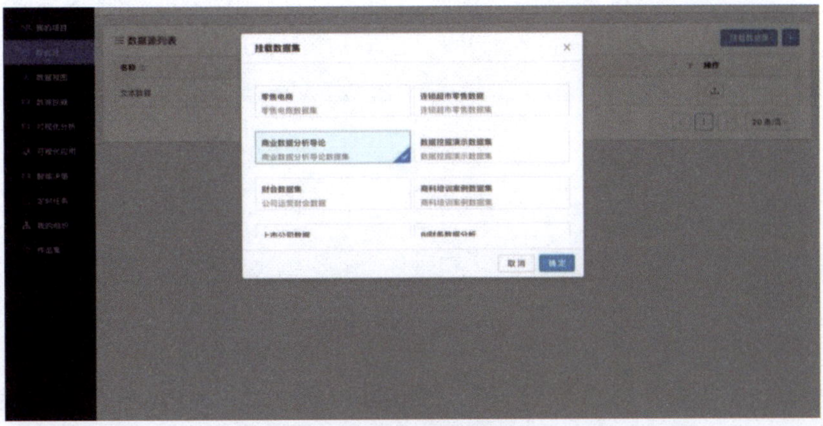

图 4-27　挂载数据集

（2）点击确定，将出现如图 4-28 所示的画面，表示挂载成功。

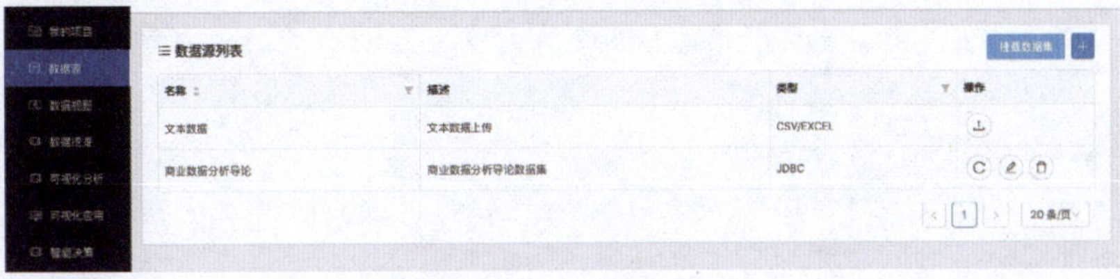

图 4-28　挂载成功

（3）切换到数据视图界面，点击“+”，进入数据视图新增页面，切换到智能模式，如图 4-29 所示。

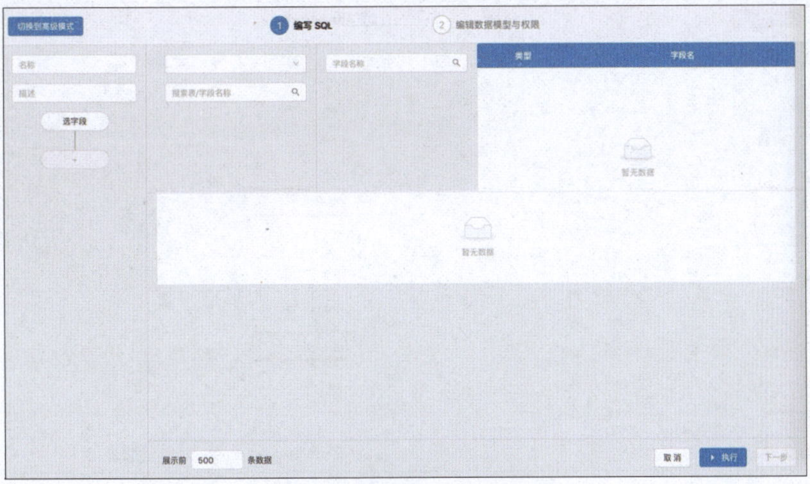

图 4-29　切换到智能模式

（4）选择已挂载的“商业数据分析导论”，选择已添加的数据“公司销售数据”，显示该数据表中的全部字段，如图 4-30 所示。

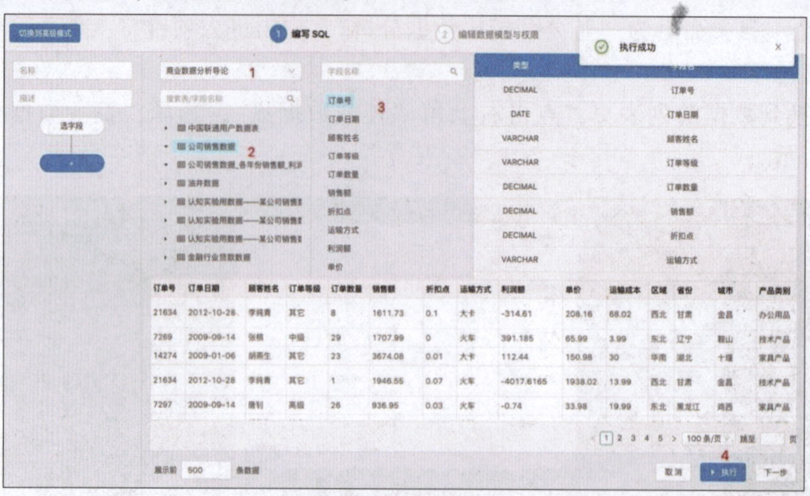

图 4-30　全部字段

（5）输入名称“某公司销售数据”，点击下一步。将“订单号”设置为维度，如图 4-31所示。然后，再将“省份”设置为地理省份，“城市”设置为地理城市，如图 4-32 所示。点击保存，完成数据处理。

图 4-31　将“订单号”设置为维度

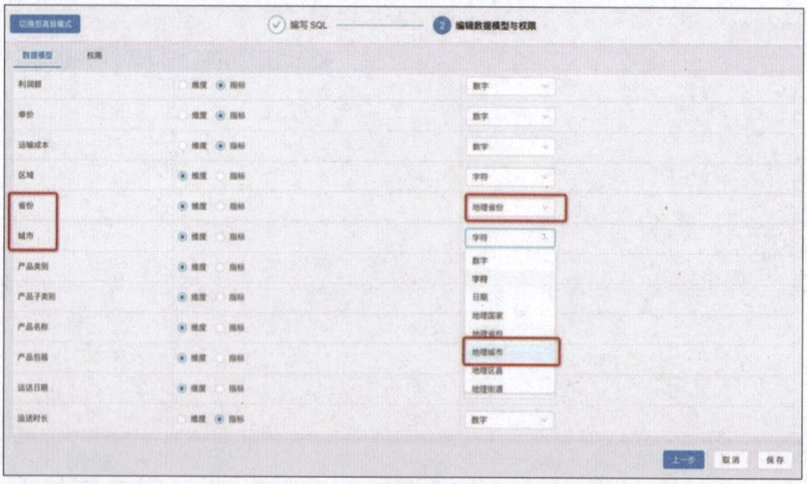

图 4-32　设置“省份”和“城市”

（三）数据可视化对比分析

对销售数据进行分析，往往需要确定主要数据指标，比如：各类产品利润与销售额占比，即利润率；各区域、省份、城市的产品销售额；企业销售额与利润的季度变化趋势；未来销售业绩趋势预测等。

（1）切换到“可视化分析”列表页面，点击“+”新增进入，如图 4-33 所示。

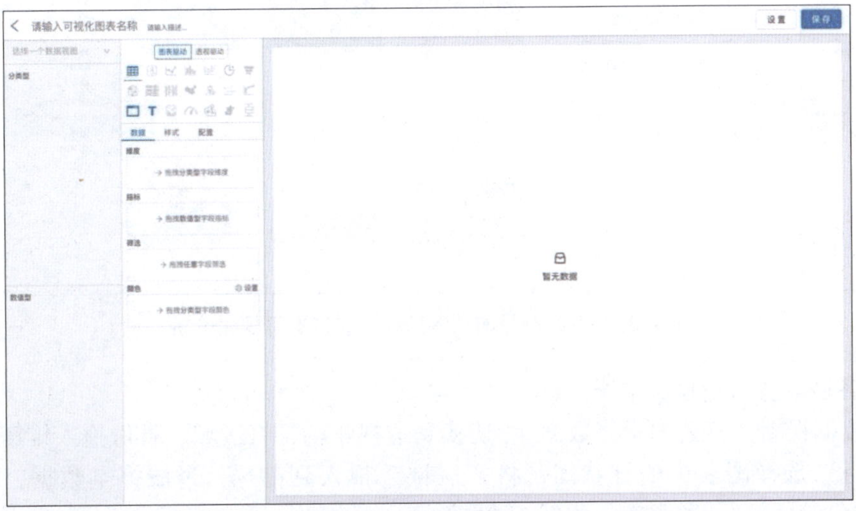

图 4-33　新增进入

（2）各类产品的销售额和利润情况可视化分析。

选择数据视图“某公司销售数据”，切换到透视驱动，将产品类别拖入维度，将利润、销售额拖入指标，选择图表中的柱状图，同时将“产品子类别”拖入颜色，将“产品子类别”拖入到值筛选，过滤掉空数据，如图 4-34 所示，然后输入名称“各产品类别销售额和利润”，并保存，如图 4-35、图 4-35 所示。

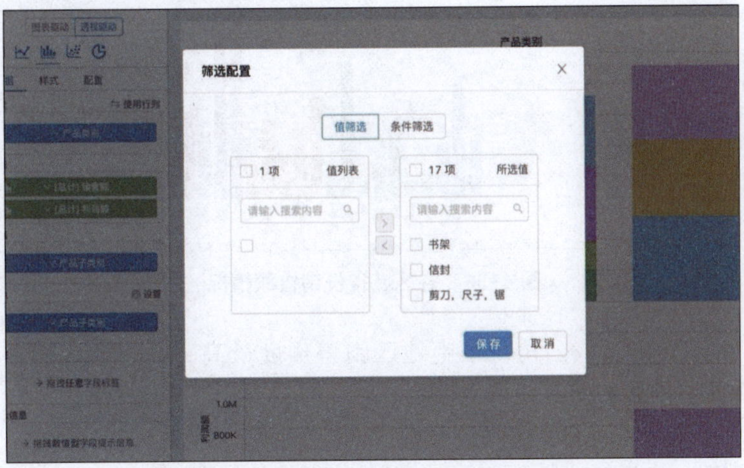

图 4-34　将“产品子类别”进行“值筛选”

从图 4-35 可以分析得出，办公用品—标签的利润比率最高，技术产品—办公机器的销售额最高。但是，利润率高的产品销售额普遍偏低。由此可见，公司需要加大这些利润率高的产品的销售力度，并且加大技术产品的推广。

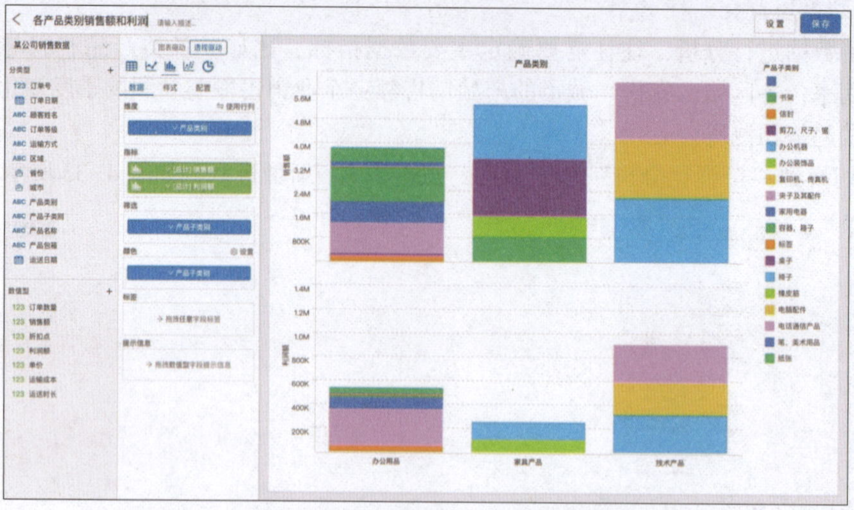

图 4-35 各类产品的销售额和利润情况可视化分析

（3）各区域省份销售额情况。

选择数据视图“某公司销售数据”，切换到透视驱动，将区域、省份拖入维度，将销售额拖入指标，选择图表中的柱状图，将“区域”拖入到筛选，过滤掉空数据，输入名称“各区域省份销售额”，并保存。如图 4-36 所示。

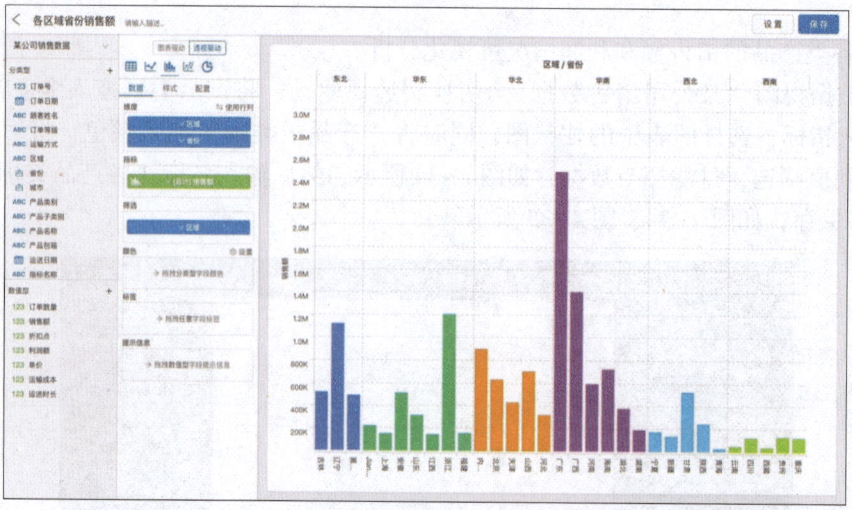

图 4-36 各区域省份销售额情况

从图 4-36 可以看出，该公司在华南地区销售额度最高，西南地区销售额度最低。因此，需要加大对西南地区的产品销售力度。

（4）企业销售额与利润的变化趋势分析。

选择数据视图“某公司销售数据”，切换到透视驱动，将“订单日期”拖入维度，将“利润额”“销售额”拖入指标，使用折线图，将“区域”拖入到筛选，过滤掉空数据，输入名称“企业销售额与利润的变化趋势”，并保存。如图 4-37 所示。

从图 4-37 可以看出，该公司在 2009—2012 年度，总的利润与销售额的波动比较大。所以建议加强成本控制，稳固销售业绩。

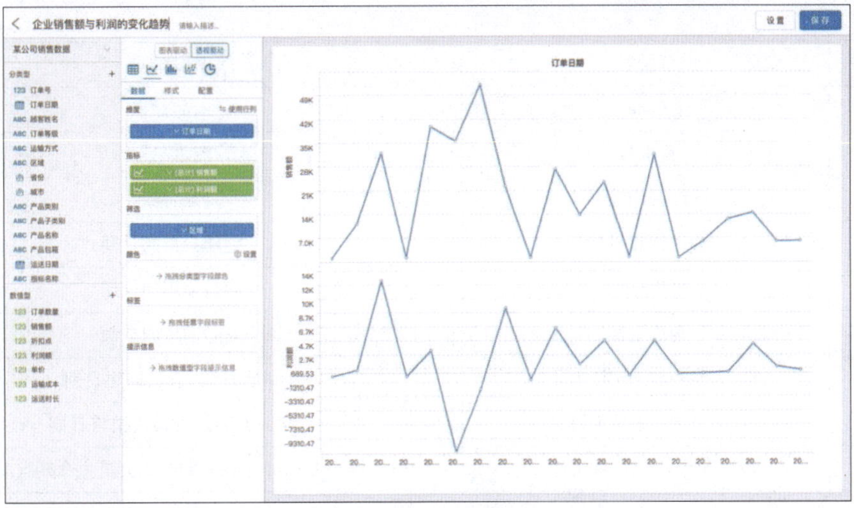

图 4-37　企业销售额与利润的变化趋势分析

实践训练 2

基于 RFM 模型的客户细分与生命周期分析

【任务背景】

RFM 模型是衡量客户价值和客户创利能力的重要工具和手段。在众多的客户关系管理（CRM）分析模型中，RFM 模型被广泛提及。该模型通过一个客户的近期购买行为（R）、购买的总体频率（F）以及花了多少钱（M）3 项指标来描述该客户的价值状况。

客户生命周期模型是指从企业与客户建立业务关系到完全终止关系的全过程，是客户关系水平随时间变化的发展轨迹。因此，通过店铺收集的客户行为数据了解客户从第一次购买到最后一次购买的生命周期情况，基于 RFM 模型进行不同群体的客户价值分析，从而将客户分类。针对不同的客户可以推行不同的策略，实现精准化运营，以期获取最大的转化率。

本次实践内容主要是对某公司的会员进行客户细分以及生命周期分析，数据截止时间为 2022 年 7 月 30 日。

RFM 分析与客户生命周期①分析如图 4-38 所示。

【数据信息】

本次数据字段名以及相应的含义如表 4-8 所示。用于对客户价值进行 RFM 分析与客户生命周期分析。

表 4-8　数据表基本信息

序号	字段名	字段说明
1	UserId	会员唯一标识
2	Class1	商品一级品类名称
3	Class2	商品二级品类名称

① 以下简称生命期，因为图中为生命期。

续表

序号	字段名	字段说明
4	Code	商品标识
5	流水号	流水单号
6	产品描述	产品描述
7	会员创建日期	创建会员的日期
8	销售日期	商品销售的日期
9	销售金额	商品销售的金额
10	购买点会员生命期（日）	销售日期-会员创建日期
11	会员最后购买时间	同一 UserId 的最大销售日期
12	最后购买点生命期（日）	同一 UserId 的最大购买点会员生命期（日）

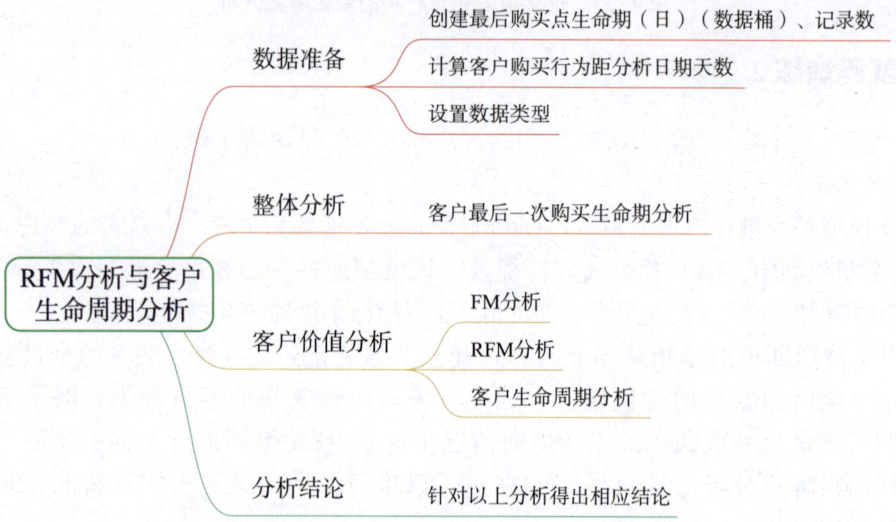

图 4-38　RFM 分析与客户生命周期分析

【数据分析平台】

蓝鹰 BI 平台。

【实施步骤】

（一）新建项目

新建一个项目，命名为“RFM 分析与客户生命周期分析”，点击进入项目。

（二）数据处理

1. 数据上传

（1）切换到数据源列表页，点击操作下方的上传按钮，输入表名“RFM 分析”，并点击“下一步”。如图 4-39 所示。

（2）选择上传的源文件——“RFM 分析 .xlsx”。上传成功后，点击“保存”。如图 4-40所示。

（3）自动/手动切换到数据视图界面，点击“+”，进入数据视图新增页面，如图 4-41 所示。点击左上角切换到智能模式。

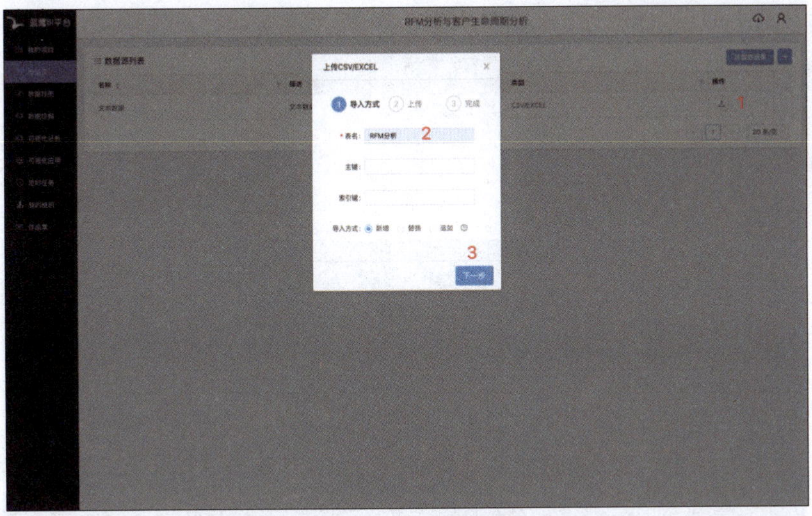

图 4-39　数据上传

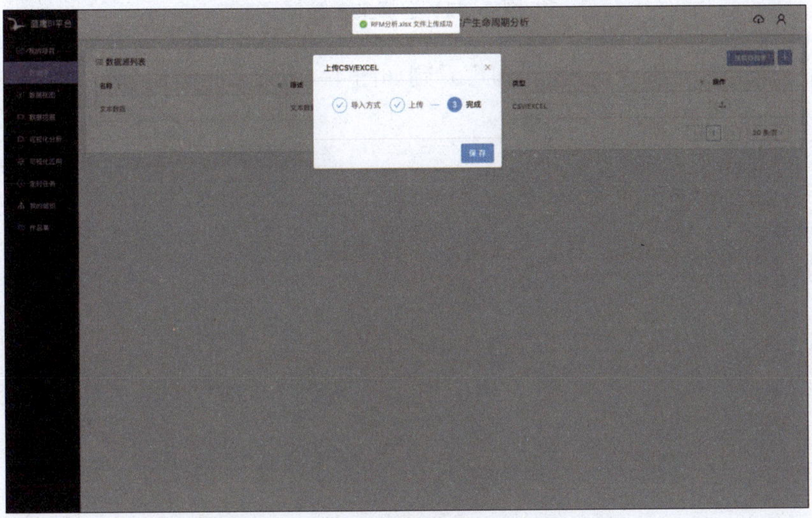

图 4-40　选择上传的源文件

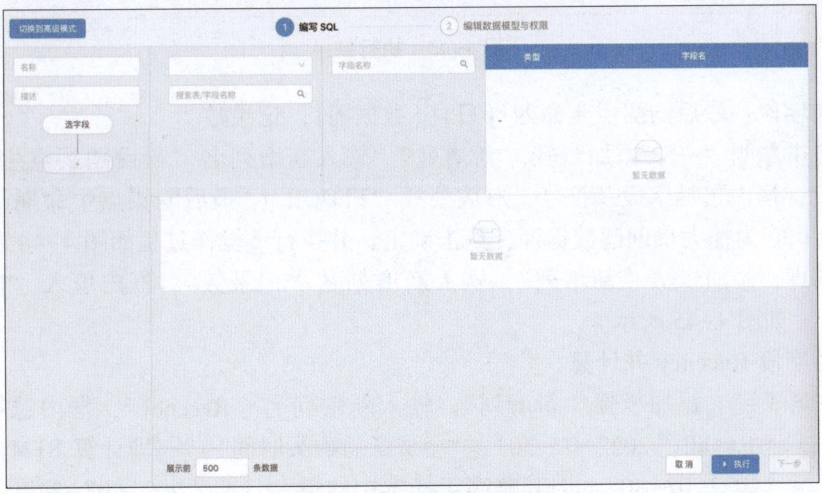

图 4-41　切换到智能模式

（4）选择文本数据，并选择“RFM 分析”中的全部字段，点击确定。如图 4-42 所示。

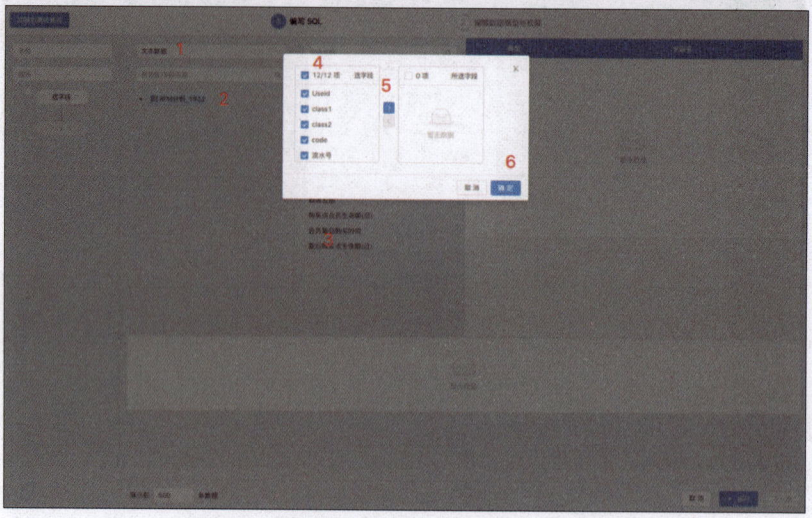

图 4-42　选择文本数据

（5）点击右下角“执行”，即可看到如图 4-43 所示的画面。

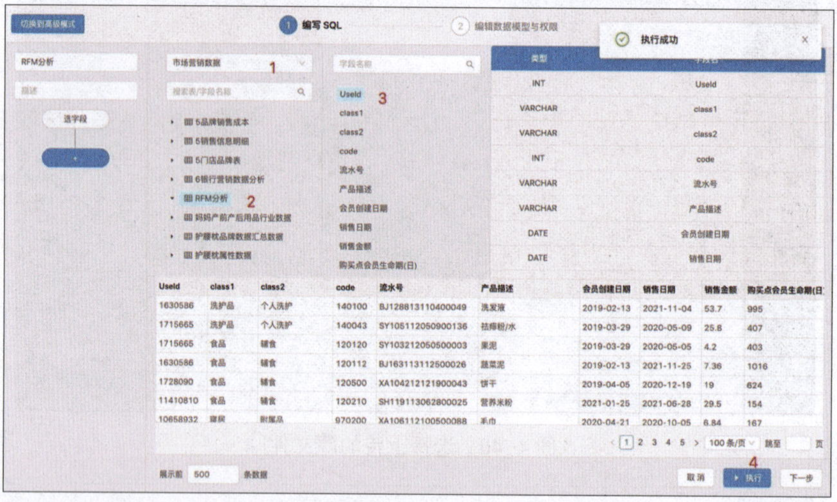

图 4-43　执行结果

2. 新增字段：最后购买点生命期（日）（数据桶）、记录数

（1）点击左侧“+”，添加步骤“新增列”。输入新增列名“最后购买点生命期（日）（数据桶）”，框内选择字段及符号，形成公式“FLOOR（‘最后购买点生命期（日）’/30）＊30”，即以 30 为桶大小创建数据桶，点击确定，并执行。操作过程如图 4-44 所示。

（2）同理，添加步骤“新增列”。输入新增列名“记录数”，框内填入“1”，点击确定，并执行。如图 4-45 所示。

3. 新建字段 Recency 并计算

点击左侧“+”，添加步骤“新增列”。输入新增列名“Recency”，框内选择字段及符号，形成公式“datediff(‘2022-07-30’，‘会员最后购买时间’)”，即计算 RFM 模型中的 R 值，其中选择“2022-07-30”，因其略高于样本中的最大日期“2022-07-24”，点击确定，并执行。如图 4-46 所示。

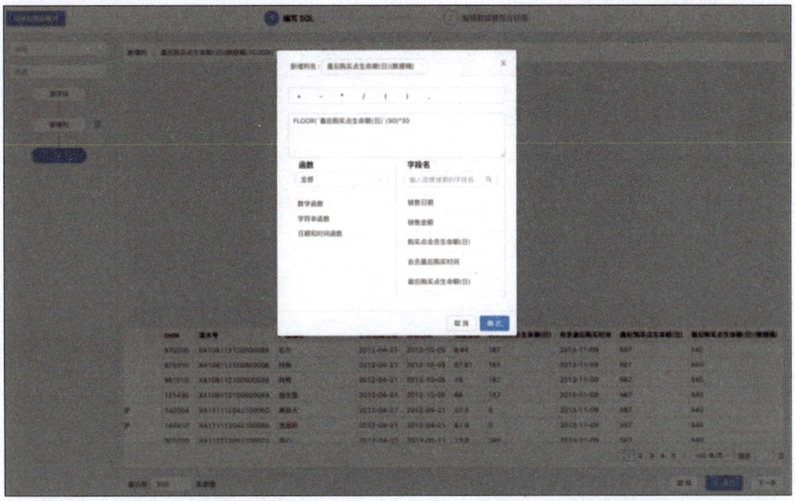

图 4-44　新增列名“最后购买点生命期（日）（数据桶）”

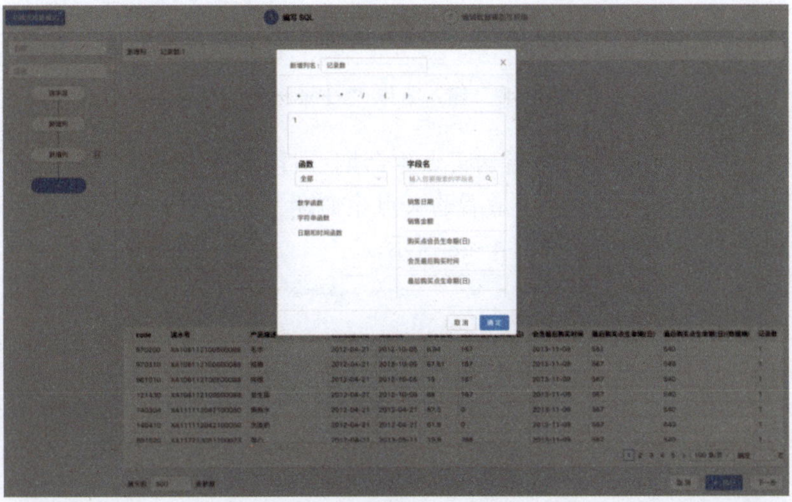

图 4-45　新增列名“记录数”

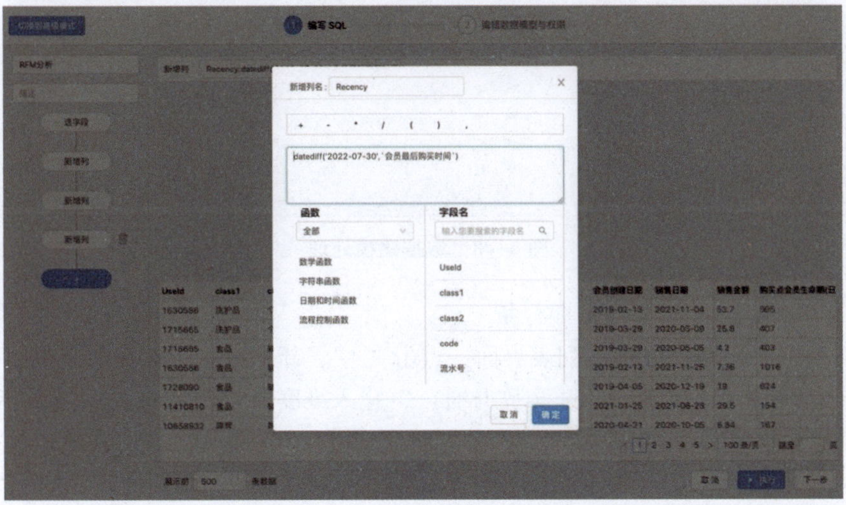

图 4-46　新增列名“Recency”

4. 数据建模处理

（1）输入名称“RFM 分析”，点击下一步。如图 4-47 所示。

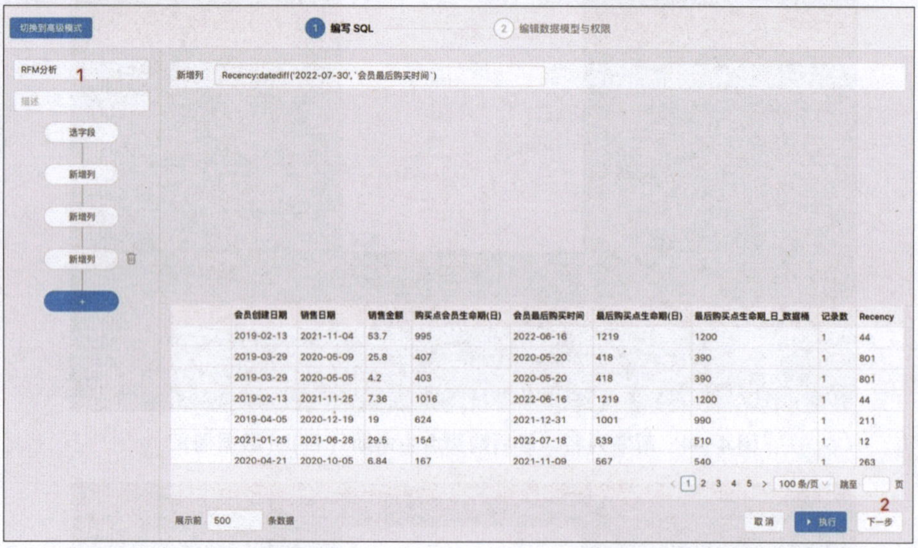

图 4-47　输入名称“RFM 分析”

（2）将“UserId”“Code”“最后购买点生命期（日）（数据桶）”“Recency”的数据类型改为“维度”，将“流水号”“最后购买点生命期（日）”的数据类型改为“指标”。点击保存，完成数据建模处理。如图 4-48 所示。

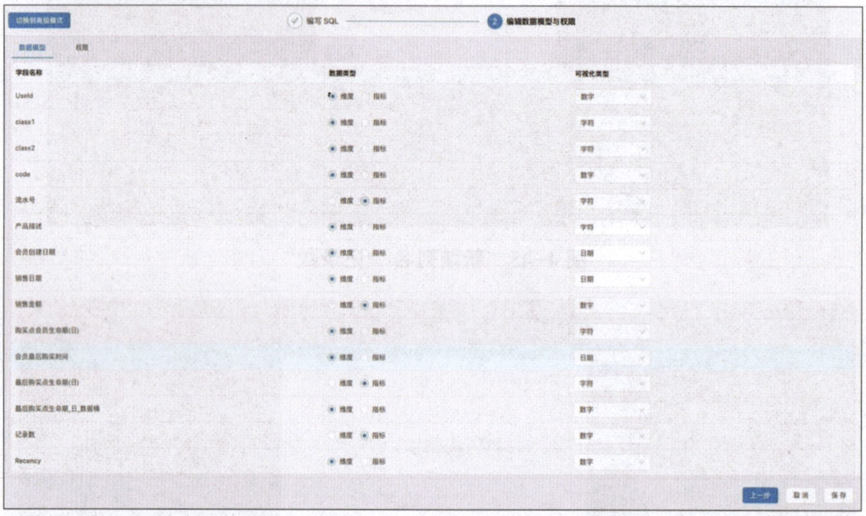

图 4-48　数据建模处理

（三）用户最后一次购买生命期分析

（1）切换到“可视化分析”列表界面，点击“+”，新增进入。选择数据视图“RFM 分析”，将“最后购买点生命期（日）（数据桶）”拖入维度，将“记录数”拖入指标，选择柱状图。操作示意如图 4-49 所示。

（2）将“销售日期”拖入筛选，并配置日期在“2022-07-01”与“2022-07-30”之间，即样本中的最后一个月，点击保存。如图 4-50 所示。

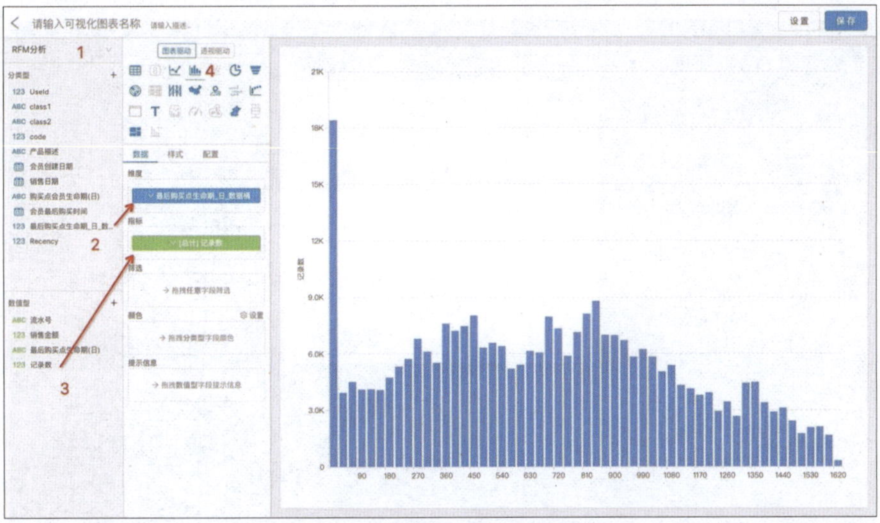

图 4-49　可视化分析

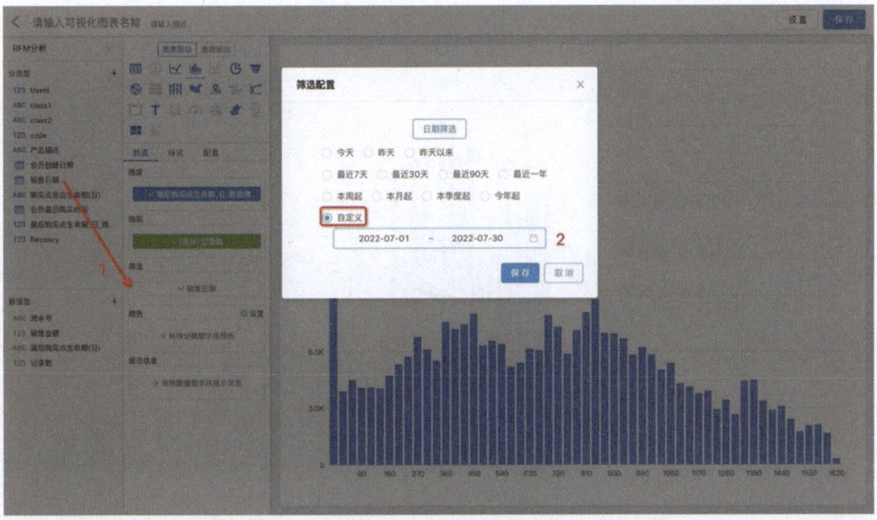

图 4-50　配置日期

（3）将“最后购买点生命期（日）（数据桶）”拖入筛选，并配置条件大于 0，即不考虑会员创建日期当天的购买情况，点击保存。如图 4-51 所示。

（4）左上角输入名称“用户最后一次购买生命期”，并保存。用户最后一次购买生命期分析结果如图 4-52 所示。

（四）用户价值分析

1. FM 分析

（1）切换到“可视化分析”列表界面，点击“+”，新增进入。然后，选择数据视图“RFM 分析”，将“UserId”拖入维度，将“流水号”“销售金额”拖入指标，并将“流水号”的统计值改为去重计数；选择散点图。操作示意如图 4-53 所示。

（2）点击指标中“流水号”，选择“字段设置”，将字段别名改为“用户购买频次”，并保存。如图 4-54 所示。

（3）左上角输入名称“FM 分析”，并保存。如图 4-55 所示。

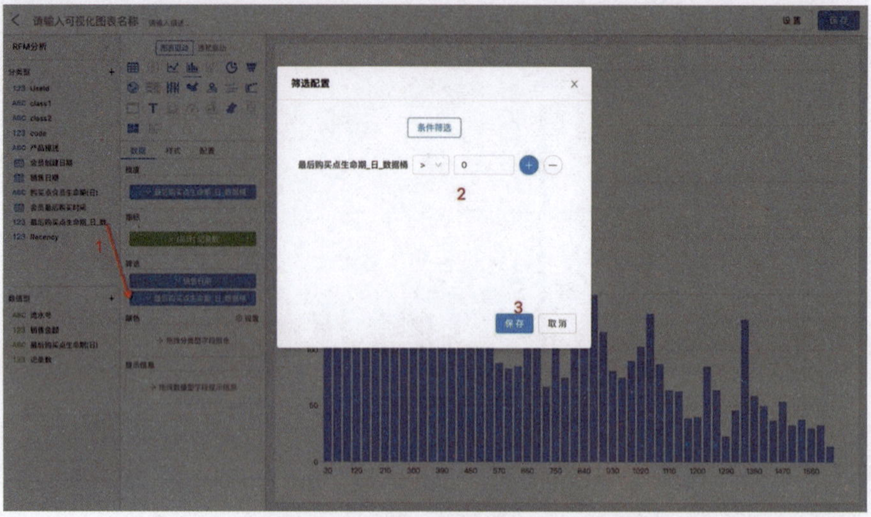

图 4-51　配置条件

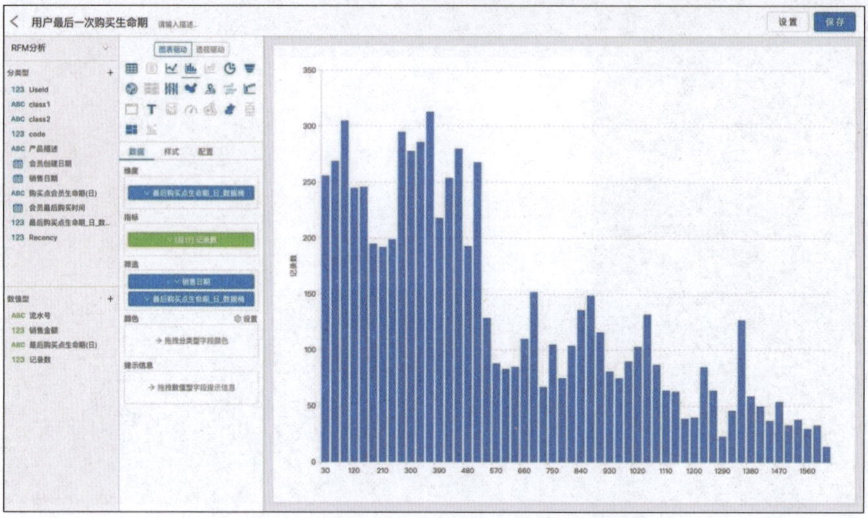

图 4-52　用户最后一次购买生命期分析结果

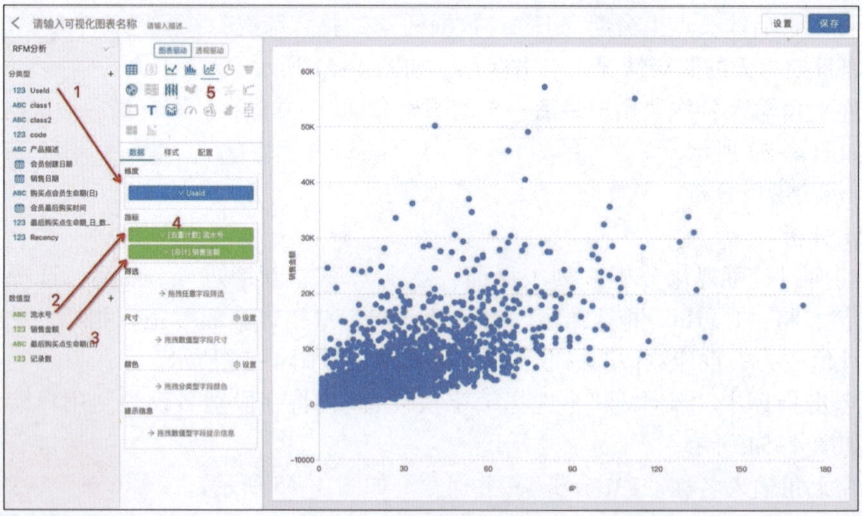

图 4-53　选择“散点图”

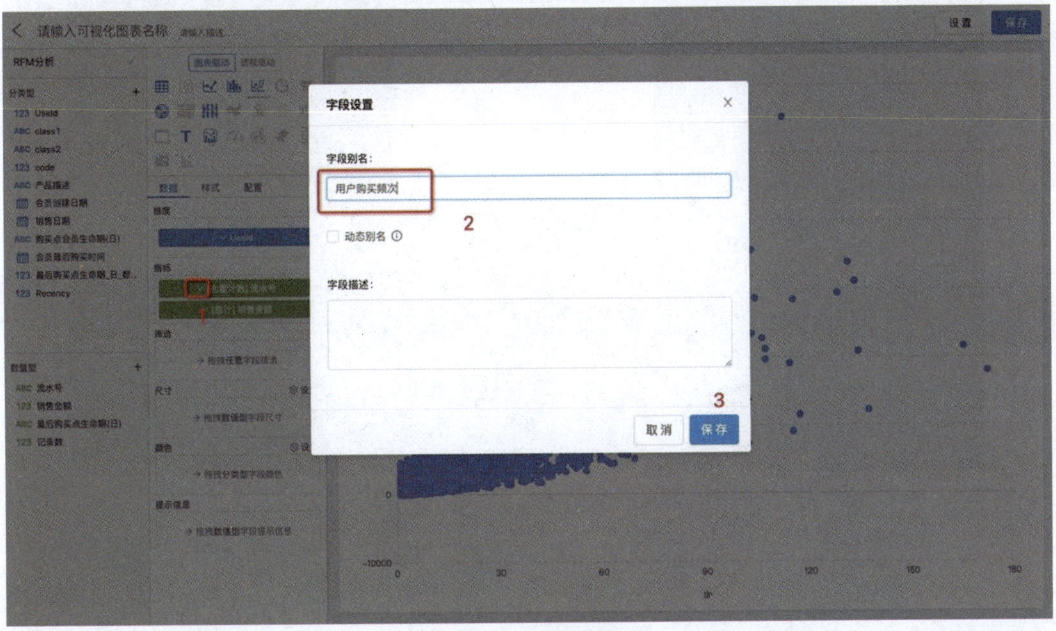

图 4-54　字段设置

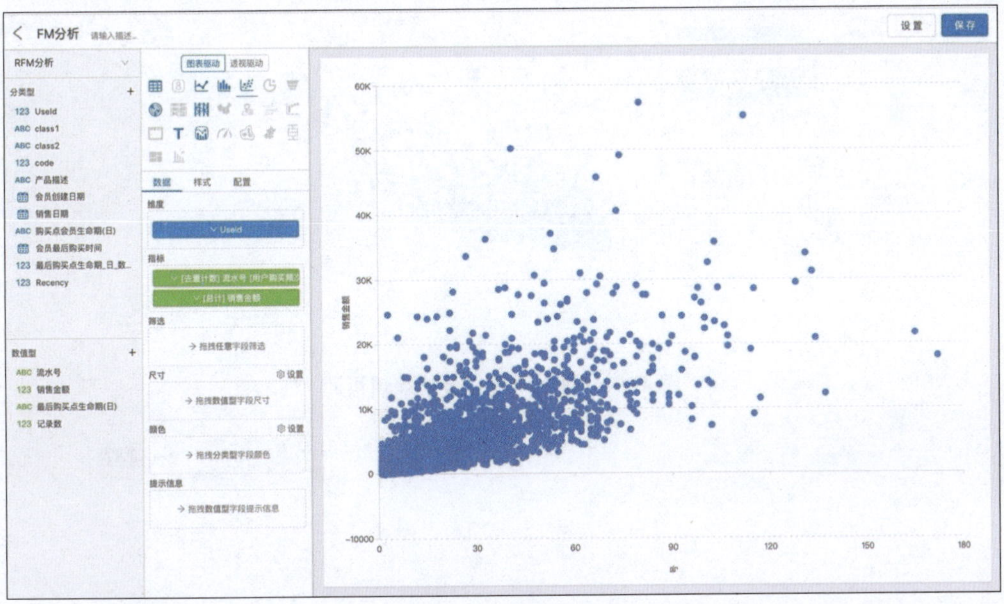

图 4-55　保存结果

2. RFM 分析

(1) 切换到“可视化分析”列表界面，点击“FM 分析”右侧的复制按钮，修改名称为“RFM 分析”，并点击确定。如图 4-56 所示。

(2) 点击“RFM 分析”右侧的修改按钮，进入可视化分析编辑页面。如图 4-57 所示。

(3) 将“Recency”拖入颜色，并保存。如图 4-58 所示。

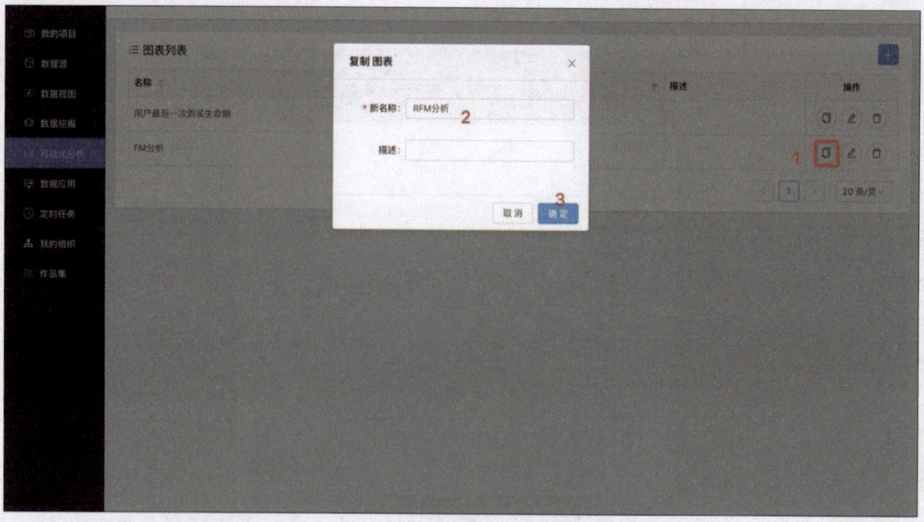

图 4-56　修改名称为“RFM 分析”

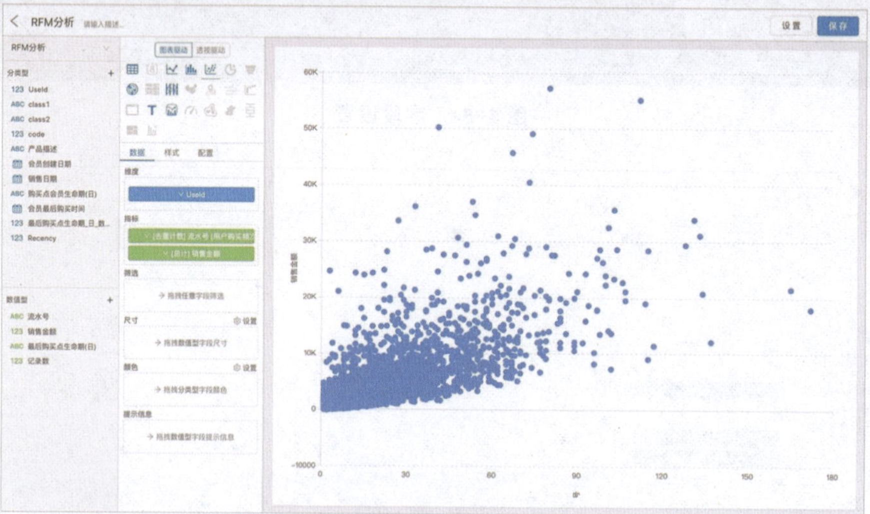

图 4-57　进入可视化分析编辑页面

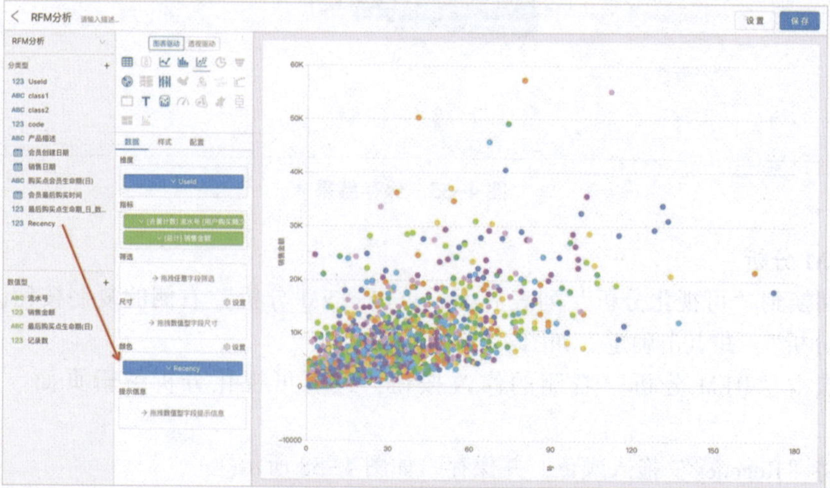

图 4-58　拖入颜色并保存

3. RFM 生命周期分析

（1）切换到“可视化分析”列表界面，点击“RFM 分析”右侧的复制按钮，修改名称为“RFM_L 分析”，并点击确定。如图 4-59 所示。

图 4-59　修改名称为“RFM_L 分析”

（2）点击“RFM_L 分析”右侧的修改按钮，进入可视化分析编辑页面。如图 4-60 所示。

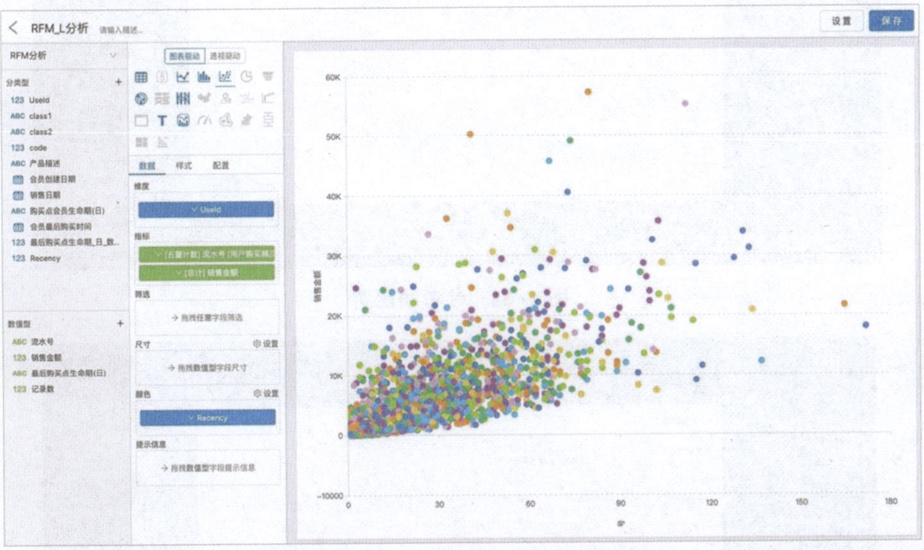

图 4-60　进入可视化分析编辑页面

（3）将“最后购买点生命期（日）”拖入尺寸，点击尺寸右上角设置，适当调整大小。如图 4-61 所示。

（4）切换到“配置”，点击参考线配置，选择“平均值”和“流水号”。如图 4-62 所示。

（5）点击新建参考线，选择“平均值”和“销售金额”，并保存。如图 4-63 所示。

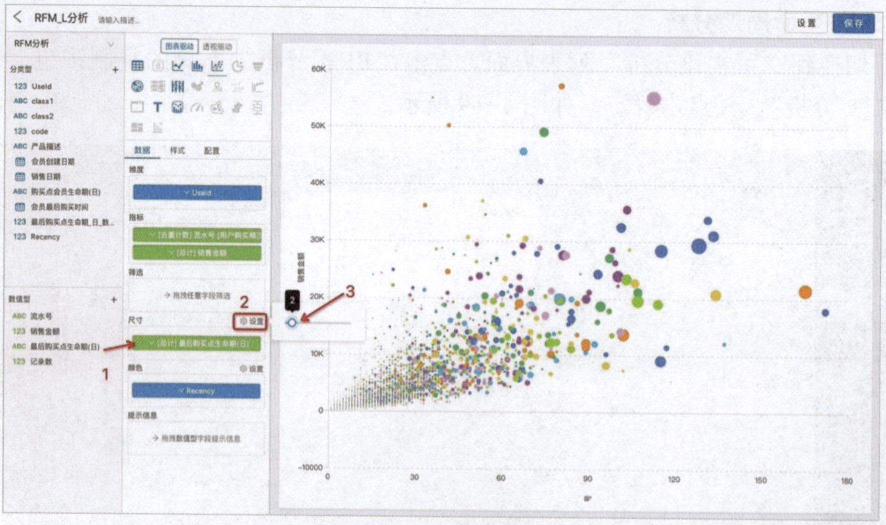

图 4-61　设置尺寸

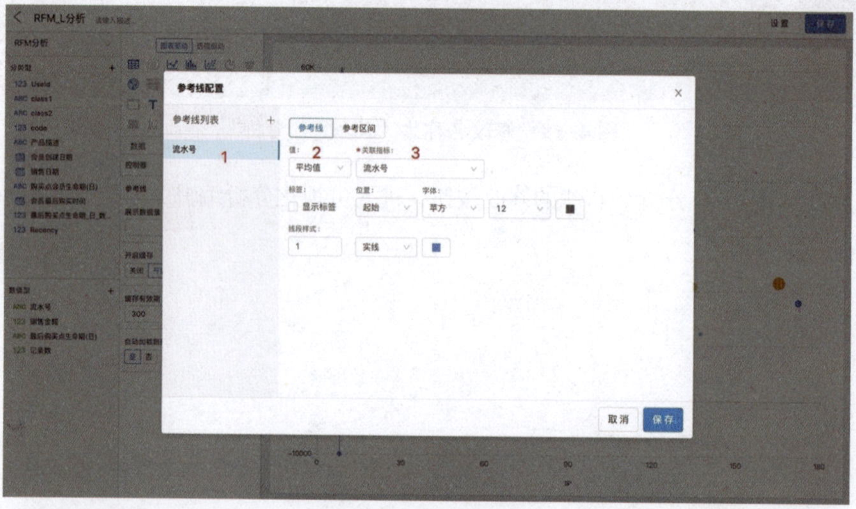

图 4-62　参考线配置

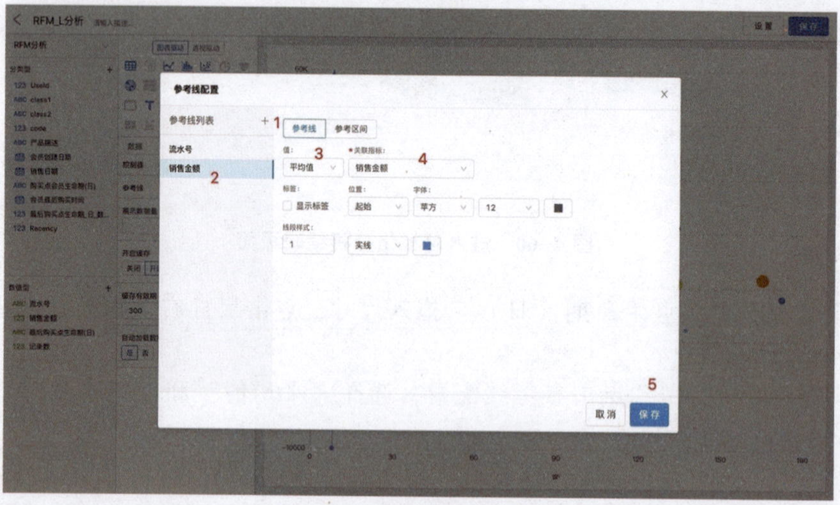

图 4-63　新建参考线

(6) 点击右上角保存，即可看到如图 4-64 所示的 RFM 生命周期分析结果。

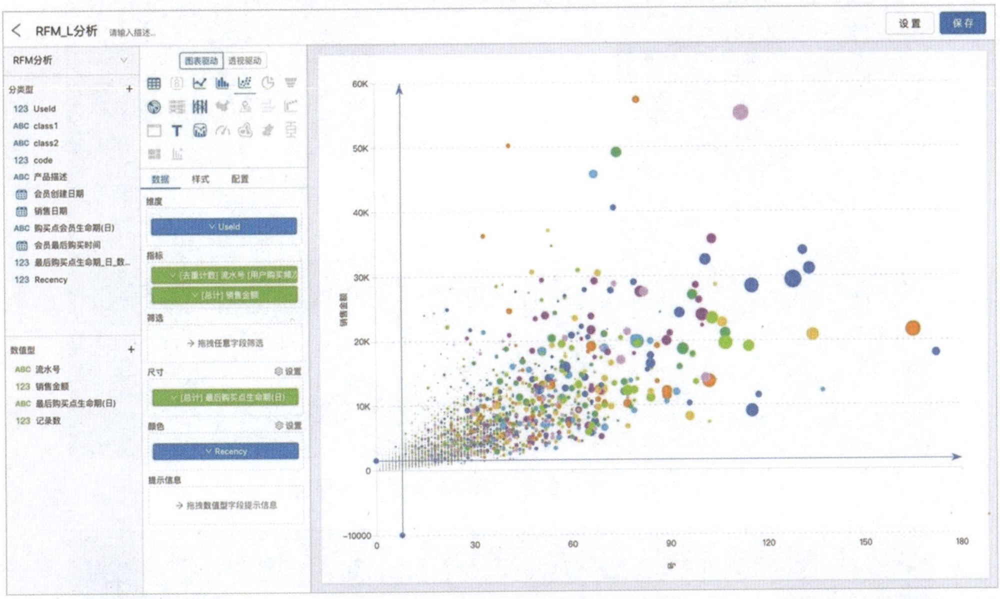

图 4-64　RFM 生命周期分析结果

（五）仪表盘制作

(1) 切换到“可视化应用”，点击创建新仪表盘，输入“RFM 分析与客户生命周期分析”，点击保存。如图 4-65 所示。

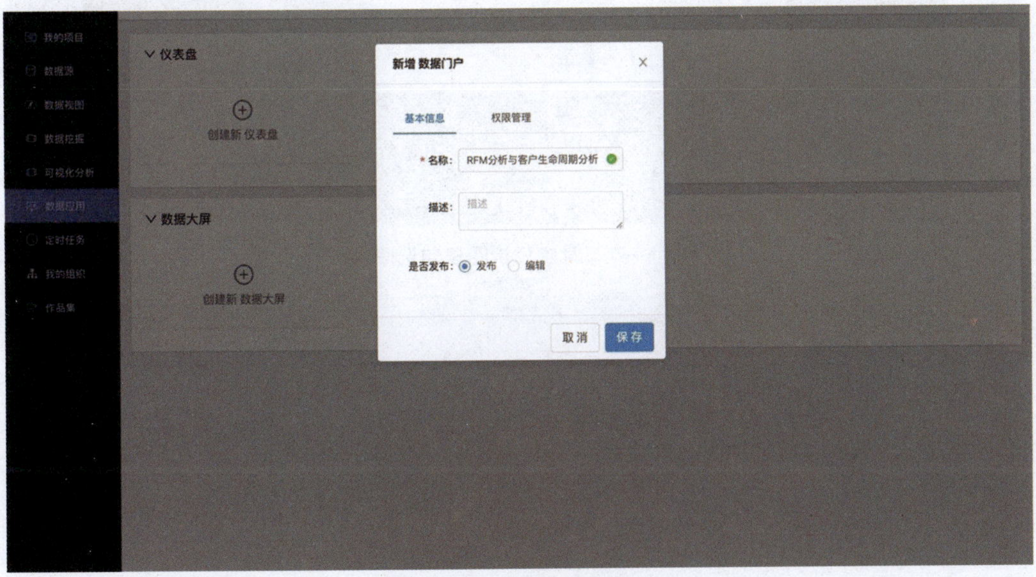

图 4-65　创建新仪表盘

(2) 输入名称“RFM 分析”，点击保存。如图 4-66 所示。

(3) 点击右上角“+”号，将对应分析图表勾选添加，点击下一步，并保存。如图 4-67所示。

(4) 通过拖拽，自由调整图表布局。创建的仪表分析盘如图 4-68 所示。

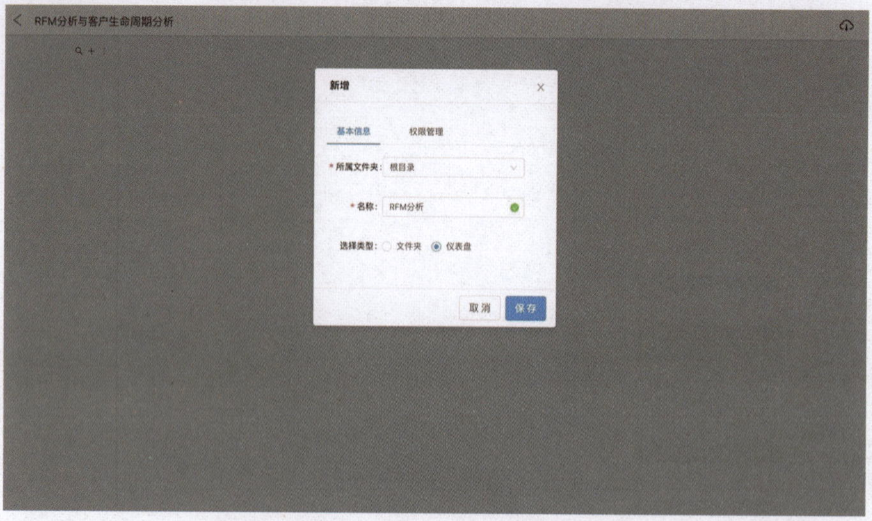

图 4-66　输入名称“RFM 分析”并保存

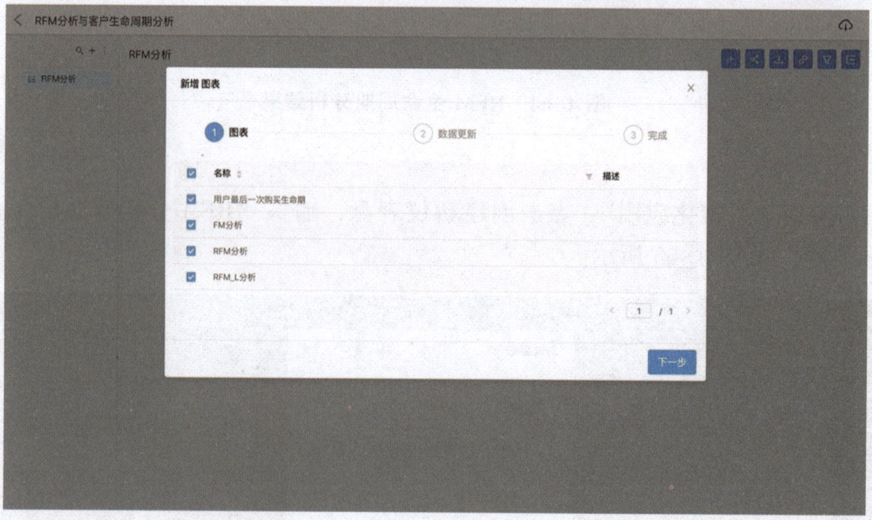

图 4-67　对应分析图表勾选添加

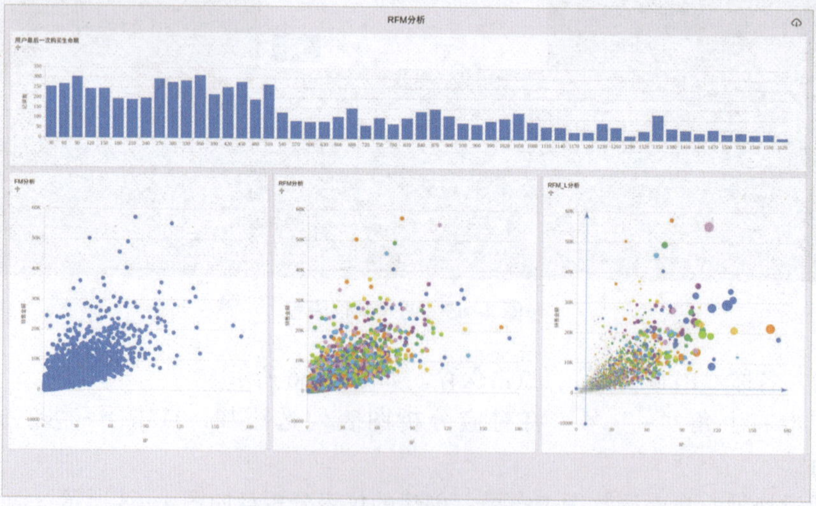

图 4-68　创建的仪表分析盘

【数据分析结果】

1. 观测“用户最后一次购买生命期”分析图表

可以发现，大部分用户在一年半内（约 540 天）有较好的购买情况。对于零售行业来说，这样的现象是比较健康的；会员创建日期两年之后消费记录数随时间增长逐渐下降。

2. 观测“FM 分析”和“RFM 分析”分析图表

可以发现，销售金额和用户频次的散点在整个图中的分布比较均匀，说明客单价是比较稳定的；大部分人都是在近期比较活跃的，即距离分析日期 2022-07-30 近的用户占大多数，且销售金额和用户购买频次都较高；大部分不活跃的人在散点图的左下角，即销售金额和用户购买频次都略低。

3. 观测“FM 分析”“RFM 分析”和“RFM_ L 分析”分析图表

可以发现：

（1）生命周期较长的用户消费金额、消费频次和近期活跃度都较好，可能为稳定的老客户；

（2）有部分用户生命周期不长，但其消费金额和频次远超一般客户，可以留意一下此类用户的消费特点，然后有针对性地营销，延长其生命周期；

（3）有些活跃度、消费金额、消费频次均低的客户，其生命周期短，即在早期便流失了，针对这部分客户群体的消费特征推出促销策略活动。另外，可以根据不同 R 值设置预警区间，如对超过一年半没来的用户发放九折券，对超过两年没来的用户发放八折券等；RFM 分析与客户生命周期分析也可以为后期建立更复杂的客户流失分析模型提供前置经验。

案例延伸

【案例描述】

AA 水果连锁超市（以下简称 AA）是华北地区知名线下水果超市。该超市覆盖华北 5 个省份，且在京津冀地区门店超过 90 家。该连锁超市专供 60 种热门水果，其中由 AA 自建供应链的具有自主商标的高品质产品在数量上逐年增加，为企业提供了丰厚利润。自 2020—2023 年，其年净利润涨幅保持在 10%以上。其中 2023 年的净利润额达7 835 万元。

作为一家线下连锁水果超市，AA 通过直营+加盟的模式铺开连锁网络。通过标准化的储存方式、仓库的创新设计、高效能的设备以及与供应商的同步数据来确保物美价廉。其长期的稳定盈利，一方面得益于有针对性的店面规划和商品规划，另一方面得益于完备的会员制度和有效的会员激励方案。AA 设计了一套商品分配系统，能够依据各个地区的商品销售特点自动划分该地区的水果供应配比，而总公司一般只需要按照整体需求安排水果采购即可。

然而，2024 年，随着市场竞争加剧，AA 的利润增长率开始下降，第一季度的利润增长率仅为 3%~5.1%，较前几年明显放缓。为了应对这一趋势，AA 需要调整其经营策略，并通过数据分析与智能决策，找出提升利润率的可行方案。

【分析讨论】

（1）2024 年，目前已经获得的利润为多少？若按照以前的利润涨幅配比，本年度需要获得的利润目标是多少？其差额是多少？目前还有两个季度，两个季度各个门店期望获得的利润如何合理分配才能达成目标？

（2）利润=收入-成本。所以，要提高利润，则可以从提高收入、降低成本两方面入手。那么是否可以通过对各个门店的销售数据分析，查看盈亏对应的店面？未盈利店铺是否需要通过折价促销的方式提高销售额？盈利店铺是否有能力承担高一点的利润分配率？每个店面获得利润较高的水果类别是什么？能否利用高销量高利润商品带来毛利额增长额？

思考与练习

一、单选题

1. 商业数据分析中，常被用作外部环境分析/宏观环境分析的模型是（　　）。

A. PEST 模型　　B. SWOT 模型
C. 5W2H 模型　　D. 逻辑树模型

2. 商业数据分析中，常被用作内部环境分析/竞争环境分析的模型是（　　）。

A. PEST 模型　　B. SWOT 模型
C. 5W2H 模型　　D. 逻辑树模型

3.（　　）是转化漏斗模型的最后一个环节，它能够准确反映出店铺的整个成交转化情况。

A. 有效入店率　　B. 咨询转化率
C. 订单支付率　　D. 成交转化率

二、多选题

1. 商业数据分析的典型任务包括（　　）。

A. 行业分析　　B. 客户分析
C. 产品分析　　D. 运营分析

2. RFM 模型通过对（　　）指标进行分析，进而计算出客户价值。

A. 客户第一次来店消费的时间
B. 客户最近一次消费日期距当前的时间间隔
C. 统计周期内的消费次数
D. 统计周期内客户消费的平均金额

3. 商业数据分析的常用方法主要有（　　）。

A. 直接观察法　　B. 测试法
C. 对比分析法　　D. 转化漏斗法

4. 采用对比分析法时，可以从（　　）入手。

A. 不同时期的对比　　B. 与竞争对手或行业对比
C. 活动前后对比　　D. 店铺优化前后的对比

5. 波士顿矩阵是针对企业商品进行分析的工具，其中四个象限具有不同的定义和相应的战略对策，四个象限包括（　　）。

A. 明星产品　　B. 金牛产品
C. 问题产品　　D. 瘦狗产品

6. 下列属于分析竞争对手所采用的方法有（　　）。

A. RFM 分析模型　　B. 杜邦分析法

C. 波特五力分析模型　　D. SWOT 分析模型

三、简答题

1. 简述商业数据分析的常用方法。

2. 简述商业数据分析常用的模型。

四、实操题

A 航司国内货运业务发展分析

【业务背景】

我国是全球最大的物流市场。近年来，随着我国经济的不断发展，居民可支配收入不断提升，居民消费能力也随之增强，促进我国物流市场不断发展。据有关资料显示，2021 年我国社会物流总额达 335.2 万亿元，同比增长 11.7%。航空运输是我国物流领域的重要组成部分，其中，班机运输作为航空运输的方式之一，具有航期固定、时效性高、货舱容量较小、运价较贵等特点。近年来，在我国宏观环境利好及电商快速发展的推动下，航空货运行业规模整体呈现增长态势。

【数据分析需要解决的痛点】

全球供应链复苏后，空运需求有部分缩减，与需求相反的是运力同比增长 9.9%；需求减弱，但运力供给持续增加，供需失衡进一步加剧了运价下跌。本任务拟通过对航空货运数据进行分析，制定航空货运营销策略，提高航空货运效率，增加航线收入和贸易业务扩容，推动航空运输公司的不断发展和数字化转型，最大程度发挥航空货运的优势。

【数据源说明】

（1）民航、公路、铁路、水路等货运数据来源于国家统计局发布数据。

（2）物流行业景气指数、电商物流指数来源于国家发改委发布数据。

（3）航空运力、行业货运、航司货运等数据来源于企业数据，已做脱敏处理。

（4）由于数据量较大，建议分析主要选取 2022—2023 年的数据。

【数据分析指标定义】

（1）货邮运输量：货物周转量与邮件周转量的总和。

（2）国内货邮运输量：全国境内货物周转量与邮件周转量的总和。

（3）货运收入：企业在国际、国内航线上承运货物、邮件运输和执行国际、国内货物包机任务应得的全部实际收入。

（4）运价：货邮运输总收入/（货邮运输量×距离），分析该指标旨在减少运输成本对分析结果的影响。

（5）市场份额：又称市场占有率，指某企业某一产品（或品类）的销售量（或销售额）在市场同类产品（或品类）中所占比重。

（6）物流行业景气指数：综合地区经济发展状况、物流发展基础条件以及物流发展对环境影响的系统性评价指标。

（7）居民收入指数：指一个国家物质生产部门的劳动者在一定时期内创造的价值总和。人均国民收入这一指标能大体反映一国的经济发展水平。

（8）电商物流指数：反映电商物流运行的整体情况，通过各分项指数加权计算得出。

【数据分析技术路线建议】

建议在数据分析过程中，借鉴 SWOT 分析模型，即优势、劣势、机会、威胁，由 A 航司总体货运到国内货运，由国内货运行业整体到民航运输单项，由民航运输到航司，逐级深入分析。其数据分析思维导图如图 4-69 所示。

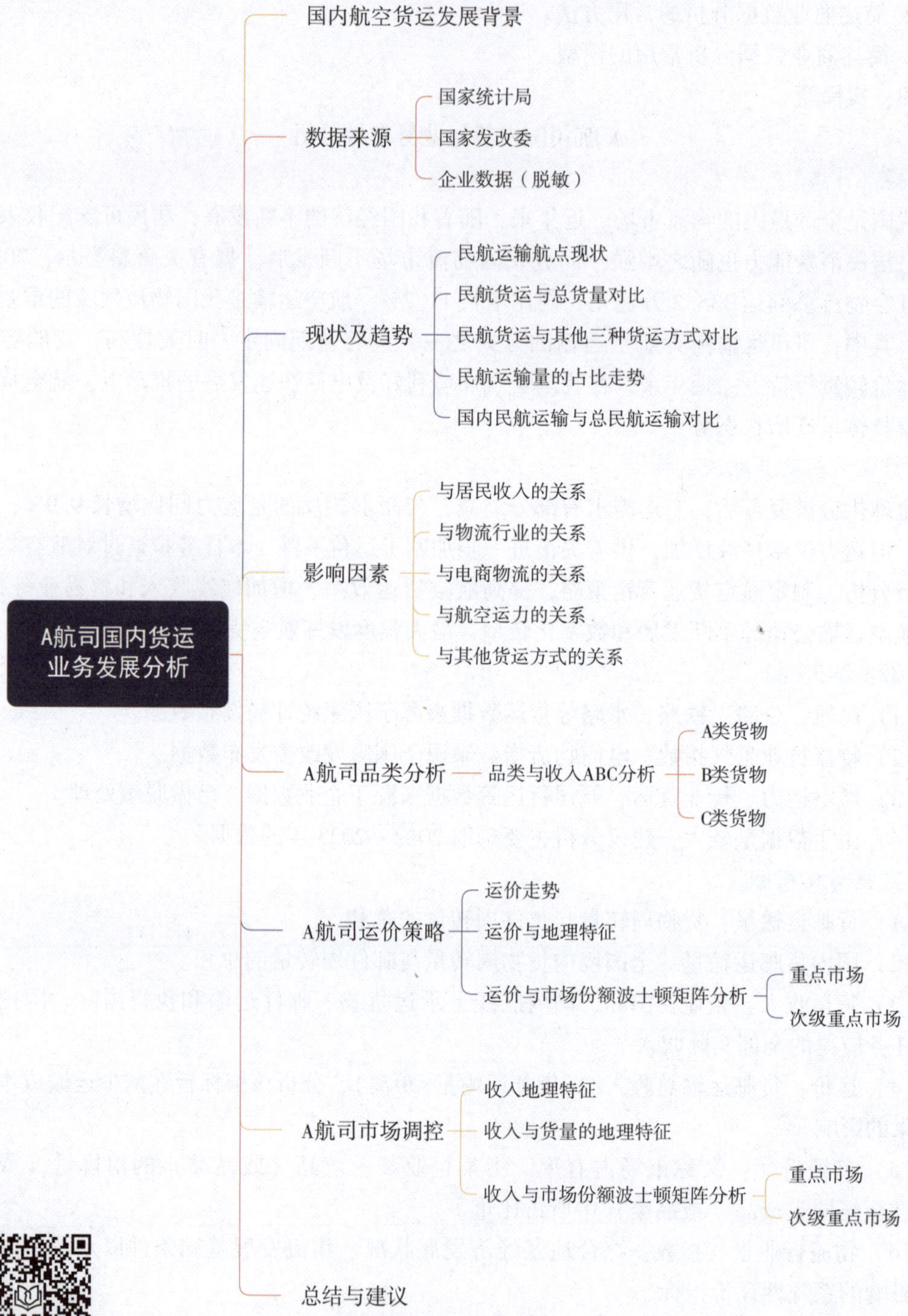

图 4-69　数据分析思维导图

模块四　答案

模块五

商业数据分析可视化

【模块引言】

在大数据时代，商业智能（BI）成了企业和组织的核心竞争力。BI 通过运用数据分析和数据挖掘技术，帮助企业和组织提取数据中的有用信息，以支持更明智的决策和更高效的业务运营。

商业智能的两大核心功能包括数据分析与可视化。其中，数据分析侧重于对数据的深入挖掘和分析，以揭示数据背后的规律和趋势。可视化则将这些复杂的数据以图形、图像、动画等直观的形式呈现给用户，便于用户理解和接受。

数据分析与可视化相辅相成，密不可分。一方面，数据分析可以为可视化提供丰富的数据支持和依据；另一方面，可视化可以将数据分析的结果以直观、形象的方式呈现出来，提高用户的理解和接受程度。这种结合使得 BI 在企业和组织中发挥着越来越重要的作用。

在这样的背景下，了解商业数据分析可视化（以下简称商业数据可视化或数据可视化）的本质与价值，学会利用数据可视化技术帮助企业进行分析或决策，显得尤为重要。

本模块将按照何为商业数据分析可视化，进行商业数据分析可视化的价值何在，面对不同的数据分析或者数据挖掘场景，采用何种商业数据分析可视化的方式呈现等逻辑展开。通过商业数据分析可视化在电子商务领域的业务场景，明确商业数据分析可视化的方案，并利用 BBL 平台进行实战练习，进一步推进数商深度融合，为企业发展创新助力。

【学习目标】

【知识目标】

- 了解商业数据分析可视化的目的及意义；
- 理解商务数据的真正含义与价值；
- 理解并掌握商业数据分析常用的可视化呈现方式、特点以及适用场景。

【能力目标】

- 学会根据商业数据分析需求，选择合适的商业数据分析可视化方案；
- 学会利用商业数据分析可视化工具有效呈现商业数据分析。

【素养目标】

- 培养团队协作意识以及项目沟通管理能力；
- 逐步养成数据处理保护意识；
- 逐步培养数据分析思维以及商务决策能力；
- 培养创新意识。

知识能力图谱

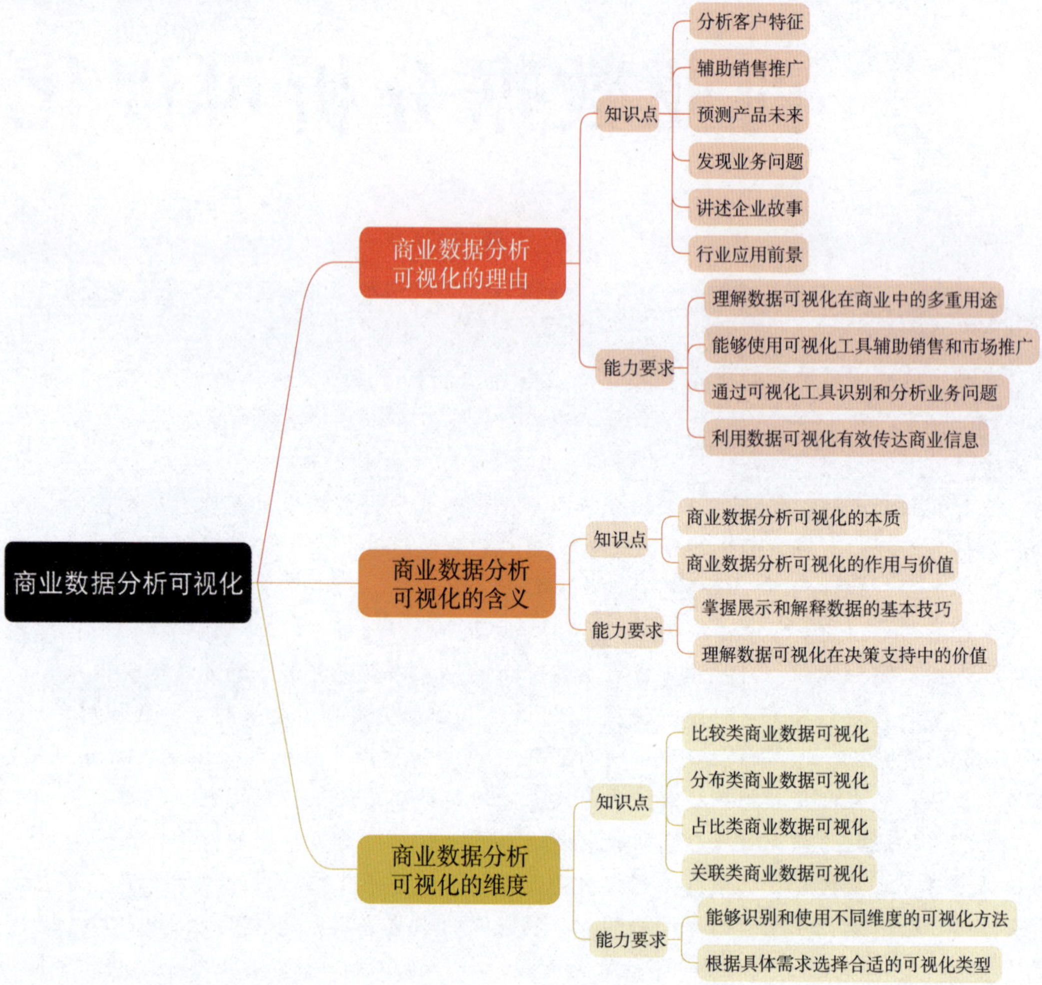

场景驱动

【场景导入】

近年来，随着健康中国理念深入人心，国家与地方对企业健康管理体系的建设越发重视。互联网、云计算、5G、人工智能、物联网等技术，已逐步运用于企业数字化健康管理系统。数字化健康管理即应用物联网、人工智能、大数据等现代信息技术，对企业全体员工的健康危险因素进行全面监测、分析、评估、预测、预防。

数字化健康管理系统配备智能终端，比如，利用智能手表，可以无干扰地监测员工的生理指标，包括舒张压、血压、心率和体温等。然后通过无线技术实时将数据传输到中央处理服务器。服务器使用先进的数据分析算法来解读从智能手表传来的数据流，评估员工的健康状况，并在数据大屏上生成实时的健康状态图表，如图 5-1 所示。图 5-1 中的数据大屏提供了一目了然的视图，使得管理人员可以迅速把握员工整体的健康状况，并识别出任何需要注意的异常情况。

当某位员工的健康数据显示潜在的风险，如血压或心率超出正常范围时，数字化健康管理系统会立即触发警报，通知现场的急救团队和管理层，确保能够及时进行必要的干预。

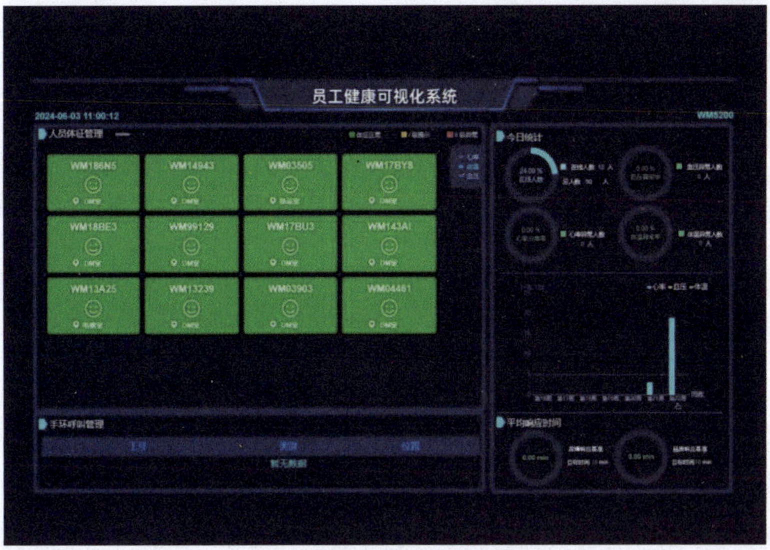

图 5-1　企业员工健康管理数据可视化大屏示意

除了应对紧急情况，数字化健康管理系统还能够通过持续跟踪个体健康数据，为员工制定个性化的健康计划，提供营养建议、锻炼方案和定期体检等服务，旨在提高员工的健康水平，减少病假，提升生产力。

此外，实施这样一个全面数字化的健康管理系统，也充分展示了公司对员工福祉的承诺，有助于增强员工的安全感和忠诚度。健康的员工往往意味着更高的满意度和更低的离职率，这对于企业的长远发展至关重要。

【需求识别】

商业数据分析可视化如何赋能企业员工健康管理智能化，提升健康管理服务水平？

【解决思路】

1. 数字化健康管理系统方案设计

数字化健康管理系统方案设计需要明确建设目标，要综合考虑数据采集与整合、数据存储与管理、数据分析与挖掘、个性化服务等多个方面。同时，还需要注重隐私安全与合规性，确保用户数据的安全性和合法性。希望通过实施数字化健康管理，为用户提供更加便捷、高效和个性化的健康管理服务。

2. 可视化目标规划与可视化方案设计

合理地选择数据可视化工具，针对不同的用途选择以不同的可视化图形呈现，让数据“说话”，直观动态地了解员工的整体健康状况，进行健康趋势分析，正确进行员工健康风险评估，从而为每位员工生成个性化的健康管理报告，给出有针对性的健康管理建议。

3. 可视化方案比较与优化

为了能够深入挖掘员工健康行为与健康状况之间的规律，针对每个区域采用何种数据可视化手段才能加强其对比度、趋势分析以及相关性分析等，显得尤为重要。同时，在可视化方案优化过程中，增强与用户之间的交互能力、实时预警能力也较为关键。

为此，本模块将重点针对数据分析可视化的作用、数据分析可视化方案，选择不同的数据分析可视化方法详细介绍。并通过典型案例，介绍数据分析可视化方法的应用及成效。

知识导入

一、商业数据分析可视化的理由

在说明复杂问题时，人们经常会把相关数据勾画成一个图形来表达，以提高沟通效率。实践表明，因为人的大脑能够快速地处理图像，相比较文字信息而言，在视觉和人脑的一起作用下，大约 13 毫秒内便可以处理整个图像。

采用数据可视化的优势在于它将数据分析结果转换为图像，我们可以轻松、快速地对其进行处理，快速捕获数据分析结果。例如，当你在查看可视化的扇形图时，可以立即知道哪个部分更大、哪个部分最小，同时也会知道各个部分在整体中所占的比重；如果你不用数据可视化，而是尝试用文字或表格来编写数据分析报告时，虽然也可以通过数学运算或公式获得这些数字，但没有图形表示直观，也不会凸显数据之间的差异。

当今社会，个人和企业每天都会产生大量的数据，大数据技术和人工智能都是建立在数据的基础上的。企业每天在处理大量商业数据，从数据中发现商业机会，借助可视化的方式表达数据，对任何企业来说尤为重要。

我们认为，以简单的静态图形为代表的数据可视化在企业中的应用已较为广泛，随着技术的发展，以复杂的动态交互式图表为代表的数据可视化应用未来会越来越广泛。

（一）分析客户特征

客户是企业生存的根本，每个企业都希望自己有稳定的优质客户。通过了解和分析客户行为，进而改善其产品或服务是当前企业通行的做法。例如，亚马逊、京东、淘宝等电商企业都会对客户购买产品的行为进行分析，以实现对客户商品的精准推送。

实际上，在一个企业中，每个部门在每天的运行中已经掌握了所需的大多数信息；但是由于掌握的初始数据过于杂乱，没有经过处理，所以很难发现其中蕴含的关键信息，这时就需要数据可视化来辅助，才能显示数据库中潜藏的所有信息；这可以帮助我们确定谁在使用我们的产品和服务，客户购买或未购买产品的原因。

如果是一个酒店管理人员，前台的业务系统中会登记每个客户的姓名、性别、房间号或身份证等信息，对每天入住的客户进行分析，酒店管理者肯定希望看到的数据分析结果是以一种易于理解的形式来展现的。那么这个时候如果使用数据可视化方法将数据信息展现出来，就可以让管理层一目了然地看到客户的年龄段、入住历史和性别。而管理层一旦知道了这些信息，就可以快速调整营销工作，以吸引更多相同的客户来到酒店；以往，很多时候人们会使用 Excel 文档来展示数据，它可以显示有关平均值的简单信息，但这并不是最有用的，在实时性、工作量上，Excel 的优势相比数据可视化就弱太多了。

例如，位于大型展馆的数字化大屏，会分析参观者画像、各展位品牌产品信息、人流量的数据变动，以图形图表的方式展现给参观者，以便参观者能够合理安排时间，提升服务质量。

（二）辅助销售推广

一旦了解了你的客户是谁以及他们的行为如何，通过分析你就能够区分一般客户和优质客户，以便销售人员可以使用此信息与他们联系，在大型超市或商场中，数据可视化可帮助人们查看商店中最繁忙的区域。

例如，如果你知道面包店的销售额最高，则可以在附近放置豪华高价商品，因为你的顾客一定会看到它们；同样，你还可以在附近展示辅助商品，例如，如果每个人都在买面包，那果酱不应该在附近吗？

对以往的销售数据以图表分析，可以获得商品的最佳销售时间段和最差销售时间段，对于最佳销售时间段，需要配备充足的库存；而最差的销售时间段，应该开展促销和广告推广，或者以新产品来满足当前时段的需求。

另外，通过对不同客户购买产品的订单数据可视化，还可以发现产品间存在的关联性，把这些关联性强的产品放置在一起，可以有效提升整体的销售业绩。

同理，也可以采用几乎相同的方式吸引在线购物者，通常的做法是，在客户登录电子商店时，向他们提供有针对性的产品建议；数据可视化可帮助你筛选正确的数据，以更加精准地推荐商品。

（三）预测产品未来

从数据中发现未来的业务或行业发展趋势，是数据专家最擅长的，对以往数据分析可视化，去发现数据趋势，可以帮助企业制定未来相应的计划。

通过可视化的展现去理解数据，并快速抓住适用于你的业务目标的数据类型对其进行分析；以产品销售来说，可视化可以清晰地显示一年中特定时间行业内一项产品的销售增长，有助于你制定计划，可以订购更多的库存并增加该地区的营销以吸引更多客户。

对于季节性产品，以往的销售情况，可以用来预测未来的销售量。例如，当三月份临近夏季的时候，根据过往的数据趋势可以发现这个时候可以卖出更多的泳衣；那么则可以将毛巾或纱笼作为免费物品随之赠送，以增加泳衣销量；或许也可以在客户每次购买时赠送一瓶免费的防晒霜；毫无疑问，当你能够预知即将发生的事情时，制定计划会容易得多。

（四）发现业务问题

对商业数据分析的可视化，不仅可以推动企业向前发展，而且能让人们发现企业存在的问题。

通过数据可视化可以容易地查找出销售额下降或客户投诉的高峰，从而有效地查找出问题并分析出原因。可视化的图形不仅可以指出你业务的有利环节，而且能指出你业务的薄弱环节，使你可以将更多的精力放在需要注意的方面。

对产品竞争对手的数据分析可视化，不仅可以让人们发现企业存在的优势与劣势，而且能够让人们深入了解竞争对手产品的新功能、产品促销的手段和渠道选择等，从而促进企业产品的研发方向和优化销售策略等。

（五）讲述企业故事

小时候，父母和老师都会用“看图说话”来帮助及教育我们理解知识，图形表示比文字表达更具备优势。数据可视化有助于客户和投资者更快、更好地理解你想表达的信息，特别是对企业运作不够了解的人。

例如，你想展示公司在全国各地的客户数量，以表格方式给出一些数据并不能很好地表达你的意图，但如果结合地图进行可视化，不同颜色代表不同的客户数量，就能够很快地表达出客户数量在全国范围的分布。

（六）行业应用场景

需要肯定的是，商业数据分析可视化的优势不仅仅局限于零售环境，数据可视化相关的技术可以运用到各个行业。

例如，在旅游行业中使用景区热力图可帮助管理员应对人流高峰的到来，通过分析旅游目的地需求量变化，可指导人民群众安排节假日。

在农业行业使用历史销售可视化图形了解粮食需求的高峰和低谷，可指导农业生产有序、适量进行，防止盲目化生产。

因此在数字化背景下，企业利用数据可视化进行智能化管理，可以帮助用户从大量杂乱无章的数据中挖掘特征，服务于分析决策。

二、商业数据分析可视化的含义

（一）商业数据分析可视化的本质

商业数据分析可视化，是指利用图形、图像处理、计算机视觉以及用户界面，通过表达、建模以及对立体、表面、属性以及动画的显示，对数据加以可视化解释。从这个定义出发，凡是通过图表将商业数据分析展示出来的过程都可以称为商业数据分析可视化。

图 5-2 是某电商平台 10 月的流量与订单支付表，纯粹用数字表格，显示的是某日的浏览量、流量来源和支付件数。但是，作为运营人员，看到这一堆数据，很难一目了然发现这些数据之间存在的内在联系。

日期	浏览量	流量来源	支付件数
2017/10/10	36471	淘内免费	181
2017/10/10	3393	自主访问	205
2017/10/10	1674	付费流量	46
2017/10/10	1484	淘外网站	140
2017/10/10	809	其他来源	35
2017/10/10	785	淘外APP	29

图 5-2　某电商平台 10 月流量与订单支付表

如果用数据可视化的方法来做，可以很快地找出数据之间的联系。例如，当我们用日期做观察的维度时，可以通过折线图观察不同日期浏览量和支付件数的变化。如图 5-3 所示，浏览量与支付件数成正比关系，在 10 月中旬成交订单比较多。（说明：因为浏览量对比支付件数，其数值较大，为便于观察，因此将浏览量/100 为单位进行计算。）

再更换一个维度，以流量来源为维度，对上述数据分析建立一个柱形图。如图 5-4 所示，可以明显地看出付费流量订单量的提升；相对而言，淘外网站和淘外 App 流量转换率最高。

由此可见，数据可视化很重要的目的就是让数据易读，让数据更加直接，通过数据可视化的有效呈现，给商务运营决策提供支撑。

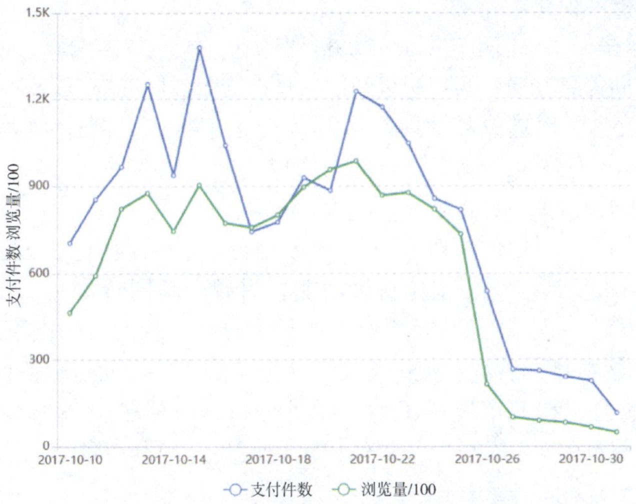

图 5-3 月度浏览量与支付件数变化图

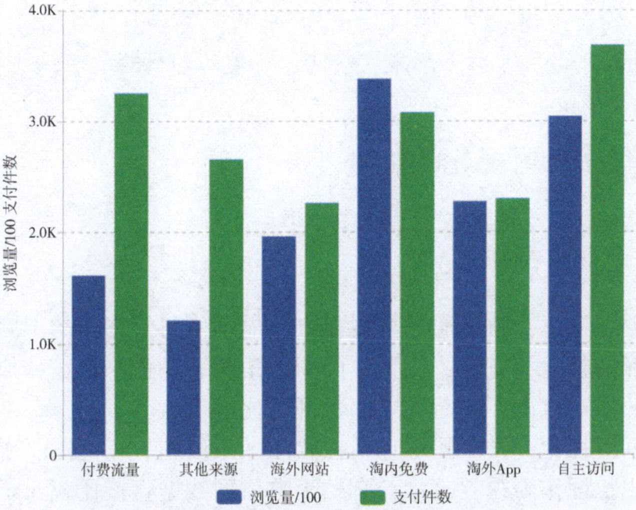

图 5-4 不同流量渠道浏览器与支付件数对比

（二）商业数据分析可视化的作用与价值

1. 商业数据分析可视化的作用

对企业而言，商业数据分析可视化的作用主要有两个：

（1）数据展示。

将已知的数据或数据分析结果通过可视化图表的方式展示，形成报表、看板等，直观易懂，有助于非专业人士（如管理层、投资者等）快速把握数据的关键信息，提高沟通效率，增加数据说服力。尤其是配合现在流行的大屏展示技术，使数据分析可视化技术越来越为人们接受和欢迎。

（2）业务分析。

数据可视化工具能够帮助分析师识别数据中的趋势、模式和异常值，可以让决策者更容易地评估不同选项的潜在影响，有助于制定有效、明智的商业策略，优化业务流程，抓住市场机遇。

2. 商业数据分析可视化的价值

（1）打通数据壁垒，实现信息透明。底层搭建数仓，统一数据编码，将多个业务系统数据进行整合，加强部门间信息互通，实现层级间信息垂直透明，促进协作共赢的良好工作氛围。

（2）提高工作效率，促进业务增值。代替传统手工报表，减少人为干涉错误，提高数据准确性；人效分析，提高生产效率，节约人力成本；产销存平衡分析，缩短周转周期，提高库存周转率、销售转化率，促进业务不断增值。

（3）数据驱动产品，引导创新改良。维修数据分析，反馈质量问题，促进生产、工艺或设计改良；客户需求反馈分析，定位目标功能，引导产品创新。

（4）辅助管理预测，提高决策成功率。销售预测分析，辅助市场决策，提高投入产出比；采购预测分析，辅助物料订单管理，提高物料周转率，防止供应商过多备料、物料呆滞。

（5）内外数据整合，提升市场竞争力。竞品分析、价格带分析、客户满意度分析，可作为企业调整战略目标的参考依据，及时抓住市场机会，提升市场竞争力。

课堂自测

将数据可视化技术应用于某一公司的智能车间，展示每个工序的生产数量、质量、作业时间、设备运行时间、维护次数等，请问其价值可能体现在哪些方面？

三、商业数据分析可视化的维度

（一）比较类商业数据可视化

比较类商业数据可视化，就是通过可视化方法显示值与值之间的不同和相似之处。一般而言，可以使用图形的长度、宽度、位置、面积、角度和颜色来比较数值的大小，通常用于展示不同分类间的数值对比、不同时间点的数据对比等。

比较类商业数据可视化，常用图形包括柱状图、条形图、气泡图、子弹图等。其中，条形图、柱状图等，用长度作为视觉暗示，有助于数值型数据直接比较；子弹图是在条形图的基础上加入了更多的视觉元素，以提供更多补充信息。

1. 柱状图

柱状图，又称长条图、柱状统计图、条状图、棒形图、柱图，是一种以长方形的长度为变量的统计图表。它是一种使用矩形条，对不同类别进行数值比较的统计图表。使用垂直或水平的柱子的长短对比数值大小，其中一个轴表示需要对比的分类维度；另一个轴代表相应的数值。

柱状图可用于显示一段时间的数据更改或说明项目之间的比较。在柱状图中，类别通常沿横坐标轴组织，值沿纵坐标轴组织。通过矩形方框的高矮，显示这些数值的大小。

如图 5-5 所示，此柱状图显示了各家纺品牌销售额指数，x 轴显示了不同家纺品牌，y 轴是品牌销售额指数，不同的高度显示了各品牌不同的销售额指数。“梦水伊家纺”在所有品牌中位于首位，“舒梦爱”位居末尾，每个销售额指数的数值都显示在条块的上方。

柱状图的基本类型有标准柱状图（适合比较各个类别的值）、堆积柱状图和三维堆积柱状图（适合比较同类别各变量和不同类别变量总和差异）、百分比堆积柱状图和三维百分比堆积柱状图（适合展示同类别的每个变量的比例）、分组柱状图（在同一个轴上显示不同分组的各个分类）、双向柱状图（适合数据有负值的每个变量比较）。

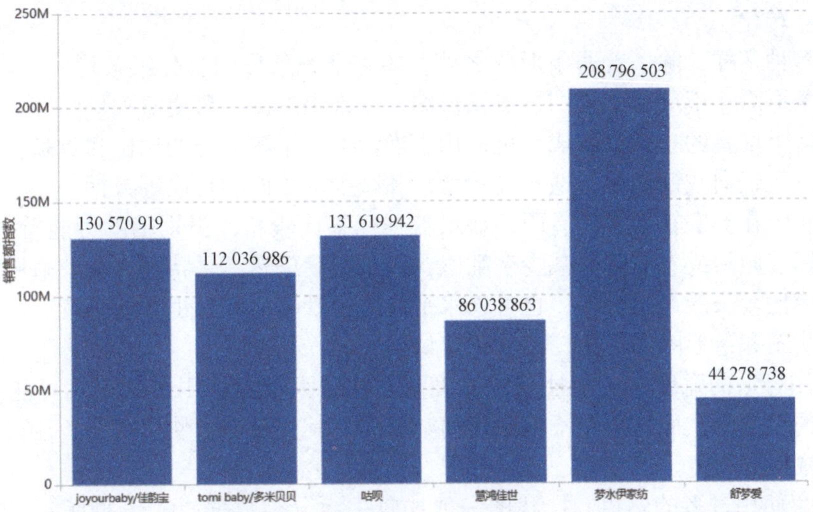

图 5-5　各家纺品牌销售额指数柱状图

柱状图的局限在于它仅适用于中小规模的数据集，当数据较多时就不易分辨。一般而言，不要超过 10 个。如果柱状图中的分类变量数量比较多，柱状图中的柱子就比较多，图中横轴的轴标签就可能发生重叠和遮挡问题。

通常来说，柱状图的横轴是时间维度，用户习惯性认为存在时间趋势。如果遇到横轴不是时间维度的情况，建议用颜色区分每根柱子。总之，利用高度差异，反映分类项目之间的比较，也可以用来反映时间趋势。

2. 条形图

条形图类似柱状图，它是将柱状图的 x 轴和 y 轴进行了互换，因此也有许多可视化软件把它归到柱状图一类中。条形图的适用对象为类别名称过长的场景，因为它有大量空白位置标示每个类别的名称。条形图的局限类似柱状图，分类过多，则无法展示数据特点。例如，利用如图 5-6 所示的条形图，进行不同家纺品牌的销售额指数对比。

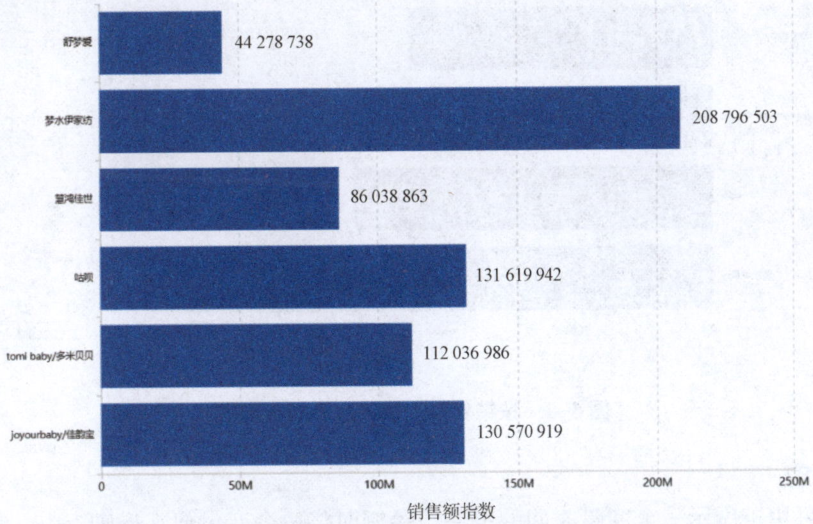

图 5-6　不同家纺品牌的销售额指数对比条形图

条形图作为柱状图的“同胞兄弟”，两者都是对比不同类别数据之间的差异，在一般情况下可以相互转化。

条形图多种多样，除了普遍条形图之外，还有堆积条形图、分组条形图、双向条形图、百分比堆积条形图、不等宽条形图、点条形图、三维条形图、可变宽条形图等。其中，堆积条形图是由多个堆叠的小条形组成，可以用于展示整体中各部分的比例和贡献；双向条形图中的条形可以是正向或反向的，适于展示增加和减少、正面和负面等数据。

因为柱状图在类别轴上空间有限，如果数据标签比较长，类别轴就可能看起来很凌乱。虽然可以将标签倾斜或者旋转来减少杂乱感，但是阅读仍然不是特别方便。采用条形图，相对而言，即使比较长的数据标签，也可以水平放置，既不凌乱，也方便阅读。

有关柱状图和条形图的使用，有如下建议：

（1）使用合适的宽度去适配柱条的宽度。当柱子太窄时，用户的视觉可能会集中在两个柱子中间的负空间，而这里是不承载任何数据的。其宽度推荐使用在 1/2 柱宽到 1 柱宽之间，但也要视情况而定。

（2）避免使用过多的颜色。柱状图一般比较一组分类数据，柱子的高低已经传递了相关信息，不必通过颜色来区分，所以建议使用相同的颜色或同一颜色的不同色调，过多的颜色会增加理解成本。

（3）采用有序排列，轴标签右对齐。当条形图显示可以对多个数据系列排序时，如果不涉及日期等特定数据，最好能符合一定的逻辑，用直观的方式引导用户更好地查看数据。可以通过升序或降序排序，例如按照数量从多到少来对数据进行排序，也可以按照字母顺序等来排序。总之，按照逻辑排序可以在一定程度上引导人们更好地阅读数据。

（4）数据标签直接显示在柱体上。条形图还可以通过省略横轴和纵轴，并直接在柱子上表明数值，来降低数据墨水比，进一步提高信息的获取效率。

对图 5-6 改进后，效果如图 5-7 所示。

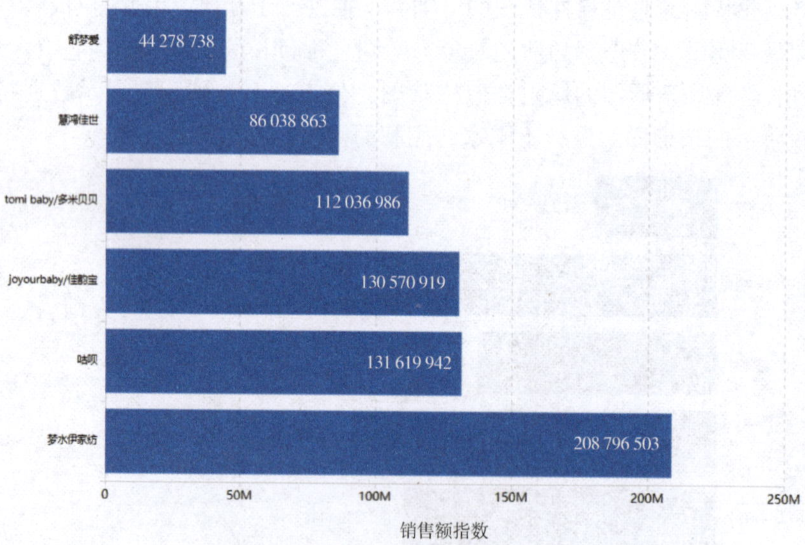

图 5-7　按销售额指数排序后的条形图

3. 气泡图

气泡图可用于展示三个变量之间的关系。绘制时将一个变量放在横轴，另一个变量放在纵轴，而第三个变量则用气泡的大小来表示，如图 5-8 所示。例如，按产品和地理划分的销售集中情况、按院系和一天中时间段划分的课程出勤情况。

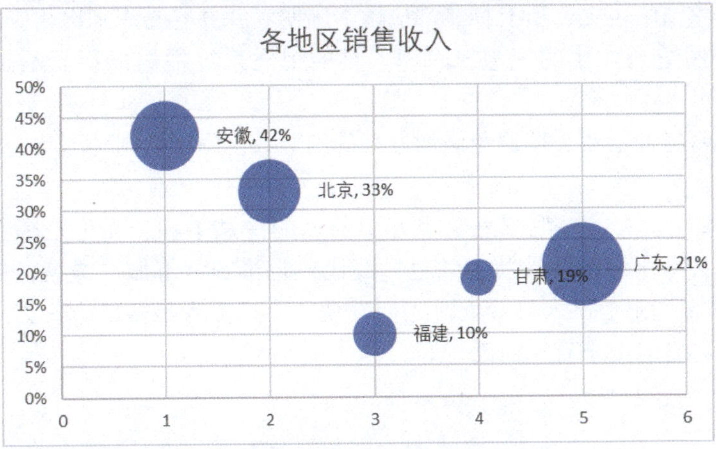

图 5–8 典型气泡图示例

气泡图与散点图在数据可视化领域都扮演着重要角色，它们都不使用分类轴。水平轴和垂直轴都是数值轴，两者都通过点的位置来表示两个变量的关系。但是，对于气泡图而言，还可以通过气泡的大小来表示第三个变量，有时也可以通过颜色来表示第四个变量。

例如，某商城某月的产品分类销售占比表，分别有“产品”“月销售额”“占年销售比例”三项数据，如表 5–1 所示，根据表中数据制作出相应的气泡图，如图 5–9 所示。其中，x 轴（横轴）选择产品数据，y 轴（纵轴）选择月销售额数据，z 轴选择占年销售比例，用 z 轴表示气泡大小。

表 5–1 产品分类销售占比表

产品	月销售额/万元	占年销售比例/%
3C 家电	15 247	30. 37
图书	35 478	77. 49
家用电器	10 245	66. 20
食品	32 457	60. 46
男鞋	35 789	84. 06
女鞋	54 786	69. 39

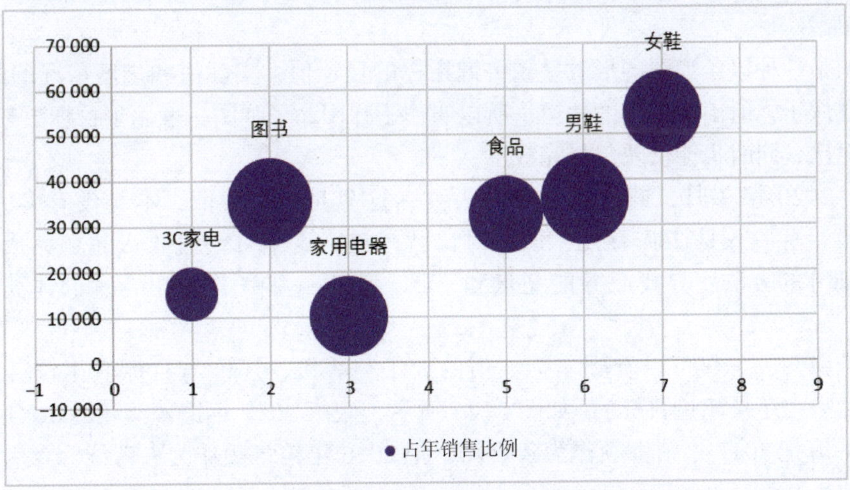

图 5–9 产品分类销售气泡图

在使用气泡图进行数据可视化时，注意以下几点：

（1）确保标签清晰可见，所有标签都应该清晰明了，并容易识别出相应的气泡；

（2）应当采用适当大小的气泡，因为人类的视觉系统根据面积而不是直径判断气泡大小；

（3）勿使用奇怪的形状，即避免添加过多的细节或使用不规则的形状，这可能导致表达效果不准确。

如图 5-10 所示，人口气泡图完全遵守了前面的注意事项，无论是标签，还是气泡面积，或者形状，甚至图形整体形状、颜色，都让人觉得非常舒服、漂亮，也一目了然。从图 5-10可知，在全国第七次人口普查时人们发现，人口流入最多的省份为广东省，后续依次为浙江省、江苏省、山东省、河南省等。

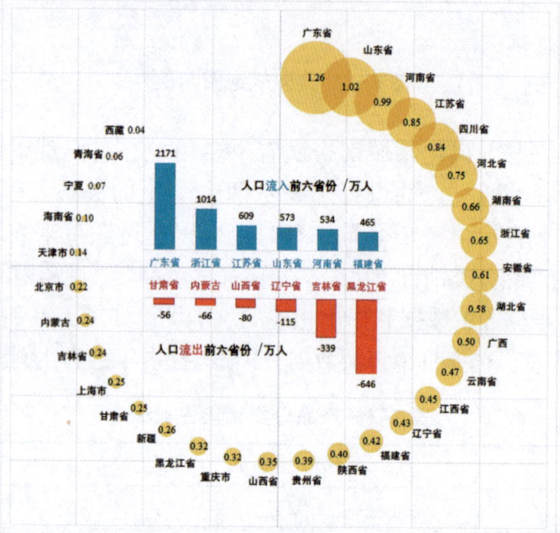

图 5-10　全国第七次人口普查情况（各省总人口/亿人）

综上所述，如果有三个数据系列，并且每个数据系列都包含一组值，就可以使用气泡图来代替散点图。从本质上而言，气泡图是散点图的一种变体，通过每个点的面积大小，反映第 三维。点的面积越大，就代表强度越大。因为用户不善于判断面积大小，所以气泡图只适用于不要求精确辨识的场合。

4. 子弹图

子弹图是一种以条形图的形式呈现关键指标的目标值、实际值和进度情况的图表形式。它的外形很像子弹射出后带出的轨道，所以叫作子弹图。子弹图一般用于目标数和实际完成数之间的对比，同时也能反映工作完成度。

例如，2020 年 3 月，销售收入 280 万元，这只是一个数值，本身没有多大的意义。但是，假设目标收入是 260 万元，通过对比就知道，这个月销售收入超额完成目标，然后再通过细分的方法，寻找业务的亮点和不足，为下一步工作提出合理的建议，把业务做得更好。

通过子弹图，不仅可以看到实际数值的大小与等级，还能与目标值比较（是未达目标、达到目标，还是超过目标）。如图 5-11 所示，观察 2017 年销售额较 2016 年完成情况的子弹图，应把 2017 年销售额作为条形图，把 2016 年销售额作为参考线和参考区间的添加依据。

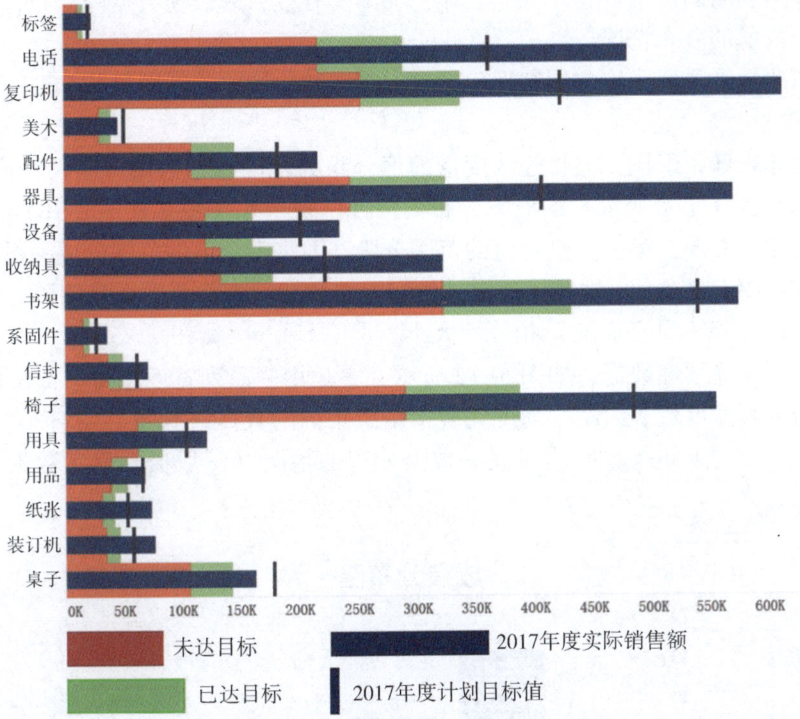

图 5-11　子弹图实例

子弹图无修饰的线性表达方式使人们能够在狭小的空间中表达丰富的数据信息，线性的信息表达方式与人们习以为常的文字阅读相似，相对于圆形构图的信息表达，在信息传递上有更大的效能优势。

子弹图的应用场景较为广泛，是财务、销售人员经常使用的比较类商务数据可视化的基本图形，使用子弹图可以清晰地展示出是否达到销售、盈利目标，以及与往期情况的对比。

课堂自测

表 5-2 中的数据采用哪种图进行可视化呈现较为直观，对比特征明显？

表 5-2　学生个性特征信息

姓名	年龄/岁	身高/米	体重/千克
张三	23	1.7	70
李四	26	1.8	90
王五	30	1.5	45
赵一	35	1.6	60
钱二	40	1.55	50
孙六	50	1.76	80

（二）分布类商业数据可视化

分布类商业数据可视化，是根据维度将数据划为不同区间，计算不同区间内数据的个数，将这些数据利用图形的位置、大小、颜色的渐变程度，来表现数据的分布，通常用于展示连续数据上数值的分布情况。

分布类商业数据可视化，常用图形包括直方图、热力图、箱线图等。

1. 直方图

直方图看起来像条形图，但将连续度量的值分组为范围，是数值分布的精确图形表示。这是一个连续变量（定量变量）的概率分布的估计，被卡尔·皮尔逊（Karl Pearson）首先引入。为了构建直方图，第一步是将值的范围分段，即将整个值的范围分成一系列间隔，然后计算每个间隔中有多少值。这些值通常被指定为连续的、不重叠的变量间隔。间隔必须相邻，并且通常是（但不是必需的）相等的大小。

直方图适用于连续性数据，如图 5-12 所示，它是用一系列宽度相等、高度不等的长方形来表示数据，其宽度代表组距，高度代表指定组距内的数据（频数）。换而言之，直方图由一系列高度不等的纵向条纹或线段表示数据分布的情况（一般横轴表示数据类型，纵轴表示分布情况）。

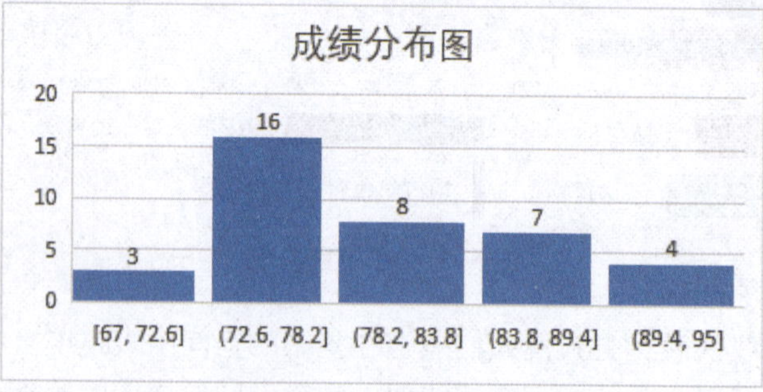

图 5-12　直方图

因此，直方图是一种可视化在连续间隔，或者是特定时间段内数据分布情况的图表，经常用在统计学领域。简单来说，直方图描述的是一组数据的频次分布，例如，不同门店的销售数据可划分为“0~200，200~500，……，1 000~1 500”等多个分组，通过直方图可以观察整体销售情况。直方图有助于人们知道数据的分布情况，诸如众数、中位数的大致位置，数据是否存在缺口或者异常值。

（1）直方图的类型。

根据数据分布状况不同，直方图展示的数据有不同的模式，包括正常型、孤岛型、双峰型、折齿型、陡壁型、偏态型和平顶型，如图 5-13 所示。

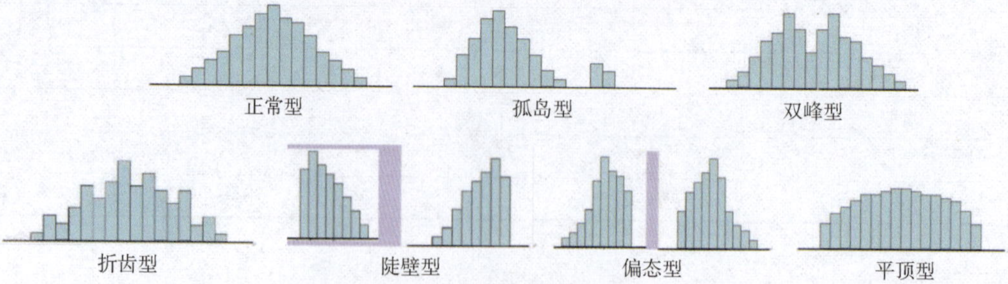

图 5-13　直方图基本类型

正常型，是指过程处于稳定的图形，它的形状是中间高、两边低，左右近似对称。近似是指直方图多少有点参差不齐，主要看整体形状。

孤岛型，是指在直方图旁边有孤立的小岛出现，当这种情况出现时表明过程中有异常原因。

双峰型，是指当直方图中出现两个峰时，这是由于观测值来自两个总体、两个分布的数据混合在一起造成的。

折齿型，即直方图出现凹凸不平的形状，这是由于作图时数据分组太多，测量仪器误差过大或观测数据不准确等造成的，此时应重新收集数据和整理数据。

陡壁型，即直方图像高山的陡壁向一边倾斜，通常剔除了不合格品的产品数据作频数直方图时容易产生这种陡壁型，这是一种非自然形态。

偏态型，是指直方图的顶峰有时偏向左侧、有时偏向右侧。

平顶型，即直方图没有突出的顶峰，呈平顶型。

(2) 直方图和柱状图的对比。

直方图和柱状图的数据结构是相同的，都是由一个分类/分组字段和一个连续数值字段构成；都是由柱状条构成。

但是直方图和柱状图的分析目的和适用场景通常不同。其中，直方图用来展示数据的分布，柱状图主要是比较数据的大小。另外，直方图和柱状图映射到 x 轴上的数据属性不同。在直方图中，x 轴上是连续的分组区间，这些区间通常表现为数字，且一般情况下组距是相同的，例如将在售商品的价格区间分为“0~10 元、7~20 元……”，在柱状图中，x 轴上的变量是分类数据，例如不同的手机品牌、店铺或网站在售商品的分类。其次，直方图和柱状图宽度代表的意义不同。在直方图中，柱子的宽度代表了区间的长度（即组距），根据区间的不同，柱子的宽度可以不同，但其宽度原则上应该为组距的整倍。在柱状图中，柱子的宽度没有实际的含义，一般为了美观和整齐，会要求宽度相同；再者，直方图和柱状图表示数据大小的方式不同。直方图，是通过柱状条面积来表示数据的大小，且柱子之间紧密相连，没有间隔。柱状图，是通过柱状条的高度来映射数据的大小，且柱子之间有间隔。

2. 热力图

热力图，也称为热图、热量表、密度表，主要用于展示数据的分布情况。“热力图”一词的诞生最早可追溯到 1991 年，由软件设计师柯马克·金尼提出并注册，当时用来实时显示一个 2 级金融市场的信息。1994 年，利兰·威尔金森发明了第一个基于聚类分析的高分辨率彩色热力图，如图 5-14 所示。

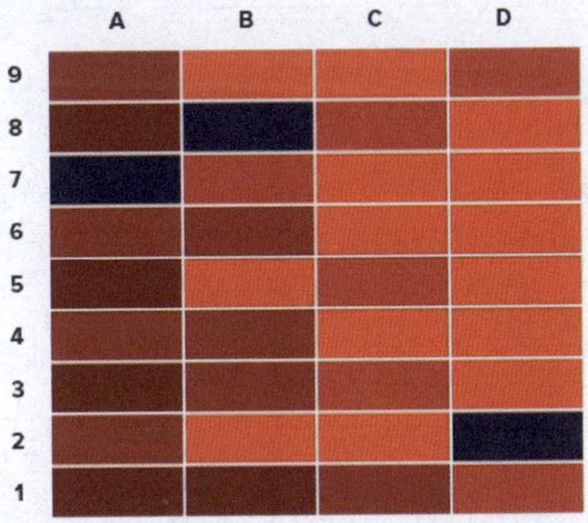

图 5-14　热力图原理示意图

在可视化设计中，热力图是一种用颜色来表示数据密度或强度的图表。它通过将数据映射到不同的颜色，以展示数据的分布和变化情况。热力图通常用于显示大量数据的空间分布或趋势，帮助用户快速理解数据的模式和关系。热力图可以应用于各种领域，如地理信息系统（GIS）、市场分析、用户行为分析等。在地理信息系统中，热力图可以显示人口密度、犯罪率或气温分布等。在市场分析中，热力图可以显示销售热点或用户活动热点。在用户行为分析中，热力图可以显示用户点击、滚动或停留的热点区域。

3. 箱线图

箱线图，又称为盒须图、盒式图或箱形图，是一种用来显示一组数据分散情况资料的统计图。因形状如箱子而得名，在各种领域经常被使用，常见于品质管理。箱线图于 1977 年由美国著名统计学家约翰·图基（John Tukey）发明。

从箱线图中可以观察到一组数据的关键值，如中位数、最大值、最小值等；数据集中是否存在异常值，以及异常值的具体数值；数据是否是对称的；这组数据的分布是否密集、集中；数据是否扭曲，即是否有偏向性。因此，箱线图主要用于反映原始数据分布的特征，还可以进行多组数据分布特征的比较。

如图 5-15 所示，在箱线图中，箱子的中间有一条线，代表了数据的中位数。箱子的上下底，分别是数据的上四分位数和下四分位数，这意味着箱体包含了 50% 的数据。因此，箱子的高度在一定程度上反映了数据的波动程度——上下边缘代表了该组数据的最大值（上限）和最小值（下限）。有时候，箱子外部会有一些点，可以理解为数据中的异常值/极端值/离群值。

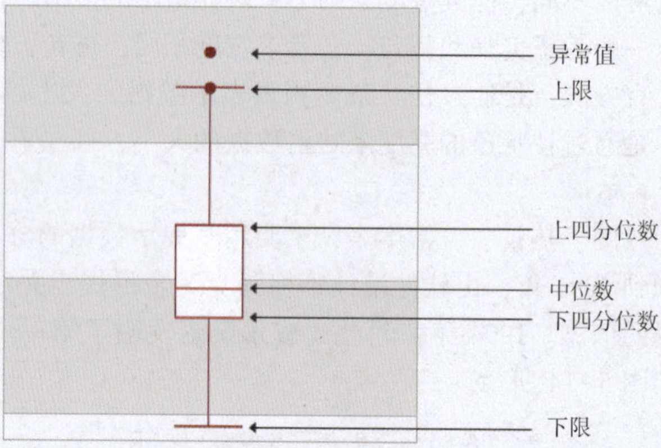

图 5-15　箱线图

箱线图用一组数据中的最小值、第一四分位数、中位数、第三四分位数和最大值来反映数据分布的中心位置和散布范围，可以粗略地看出数据是否具有对称性。通过将多组数据的箱线图画在同一坐标上，可以清晰地显示各组数据的分布差异，为发现问题、改进流程提供线索。在箱线图中，可直观明了地识别数据批中的异常值，判断数据的偏态和尾重，比较多批数据的形状。

分析不同学年、不同科目的学生成绩是箱线图的常见应用场景，如图 5-16 所示，我们可以看到学生的英语成绩相对其他科目普遍较好，而数学成绩则大部分都在 80 分以下。

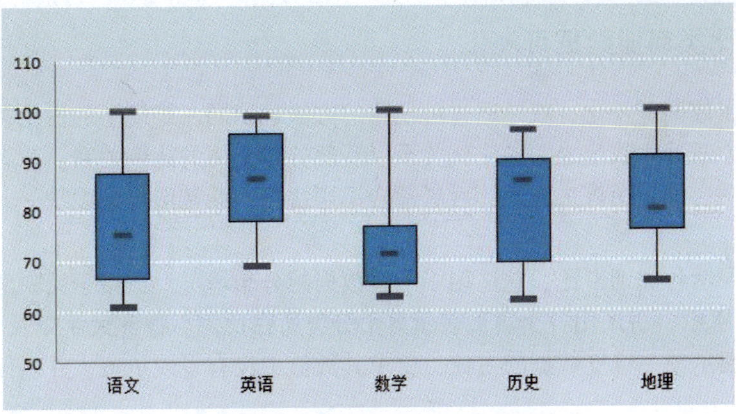

图 5-16　用箱线图分析学生成绩

（1）箱线图的优点：

① 它可以帮助人们直观明了地识别数据批中的异常值。箱线图判断异常值的标准以四分位数和四分位距为基础，四分位数具有一定的耐抗性，多达 25%的数据可以变得任意远而不会很大地扰动四分位数，所以异常值不会影响箱线图的数据形状，箱线图识别异常值的结果比较客观。

② 利用箱线图可以比较多批数据的形状。同一数轴上，几批数据的箱线图并行排列，各批数据的中位数、尾长、异常值、分布区间等形状信息一目了然。

（2）箱线图的缺点：

① 不能精确地衡量数据分布的偏态和尾重程度；

② 对于批量比较大的数据，反映的信息更加模糊，用中位数代表总体评价水平有一定的局限性。

课堂自测

生产部对试剂盒组分 A 的装量（标准装量要求不少于 25 毫升）进行抽样调查，分别从 8 月批次和 9 月批次试剂盒中各抽取 40 个组分 A 进行实际装量的测量，经整理如表 5-3 所示。要求利用箱线图与直方图组合，对比分析 8 月与 9 月的生产合格率以及不良率情况。

表 5-3　试剂盒组分 A 的装量抽样数据（8 月与 9 月）

8 月批次组分 A 的装量/毫升				9 月批次组分 A 的装量/毫升			
25.054 92	35.574 74	23.712	25.858 25	24.581 9	34.253 99	29.703 04	27.621 713
26.492 77	31.084 12	29.521	30.459 37	34.271 33	29.983 76	31.448 3	24.011 22
29.885 52	23.857 92	28.439 47	41.386 72	34.230 92	34.161 48	24.440 75	32.683 4
27.073 15	32.297 25	30.328 88	25.030 95	35.488 49	29.782 53	29.284 46	30.494 63
31.524	30.900 32	27.092 02	21.313 42	22.841 82	26.619 15	31.303 51	23.797 58
28.507 11	29.722 18	18.606 38	27.921 87	24.810 46	23.680 58	24.689 73	30.517 14
33.504 21	28.331 44	32.286 59	23.107 57	24.650 7	34.583 07	18.569 65	36.244 61
38.844 23	24.300 85	40.354 36	38.045 23	26.009 73	34.828 52	28.019 31	30.713 55
20.904 69	25.528 78	27.993 27	35.081 62	28.624 18	26.354 61	20.005 57	31.722 66
32.044 31	23.149 71	25.474 62	33.265 78	20.347 09	25.533 58	18.924 48	22.735 01

（三）占比类商业数据可视化

占比类商业数据可视化，就是通过可视化的方法显示同一维度上的占比关系。这种占比关系，可以分为两种：数值之间的比例关系以及部分对整体的比例关系。前者特别适合采用南丁格尔玫瑰图、词云图等来展现；后者适合采用饼图、桑基图等来展现。

1. 饼图

饼图用来展示各类别占比，它适用于了解数据的分布情况，适用于反映部分与整体的关系。如图 5-17所示，饼图用各个扇形表示各个分类所占比例。彼此大小以及与整体的关系。饼图适合用来展示单一维度数据的占比，要求其数值中没有零或负值，并确保各分块占比总和为 100%。

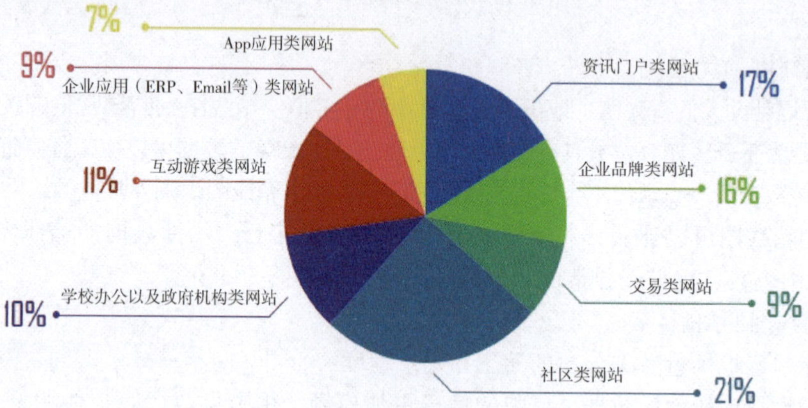

图 5-17　饼图

饼图通常用于表述一维数据（行或列）的可视化，它能够直观反映某个部分占整体的比例，用不同颜色来区分局部模块，显得较为清晰。

（1）饼图的优点：

可以迅速直观地展现各项数据所占的比例。因此，如果想直接展示各项数据占整个数据的比例，并且显示所占百分比的情况，可以选择使用饼图。

（2）饼图的缺点：

① 饼图不适合精确数据的比较；

② 分类过多，则扇形越小，无法展现图表。一般而言，很难比较一个分块过多的饼图的数据，建议尽量将饼图分块数量控制在 5 个以内。

因此，当数据类别较多时，可以把较小或不重要的数据合并成第五个模块命名为“其他”。饼图不适合精确数据的比较，可以添加一些装饰来强调饼图中的某一个数据。颜色、动效、样式、位置等元素都可以用来突出显示一个扇区。

除了常见的饼图之外，还有一种复合饼图，就是将用户定义的数值，从主饼图中提取并组合到第二个饼图或堆积条形图的饼图。如果需要确保主饼图中的某些扇面，尤其是占比较小的扇面更易于查看，这种图表类型非常有用。如图 5-18 所示，因为“其他”还包含一些内容，所以，为了便于查看，对“其他”这个扇形也做了一个饼图。

另外，复合饼图同样适合分类较多且个别分类数值较小，导致这些数值较小的分类在饼图中辨识度不高的情况。如图 5-19 所示，因为“其他”还包含一些内容，所以，为了便于查看，对“其他”这个扇形也做了一个堆积柱状图。

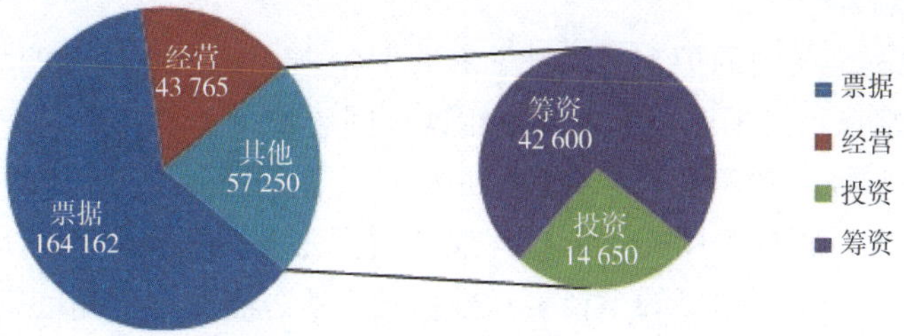

图 5-18　复合饼图①

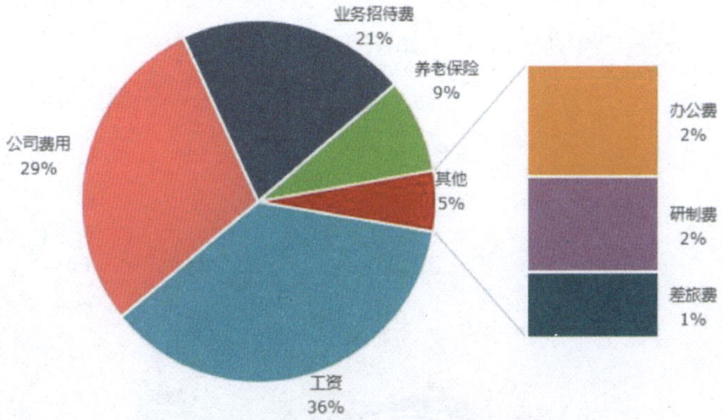

图 5-19　复合饼图②

与饼图类似的图形，还有环形图（简称环图）。环形图中间有一个“空洞”，是由两个大小不一的饼图叠在一起，挖去中间的部分所构成的环状图形。环中的每一段都表示一类数据，其中间区域可以被创造性地利用来增强图表的信息展示和美学效果。它能更加突出各个分类或维度之间的比较。中间区域可以展示数据或者文本信息。如图 5-20 所示的浏览器市场份额环形图，能够更加突出地显示 Chrome（谷歌浏览器）占据了 24. 35%的份额，Safari（苹果浏览器）占据了 14. 63%的份额。

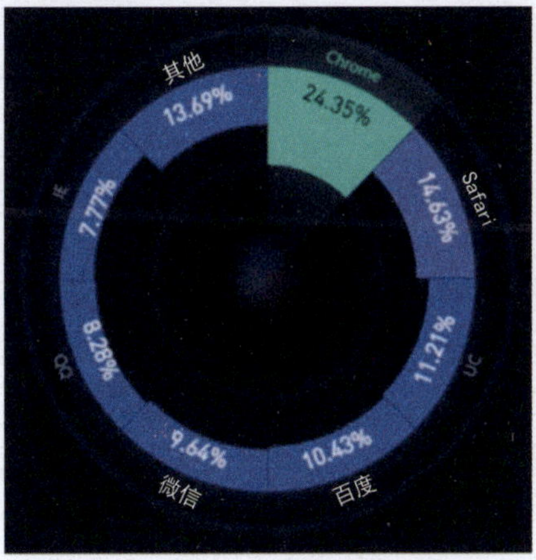

图 5-20　环形图示例

环形图和饼图的视觉元素不一样。饼图是靠图形中的相对角度，判断部分和整体的关系；而环形图的视觉元素是弧线的长度，通过弧线长度，判断部分和整体的关系。

2. 南丁格尔玫瑰图

南丁格尔玫瑰图是英国的护士、统计学家弗罗伦斯·南丁格尔发明的，又名为极区图。19 世纪 50 年代，她在克里米亚战争期间使用这种图表传达士兵身亡情况，打动了当时的高层，包括军方人士和维多利亚女王本人，于是医护改良的提案才得到支持。

南丁格尔玫瑰图是将柱状图转化为更美观的饼图形式。饼图是用角度表现数值或占比，而南丁格尔玫瑰图，是使用扇形的半径表示数据的大小，各扇形的角度则保持一致。由于半径与面积是平方的关系，因此，相较于饼图而言，南丁格尔玫瑰图会将数据的比例大小放大，尤其适合对比大小相近的数值。

另外，南丁格尔玫瑰图可在一个图表中集中反映多个维度方面的百分比构成数据，幅面小，信息量大，形式新颖，吸引注意力。如图 5-21 所示。

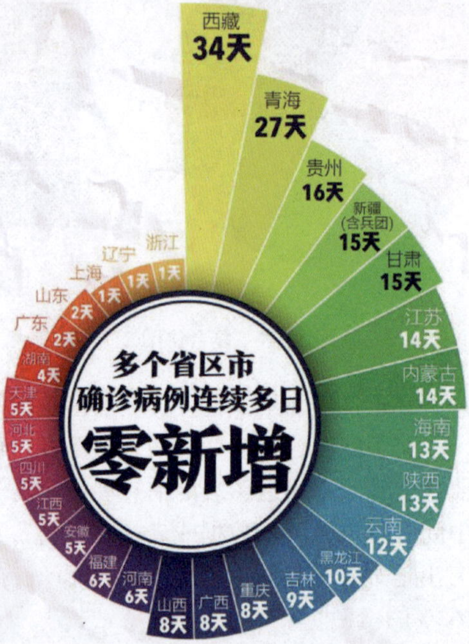

图 5-21　南丁格尔玫瑰图（20××年疫情零新增情况统计）

3. 词云图

词云，又称文字云、标签云、关键词云，是文本数据的视觉表示，由词汇组成类似云的彩色图形。词云图凭借着简单易用的特点和酷炫的可视化效果，通常用于描述网站上的关键字元数据（标签），或可视化自由格式文本。每个词的重要性以字体大小或颜色显示。词云图可以很好地表明每个单词在特定文本中被提及的频率（即词频分布），通过使用不同的颜色和大小来表示不同级别的相对重要性。如图 5-22所示，当前人才市场对于数据相关专业和岗位的需求，主要集中在数据挖掘、分析师、数据分析等专业岗位。

通过词云图，读者可以快速感知最突出的文字。通过词云图，也可以对比大量文本。例如，根据十九大报告中的高频词而制作的词云图中，“发展”“改革”“经济”“产业”等词出现频次最高，如图 5-23 所示。

图 5-22　词云图示例

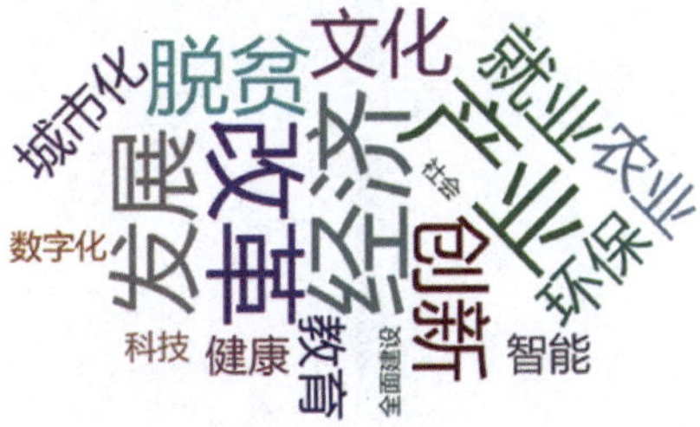

图 5-23　基于十九大报告的词云图

（1）词云图适用的场景：

① 需要对比大量文本。

② 特定形状的词云图。通过使用不同的图片形状做边界限制，可以绘制出形形色色的词云图，这也是词云图个性化的魅力所在。

③ 结合地图的特殊词云图。通过不同大小和颜色来反映对应的属性，把一些与位置点相关的文本信息在地图上展示出来。这种结合地图的词云图的特殊之处在于，词汇的大小并不与其频次直接相关，而是与词汇所处地区区域的大小有关。地图词云图需要做好标签的避让，防止标签叠在一起而影响阅读。

（2）词云图不适合的场景：

① 数据区分度不大。当数据的区分度不大时，使用词云图起不到突出的效果。

② 数据太少。数据太少时很难布局出好看的词云图，推荐使用柱状图。

4. 桑基图

桑基图，即桑基能量分流图，也叫桑基能量平衡图。它是一种特定类型的流程图，图中延伸的分支的宽度对应数据流量的大小，通常应用于能源、材料成分、金融等数据的可视化分析。因1898 年马修 · 桑基绘制的“蒸汽机的能源效率图”而闻名，此后便以其名字命名为桑基图。

桑基图通常应用于具有流向关系的数据可视化分析，数据从左边的项目流向右边的项目，项目条的宽度表示数据的大小，流向条的宽度对应数据流量的大小。

桑基图的特征如下：

（1）起始流量和结束流量相同，所有主支宽度的总和与所有分出去的分支宽度总和相等，保持能量的平衡；

（2）在内部，不同的线条代表了不同的流量分流情况，它的宽度成比例地显示此分支占有的流量；

（3）节点不同的宽度代表了特定状态下的流量大小。

如图 5-24 所示，可以用手机销售反映其对不同性别和年龄的影响。

图 5-25 所示的桑基图，是根据人群的爱好或去向、星座等进行分类。人们自从来到这个世界，就被自然地分成不同的人群。人们在不同时期或同一时期，分别属于不同的人群。每个人的轨迹不一样，跟别人有交集，也可能没有交集，比如有的人因为地域不同、经历不同、兴趣不同、体质不同、学历不同、工作不同、专业不同等，将会出现“分歧”，即指在桑基图中从一个节点到另一个节点，各个颜色会分别延伸到不同的节点。

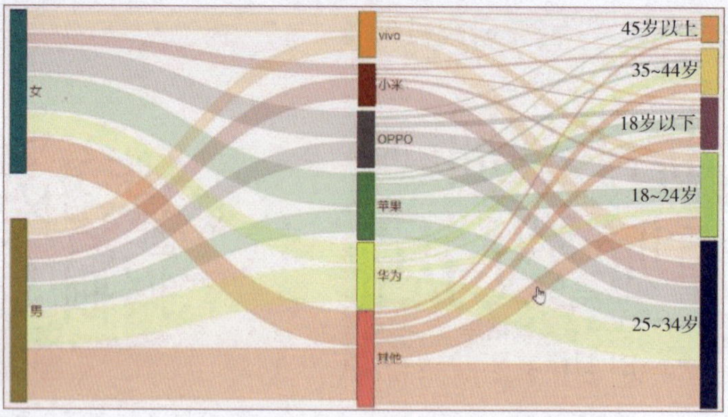

图 5-24 桑基图示例（手机销售与客户类别）

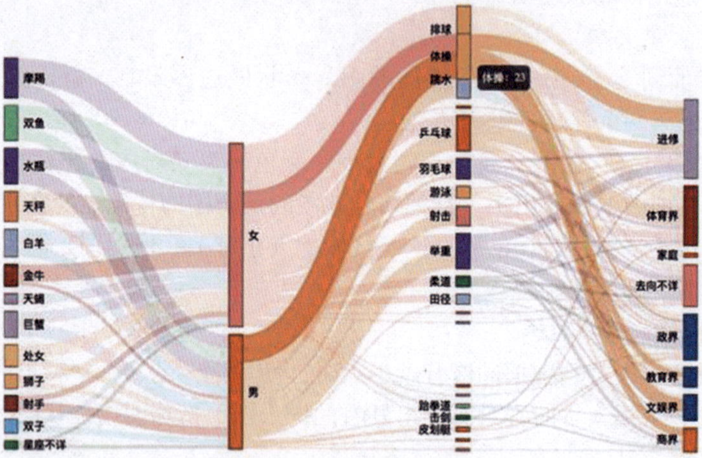

图 5-25 桑基图

桑基图最明显的特征就是，始末端的分支宽度总和相等，即所有主支宽度的总和应与所有分出去的分支宽度的总和相等，保持能量的平衡。也就是说，桑基图的特点在于能量守恒，遵守能量守恒的桑基图是一种特定类型的流程图。不同于一般的流程图，桑基图在描述一组数据到另一组数据流向的同时，还能展示到底“流”了多少。在数据流动的可视化过程中，桑基图紧紧遵循能量守恒，数据从开始到结束，总量都保持不变。

课堂自测

饼图、南丁格尔玫瑰图、词云图以及桑基图具有什么优缺点？其主要适用于何种类型的数据分析？

（四）关联类商业数据可视化

关联类商业数据可视化，是指通过使用图形的嵌套和位置，显示数据之间的相互关系。数据之间的关系，通常指数据之间的共性关系、前后关系、层级关系以及相关性。按照功能进一步细分，关联类商业数据可视化可以分为四种：显示数据之间的共性关系（维恩图等)、显示数据之间的前后关系（弦图)、显示数据之间的层次关系（矩形树图等)、查找数据之间的相关性（散点图等)。

1. 散点图

散点图一般用于发现各变量之间的关系，适用于存在大量数据点的情况。如图 5-26所示，散点图通过数据点在 x-y 轴上的位置来展现两个维度的变量。当一个个数据点形成一个整体的时候，变量的相关性就此显现。就图 5-26 而言，物流收货天数与客户满意度负相关，收货天数越长，满意度越低。

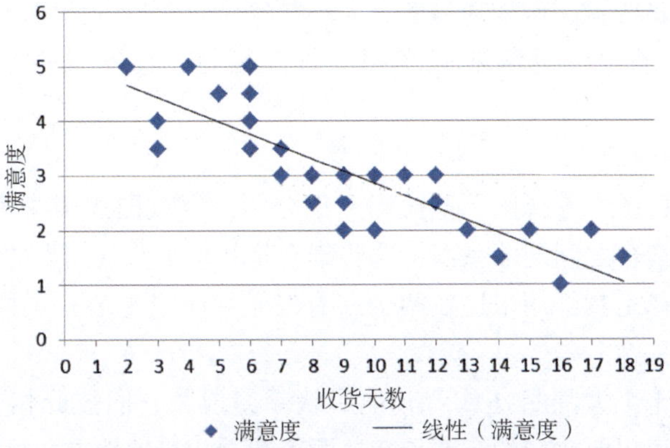

图 5-26　物流收货天数与客户满意度散点图

散点图的值由点在图表中的位置表示，类别由图表中的不同标记表示。如果散点图中的点散布在从右上角到左下角的区域，对于两个变量的这种相关关系，将它们称为正相关。如果散点图中的点散布在从左上角到右下角的区域内，对于两个变量的这种相关关系，将它们称为负相关。

如图 5-27 所示，某商品受季节影响，不同季节销售量也不一样。x 轴是月份，y 轴是销售量，从该散点图中可以清晰地反映出产品在 7—9 月的销售量达到顶点，1—2 月是低点，受季节影响很大。

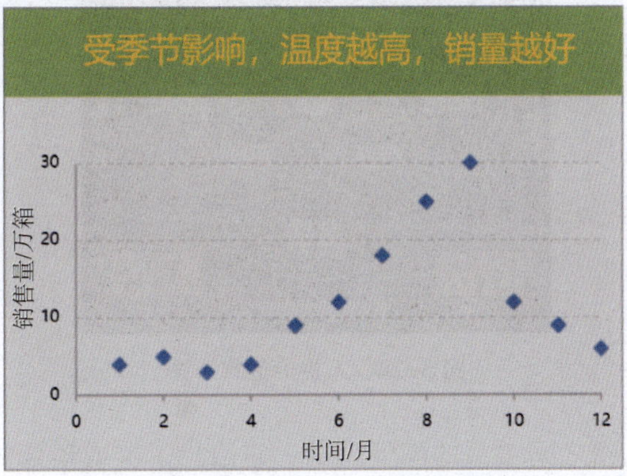

图 5-27　每月产品销售散点图

散点图适用于发现各变量之间的关系，适用于存在大量数据点的情况。通过散点图，可以在繁多的数据点中发现异常数据。其不足之处在于数据量小的时候，散点图会显得比较混乱。

使用散点图的注意事项如下：

（1）如果数据集中包含非常多的点（如几千个点），那么散点图便是最佳图表类型。但在散点图中显示多个序列看上去非常混乱，这种情况下，应避免使用散点图，而应考虑使用折线图。

（2）默认情况下，散点图以圆圈显示数据点。如果在散点图中有多个序列，可考虑将每个点的标记形状更改为方形、三角形、菱形或其他形状。

（3）可以引入更多变量，例如通过散点大小和颜色对变量进行编码。

（4）适当使用辅助线，更清晰展现相关性。但是，辅助线不宜太多，否则会影响理解。

2. 维恩图

维恩图，也叫温氏图、韦恩图、范氏图、集合图，由英国逻辑学家约翰·维恩在 1880 年前后发明，是描述集合之间的关系图，这些集合是共享某些共同点的一组对象。有时，维恩图用作视觉头脑风暴工具，用来比较两个（有时是三个或更多）不同的事物。通过比较，判断相关事物的共性关系。

维恩图通常由若干个大圆圈（或者其他形状）组成，它们彼此相交，在中间形成一个空间。每一个圆圈代表想要比较的东西。在这两个圆圈相交的地方，可以写下这两个事物的共同点。在相交空间的两边，可以写下这两个事物之间的区别。

如图 5-28 所示的人生价值维恩图，包含了四个核心圆圈：你喜欢什么，你擅长什么，你能变现的有什么，社会需要什么。通过人生价值维恩图，人们可以清晰地看到自己在不同生活领域中的优势和劣势，以及这些领域之间的关联和平衡。显然，维恩图提供了一种非常方便和整洁的方式来表达两个或多个数据集之间的关系。

图 5-28　人生价值维恩图

维恩图是不同事物组之间关系的图形表示，它给出了群或集合的逻辑表示。借助维恩图，可以很容易地理解两个或三个集合之间的共性关系。如图 5-29 所示，是大树和小草的共性关系的维恩图。因此，维恩图对于显示两个或多个主题或事物之间的关系最有用，而且，主题必须以某种方式相关或可比较，否则它们不适合维恩图模型。维恩图通常不适合比较四个以上的事物，尽管根据所考虑的主题可以同时使用多个图。另外，维恩图主要是一个视觉模型，它不能取代笔记，而且它通常不适合非常大量的信息。

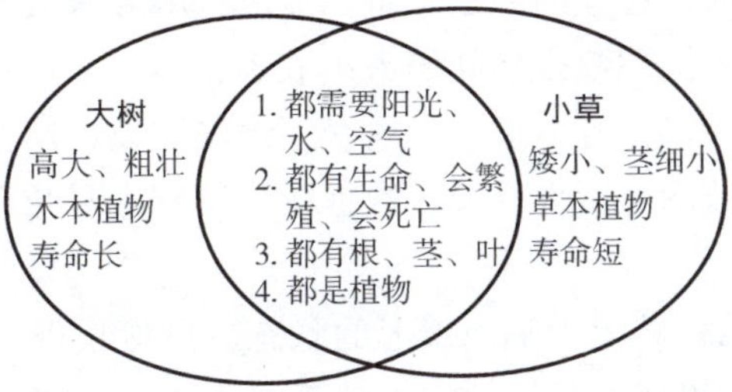

图 5-29　基于维恩图的大树和小草的共性关系

3. 弦图

弦图主要用于展示多个对象之间的关系，连接圆上任意两点的线段叫作弦，弦就代表着两者之间的关联关系。弦图虽然看起来有点眼花缭乱，但是它却非常适合分析复杂数据的关联关系。

（1）弦图的主要特点：

① 用圆上两点的连线来表示两者的关系。

② 连线的宽度可以表示两个数据之间的关系程度或者比例关系。

③ 弧线与圆的接触面积上的宽度也可以用来表示关系程度和比例关系。

④ 可以使用不同的颜色来区分不同的关系。

例如，我们把从景点 a 到景点 b 的游客人数用弦图来表示，如图 5-30 所示。从此弦图我们可以看出各个景点间游客人数的关联关系，从此弦图中弦的宽度可以看出不同景点间关联的关系程度和比例，连接线的宽度越宽，则比例越高。

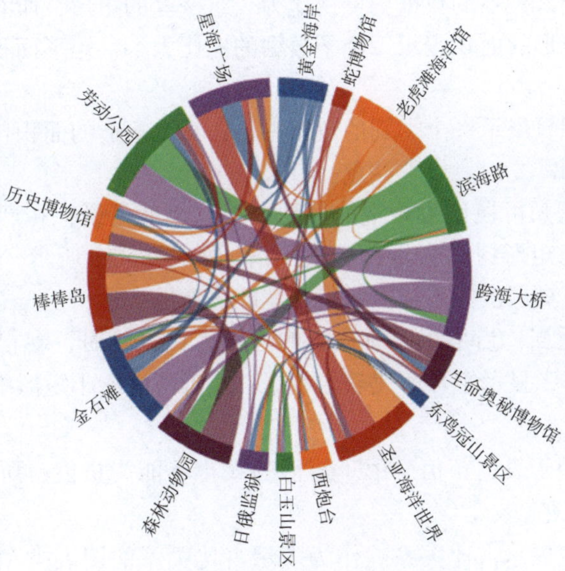

图 5-30　景点之间旅游人数的弦图

本质上，弦图是一种可视化数据关系的图表，展示了数据之间带有权重的关系。因为弦图能在表达大量复杂数据的同时，尽可能把这种复杂的关系可视化，所以弦图被广泛运用于各个方面。

（2）使用弦图需要注意的问题：

① 使用弦图时，可以通过连线的颜色是否与节点接触等来展现数据流动的方向；

② 用节点及连线宽度来展现数据之间的大小关系；

③ 当数据量比较大的时候，可以通过一些交互性辅助设计使图表更加具有可读性；

④ 数据量过大会导致弦图可读性降低，数据排列的顺序对弦图呈现效果影响较大。

4. 矩形树图

矩形树图，是把树状结构转化为平面矩形的状态，虽然长得一点都不像“树”，但能表示数据间的层级关系，还可以展示数据的权重关系。如图 5-31 所示，这是一个运动项目的矩形树图，游泳、田径是运动项目中的两个大项。

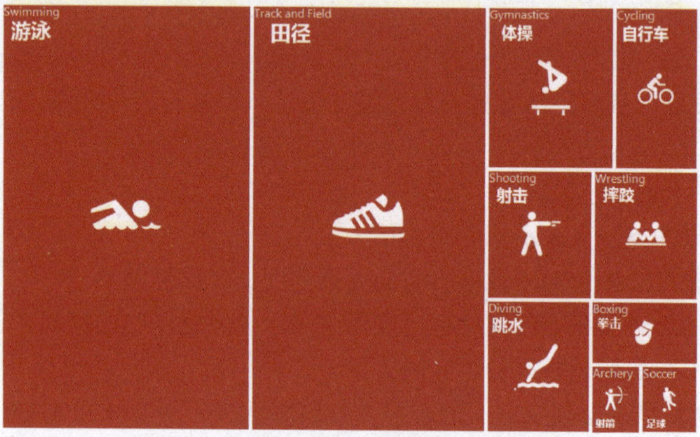

图 5-31　基于矩形树图的运动项目分析

矩形树图把具有层次关系的数据，可视化为一组嵌套的矩形，所有矩形的面积之和代表整体的大小，各个小矩形的面积表示每个子数据的占比大小，矩形面积越大，表示子数据在整体中的占比越大。

最简单的矩形树图只展示一个类别的数据占比，每个矩形的面积代表了各数据在整体中的比重。使用矩形树图需要注意以下几点：

（1）矩形树图，擅长可视化带权重的数据关系，也就是说，在展示不带有权重的层级关系数据的时候，使用矩形树图会显得层次不清。如图 5-32 所示，展示公司的部门组成时，运用矩形树图会模糊层次关系，但树状图就能清晰地表达。

（2）矩形面积要适当，当小矩形所代表的类别占比太小时，会很难排版说明文字。当然，可以采用提示工具，显示矩形所代表的数据；或者考虑给小矩形编号，用注释的方式说明矩形所代表的数据。

（3）矩形树图只用于表达正值。由于矩形的大小不能为负值，所以矩形树图中代表矩形大小的变量只能是正值。

（4）矩形树图专注展示占比关系。作为表示占比关系的图表类型，矩形树图无法展示占比随时间变化的情况。如果想展示占比的幅度变化，堆叠柱状图和百分比堆叠面积图都是不错的选择。

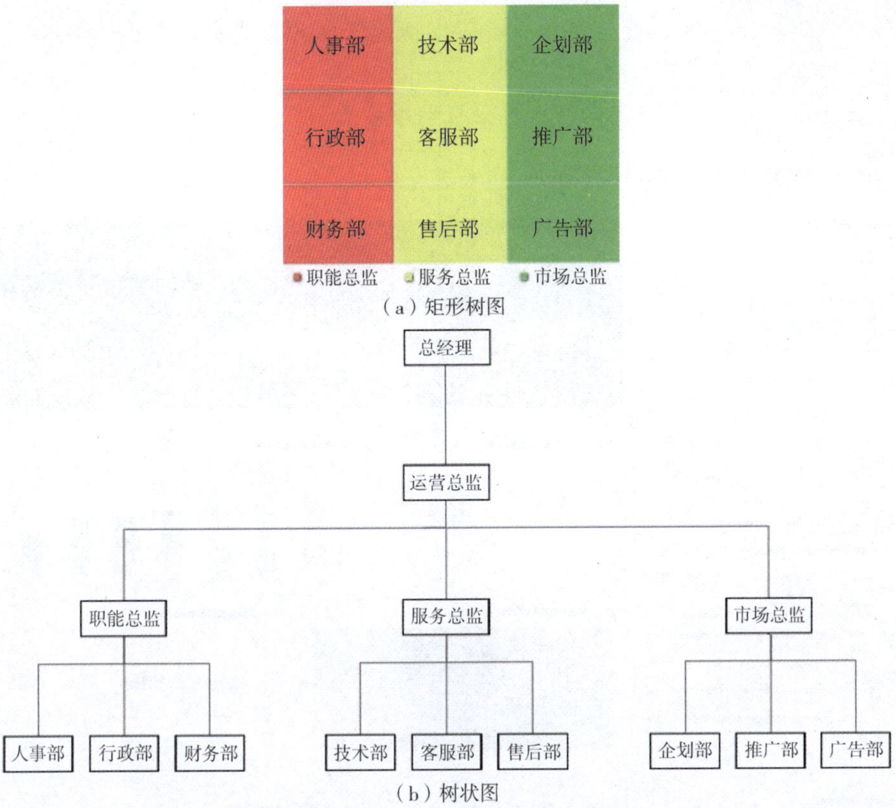

图 5-32　基于矩形树图和树状图的公司组织架构对比分析

课堂自测

随着旅游行业规模的不断扩大，随之也出现了各种各样的旅游团，以旅游团形式出游的市场交易规模在不断地扩大，如何选择品质有保障的旅游团成了人们出行前需要解决的一个重要问题。

假设基于马尔代夫旅游团数据，将商品属性、住宿属性和游客反馈作为自变量，研究影响旅游团价格的因素，期望以此来为游客选择旅游团提供有效参考。

某人从马蜂窝网站获取了马尔代夫旅游团数据，选取行程、店铺、上岛方式、出发日期、是否节假日作为商品属性，选取住宿、是否有赠品、是否含早餐作为住宿属性，将评论数作为游客反馈，从而选取如下可视化方式进行价格影响因素分析。结果发现：

（1）行程、店铺和上岛方式会对价格产生较为明显的影响。其中，提供 10 天行程的旅游团价格最高；在店铺中携程的旅游团价格最高，一路行的旅游团价格最低；在上岛方式中，选择水路前往的价格低于选择航空出行的价格。游客可根据自身需求和价格预算选择适合自己的行程和上岛方式。

（2）结合住宿和行程来看，如果游客想要在“1 沙+3 水”的住宿条件下省钱，可以选择行程为 7 天。（注：由于变量个数较少，数据量不够大，分析结果可能不够完善）

假设以该案例进行价格影响因素分析，你将选择何种方式进行数据可视化？请说明理由。

注：图 5-33 为价格影响因素可视化分析参考示意图。

图 5-33 价格影响因素可视化分析示意图

实践训练

基于超市销售数据的可视化

【任务背景】

由于百货连锁零售行业的特点是市场规模快速成长，行业高度分散，地区发展不均衡。因此，对于企业而言，面临的最大需求是如何拓展市场，提高竞争力？为此，基于 BBL 平台，借助其可视化图表编辑器，快速实现图表设计，实现对超市销售数据的可视化呈现，然后进行数据分析，研究市场空间和有利投入点，合理拓展，提高竞争力。

【数据信息】

根据 BBL 平台提供的“电商数据集”的超市销售数据，设计制作相应的地区销售饼图、商品销售条形图，并利用这些图表创建仪表盘完成发布。

【实施步骤】

（一）制作销售饼图

首先确认在“数据视图”创建好“超市销售数据”，然后进入“可视化分析”模块，选择“超市销售数据”；选择“图表驱动”并拖拽“地区”字段至“维度”，“销售额”字段至“指标”，“地区”字段至“颜色”，如图5-34所示。在默认情况下，不使用颜色设置字段，系统会自动选择颜色。

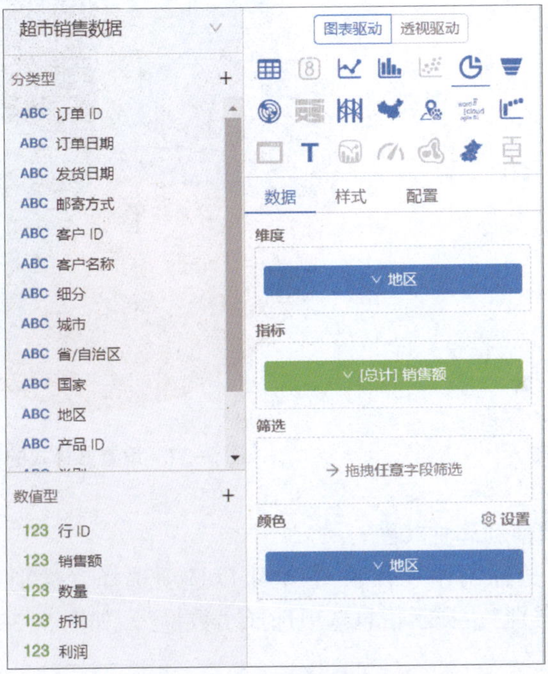

图 5-34　分地区销售图设置

（二）颜色优化

若选择图表后，分析区域有颜色选项，可从左侧选择相应的字段拖动至此处，可以给不同的维度设置不同的颜色。具体步骤如下：

（1）将带分析的维度，拖入“颜色”分析框中；

（2）在弹出的对话框中，编辑颜色，并点击“保存”按钮，如图5-35所示。

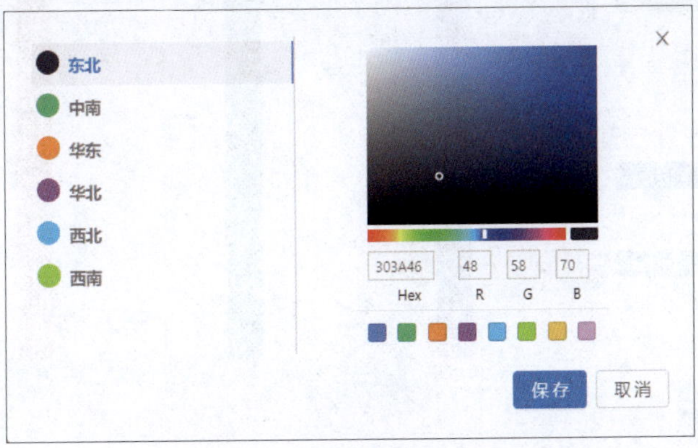

图 5-35　调整颜色对话框

（三）设置样式

选择图表类型，设置“维度值”和“指标值”后，一般情况下，相应的图形已经显示；不过，通常还要设置样式。我们想要显示相应的比例数值，选择“样式”面板，如图 5-36所示。

针对不同的图形，BBL 平台提供不同的样式进行设置，设置完成的效果如图 5-37 所示。

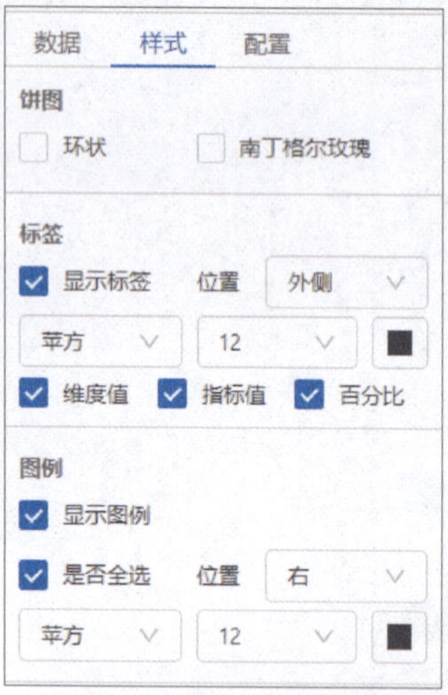

图 5-36　设置图表样式

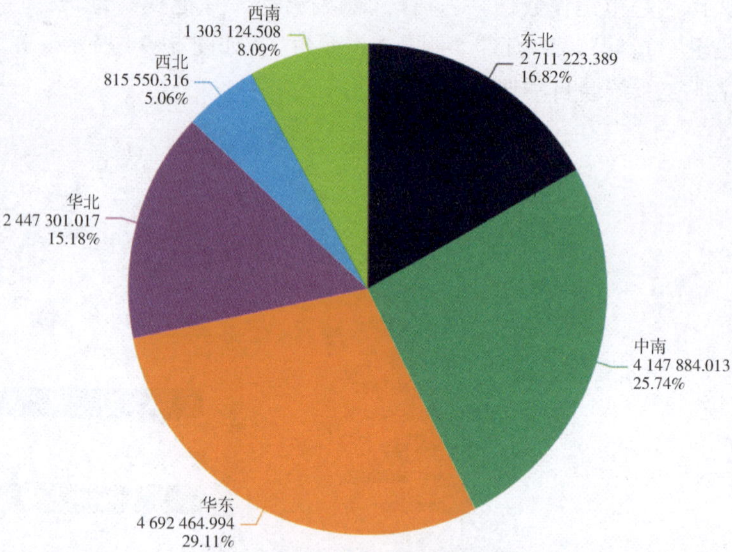

图 5-37　设置好样式的饼图

（四）商品大类别销售利润柱状图

基于同样的数据，选择制作“柱状图”。维度选项选择“类别”，指标选项选择“利润”，颜色选项选择“类别”，提示信息选项选择“数量”。如图 5-38 所示。

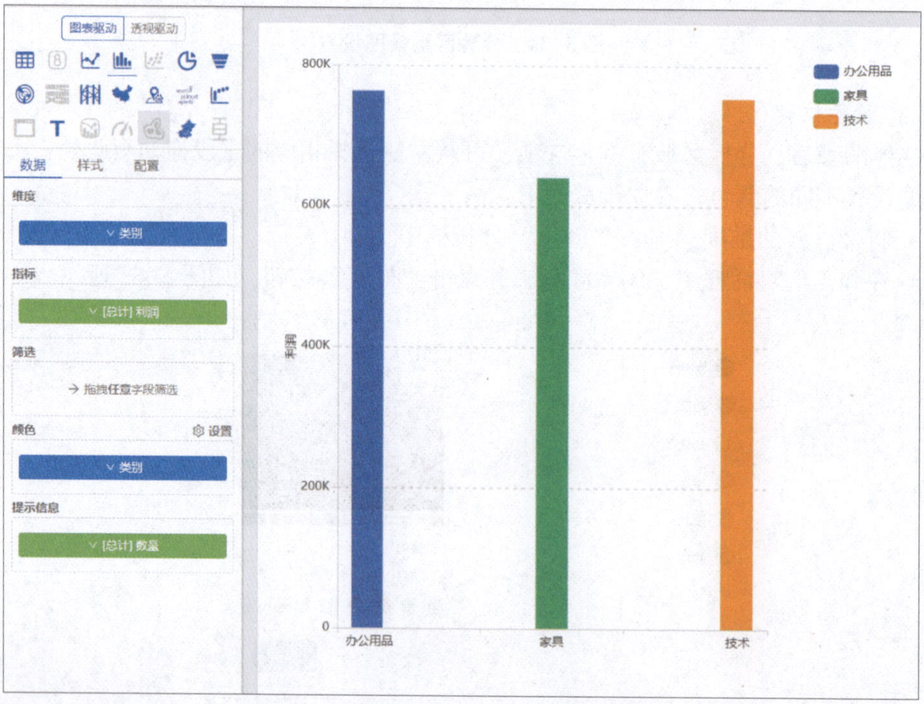

图 5-38　商品大类别销售利润柱状图

（五）商品子类别销售额条形图

基于同样的数据，选择制作“条形图”。维度选项选择“子类别”，指标选项选择“销售额”，颜色选项选择“子类别”，样式面板中勾选“条形图”。如图 5-39 所示。

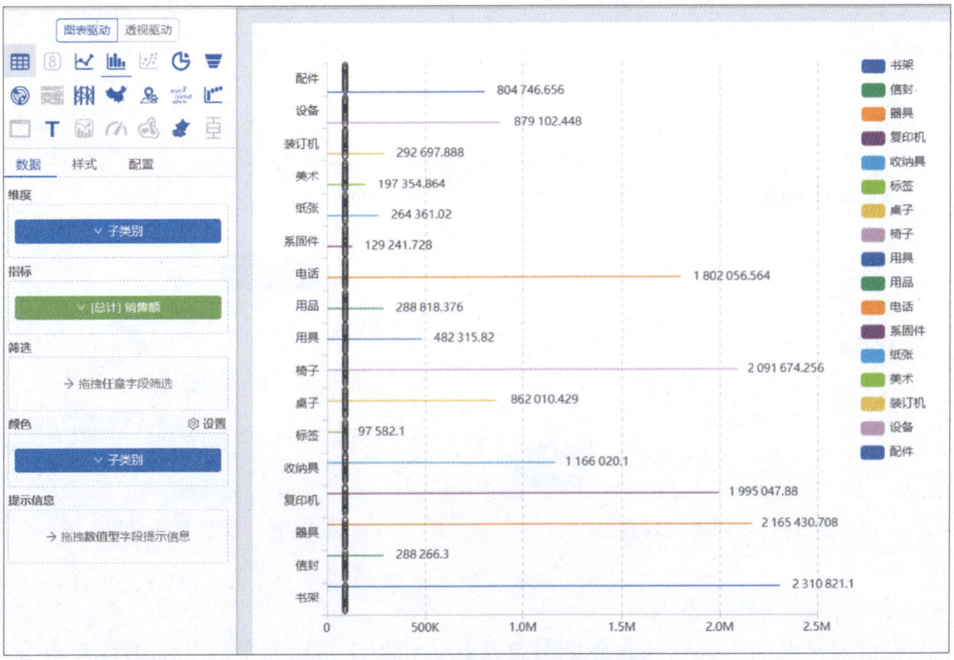

图 5-39　商品子类别销售额条形图

（六）创建数据分析仪表板

选择“可视化应用”模块，选择创建“新仪表盘”，输入名称：“销售数据分析仪表盘”，选择“编辑”选项，并点击“保存”，如图 5-40 所示。完成后点击该仪表盘进入编辑状态。此处创建的“数据门户”可以包含多个仪表盘对象。

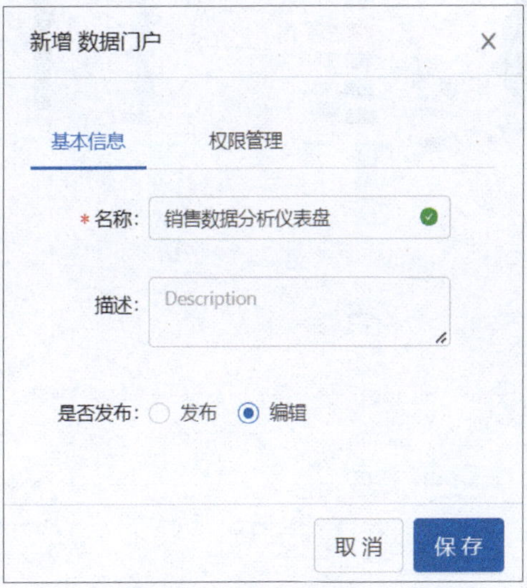

图 5-40　创建数据门户

进入仪表盘后，点击左侧的“+”号图标，弹出对话框，创建“Dashboard”，输入名字，如图 5-41 所示。完成后进入仪表板编辑界面，点击右侧的“+”号，在弹出的对话框中，选择上面创建的三个可视化图表。最终生成的仪表盘如图 5-42 所示。

图 5-41　创建仪表盘

图 5-42　仪表盘的分享

（七）创建数据分析仪表板

在仪表盘编辑界面中，选择右侧的分享按钮，可以生成链接并将当前的仪表盘分享给其他用户，如图 5-43 所示。

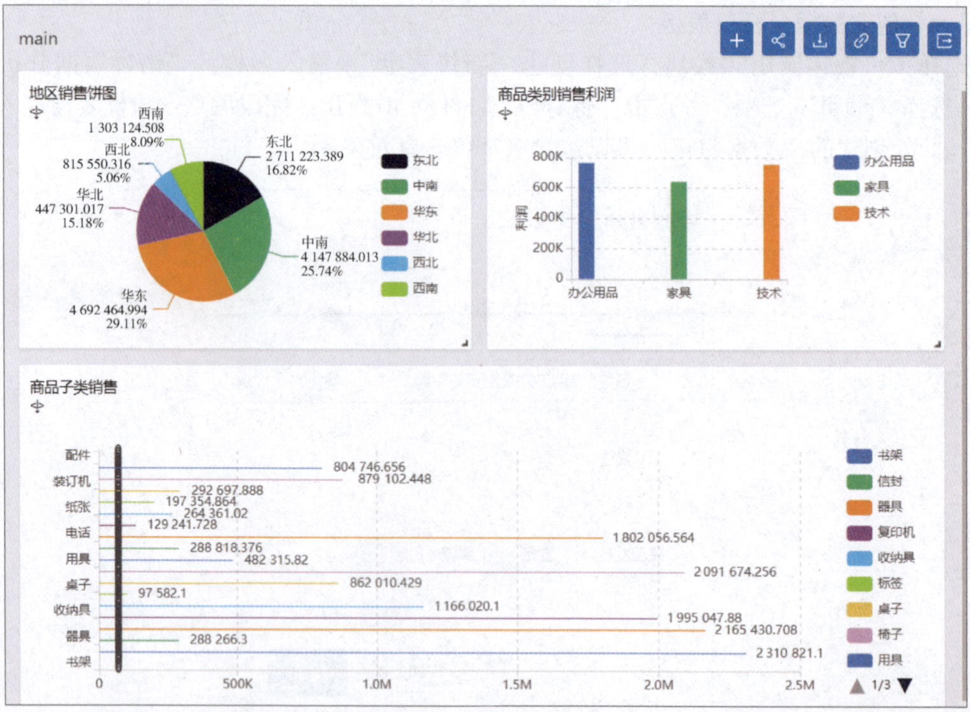

图 5-43　创建的仪表盘

案例延伸

【案例描述】

受特殊地形地貌影响，某地极易产生小流域山洪等灾害，造成的经济损失难以控制，防汛形势严峻。若通过构建防汛大脑可视化平台，以现有的汛情监测数据为核心依托，融合气象、互联网等多方数据，可实现对该地近 2 000 个水利工程的综合监控。利用可视化技术实现暴雨洪涝、日常场景及台风 3 大数据的大屏监控显示，通过合理的数据分析技术，与气象、水文、国土、民政等部门的数据资源深度融合，分析研判汛情风险，预测灾害发展趋势，可以进一步提高防汛指挥决策水平，最大限度地保障人民群众的生命财产安全。

在以上需求背景下，按照如图 5-44 所示的设计思路，建成一套智慧水利监控系统。该系统融合了数据智能化采集、存储、关键数据抽取、大数据分析以及场景可视化设计与监控大屏开发等主要部分。其中，大屏的可视化展示如图 5-45 所示。

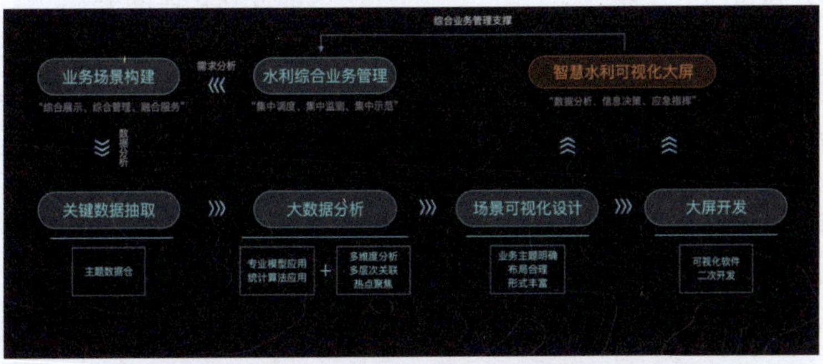

图 5-44　智慧水利监控系统设计思路

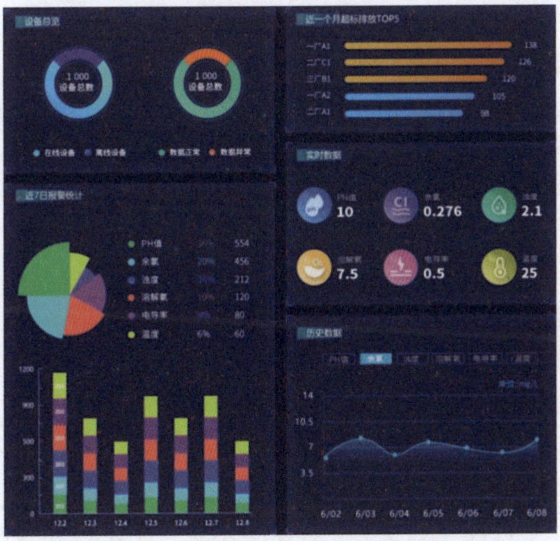

图 5-45　智慧水利大屏的可视化界面示意

【分析讨论】

1. 大屏的可视化界面融合了哪些数据可视化技术手段？分别采用了哪些类型的图例进

行数据展示？

2. 通过资料搜索，平台对比，说明现有的水利监控平台数据可视化展示的数据有哪些？为了实现数据分析，助力制定防灾决策，针对降雨量、区域积水点等，常用哪些图形展示？其特点有哪些？

思考与练习

一、单选题

1. 针对比例数据，研究者关心的是（　　）。

A. 各比例的顺序　　B. 各比例的分布和相互关系

C. 各比例的变化　　D. 各比例的大小

2. 堆叠柱形图除了可以展示离散型时间数据，还可以展示（　　）。

A. 比例的变化情况　　B. 数据随时间变化的趋势

C. 多个部分到整体的关系　　D. 一个部分到整体的关系

3. 我们用散点图可以推断出变量间的（　　）。

A. 分布性　　B. 相关性

C. 因果性　　D. 结构性

4. 用于发现两个变量之间数理关系的图是（　　）。

A. 散点图　　B. 拟合曲线

C. 折线图　　D. 气泡图

5. 如果数据存在子分类，而这些子分类相加有意义的话，为了展示数据的数值差异，应该选择（　　）。

A. 堆叠柱形图　　B. 柱状图

C. 堆叠折线图　　D. 直方图

6. 对于折线图来说，合理设置横轴长度的原因是（　　）。

A. 使得折线剧烈变化，方便观察　　B. 正确展示折线变化趋势

C. 正确设置横轴刻度　　D. 规范图的大小

7. 可以在二维平面上展示三个变量关系的单一图表是（　　）。

A. 散点图矩阵　　B. 散点图

C. 堆叠面积图　　D. 气泡图

8. 饼图不太适合表示精确数据的原因是（　　）。

A. 人眼对面积的大小不敏感

B. 饼图的角度不能精确展示数据

C. 饼图上只能标记比例，不能标记数据值

D. 对圆的设置会影响饼图对数据的展示

9. 以宽度相等的条形高度或长度的差异来显示统计单个指标数值多少或大小的一种图形是（　　）。

A. 树状图　　B. 柱状图

C. 直方图　　D. 堆叠柱状图

10. 环形图采用（　　）表示各类别的占比。

A. 角度　　B. 弧度

C. 颜色　　D. 宽度

11. 对于带有连续时间属性的比例数据，可以选择（　　）进行可视化。

A. 堆叠面积图　　B. 堆叠折线图

C. 堆叠柱形图　　D. 冲击图

二、多选题

1. 数据可视化技术广泛应用于以下哪些领域？（　　）。

A. 在智能交通中的应用　　B. 在“工业 4.0”中的应用

C. 在生命科学领域的应用　　D. 在新一代人工智能领域的应用

2. 数据可视化的主要作用包括以下哪些方面？（　　）

A. 数据采集　　B. 数据操作

C. 数据记录和表达　　D. 数据分析

3. 数据可视化分析流程的核心要素包括（　　）。

A. 用户交互　　B. 数据的可视化呈现

C. 分析推理　　D. 数据表示与转换

4. 层次数据的可视化方法主要包括（　　）。

A. 柱状图　　B. 树图

C. 散点图　　D. 节点连接图

三、简答题

1. 什么是数据可视化？

2. 数据可视化的作用有哪些？

3. 国内外用于数据可视化的技术或工具有哪些？

4. 数据可视化有哪些发展方向？

四、实操题

目前，有一份家具电商销售数据，包括利润率、制造商、产品名称、利润、发货日期、国家、地区、城市、子类别、客户名称、折扣、数量、省/自治区、类别、订单日期、邮寄方式、销售额等字段。

针对这份数据源，现在需要对商品的这些信息进行对比分析。

（1）使用条形图显示各地区销售量对比情况。

（2）使用柱状图（或曲线）显示各制造商销售额和利润额的对比情况。

（3）使用曲线图显示各类别产品销售额随时间变化趋势的对比。

（4）使用饼图显示各地区销售总额占比情况。

（5）上述可视化的显示结果，能够说明哪些问题？

模块五　答案

模块六

商业数据分析报告

【模块引言】

通过前面对数据的采集、清理和分析，以及基于数据报表的可视化呈现，就可以形成商业数据分析报告。商业数据分析报告旨在通过对数据的精心梳理和深度解读，让人们能够清晰地了解业务的现状、趋势以及潜在的问题与发展机遇，报告的数据与分析紧密相连，共同构建起一个完整的商业数据分析体系。从宏观环境的扫描到微观层面的企业内部运营洞察，每一个环节都不可或缺，这样才可以帮助企业更好地把握发展的脉搏。同时对竞争对手的全面剖析使企业能够知己知彼，明确自身的优势与劣势，从而在竞争中脱颖而出。

一般来说，商业数据分析报告主要包括文字式报告和演示文稿式报告两种形式。文字式报告的基本内容通常涵盖清晰的标题、明确的目录、详细的数据呈现与分析、准确的结论和有针对性的建议。在撰写文字报告时，需注意语言表达的准确性和专业性，避免模糊和歧义，确保数据的真实性和可靠性。而演示文稿式报告则注重简洁明了和视觉冲击力。其基本内容包含吸引人的开场、简洁的图表展示、重点突出的讲解要点等。在制作演示报告时，要注意布局的合理性和色彩的协调性，以吸引观众的注意力。同时，讲解的节奏和重点也要把握得当，比如通过逐步揭示关键信息来引发观众的思考。

总之，商业数据分析报告的形成是一个严谨且系统的过程。我们力求以客观、准确的态度，运用先进的分析工具和方法，为企业提供高价值的信息和见解。通过本模块的学习，读者可以全面理解和掌握商业数据分析报告的重要性、格式与注意事项，这将助力我们在商业领域中更加游刃有余，更好地应对各种挑战和机遇。

【学习目标】

【知识目标】

- 理解商业数据分析报告的本质；
- 理解并掌握商业数据分析报告的作用和评价标准；
- 理解并掌握商业数据分析报告常用的金字塔结构和 SCQA 结构；
- 熟悉商业数据分析报告的类型和注意事项；
- 了解商业数据分析报告的常用模板。

【能力目标】

- 学会使用标准思维结构、体例结构和要素结构撰写商业数据分析报告；
- 学会利用金字塔结构和 SCQA 结构撰写演示文稿式商业数据分析报告；
- 学会根据商业数据分析需求，利用数据分析软件，形成数据大屏式报告。

【素养目标】

- 逐步养成崇德向善、诚实守信、爱岗敬业、精益求精的工匠精神；
- 培养质量意识、安全意识、职业生涯规划意识和创新意识；
- 培养数据分析思维和技商融合决策能力。

知识能力图谱

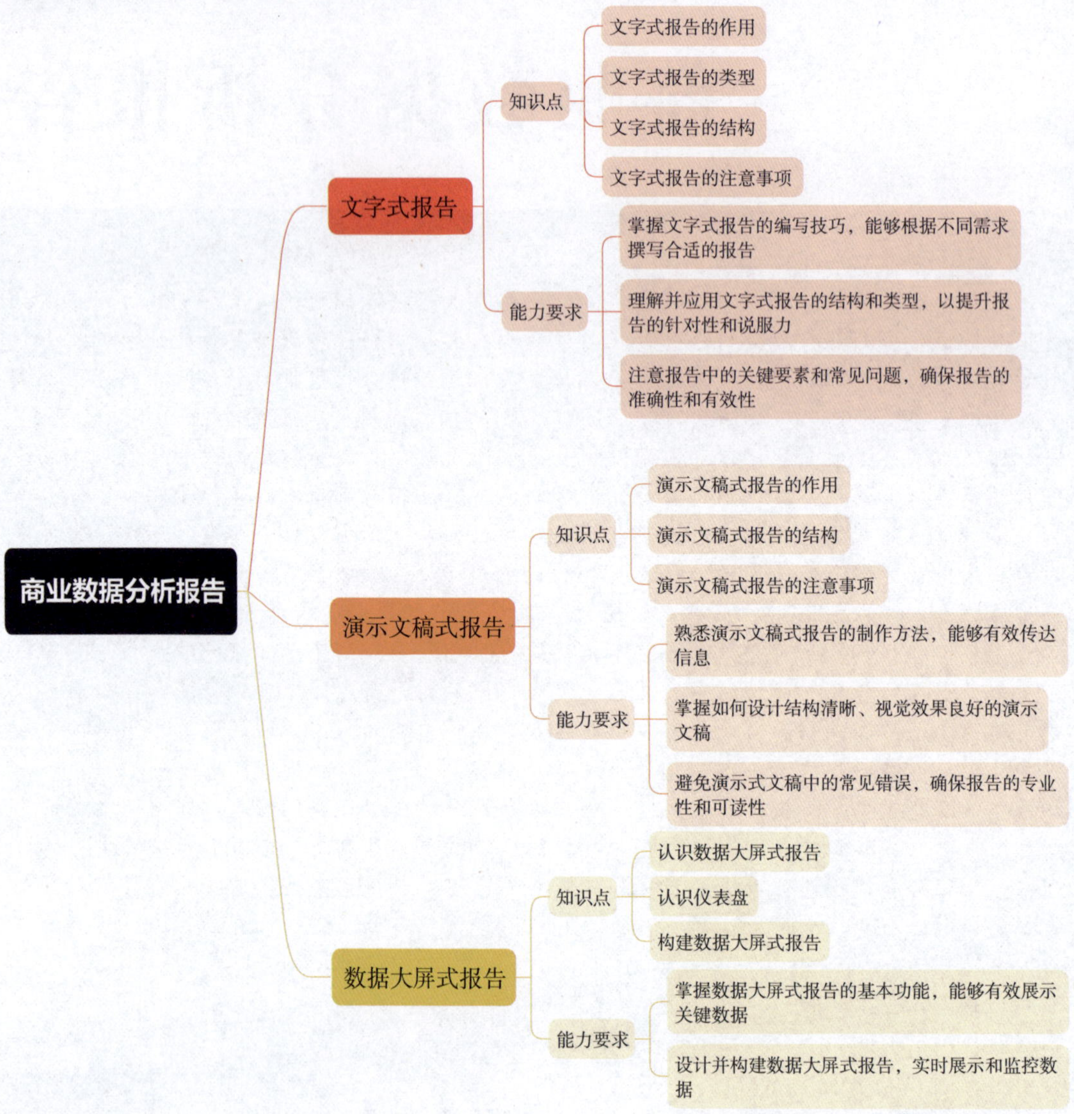

场景驱动

【场景导入】

2023 年四个季度，某知名电商的营收和盈利变化趋势如下：

（1）第一季度：总净收入为 7.65 亿元，净利润 5 070 万，Non-GAAP（非公认会计准则）下净亏损 2 580 万元。

（2）第二季度：总净收入为 8.59 亿元，净亏损 1.085 亿元，Non-GAAP 下净亏损 4 630 万元。

（3）第三季度：总净收入为 7.18 亿元，净亏损 1.979 亿元，Non-GAAP 下净亏损 1.302 亿元。

（4）第四季度：总净收入为 10.7 亿元，净亏损 4.945 亿元，Non-GAAP 下净亏损 9 370

万元。

从数据上来看，该电商 2023 年四个季度的总净收入先降后升再降，净亏损则先降后升再降。结合数据来源并对数据进行分析后，发现对销售和盈利变化趋势的影响原因如下：

【需求识别】

1. 业务结构优化

护肤业务作为战略重点业务，保持较强的增长动能，2023 年第一季度护肤板块实现营收 2.45 亿元，同比增长 34.2%，占总营收的比例已达 32.0%。这一增长主要是由于护肤品品牌的净收入同比增长 17.6%，部分被彩妆品牌净收入同比下降 1.8%所抵消。

2. 毛利率提升

2023 年第一季度毛利率从上年同期的 69.0%上升至 74.3%。这一增长是由护肤品品牌的高毛利率产品的销售增加、更严格的定价、折扣政策以及公司所有品牌组合的成本优化推动的。

3. 费用控制

2023 年第一季度的总运营费用从去年同期的 9.225 亿元下降至 5.759 亿元。这一下降主要是由于前首席技术官辞职后未授予的奖励被没收，已确认的股票薪酬费用减少，以及在公司奖励的归属期内，使用分级归属法确认的股票薪酬费用减少。

4. 彩妆业务下滑

2023 年第二季度，彩妆业务净收入下滑 45.6%，但是护肤品净收入增长 68.5%，达到 1.827 亿元。护肤品牌的总净收入对整体的贡献从上年同期的 7.5%迅速上升至 20.5%，成为公司的第二增长点。

5. 护肤业务增速放缓

2023 年第三季度，护肤业务增速已经放缓到 34.2%。董事长兼 CEO 表示："从今年开始，逸仙电商继续推进'新五年'的战略转型计划，重点是建立健康的品牌组合，抓住消费行业复苏的机遇，以实现自身高质量发展，追求可持续发展的商业模式。公司将继续坚持自主创新，加大科研投入，并将其作为未来业务增长和打造差异化产品的核心战略。"但从目前来看，依然面临巨大挑战。

6. 行业竞争加剧

2023 年第四季度，美妆行业竞争加剧，逸仙电商的彩妆业务受到一定影响。同时，公司在营销和推广方面的投入也有所增加，导致净亏损扩大。

基于上述数据分析所得结论，如何向董事会汇报年度营收和盈利的原因及应对策略？

【解决思路】

本模块的学习将从主题、架构、数据等角度帮助读者撰写标准的商业数据分析报告，树立合格的岗位素养。

知识导入

商业数据分析报告（以下简称数据分析报告或报告）是通过对项目数据全方位的科学分析来评估项目的可行性，为投资方决策提供科学、严谨的依据，降低项目投资的风险。商业数据分析报告不同于数据报告。数据报告最重要的特征是一堆表格、一堆图的堆砌，即相关内容的堆砌。而商业数据分析报告，既然是分析，一定有结果、有观点。所以，一定要呈现结论。“结论是基于当前的数据，基于你作出的逻辑推理而得到的。”没有结论的商业数据分析报告，不应该叫商业数据分析报告。换而言之，商业数据分析报告是根据商业数据分析原理和方法，运用商业数据来反映、研究和分析事物的现状、问题、原因、本质和规律，并得出结论、提出解决办法的一种分析应用文体。

商业数据分析报告可以分为三个应用场景：

（1）适用于专业性强，自行阅读的文字式报告。

（2）适用于撰写者进行汇报的演示文稿式报告。

（3）适用于实时监测，结果一目了然的数据大屏式报告。

一、文字式报告

文字式报告首先列出报告的用法说明或操作指南，然后在不同的分标题下，列出报告的主要部分：导言、背景、目的、局限性、方法、工具、结果等，如表 6-1 所示。

表 6-1　文字式报告内容

报告标题	
导言	这部分介绍报告的主要部分，以及进行分析和编制报告所涉及的主要人员
背景	这部分描述读者了解分析背景所需的任何信息，例如是谁发起的以及为什么
目的	这部分描述分析的目的，可以进行需求评估，以发现现有计划无法满足的培训或教育需求
局限性	这部分详细说明对分析的解释和可推广性的任何限制
方法	这部分介绍观察和调查等分析技术，应提供所做工作的逐步说明
工具	这部分描述分析过程中使用的所有仪器和工具。附录中应包括工具的副本
结果	这部分详细说明调查结果，应在适当的地方使用图表

（一）文字式报告的作用

文字式报告实质上是 种沟通与交流的形式，主要目的在于将分析的结果、可行性建议以及其他有价值的信息传递给决策者。它需要对数据进行适当的包装，让读者能对结果作出正确的理解与判断，并可以根据其作出有针对性的、可操作的、具有战略性的决策。

文字式报告主要有三个作用，即展示分析结果、验证分析质量、提供决策参考。

1. 展示分析结果

报告以某一种特定的形式将数据分析结果清晰地展示给决策者，使得他们能够迅速理解、分析、研究问题的基本情况、结论与建议等内容。

2. 验证分析质量

从某种角度上来讲，文字式报告也是对整个数据分析项目的一个总结。通过报告中对数据分析方法的描述、对数据结果的处理与分析等几个方面来检验数据分析的质量，并且让决策者能够感受到整个数据分析的科学性、严谨性。

3. 提供决策参考

大部分文字式报告都是具有时效性的，因此所得到的结论与建议可以作为决策者在决策方面的一个重要参考依据。虽然大部分决策者（尤其是高层管理人员）没有时间去通篇阅读文字式报告，但是在决策过程中，报告的结论与建议或其他相关章节将会被重点阅读，并根据结果辅助其最终决策。所以，文字式报告是决策者二手数据的重要来源之一。

（二）文字式报告的类型

由于文字式报告的对象、内容、时间和方法等情况不同，因此存在不同形式的报告。常见的几种文字式报告有专题分析报告、综合分析报告和日常数据通报等。

1. 专题分析报告

专题分析报告是对社会经济现象的某一方面或某一个问题进行专门研究的一种数据分析报告，它的主要作用是为决策者制定某项政策、解决某个问题提供决策参考和依据。专题分析报告有两个特点：单一性和深入性。

（1）单一性是指专题分析不要求反映事务的全貌，主要针对某一方面或者某一问题进行分析，如用户流失分析、提升用户转化率分析等。

（2）深入性是指由于内容单一，重点突出，因此要集中精力解决主要的问题，包括对问题的具体描述、原因分析和提出可行的解决办法。这需要对公司业务有深入的认识，切记泛泛而谈。

2. 综合分析报告

综合分析报告是全面评价一个地区、单位、部门业务或其他方面发展情况的一种数据分析报告。比如世界人口发展报告、某企业运营分析报告等。综合分析报告的特点主要有：全面性和关联性。

（1）全面性是指综合分析反映的对象，无论是一个地区、一个部门还是一个单位，都必须以这个地区、部门或者单位为分析总体，站在全局高度反映总体特征，作出总体评价。例如在分析一个公司的整体运营情况时，可以用常用的 4P 分析法，从产品、价格、渠道和促销这四个角度进行分析。

（2）关联性是指综合分析报告要把互相关联的一些现象、问题综合其他进行系统的分析。这种分析不是对全部资料的简单罗列，而是在系统地分析指标体系的基础上，考察现象之间的内部联系和外部联系。这种联系的重点是比例和平衡关系，分析研究它们的发展是否协调，是否适应。因此，从宏观角度反映指标之间关系的数据分析报告一般属于综合分析报告。

3. 日常数据通报

日常数据通报是以定期数据分析报告为依据，反映计划执行情况，并分析其影响和原因的一种分析报告。它一般是按日、周、月、季等时间阶段定期进行的，因此也叫定期分析报告。它包含 3 个特点：进度性、规范性和时效性。

（1）进度性是指由于日常数据通报主要反映计划的执行情况，因此必须把执行进度和时间的进展结合分析，观察比较两者是否一致，从而判断计划完成的好坏。为此，需要进行一些必要的计算，通过一些绝对数（一定条件下总规模、总水平的综合指标，比如 10 天）和相对数（两个有联系的指标经过计算而得到的数据，比如 6 倍）指标来突出进度。

（2）规范性是指日常数据通报基本成了相关部门的例行报告，定时向决策者提供。所以这种分析报告形成了比较规范的结构形式，它一般包括以下几个基本部分：反映计划执行的基本情况；分析完成和未完成的原因；总结计划执行中的成绩和经验，找出存在的问题；

提出措施和建议。这种分析报告的标题也比较规范，一般变化不大，有时为了保持连续性，标题只变动了一下时间，如《××月××日业务发展通报》。

（3）时效性是由日常数据通报的性质和任务决定的，日常数据通报是时效性最强的一种分析报告。

（三）文字式报告的结构

1. 体例结构

商业数据分析报告的体例结构，是指从报告的编写形式或者组织形式角度看，整个报告应该包括哪些内容。从体例结构而言，商业数据分析报告主要包括标题、目录、前言、正文、结论建议和附录六个部分。

（1）标题。

标题是指商业数据分析报告的题目，好的标题不仅可以表现数据分析报告的主题，而且能够引起人们的阅读兴趣。商业数据分析报告的标题，可以分为四类：

① 疑问类，即标题以设问的方式提出报告所要分析的问题，引起读者的注意和思考，如《如何避免企业客户流失》；

② 概括类，即概括主要内容，用数据等说话，让读者抓住报告的重点或者中心，如《2024年企业销售情况稳定》；

③ 解释类，即通过观点句解释、表达数据分析报告的基本观点，如《明星代言网络在线直播已经成为红海》；

④ 介绍类，即交代分析报告的主题，反映分析的对象、范围、时间和内容等情况，在标题中没有说明报告的看法与主张、结果与结论，如《企业在线直播销售分析报告》。

制作标题时，需要直接、确切，使用简洁、具有艺术性的文字语言。

（2）目录。

目录可以帮助商业数据分析报告的读者快速地找到所需内容，因此，需要在目录中列出报告主要部分的名称、页码。如果报告的图表较多，需要将这些图表单独制作成目录，以便读者直接查看图表与相关分析结论。

（3）前言。

前言是商业数据分析报告的重要组成部分，主要有分析背景、分析目的、分析思路，甚至还包括分析结果。

分析背景可以帮助读者对整体的分析研究有所了解，主要说明报告的起因、分析意义等相关信息。

分析目的可以帮助读者了解、理解本次分析的效果、可以解决什么问题。

分析思路用来解释本次分析报告的完整分析过程。

分析结果方便读者直接掌握本次分析报告的结论。

（4）正文。

正文是商业数据分析报告的核心部分，是系统全面地表达本次商业数据分析过程和结果的主要部分。正文部分占整个报告的主要篇幅，通过展开论题，对论点进行分析论证，表达撰写报告者的见解和研究成果的核心。由于正文部分占据了报告的大部分篇幅，且内容众多，包含整个数据分析的事实、观点、依据。因此，正文中各个部分的逻辑关系要清晰明了。

（5）结论建议。

报告的结尾是对整个报告的综合与总结、深化与提高，是得出结论、提出建议、解决矛盾的关键所在，它起着画龙点睛的作用，是整篇分析报告的总结。

结论是以数据分析结果为依据得出的分析结果，通常以综述性文字来说明。

建议是根据数据分析结论对企业或业务等所面临的问题而提出的改进方法，建议主要关注如何保持优势及改进劣势等方面。

结论建议，不是对正文内容的简单重复，而是以数据分析结果为依据得出的分析结果，是结合实际场景综合分析、逻辑推理形成的总体论点。好的结论建议，可以帮助读者加深认识、明确主旨、引起思考；而且应该首尾呼应，措辞严谨、准确。

（6）附录。

附录是商业数据分析报告的重要组成部分。一般来说，附录提供正文中涉及而未阐述的有关资料，从而向读者提供一条深入数据分析报告的途径。它主要包括报告中涉及的专业名词解释、计算方法、重要原始数据、地图等内容。每个内容都编号，以备查询。

附录是对报告正文部分的补充说明，可以帮助读者了解报告的原始资料、获取途径、基本设定等相关信息和内容，但并不是必需的。

这种体例结构并不是一成不变的，不同的数据分析师、不同的老板、不同的客户、不同性质的数据分析，其最后的报告可能会有不同的结构。

2. 要素结构

商业数据分析报告的要素结构，是指从报告基本组成部分的角度看，整个报告应该包括哪些内容。从组成要素而言，商业数据分析报告主要包括项目背景、项目进度、名词解释、数据获取方法、数据概览、数据细节、结论汇总、后续改进、致谢、附件共10个基本要素。

（1）项目背景。

项目背景主要简述项目相关背景、为什么做、目的是什么等内容。

（2）项目进度。

项目进度主要综述项目的整体进程以及目前的情况。如果报告的用户不了解相关背景，可以通过此部分内容，对项目有一个初步熟悉和整体掌握。

（3）名词解释。

名词解释是指本次分析报告的关键性指标是什么、为什么如此界定这些关键性指标。如果不对指标进行统一定义和说明，很多时候会使报告用户和读者产生误解。例如，点击率可以是点击次数/浏览次数，也可以是点击人数/浏览人数。点击的人数可能按访问去算，也可能按天去算。如果没有清晰的解释，不同读者的理解不同，整个数据的可读性就大打折扣。

（4）数据获取方法。

数据获取方法包括怎么获取数据、产生了哪些问题等。另外，由于原始数据往往需要经过数据清洗，剔除“脏数据”，也需要进行部分假设补全数据。所以，需要专门对数据清洗、补全的方法做说明，方便读者认可。

（5）数据概览。

数据概览就是解释重要指标的趋势、变化情况、重要拐点、成因等。

（6）数据细节。

数据细节就是通过拆分不同的维度，通过不同的分析挖掘方法，对数据概览进行补充说明。数据细节部分，需要采用合适的可视化方式和合理的数据分析方法。例如展现对比或者趋势，使用折线图、柱状图等更形象；展现具体数据，则使用表格更全面直观。与此同时，表格中对需要强调的数字要做明显标识。如果是 PPT 报告，每个 PPT 页说明白一个结论或者解释清楚一个趋势即可。

(7) 结论汇总。

结论汇总就是对之前数据分析阶段的数据进行汇总，形成完整的结论。

(8) 后续改进。

后续改进就是在数据分析的结论和问题的基础上，对后续工作进行方向性的说明。

(9) 致谢。

致谢是对整个报告涉及的所有相关协助部门的致谢，一方面认可这些部门的工作与积极配合；另一方面，在之后的合作中，也会更加融洽。

(10) 附件。

附件主要针对的是有价值的数据，但是，如果放在正文部分会分散分析报告的重点；如果删除，又有可能无法解释读者或者听众的疑问。作为附件，随时提供可信的解释。

(四) 文字式报告的注意事项

1. 主题要突出

主题是文字式报告的中心思想或基本论点。它像一根红线贯穿于全文，是文章的灵魂与统帅。文字式报告要根据研究的任务，抓住要解决的主要矛盾及矛盾的主要方面，开展分析工作。内容要紧扣主题，从数据中反映复杂的商业规律，抓住重点问题，突出主题思想。

2. 材料和观点要统一

文字式报告必须以数据为依据，但不能简单堆砌数据，要用数据支撑、说明观点。这就要求编写文字式报告必须处理好数据与观点的关系。数据要支持报告所说明的观点，而观点要依据数据，做到数据与观点的辩证统一。如果数据与观点脱节，便失去文字式报告的说服力。

3. 判断推理要符合逻辑

文字式报告的准确性，不仅指运用的原始数据要准确可靠，而且指要准确地说明商业规律的本质和发展变化的根源。这就要求编写文字式报告要在数据的基础上进行深入分析，运用推理和判断的逻辑方法。判断是以准确的数字为依据的；推理，是以充分的依据为前提的。正确的判断和推理，从事物发展上说，就是要有根有据，符合客观的规律性；从思维发展上说，就是要实事求是，合乎事物的逻辑性。判断和推理的结果，前后不能矛盾，左右不能脱节，要如实反映客观事物的内在联系。

4. 结构要严谨

结构要严谨，是指文字式报告内容的组织、构造要精当细密，无懈可击，甚至达到“匠心经营，天衣无缝”的地步。这就首先要求分析师思维周密，没有“挂一漏万”“顾此失彼”；其次要组织严谨，没有“颠三倒四”，“破绽百出”。因此，结构是否严谨，取决于分析师思路是否清晰、严密。分析师只有充分认识与掌握事物发展的内在规律，才能把它顺理成章地表达出来。

5. 语言要生动、简练

文字式报告的质量高低，首先在于内容正确；其次还要讲究遣词造句。如果用词烦琐，语言不通，词不达意，就不能较好地表述分析的结果。所以，写一篇较好的分析报告，要善于用典型的事例、确凿的数据、简练的辞藻、生动的语言来说明问题。切忌玩文字游戏、堆砌词句，华而不实。

6. 报告要反复研究、修改

写文字式报告与其他文章一样，必须反复研究和反复修改，做到用词恰当，符合实际。文字式报告要进行反复研究和修改的目的，是为了检查观点是否符合政策，材料是否真实可靠，文章结构是否严密，文字是否言简意明，表达是否准确得当。只有反复修改，才能写出好的文字式报告。

7. 受众要明确

数据分析报告的受众不同，内容也不同。一般而言，高层领导关注方向，中层领导关注策略，基层员工关注执行。对于高层领导而言，希望通过商业数据分析报告发现潜在机会点，因此商业数据分析报告是他们决策参考的依据。对于中层领导而言，他们关注基于数据可以制定什么样的策略。例如如果用户流失，他们更关注流失用户的特征是什么，从而制定解决改善的具体策略。对于基层员工而言，就是基于数据分析结果，例如何种特征的用户适合发放何种类型的优惠券，从而直接执行即可。

二、演示文稿式报告

演示文稿式报告是对 PPT 格式的数据分析结构和示例的简单描述。此类报告，要求设计简单，以项目符号格式涵盖重要主题，如图 6-1 所示。

数据分析和解释

- *尽早*考虑分析
- 从计划开始
- 编码、输入、清理
- 分析
- 解释
- 反思
  - -我们学到了什么？
  - -我们可以得出什么结论？
  - -我们有什么建议？
  - -我们分析的局限性是什么？

图 6-1　演示文稿式报告模板

（一）演示文稿式报告的作用

演示文稿式报告的实质是以文字、图形、色彩及动画的方式，将需要表达的内容直观、形象地展示给观众，让观众对报告者要表达的意思印象深刻。

演示文稿式报告的作用有三个：

1. 吸引

用美观、炫目的平面和动画设计吸引观众的注意力，将他们的注意力吸引到演示之中。

2. 引导

用演示文稿来帮助报告者突出演示的重点，帮助观众理解演示的内容，跟上演示的节奏。

3. 体验

用演示文稿协助营造适宜的演示氛围，通过感性的视觉信号增强观众对演示的良好印象。

（二）演示文稿式报告的结构

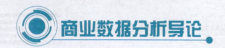

演示文稿式报告的结构，是指从逻辑思维角度看，报告应该如何布局。一般而言，可以从金字塔结构和麦肯锡的 SCQA 结构，组织演示文稿式报告。

1. 金字塔结构

金字塔原理是指“以结果或结论为导向的思考、表达的过程”。在撰写演示文稿式报告的时候，可以先提炼出核心结论，基于核心结论用几个主要结论作为支撑，每个主要结论向下延伸出若干个支持论点，每个支持论点由若干事实或论据作为支撑，以此类推，一层一层向下延伸，直到不需要再分解和提供事实支撑为止。这样一个演示文稿式报告的结构，呈现为金字塔结构，如图 6-2 所示。

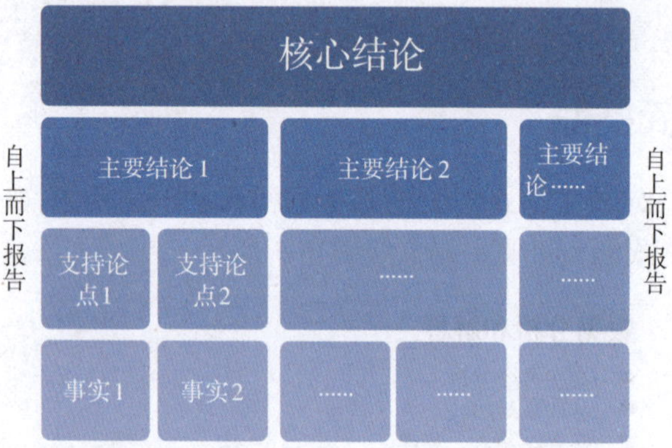

图 6-2　演示文稿式报告的金字塔结构

2. 麦肯锡的 SCQA 结构

如何把握重点，而不是简单罗列数据处理的过程，成为撰写演示文稿式报告的难点。基于麦肯锡金字塔原理的 SCQA 结构，是一种比较实用的演示文稿式报告的框架结构。

如图 6-3 所示，SCQA 是四个英文字母的简写，分别是 Situation（情景）、Complication（冲突）、Question（疑问）和 Answer（回答）。

图 6-3　演示文稿式报告的 SCQA 结构

（1）情景：即背景，用于事实的引入，提供一种受众熟悉的场景。

（2）冲突：通常指某种不利的变化或颠覆目前状态的事件，总的来说是推动情景发展的因素。

（3）疑问：指出具体的问题，比如该怎么办？怎么做？

（4）回答：提供可行的解决方案。

SCQA 结构是一个结构化表达方式，有四种用法：标准式 SCA（情景-冲突-答案）、开门见山式 ASC（答案-情景-冲突）、突出忧虑式 CSA（冲突-情景-答案）、突出信心式 QSCA（问题-情景-冲突-答案）。

标准式 SCA，按照传统讲述形式，可在一定程度上突出答案重点；开门见山式 ASC，可重点突出答案，由答案带听众继续了解目前情景及现存冲突，对答案也会增加认同感；突出忧虑式 CSA，强调突出引发忧虑，可激发听众对背景情景的关注；突出信心式 QSCA，先抛出问题引人思考，进而带听众进入所讲情景中，可提高分析、讲述效果。

标准式 SCA 的报告模板可以参考如下：

报告标题（具体报告名称）

一、情景（Situation）

业务背景：介绍分析的业务背景和目标。

数据来源：说明数据的来源和收集方法。

二、冲突（Complication）

数据分析结果：呈现数据分析的结果，包括关键指标和趋势。

问题与挑战：指出数据分析中发现的问题和挑战。

三、问题（Question）

影响与后果：分析问题对业务的影响和可能产生的后果。

原因探究：探讨问题产生的原因。

四、答案（Answer）

解决方案：提出针对问题的解决方案和建议。

实施计划：制定实施解决方案的计划和步骤。

预期效果：预测解决方案实施后的预期效果。

五、结论

总结报告的主要发现和结论，强调解决方案的重要性和实施的必要性。

（三）演示文稿式报告的注意事项

1. 选题方面的注意事项

选准题目，是商业数据分析报告的首要任务。要达到这一要求，就要遵循选题的原则、讲究选题的方法、突出选题的要点。

（1）选题的方向。

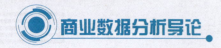

如何才能做到准确选题呢？一般应围绕以下重点来选题：是否具有现实意义；是否与自己工作紧密相关；是否与企业战略吻合、顺应企业发展需求；是否出现新情况、新问题、新经验；是否属于企业负责人关心关注的问题等。

总之，要根据实际情况来选题，不要为了分析而分析。当然选题时还要对主观条件加以考虑，如课题所需资料的来源渠道是否畅通、干部力量是否能胜任、时间是否赶得上领导决策的需要等。

（2）选题的技巧。

商业数据分析报告的选题要在明确方向的基础上，注意结合以下三点来进行，这三点就是注意点、矛盾点和发生点。

① 注意点是指管理过程中，领导和群众比较注意的地方。比如，从全国来说，第一季度要总结工作，提出新的任务，制定年度工作计划，要开一些重要的会议，如每年的中央经济工作会议，会议的中心议题就成为“注意点”，到了第四季度要预计计划完成情况，做好下一年度的各项准备工作，此时的“注意点”又转移到计划的完成情况上来了。

② 矛盾点是指管理过程中，问题比较集中，事情比较关键，影响比较大或争论比较多的地方。例如，市场疲软、扩大内需、开拓农村市场、下岗职工再就业、商品房投诉等问题，就是矛盾点。

③ 发生点是指管理过程中，事物处于萌芽状态，还未被多数人认识时出现的新情况、新问题，新趋势。如开展的消费信贷、商品房抵押贷款等。

总之，只要能抓住这三点来选题，商业数据分析报告就能发挥积极的作用，取得较好的社会效益。

2. 排版方面的注意事项

要创建令人信服的演示文稿式报告，应该向读者清楚地传达想法。糟糕的设计有时会让事情变得更加混乱。当读者无法阅读分析报告的插图，无法解释数据时，这就是一份失败的演示文稿式报告。在创建演示文稿式报告中，要注意以下问题：

（1）草率的层次体系。

演示文稿式报告中，经常会看到这样的错误：信息图片杂乱无章，过于拥挤或无序的视觉效果，会迷惑演示文稿式报告的读者。如图 6-4（a）就是一个草率混乱的等级分布，而图 6-4（b）整齐、规范。

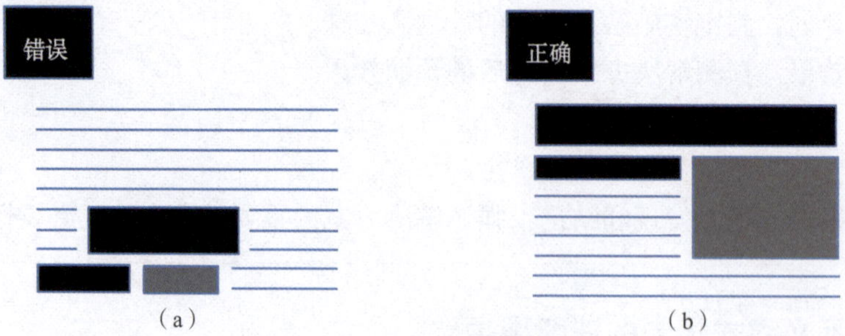

图 6-4　错误和正确的层次体系

（2）错乱的排版。

一个错乱的排版，通常会导致一个报告看起来很邋遢或者感觉不平衡，如图 6-5（a）

所示。要避免这种情况，请坚持网格排版，至少应该做到以下几点：

① 从图形边缘开始的空间应该是一致的，如图 6-5（b）所示，尤其是页眉开始和页脚结束的地方。

② 各部分之间使用一致的间距，注意页眉和副本。

③ 完成最终稿前，进行最终对准。

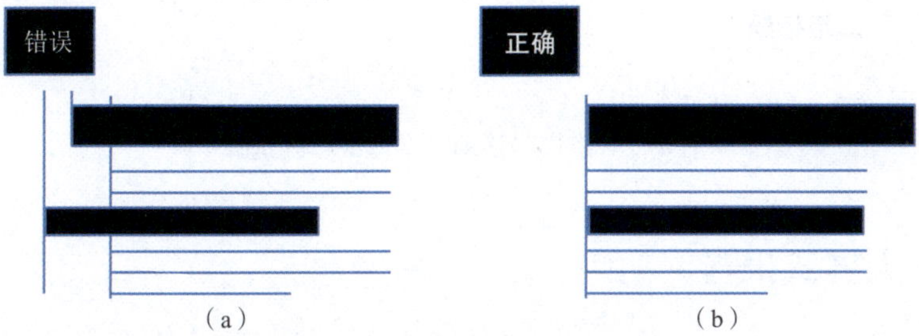

图 6-5　错误和正确的排版

（3）插图过度使用。

在演示文稿式报告中，字符太多或太花哨都是不明智的，如图 6-6（a）所示。如果图片等不能支持或强化报告的论述、观点、结论，就不应该使用这些图片。视觉应该有助于用更少的语言交流，所以，需要明智而有目的地使用插图。至少应该实现以下两点：

① 抵制在没有特定目的的情况下加入人物插图的冲动。

② 选择一些从插图中受益最大的关键要素，以帮助强化报告的整体信息。

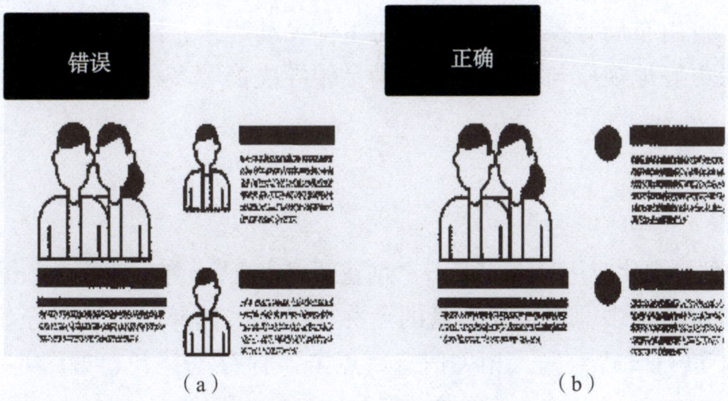

图 6-6　错误和正确的插图使用

（4）过多的字体和样式。

在 PPT 等软件中，有非常多漂亮的字体，很多演示文稿式报告的撰写者会尝试使用太多字体，以显得自己有创意，如图 6-7（a）所示。但是，不同字体会干扰人们对演示文稿式报告的理解，选择的字体、摆放的位置都会直接影响数据分析报告的质量。因此，仔细布局和规范字体是关键，应该做到以下几点：

① 在同一份报告中选择一个字体系列。

② 在同一视觉效果中不要使用超过三种类型的样式。

③ 限制所用字体的粗细、大小和变化程度。

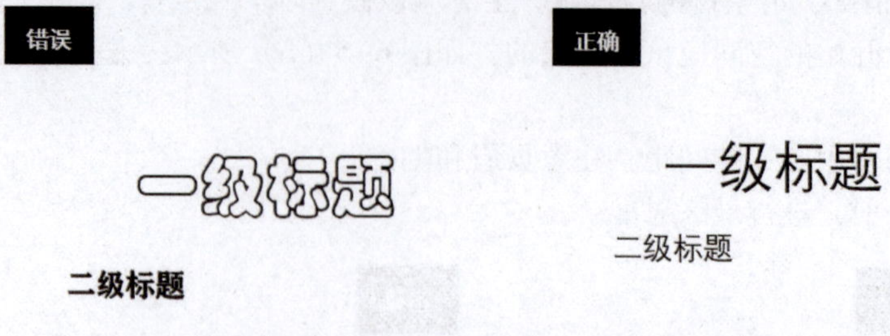

（a）　　　　　　　　　　（b）

图 6-7　错误和正确的字体或样式选择

三、数据大屏式报告

（一）认识数据大屏式报告

数据大屏式报告的内涵并不只是专业人员才能看得懂的图表，当报告者需要通过数据来宣传证明论点时，让数据可视化的过程更加生动有趣、通俗易懂，才能够吸引观众注意，或者观众可自行选择自己关心的论据观看。本模块中数据大屏式报告是依托于蓝鹰科技的实训平台，在前面模块完成相关可视化分析图表的基础上进行数据仪表盘和数据大屏的设计。

BBL 的仪表盘和数据大屏由一个个统计图表组合而成，相当于一个绚丽的商业数据分析报告。与此同时，仪表盘也是一个项目的基本组成单位，用户可在仪表盘上进行新建图表、调整图表布局、设置图表联动等操作。所以，数据大屏式报告的作用在于通过控制器、联动、钻取、分享、自由布局等操作，让可视化组件灵动起来，图文并茂，实现观众与数据直接对话，帮助观众更好地观察与分析数据，满足领导决策等多种应用需求。

（二）认识仪表盘

1. 新建仪表盘

第一步，切换到可视化应用界面，点击“创建新仪表盘”，弹出“新增数据门户”对话框；

第二步，在该对话框中，输入仪表盘的名称、描述、选择是否发布等基本信息，也可以在“权限管理”中进行设置，输入相关信息后点击“保存”按钮，如图 6-8 所示。

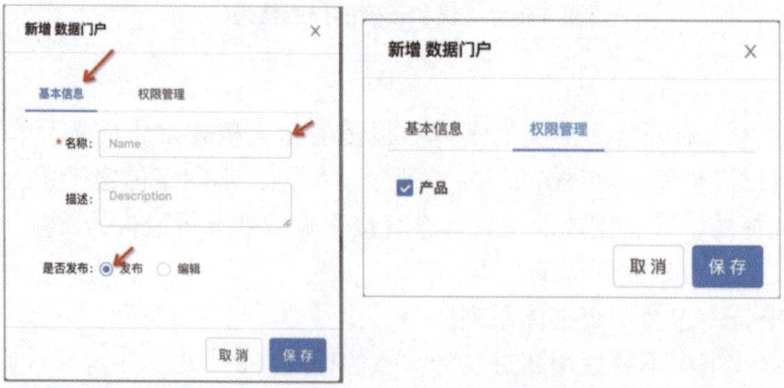

图 6-8　“新增仪表盘”基本信息对话框

第三步，点击刚刚新建的仪表盘图标，进入仪表盘操作界面，如图 6-9 所示。

图 6-9　“进入仪表盘”操作示意图

第四步，点击“新增”（即屏幕中的加号）。

第五步，输入新仪表盘名称，点击“保存”按钮，如图 6-10 所示。

图 6-10　“新增仪表盘”操作示意图

2. 仪表盘的图表导入与添加

仪表盘中，需要汇集已经完成的众多图表，无论是导入还是添加，具体操作如下：

第一步，在仪表盘操作界面中，点击右侧的“新增”按钮，如图 6-11 所示。

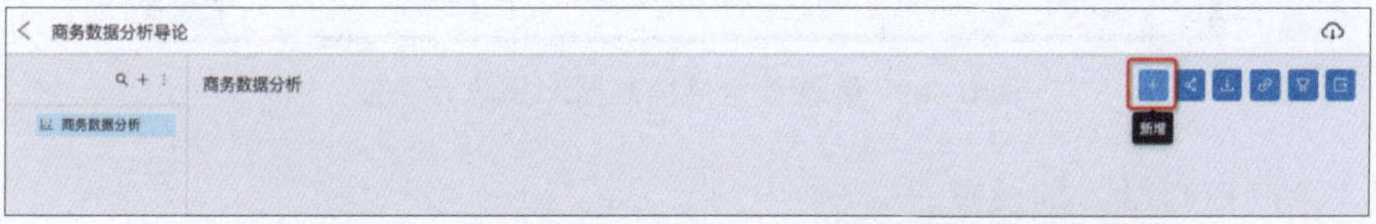

图 6-11　仪表盘操作界面中的“新增图表”示意图

第二步，选择需要导入的图表，点击“下一步”。

第三步，选择数据刷新模式（分为“手动刷新”和“定时刷新”），点击“保存”按钮。

第四步，对已添加图表自由拖动并修改大小。

3. 配置全局控制器（筛选）

全局控制器的配置，可以帮助分析者有目的有针对性地开展分析结果的汇报。具体实验内容和操作步骤如下：

(1) 新增“全局控制器”。

具体操作如下：

第一步，点击右上角的“全局控制器配置”按钮。

第二步，在弹出的“全局控制器配置”对话框中，点击左上角“控制器列表”右侧的“+”按钮，如图 6-12 所示。

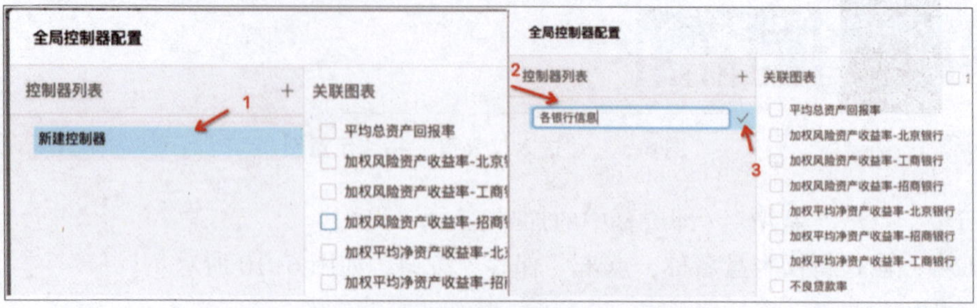

图 6-12 新增“全局控制器”操作示意图

(2) 编辑“全局控制器”。

具体操作如下：

第一步，点击“新建控制器”右侧的笔形按钮。

第二步，将控制器的名称改为“区域销售控制器”。

第三步，点击文本框右侧的“保存”，如图 6-13 所示。

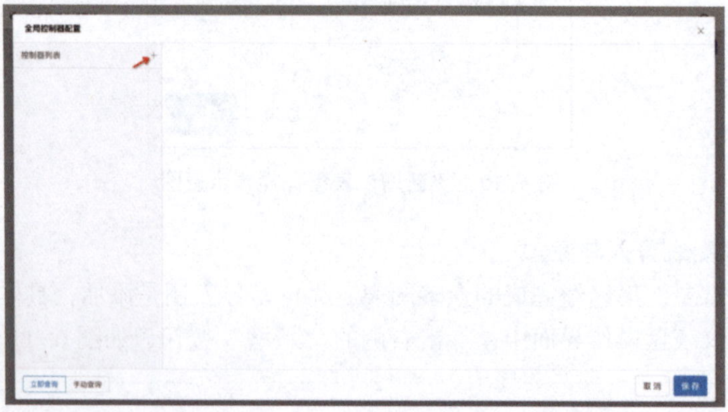

图 6-13 编辑“全局控制器”操作示意图

(3)“全局控制器”的设置。

具体操作如下：

第一步，勾选关联图表。

第二步，选择关联字段，如“区域”。

第三步，设置控制器的相关配置。

第四步，点击“保存”按钮，如图 6-14 所示。

(4)“全局控制器”的效果显示。

“全局控制器”实质上就是在仪表盘中进行筛选后，关联图表会发生相应变化。将地区设置为“华南”，相关图表发生明显变化，如图 6-15 所示。

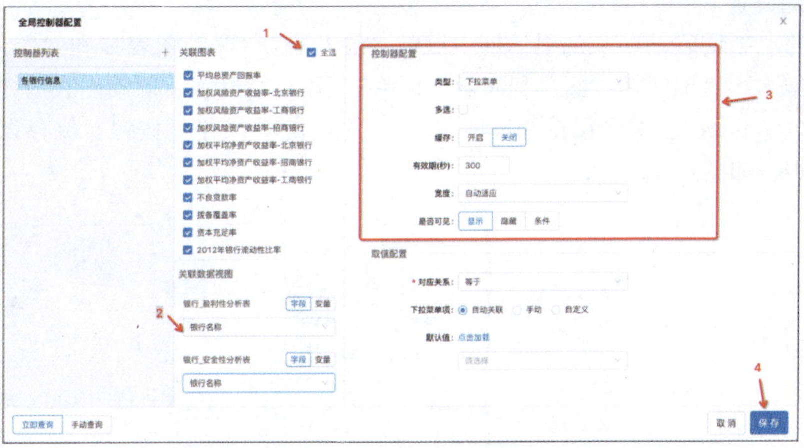

图 6-14 设置“全局控制器”操作示意图

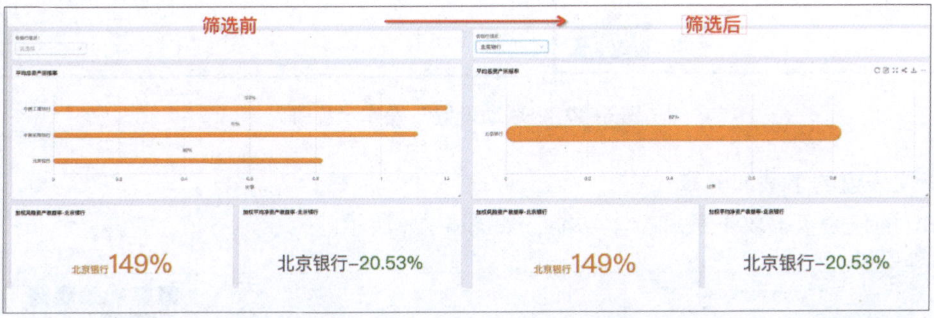

图 6-15 基于“全局控制器”的筛选前后效果对比图

4. 联动设置

（1）新增“联动关系设置”。

具体操作如下：

第一步，点击右上角的“联动关系配置”按钮。

第二步，在弹出的“联动关系配置”对话框中，点击“新增”按钮。

第三步，完成操作后，点击“保存”按钮，如图 6-16 所示。

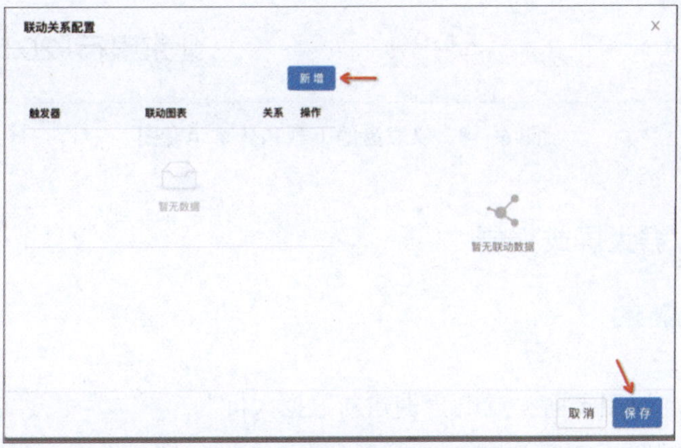

图 6-16 新增“联动关系配置”操作示意图

（2）联动设置。

在弹出的“新增联动项”的对话框中设置“触发器”“联动图表”和“关系”。在本实验中，触发器选择“地区销售额、利润额与订单”下的“区域”，联动图表选择“各省份运输成本”下的“区域”，关系保持原选项“=”，并点击“保存”按钮，保存设置好的触发器和联动图表，如图 6-17 所示。

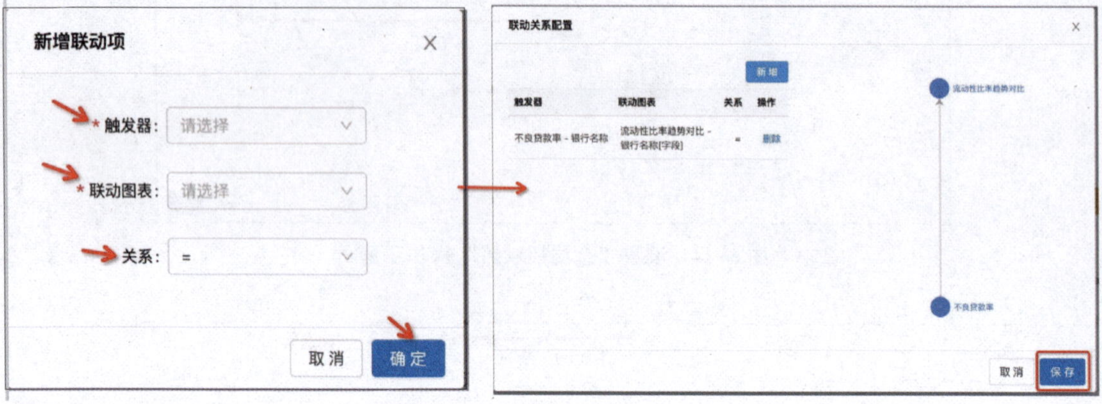

图 6-17 “联动设置”操作示意图

5. 仪表盘的下载和分享

BBL 的仪表盘提供下载和分享功能，如图 6-18 所示。

图 6-18 仪表盘的下载和分享示意图

（三）搭建数据大屏或报告

1. 数据大屏的新建

具体操作如下：

第一步，可视化应用界面，点击“创建新数据大屏”。

第二步，在出现的“新增 Display”中输入数据大屏名称、描述，选择是否发布等。

第三步，点击“保存”按钮，如图 6-19 所示。

图 6-19 创建“数据大屏”操作步骤示意图

2. 数据大屏的编辑

点击准备编辑的数据大屏，进入数据大屏编辑界面，BBL 提供了新增图表、屏幕尺寸背景设置、图层编辑、辅助图形等功能，帮助用户编辑精美大屏，如图 6-20 所示。

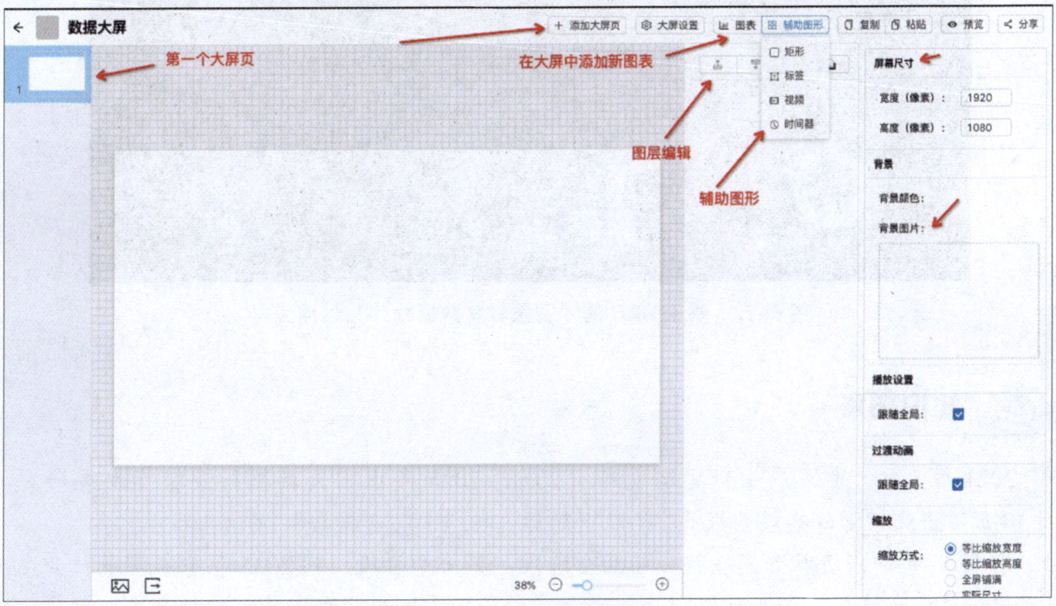

图 6-20 数据大屏编辑界面

3. 数据大屏示例

通过 BBL 可以设计出非常专业精美的数据大屏，如图 6-21 和图 6-22 所示，都是基于 BBL 制作的“学生大数据中心”数据大屏和“智慧教室数据统计”数据大屏。

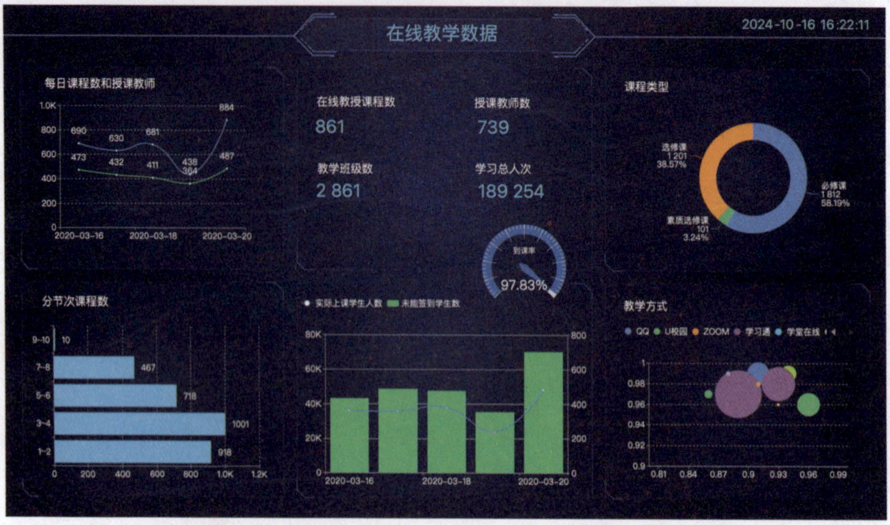

图 6-21　基于 BBL 的“学生大数据中心”数据大屏

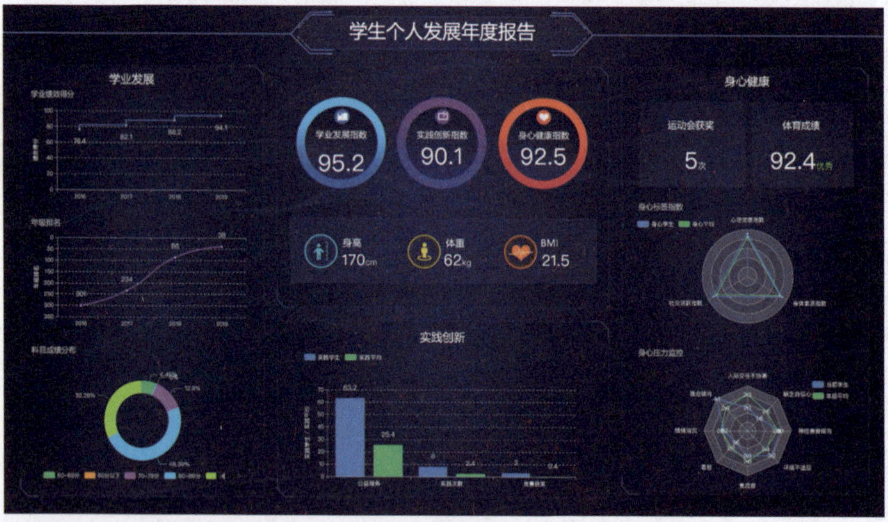

图 6-22　基于 BBL 的“智慧教室数据统计”数据大屏

知识拓展

2021 年 7 月，中国产业研究院发布《2021—2025 年中国大数据行业深度发展研究与“十四五”企业投资战略规划报告》（以下简称《报告》），《报告》显示：

未来 30 年的经济社会发展将历经两个阶段：第一个阶段，到 2035 年基本实现社会主义现代化；第二个阶段，到本世纪中叶把我国建成富强民主文明和谐美丽的社会主义现代化强国。作为迈进新时代的第一个五年规划，“十四五”规划将开启未来 30 年经济社会发展的新征程。

五年规划是国家对经济社会发展的顶层设计，也是一种纲领性文件。“十四五”时期是我国经济社会发展的重要历史性窗口期，是全面完成小康社会建设战略目标，向全面实现社会主义现代化迈进承上启下的关键时期。大数据行业是未来的发展趋势和发展重点，“十四五”规划为大数据行业规划指导目标和大数据发展方向提供了有建设性的建议。

该《报告》在大量周密的市场调研基础上，主要依据国家统计局、国家商务部、国家发改委、国务院发展研究中心、中国大数据行业协会、中研普华产业研究院全国及海外多种相关报纸杂志以及专业研究机构公布和提供的大量资料，重点分析了中国大数据行业的发展状况和特点，以及“十四五”中国大数据行业将面临的挑战、行业的区域发展状况与竞争格局。《报告》还对“十四五”全球及中国大数据行业发展动向和趋势做了详细分析和预测，并对大数据行业进行了趋向研判。

该《报告》分为四个部分：

第一部分：简介——介绍了“十四五”规划的背景和目的。

第二部分：“十四五”时期的大数据行业——对大数据行业发展环境进行分析，评估现有的区域格局发展、行业竞争格局、领先企业和发展战略。

第三部分：大数据行业的前景及趋势预测——与“十三五”期间大数据行业目标完成情况相比较，预测了2021—2025年大数据行业市场发展前景。

第四部分：行动建议——提供建议和附录，对“十四五”期间企业的战略方向给出建议指导，并提供大量依托数据的图表目录，以论证本《报告》观点。

中国产业研究院的《2021—2025年中国大数据行业深度发展研究与“十四五”企业投资战略规划报告》展现了一个规范的、内容齐备的商务分析报告应该具备的体例结构，也说明了商业数据分析报告本质上就是一种商业分析应用文体。

（资料来源：《2021—2025年中国大数据行业深度发展研究与“十四五”企业投资战略规划报告》，中国产业研究院。https://www.chinairn.com/report/20210707/104557133.html）

【分析思考】

从《2021—2025年中国大数据行业深度发展研究与“十四五”企业投资战略规划报告》中，我们可以看出，一个很高层级的分析报告，主题是具备时代特性的、有现实参考意义的，报告架构是完整的、符合行文规范的，数据是来源可靠的、及时更新的。

思考与练习

一、简答题

1. 商业数据分析报告的类型有哪些？

2. 商业数据分析报告的作用是什么？

二、实践题

某品牌奶茶店拟在某市新开数家品牌连锁店，通过当地奶茶甜品数据对全市青年人群聚集趋势及奶茶甜品消费情况进行透视分析，洞察青年人群聚集情况，制定合理的营销和开店策略。请围绕这一主题提供一份文字式报告。

模块六　答案

模块七

商业数据分析应用

应用领域实训1　流量分析

【学习目标】

【知识目标】

- 理解流量分析的意义；
- 熟悉流量分析的典型应用场景；
- 理解并掌握不同行业领域流量分析常用的数据指标及其含义；
- 熟悉流量分析项目实施的流程。

【能力目标】

- 能够根据典型的流量分析场景，进行全面的需求分析，并熟练地进行方案设计；
- 能够使用平台工具进行数据筛选、清洗；
- 能够使用平台工具对数据进行加工；
- 能够掌握各种图形表达方式的特点，根据公司业务场景进行相应数据可视化呈现；
- 能够运用所学的数据采集、数据预处理、数据分析、数据可视化方法完成流量分析的任务，辅助进行典型场景下的商务决策。

【素养目标】

- 树立中国特色社会主义核心价值观，具有良好的道德品质；
- 培养一定的人文科学素养，勤奋学习、勇于创造、大胆实践的职业习惯；
- 培养爱岗敬业、精益求精的工匠精神，培养诚实守信、廉洁自律、客观公正的职业道德素质；
- 培养探索网站流量数据的实践操作能力，建立正确的流量数据分析思维。

知识能力图谱

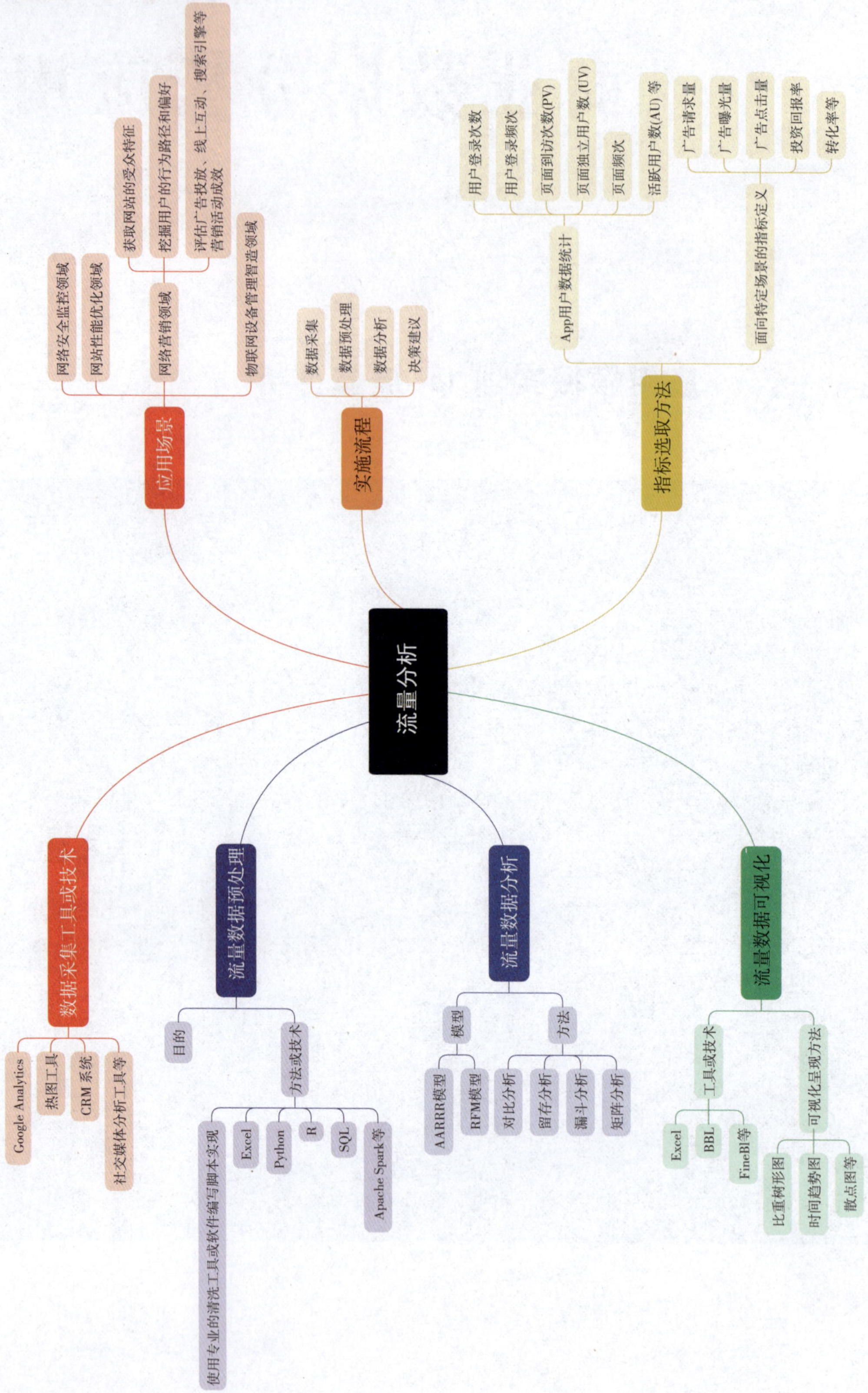
流量分析
应用场景
网络安全监控领域
网站性能优化领域
网络营销领域
获取网站的受众特征
挖掘用户的行为路径和偏好
评估广告投放、线上互动、搜索引擎等营销活动成效
物联网设备管理智造领域
实施流程
数据采集
数据预处理
数据分析
决策建议
指标选取方法
App用户数据统计
用户登录次数
用户登录频次
页面到访次数(PV)
页面独立用户数(UV)
页面频次
活跃用户数(AU)等
面向特定场景的指标定义
广告请求量
广告曝光量
广告点击量
投资回报率
转化率等
数据采集工具或技术
Google Analytics
热图工具
CRM系统
社交媒体分析工具等
流量数据预处理
目的
方法或技术
使用专业的清洗工具或软件编写脚本实现
Excel
Python
R
SQL
Apache Spark等
流量数据分析
模型
AARRR模型
RFM模型
方法
对比分析
留存分析
漏斗分析
矩阵分析
流量数据可视化
工具或技术
Excel
BBL
FineBI等
可视化呈现方法
比重树形图
时间趋势图
散点图等

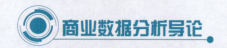

实训内容

一、实训项目需求背景

随着互联网产业的迅速发展，大数据成为新质生产力的重要推动力量。大数据的核心是数据化，各行各业的商业信息都会存储在大数据里。如何获取这些商业大数据信息，流量统计是关键。因此，作为商务数据分析人员，具备利用数据分析工具进行流量统计分析的重要性日益凸显。

在互联网时代，流量代表着用户的关注度和参与度。无论是网站、应用、视频还是文章，流量都直接反映了其受欢迎的程度和影响力。因此，拥有大量流量就意味着拥有了潜在的商业价值和转化能力。

本实训项目（以下简称实训）以网站流量作为统计分析对象，介绍其任务实施的全过程。

（一）网站流量统计分析可以帮助企业了解其网站的受众特征

通过分析访问者的地理位置、年龄、性别等信息，企业可以更好地了解其目标用户群体，从而有针对性地制定营销策略和内容。例如，如果一个网站的访问者主要集中在特定的地理区域，企业可以针对该地区的文化和语言特点进行定制化的内容与服务。

（二）网站流量统计分析还可以揭示用户的行为路径和偏好

通过跟踪用户在网站上的点击、浏览和购买行为，企业可以了解用户的兴趣点和需求，进而优化网站布局和内容组织，提升用户体验。例如，如果某个页面的跳出率很高，说明该页面可能存在内容或布局上的问题，需要进行优化以减少用户流失。

（三）网站流量统计分析还可以帮助企业评估营销活动的效果

通过跟踪特定营销活动带来的流量增长、转化率提升等指标，企业可以及时调整和优化营销策略，确保投入产出比的最大化。例如，通过分析不同渠道带来的流量和转化率，企业可以确定哪些渠道是最有效的，从而更加精准地分配营销预算。

（四）网站流量统计分析还可以帮助企业发现潜在的问题和机会

通过监测网站的404错误页面、加载速度等指标，企业可以及时发现并解决网站运营中的问题，提升用户体验和网站可访问性。同时，分析用户的搜索关键词和流量来源，企业可以发现潜在的市场机会和用户需求，从而调整产品定位和营销策略。

综上所述，网站流量统计分析对于企业而言具有重要意义。通过深入了解用户的行为和偏好，企业可以更好地调整营销策略、优化用户体验、发现潜在的问题和机会，从而实现业务增长和持续发展。

二、实训项目场景描述

在数字化时代，数字营销已成为企业与客户沟通、创造价值的核心方式。所谓数字营销，是指通过数字媒体渠道（如网站、落地页、社交媒体、电子邮件和移动应用）来创造和传播内容的一种策略。它利用多种手段，如搜索引擎优化（SEO）、搜索引擎营销（SEM）、点击付费（PPC）广告、内容联合、社交媒体、电子邮件和文本消息等，来推广这些内容。依托互联网广告及广告交易平台，可应用商业数据分析与可视化技术，进行流量分析，对目标消费者进行实时抓取，实现分析任务，达成如下目标：

（1）针对消费者个性化特征和需求，精确定位目标消费者，从而推送具有高度相关性商业信息的传播与沟通方式。

（2）针对消费者的行为轨迹，精准预测其消费需求，从而有针对性地进行关联推荐，促成有效购买和消费。

（3）针对广告投放过程中推送行为、广告转化数据、目标人群等，精准控制广告投放，从而提升广告投资回报率，有效降低广告无效损耗，优化广告策略。

（4）通过数据分析，形成一份精准广告投放的流量分析报告与决策建议。

三、实训项目思路解析

（一）需求识别1

如何进行精准广告投放的流量分析？实施的步骤有哪些？

解决思路如下：

1. 数据收集与整合

企业收集来自多个渠道和平台的数据，包括广告平台的曝光量、点击量、转化率等指标，以及社交媒体的用户反馈、评论和分享等数据。通过整合这些数据，建立全面的广告效果评估数据集，为后续的分析和决策提供基础。

2. 数据分析与挖掘

通过数据分析工具和算法，对广告数据进行深入挖掘，探索广告投放的影响因素和关键指标。例如，可以使用机器学习算法分析用户行为数据，预测用户的购买意愿和转化率。同时，还可以通过数据关联分析，了解广告与其他因素（如天气、时间等）之间的关系，为广告投放策略提供参考。

3. 个性化定制与精准投放

通过分析用户的兴趣、偏好和行为数据，了解不同用户群体的需求和特点，从而为其定制个性化的广告内容和推荐。同时，利用大数据的定位和分析能力，实现广告的精准投放，将广告推送给最有可能感兴趣的用户，提高广告的点击率和转化率。

4. 实时监测与反馈优化

通过实时监测广告的曝光量、点击量和转化率等指标，了解广告的实际效果和回报。同时，利用大数据的实时分析能力，及时发现广告投放中的问题和机会，并进行相应的优化调整。例如，可以根据实时数据调整广告内容、投放渠道和时间，以最大限度地提高广告的效果和回报。

5. 跨平台的广告整合和协同优化

通过整合不同平台和渠道的数据，了解广告在不同媒体上的表现和效果。同时，利用大数据的协同分析能力，发现不同渠道之间的关联和互动效应，进一步优化广告投放策略和资源配置，提高广告的整体效果和回报。

（二）需求识别 2

如何评测广告投放效果精准度？如何选择指标？

解决思路如下：

在数字营销领域，广告效果评估是成功策略的核心。了解关键的指标是衡量广告活动效果的基础。用于广告效果评估的五个最重要的指标，主要包括 ROI、CTR、转化率、受众参与度和广告曝光量等。

1. 投资回报率（ROI）

投资回报率是广告效果评估中最关键的指标之一。它表示广告投入产生的收益相对于成本的比率。高 ROI 意味着广告投资带来了更多的回报，低 ROI 则需要考虑调整策略。

应用建议：

（1）跟踪广告成本和收益：确保准确记录广告成本以及由广告活动带来的收益，以便计算 ROI。

（2）分析高 ROI 广告：研究哪些广告活动产生了最高的 ROI，了解其成功因素，为未来的策略提供借鉴。

2. 点击率（CTR）

点击率是衡量广告点击次数与广告展示次数之间比率的指标。它反映了广告在受众中的吸引力和引导能力。

应用建议：

（1）优化广告文案和图像：创造引人注目的广告内容，吸引更多点击。

（2）测试 CTR（不同广告吸引用户采取行动的吸引率）：如“点击了解更多”“立即购买”等，以找到最能吸引用户点击的方式。

3. 转化率

转化率是广告点击次数与实际完成目标行为次数之间的比率，目标行为可以是购买产品、填写表单等。

应用建议：

（1）优化落地页：确保广告点击后的落地页与广告内容一致，并提供清晰的操作指引，以提高转化率。

（2）优化用户体验：简化注册或购买过程，减少用户可能的流失点，提高转化率。

4. 受众参与度

受众参与度是指受众与广告内容互动的程度，包括评论、分享、点赞等。高参与度意味着广告引发了用户的兴趣和共鸣。

应用建议：

（1）创造互动内容：设计的广告内容要能够激发用户参与和互动，如问答、有奖竞猜等。

（2）与用户互动：回复评论、鼓励分享，增强与用户的互动，提高参与度。

5. 广告曝光量

广告曝光量表示广告被展示给受众的次数。虽然广告曝光量本身不能直接衡量效果，但是它对广告的知名度和品牌曝光有重要的影响。

应用建议：

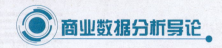

（1）选择适合的广告渠道：选择能够覆盖目标受众的广告渠道，以增加广告的曝光量。

（2）跟踪频次：避免过度曝光，防止受众产生厌倦感。

（三）需求识别3

如何获取广告投放效果分析数据？如何进行数据分析与诊断？

解决思路如下：

数据一般取源于两个渠道：一是App用户数据的统计；二是广告数据的统计。其中，App用户数据，主要是指App自身用户数据，如用户登录次数、登录频次、页面到访次数（PV）、页面独立用户数（UV）、页面频次、活跃用户数（AU）等涉及App自身运营的数据。广告数据，主要指基于广告发布的过程数据，如广告的请求量、曝光量、点击量、点击率等数据。

1. App用户数据

开发者一般自己都会开发数据统计功能，作为App运营的基础使用功能，即便自己不做详细统计的App开发者，也会利用第三方监测工具进行统计。

2. 广告数据

如果是开发者自己发布的广告，一般都有数据留存，如果是通过第三方SDK发布的广告，建议开发者自己埋点进行统计，一般的广告埋点逻辑是设置在广告关键节点，这些关键节点来自商业数据分析中的关键指标，这些关键指标用来衡量该App广告变现的情况和分析问题，从而掌握运营策略和优化方向。埋点一般在广告开始加载（客户端向广告平台发起请求）、广告加载成功（成功收到回调）、广告触发（用户进入广告场景）、广告点击（用户点击广告）几个关键位置。

获取到数据后，就进入数据分析阶段，数据分析主要是通过对以上提及的关键指标分析判断，来评价广告投放的流量波动情况、流量差异情况、价格及收益情况等，从而发现问题、诊断问题，赋能广告精准投放策略的优化调整。

四、实训项目任务实施

（一）实训简介

目前市面上针对网站分析的工具有很多，比如Google Analytics、Cnzz等，这些工具完成了对于网站访问数据的收集和简单分析。对于网站的深入分析与可视化展示，大数据实验科研平台无论是从数据处理性能，还是从可视化展示效果上看，都是首屈一指的。本实训项目主要以某博客网站浏览数据的分析为例，旨在了解用户的访问分布、访问黏性、网站流量来源分布情况。通过分析了解博客目前的用户访问情况，让人们熟悉在广告精准投放过程中针对某一App的用户数据如何进行分析与可视化。

（二）实训思路

网站流量数据，包括媒介来源、城市、日期、网站版块、页面、浏览时长、PV、UV、访次数、退出访客数等字段，如图7-1-1所示。

媒介来源	城市	日期	网站版块	页面	浏览时长	PV	UV	访次数	退出访客数
hao123.com	兰州	2012/11/15	每日一记	/riji/2012/10/interactivit	5.58	151	29	58	3
hao123.com	海口	2012/11/16	每日一记	/riji/2012/10/interactivit	2.43	191	32	64	3
hao123.com	大连	2012/11/19	每日一记	/riji/2011/08/are-movie-se	1.16	229	38	76	4
hao123.com	衢州	2012/11/19	每日一记	/riji/2010/01/hatecrimes	1.35	190	12	24	1
hao123.com	东营	2012/11/21	每日一记	/riji/2011/08/are-movie-se	1.53	167	10	20	1
hao123.com	北京	2012/11/21	每日一记	/riji/2012/10/top-100-q3-2	1.4	90	30	60	3
hao123.com	上海	2012/11/21	每日一记	/riji/2011/06/which-countr	2.23	132	19	38	2
hao123.com	重庆	2012/11/21	每日一记	/riji/2010/01/hatecrimes	1.53	130	36	72	4
hao123.com	深圳	2012/11/22	每日一记	/riji/2012/10/top-100-q3-2	1.19	94	35	70	4
hao123.com	河池	2012/11/22	每日一记	/riji/2012/10/interactivit	1.41	206	30	60	3
hao123.com	武汉	2012/11/22	每日一记	/riji/category/government-	2.32	229	44	88	4
hao123.com	杭州	2012/11/23	每日一记	/riji/2012/10/interactivit	1.56	288	43	86	4
hao123.com	呼和浩特	2012/11/27	每日一记	/riji/2012/10/interactivit	3.26	227	12	24	1
hao123.com	潮州	2012/11/27	每日一记	/riji/2012/08/political-pi	1.25	276	30	60	3
hao123.com	大连	2012/11/27	每日一记	/riji/2011/04/data-shaping	3.34	172	53	106	5
hao123.com	柳州	2012/11/28	每日一记	/riji/2011/04/data-shaping	1.14	227	84	168	8
hao123.com	呼和浩特	2012/11/28	每日一记	/riji/2012/01-7-here-1411	0.56	188	40	80	4
hao123.com	鞍山	2012/11/29	每日一记	/riji/2012/01-7-here-1411	0.57	239	19	38	2
hao123.com	天津	2012/11/30	每日一记	/riji/2012/07/sports-piece	1.27	320	12	24	1
hao123.com	石家庄	2012/11/30	每日一记	/riji/category/health-and-	1.06	140	37	74	4
hao123.com	海口	2012/12/1/	每日一记	/riji/2012/10/interactivit	1.25	244	10	20	1
hao123.com	温州	2012/12/12	每日一记	/riji/2012/05/have-you-bee	2.36	117	29	58	3
hao123.com	佛山	2012/12/13	每日一记	/riji/2012/04/announcing-w	1.02	224	30	60	3

图 7-1-1　某网站流量数据

1. 确定问题

本实训是对于博客进行基本的网站分析，包括各版块访问量比重、各版块访问趋势、流量来源分布几个方面。

2. 分解问题

将大问题分解为小问题。针对本实训，问题可分解为以下几点：

（1）各版块访问量比重树形图。

（2）各版块访问量时间趋势图。

（3）各版块用户访问（停留时间、人均浏览页面数）散点图。

（4）访问来源 TOP5 分析。

3. 评估问题

本实训中，指标分解会影响评估的因素。

4. 总结问题

有价值的数据分析不仅能够剖析问题，而且能够为网站运营提供决策性建议。

（三）分析过程

（1）切换到数据源界面，选择文本数据上传，输入“网站分析数据”，如图 7-1-2 所示，上传数据源“网站分析数据 . CSV”，点击“保存”按钮。

图 7-1-2　数据源界面

（2）进入数据视图页面，点击新增按钮，进入数据查询界面；左侧选择“文本数据”，然后在查询框中输入“SELECT * FROM 网站分析数据”，点击“查询”按钮，如图 7-1-3 所示，最后输入数据视图名“网站分析数据”，并保存。

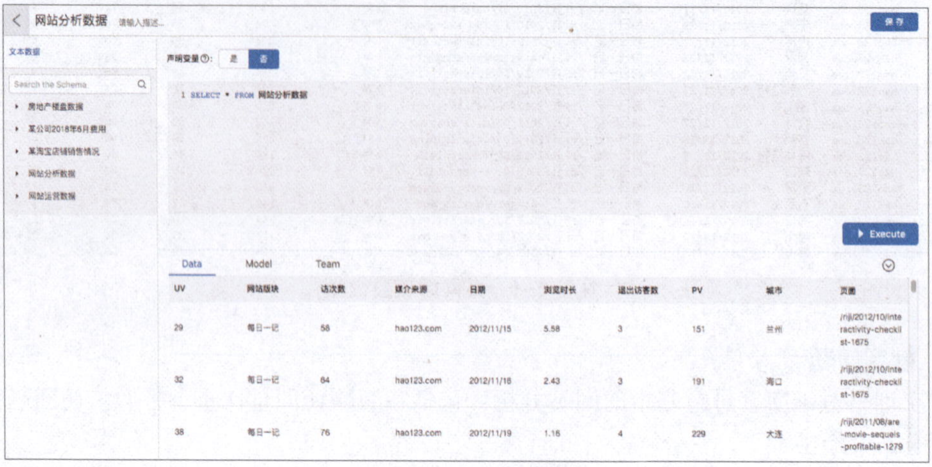

图 7-1-3　查询结果

（3）切换到可视化组件界面，点击“新增”按钮，进入可视化数据分析界面，如图 7-1-4所示。

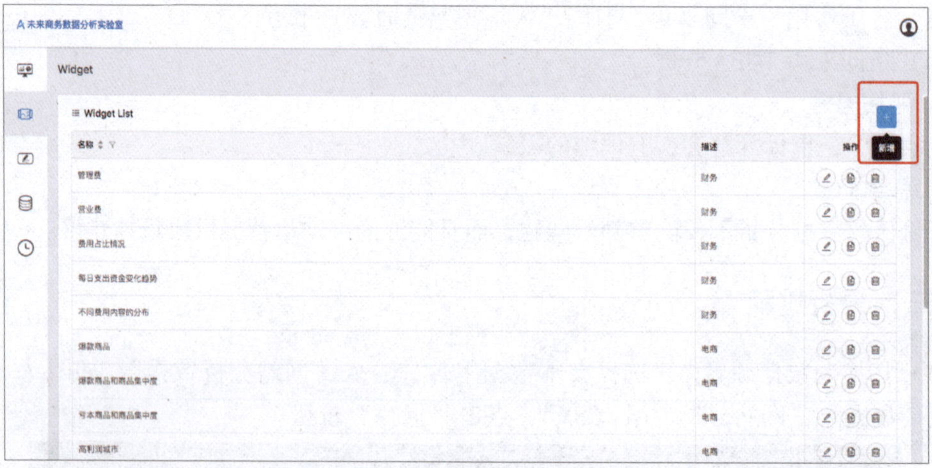

图 7-1-4　可视化数据分析界面

（4）数据视图选择“网站分析数据”（下同），选择图表驱动，拖动“网站版块”到维度，拖动“UV”到指标，选择柱状图，再点击“降序”排序。如图 7-1-5 所示。

样式里选择显示标签，将报表命名为“各版块访问量比重”，并保存，如图 7-1-6 所示。

通过此图表可以看到，“PHP 相关”页面比较受欢迎，其次是“Java 相关”页面。用户对于这两方面内容兴趣度较高。“问题与实例”页面的访问量并不如意，可能未来需要加强对这块内容的优化。

（5）继续分析“各版块访问量时间趋势”，新建图表，进入可视化数据分析界面。拖动数据区“日期”到维度，拖动“PV”“UV”到指标，选择柱状图，如图 7-1-7 所示。

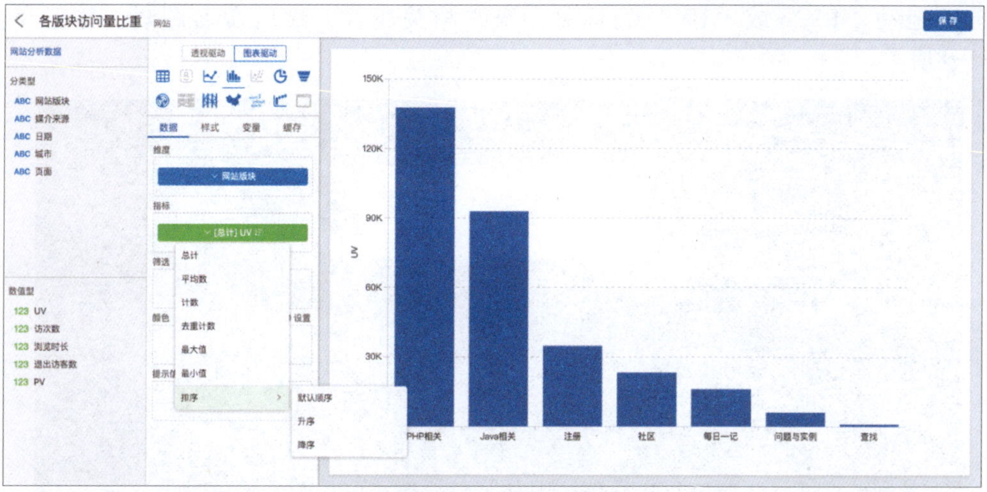

图 7-1-5　数据视图

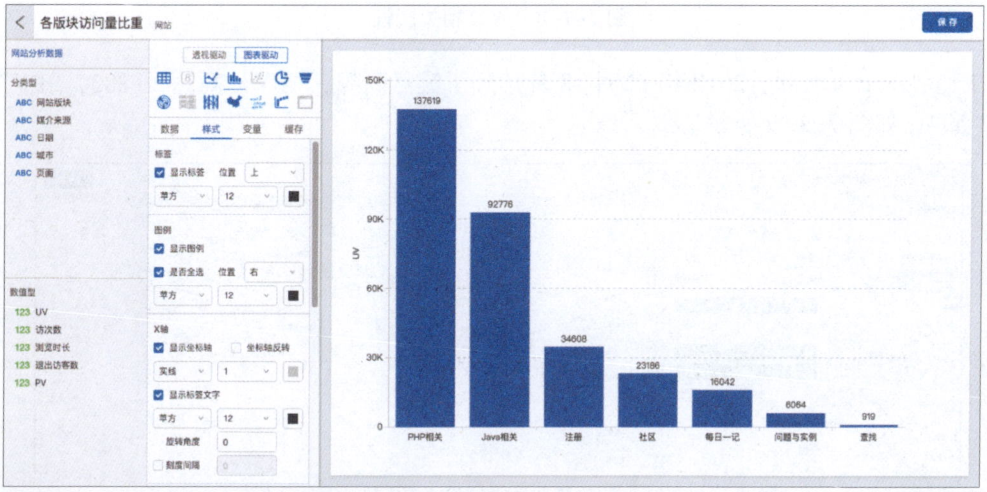

图 7-1-6　各版块访问量比重

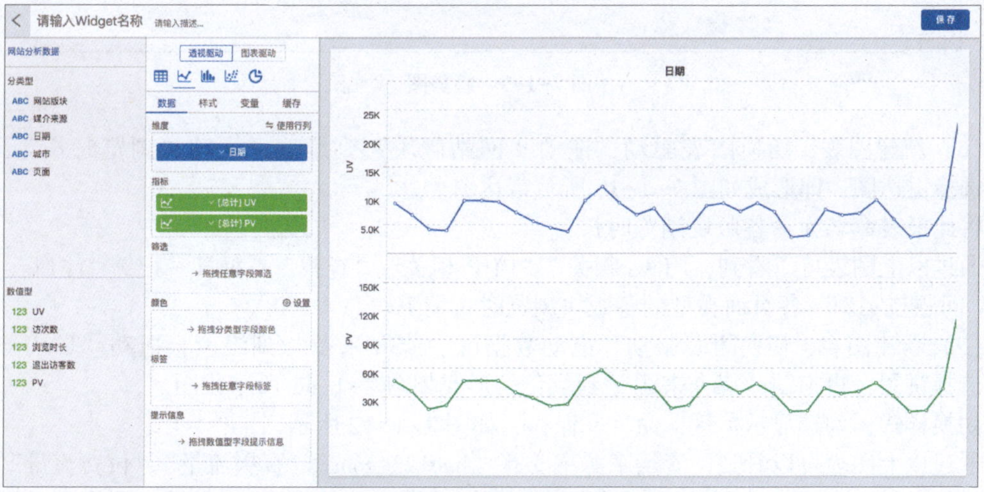

图 7-1-7　各版块访问量时间趋势

分别拖动“PV”或“UV”到标签，修改相关属性，最后命名图表，并保存，如图 7-1-8所示。

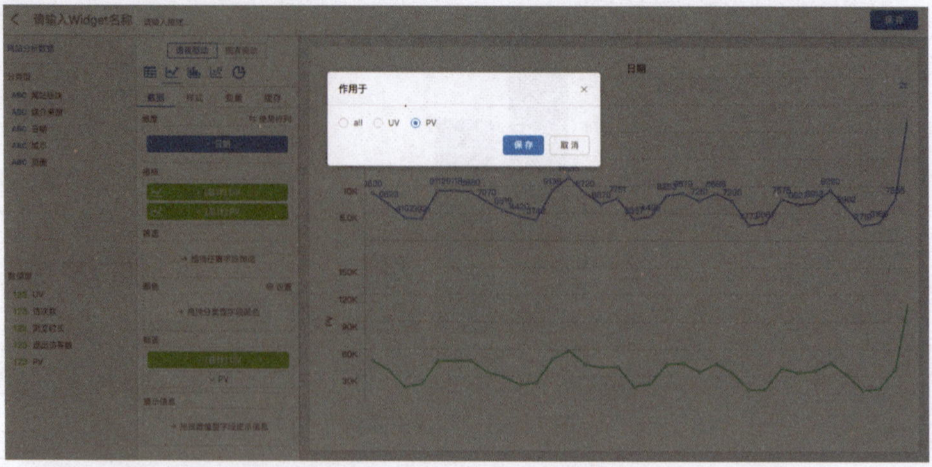

图 7-1-8　修改相关属性

从趋势图上可看到，2012 年 12 月 18 日达到了流量高峰，“UV”高达 26 883，“PV”达到131 594，如图 7-1-9 所示。

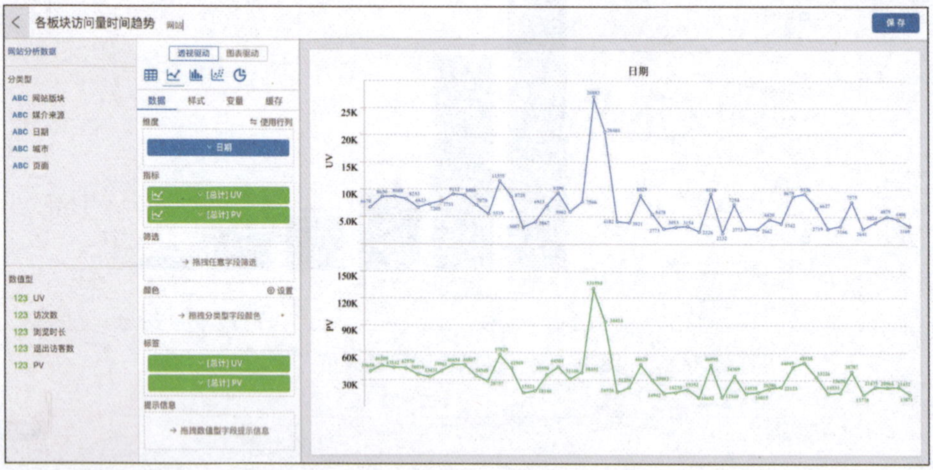

图 7-1-9　趋势图

(6) 新建图表，切换图表驱动，拖动“网站版块”到维度，拖动“浏览时长”到指标，选择雷达图，即形成如图 7-1-10 所示雷达图。

将此报表命名为“各版块浏览时长”。

通过以上图表可以看到，“Java 相关”“PHP 相关”“查找”“每日一记”“注册”“社区”“问题与实例”各页面类型的各版块浏览时长情况。

(7) 新建图表，切换图表驱动，拖动数据区“媒介来源”到维度，拖动“UV”到指标，选择饼图，再拖动“媒介来源”到颜色，形成如图 7-1-11 所示饼图。

切换样式，勾选显示标签，命名并保存，如图 7-1-12 所示。

通过以上图表可以看到，流量来源主要有“hao123. com”“直接流量”“付费流量”。

(8) 切换到可视化应用界面，创建新仪表盘“网站流量分析”，并添加所有相关图表，如图 7-1-13 所示。

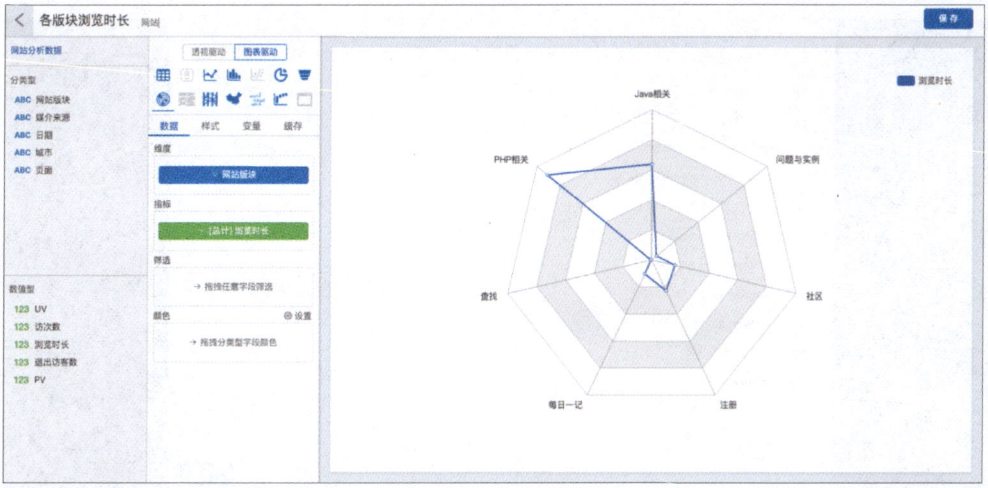

图 7-1-10 雷达图

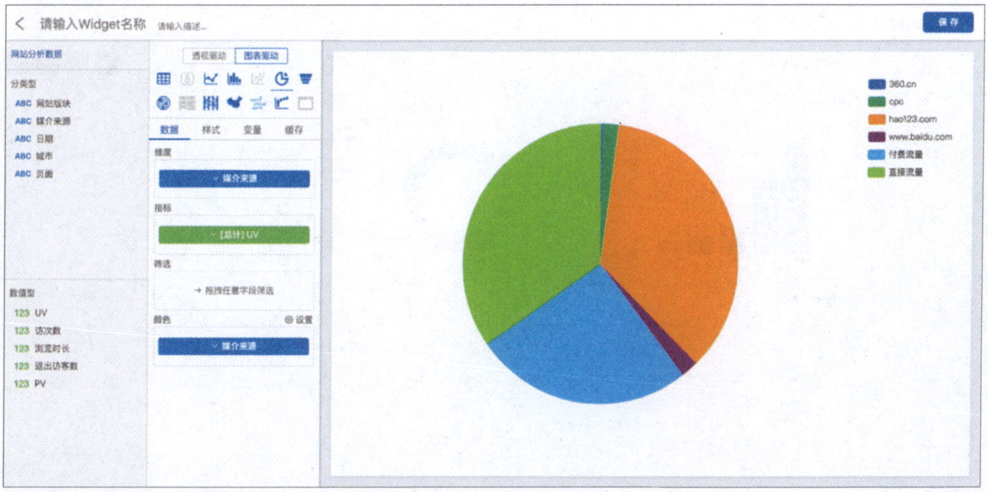

图 7-1-11 饼图

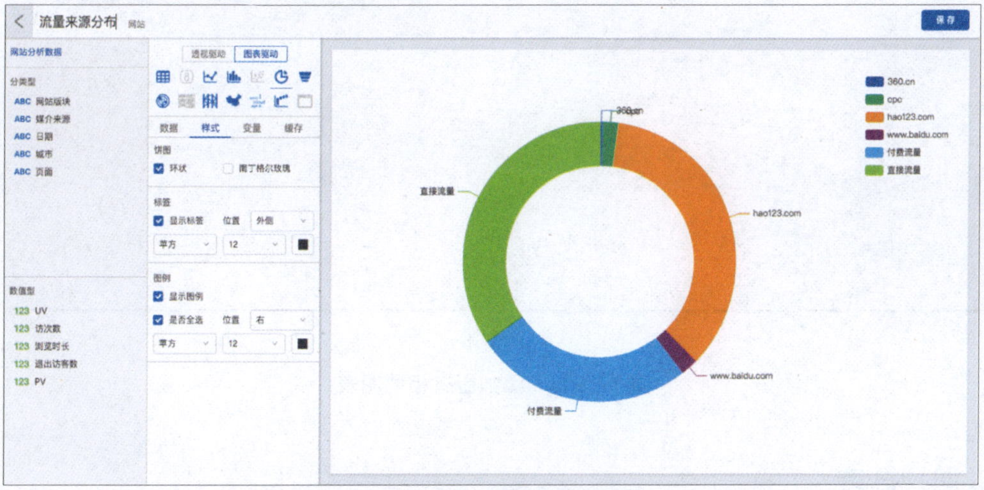

图 7-1-12 勾选显示标签

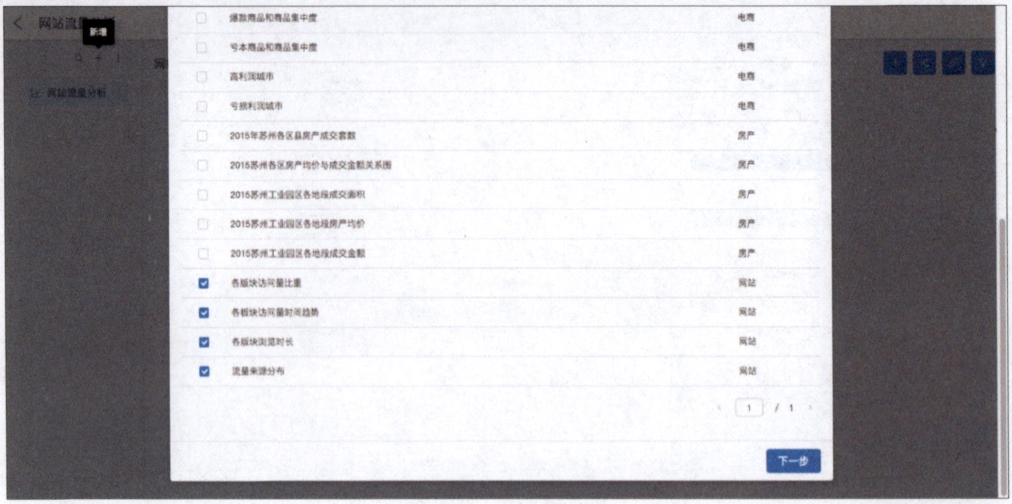

（a）

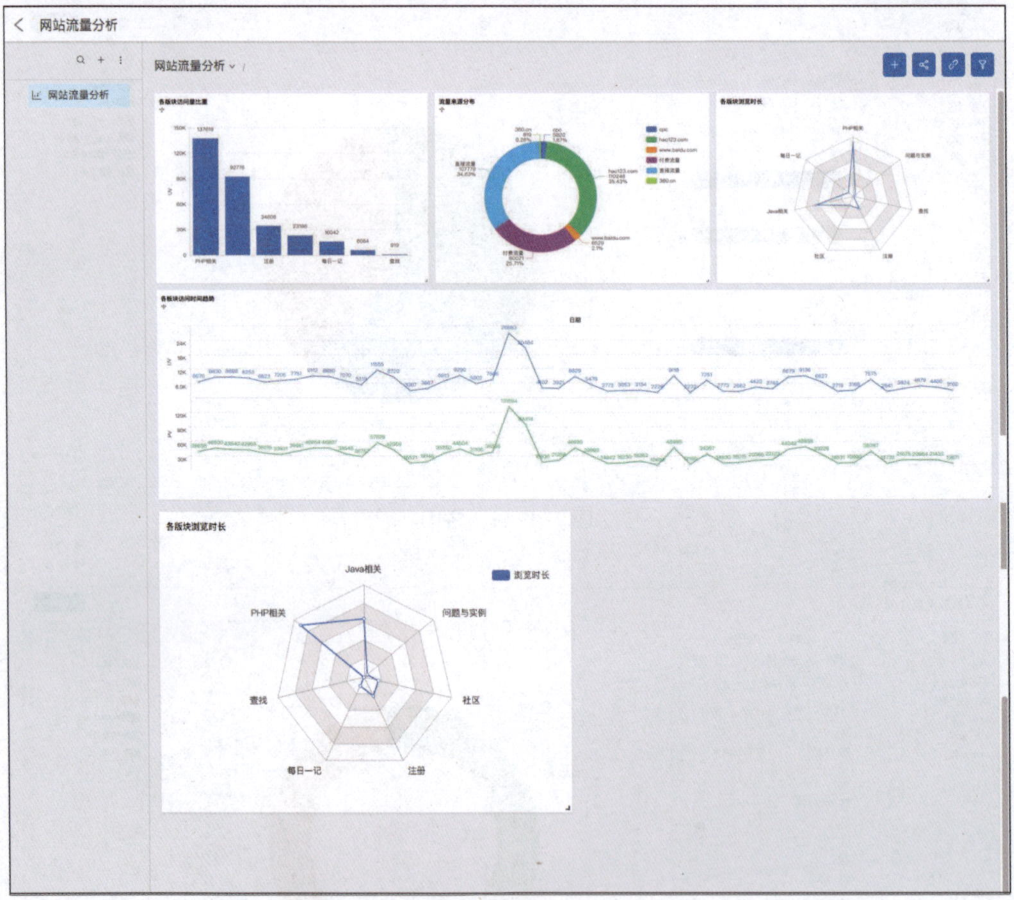

（b）

图 7-1-13　添加所有相关图表

（四）总结

网站流量分析是对于网站访问信息的分类和归纳，并在此数据基础上进行统计分析，如数据预测、聚类分析、相关性分析等较为复杂的分析算法。常见的分析主题有网站访问量的增长趋势、用户访问量的最高时段、访问最多的网页、停留时间、用户访问来源（如搜索引擎）、搜索词等，这些都是网站分析的基本要素。通过网站流量分析，可以掌握用户的访问趋势、网站访问热点、哪个频道、哪个页面、用户停留时间、重点页面的跳出率、商品购买流程是否顺畅，从而优化网站重点页面和主要流程，提高用户体验。

在本实训中，通过分析网站访问量、退出访客数、流量来源、人均浏览等，我们了解了整个网站的运营情况，每个访客的平均访问页面数为 5 页，PHP 和 Java 相关的两个版块用户关注度较高，对于退出率较高的几个页面应该重点优化。对于付费来源的访客应该重点深入挖掘，提高重点关键词的 SEO 优化。

网站流量分析可以起到如下五个作用：

（1）有利于及时掌握网站推广的效果，减少盲目性；

（2）有利于分析各种网络营销手段的效果，为制定和修正网络营销策略提供依据；

（3）通过网站访问数据分析进行网络营销诊断，包括对各项网站推广活动的效果分析、网站优化状况诊断等；

（4）有利于用户进行很好的市场定位；

（5）作为评价网络营销效果的参考指标。

互联网时代，“流量为王”！任何低成本的创业，都绕不开流量。通过学习网站流量分析可以获得网站访问量基本的数据，对有关数据进行统计、分析，从中发现用户访问网站的规律，并将这些规律与网络营销策略等相结合，从而发现网络营销活动中可能存在的问题，并为进一步修正或重新制定网络营销策略提供依据。

目前流量造假、黑公关、网络水军，是网上很多乱象的源头，严重影响网络秩序，危害网络生态。2021 年国家网信办整治的效果总体不错，累计清理招募水军、推广引流违法违规信息 262 多万条，查处网络水军沟通联络账号群组 290 多万个，处置问题商家 1.2 万个、问题商品 15 万多件，下架关停 App、网站 300 多家。通过集中治理，有效遏制了乱象的滋生蔓延，取得了积极的治理成效。

五、实训项目拓展创新：信息流广告如何提升投放效果

（一）任务描述

随着数字媒体的日益发展，信息流广告已经成为一种高效的营销方式。它将广告融入用户日常的浏览行为中，让广告不再突兀，而是成为用户获取信息的一部分。那么，如何有效地投放信息流广告，提升投资回报率呢？

1. 明确目标受众是关键

在制定广告策略之初，就需要对目标受众进行深入的分析。通过用户画像、兴趣爱好、搜索历史等数据，可以更准确地了解目标受众的需求和喜好，从而为他们提供更精准的广告内容。

2. 优化广告创意是重中之重

信息流广告的创意要始终围绕用户需求进行。在文字、图片、视频等多种形式中，选择最适合的方式去展示产品或服务的特点。同时，要注意广告与上下文的协调性，避免影响用户体验。

3. 合理的出价设置是投放成功的保障

要根据广告的预算、竞争情况以及目标受众的点击率等因素，合理设置出价。既不能过高，导致成本过高，也不能过低，导致广告展示不足。

4. 持续的数据分析和优化是投放过程中的必备环节

通过数据报表可以直观地看到广告的各项指标，如点击率、转化率等。根据这些数据，可以及时调整广告策略，优化广告创意，提高投放效果。

（二）分析讨论

（1）不同行业的信息流广告投放漏斗分析模型如何确立？

（2）信息流广告 ROI 都是基于一定时间周期计算而得到的，如 24 小时 ROI、7 天 ROI 等，面对不同的行业，如何选择其时间周期？

（3）信息流广告通过什么分析模型寻找最优投放组合？通过什么方法可以有效进行最优投放定向预测？正式投放以后，根据哪些数据分析可以发现异常激活和异常订单？

应用领域实训 2　动态定价分析

【学习目标】

【知识目标】

- 理解常用的数据来源及网络爬虫、API 调用技术；
- 熟悉数据清洗、整理和预处理方法；
- 熟悉数据分析的目的及价值，理解并掌握利用商业数据分析技术进行动态定价的作用；
- 了解常见的动态定价应用领域以及主要商业价值；
- 理解并掌握动态定价分析的思路以及实施流程；
- 理解并掌握动态定价分析常用的数据指标以及分析模型、方法等。

【能力目标】

- 能够根据典型的动态定价场景，进行全面的需求分析，并熟练地设计方案；
- 能够利用专用工具或者编程实现动态定价数据的有效获取；
- 能够利用数据分析平台（工具）进行数据清洗；
- 能够应用统计分析和机器学习进行价格预测，为用户提供辅助行为决策；
- 能够掌握各种图形表达方式的特点，根据公司业务场景进行相应数据可视化呈现；
- 能够根据商业数据分析结果，合理选择报告类型，撰写数据分析报告。

【素养目标】

- 培养从数据中发现和解决问题的能力；
- 培养解决实际问题的能力和批判性思维能力；
- 培养团队协作和沟通能力；
- 培养职业竞争力和良好的数据管理习惯。

知识能力图谱

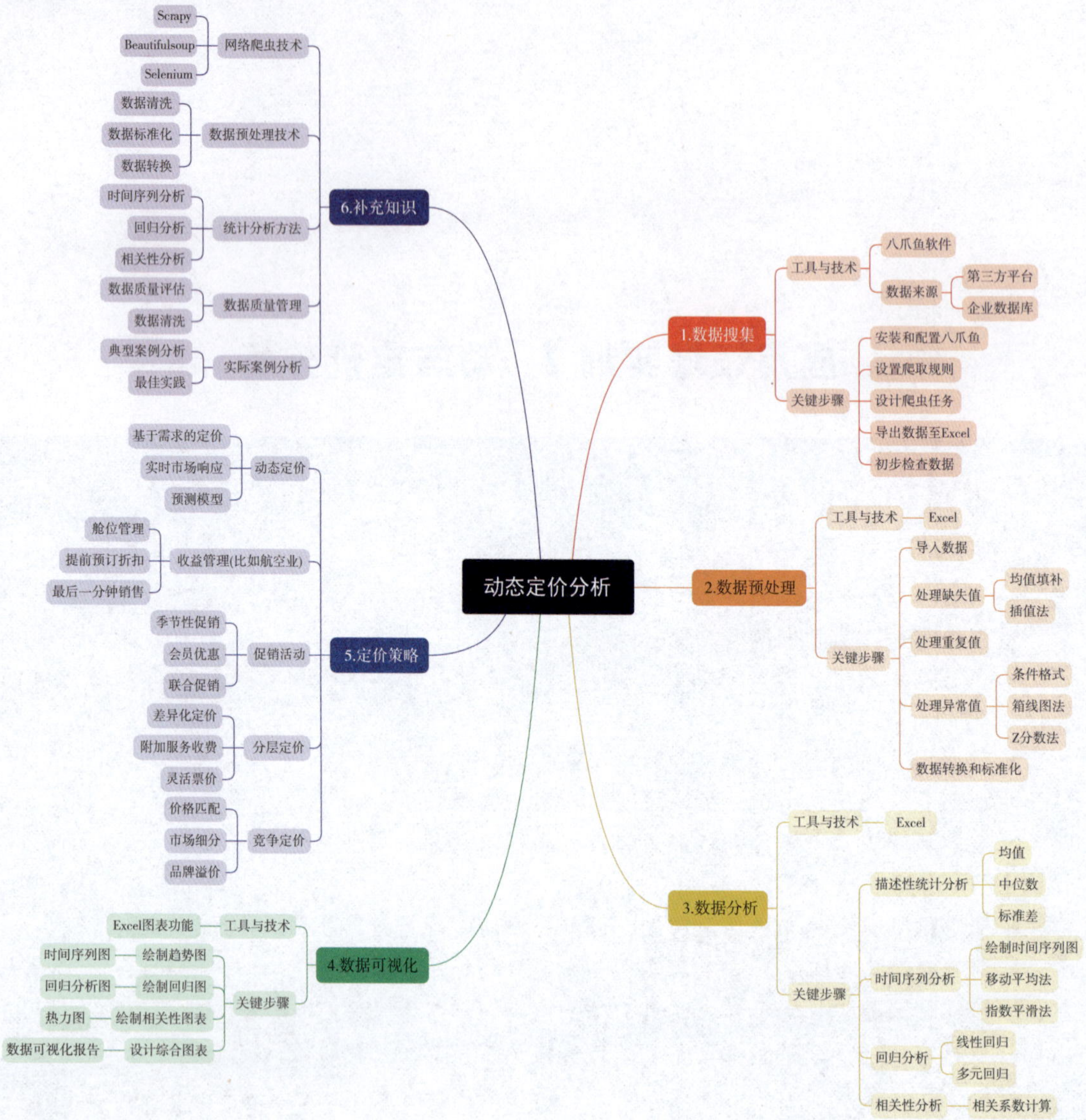

实训内容

一、实训项目需求背景

随着全球市场竞争的日益激烈和消费者需求的多样化，企业在制定定价策略时面临越来越大的挑战。传统的固定定价模式已无法满足快速变化的市场需求和复杂多变的竞争环境。动态定价（Dynamic Pricing）作为一种灵活的定价策略，通过实时调整商品或服务价格，可帮助企业在不同的市场条件下实现利润最大化和市场份额的提升。

动态定价的理念起源于航空公司和酒店行业，这些行业需要根据季节、时间、需求量等因素不断调整价格，以最大化收益。近年来，随着互联网和电子商务的迅猛发展，动态定价逐渐扩展到零售、交通、旅游、共享经济等多个领域。通过运用大数据、机器学习和人工智能等技术，动态定价不仅可以提高企业的定价效率，还能改善客户体验，增强客户忠诚度。

在零售行业，动态定价的应用日益普遍。电商平台如亚马逊、京东等，通过分析用户的浏览行为、购买历史、竞争对手价格等信息，实时调整商品价格。这不仅有助于提高销量和利润率，还能通过促销活动和个性化推荐吸引更多用户。实体零售商也逐渐采用动态定价策略，通过电子价签和智能系统，实现价格的灵活调整，以应对线上和线下市场的竞争。在服务行业，如餐饮、娱乐、健身等领域，动态定价同样得到应用。例如，一些餐厅在高峰时段提高价格，非高峰时段则提供折扣，以平衡客流量和提高收益。健身房通过分析会员的使用习惯和时间偏好，推出不同的价格方案，吸引更多用户。

大数据是动态定价的基础。通过收集和分析大量的市场数据、用户行为数据和竞争数据，企业可以实时了解市场动态和消费者需求。大数据技术不仅包括数据的收集和存储，还涉及数据的清洗、处理和分析。这些数据来源广泛，包括电商平台、社交媒体、市场调研等，且数据类型多样，涵盖结构化数据和非结构化数据。在此基础上，机器学习成为实现动态定价的关键技术。通过构建预测模型和优化算法，机器学习能够根据历史数据和实时数据，预测未来的市场需求和价格走势。常用的机器学习算法包括回归分析、时间序列分析、分类算法和聚类算法等，这些算法不仅能够帮助企业识别价格弹性，还能预测需求变化，并优化价格策略。人工智能（AI）进一步增强了动态定价的智能化和自动化。AI 技术能够实时监控市场环境，自动分析和调整价格，以达到最佳的收益效果。智能决策系统综合考虑多种因素，如市场需求、库存水平、竞争对手价格和用户反馈，作出最优的定价决策。此外，AI 还具备自我学习和优化的能力，不断提升定价策略的准确性和效率。

通过大数据分析、机器学习和人工智能的融合应用，企业能够实现动态定价的精准化和智能化。这不仅有助于提升市场竞争力和利润率，还能更好地满足消费者的需求和期望。

二、实训项目场景描述

航空业作为动态定价策略的先行者，其复杂的市场环境和高度波动的需求为动态定价提供了丰富的应用场景。航空公司需要根据季节、时间、需求量等因素不断调整机票价格，以最大化收益并提高座位利用率。动态定价策略能够帮助航空公司在需求高峰期提高票价，增加收益，而在需求低谷期通过降低票价吸引更多乘客，从而实现收益的优化和资源的最大化利用。

在过去，航空公司主要依赖于人工经验和历史数据来调整票价。然而，随着大数据、机器学习和人工智能技术的发展，航空公司能够通过实时数据分析和智能算法，更加精准地预测需求变化和市场趋势，并迅速调整价格策略。这不仅提高了航空公司的竞争力和收益能力，还改善了乘客的购票体验。

现代航空公司通过动态定价策略，不仅能应对节假日、高峰时段和突发事件等造成的需求波动，还能更好地适应竞争对手的价格变化和市场行为。同时，通过分析乘客的搜索和预订行为，航空公司可以深入了解乘客的需求偏好和价格敏感度，从而提供更加个性化和灵活的定价方案，提升乘客满意度和忠诚度。

本次实训项目以航空公司为背景，通过分析实际航班数据，让学生学会如何利用大数据和机器学习，熟悉动态定价策略并掌握相关操作。

三、实训项目思路解析

（一）需求识别 1

如何通过实时分析市场需求和供求关系，动态调整机票价格，以优化航空公司的收益？
解决思路如下：
通过分析实时市场需求和供求关系，动态调整机票价格。

1. 数据收集

（1）收集机票价格、航班信息、历史销售数据等。
（2）数据字段包括搜索日期、航班日期、出发地、目的地、航司、价格等。

2. 数据预处理

（1）处理缺失值和异常值，确保数据质量。
（2）转换日期类型，进行分类编码。

（二）需求识别 2

如何通过分析竞争对手的价格策略和市场变化，灵活调整自身价格以提升市场竞争力？

解决思路如下：
通过分析竞争对手的价格策略和市场变化，灵活调整自身价格。
（1）分析不同航空公司的价格分布。
（2）绘制不同时间段和航班的价格变化图表。

（三）需求识别 3

如何通过个性化的价格策略和推荐系统，根据乘客的行为轨迹和消费习惯提供贴合需求的价格和服务，提高客户满意度？

解决思路如下：
通过个性化的价格策略和推荐系统，提供贴合需求的价格和服务。

1. 特征工程

选择和编码特征，如搜索日期、航班日期、起飞时间、降落时间、航司、出发地、目的地等。

2. 模型选择和训练

使用线性回归模型进行预测。

3. 模型评估和应用

（1）评估模型性能，并应用模型进行价格预测。
（2）生成分析报告，提供决策支持。

四、实训项目任务实施

（一）实训简介

目前市面上针对机票价格分析的工具有很多，这些工具能够完成对机票价格数据的收集和简单分析。对于机票价格的深入分析与可视化展示，传统统计分析方法无论是从数据处理能力，还是可视化展示效果上，都是非常有效的。本实训的数据主要为历史机票价格数据，旨在了解机票价格的波动规律及其影响因素，帮助用户作出更明智的购票决策。通过对这些数据的分析，可以揭示机票价格的季节性变化、市场需求的影响以及其他相关因素的作用。

学生将学习如何利用网络爬虫技术获取数据，运用统计方法进行数据处理与分析，并通过可视化工具展示分析结果。通过本次实训，学生不仅能够掌握数据处理与分析的基本技能，还能提升解决实际问题的能力，为未来在旅游业和航空业的数据分析工作打下坚实的基础。

（二）实训思路

本实训项目根据2023年机场年吞吐量排名，选取了从北京出发至上海、杭州、成都、重庆、广州、深圳、昆明和三亚等主要目的地的所有航空公司的航线。考虑到机票价格受到距离出发日期的天数、当日出发时段、工作日或周末、航司等因素的显著影响，本实训项目选取了2024年1月13日搜索的2024年1月26—31日期间的机票价格数据（图7-2-1），以分析和理解这些变量对机票定价的作用机制。

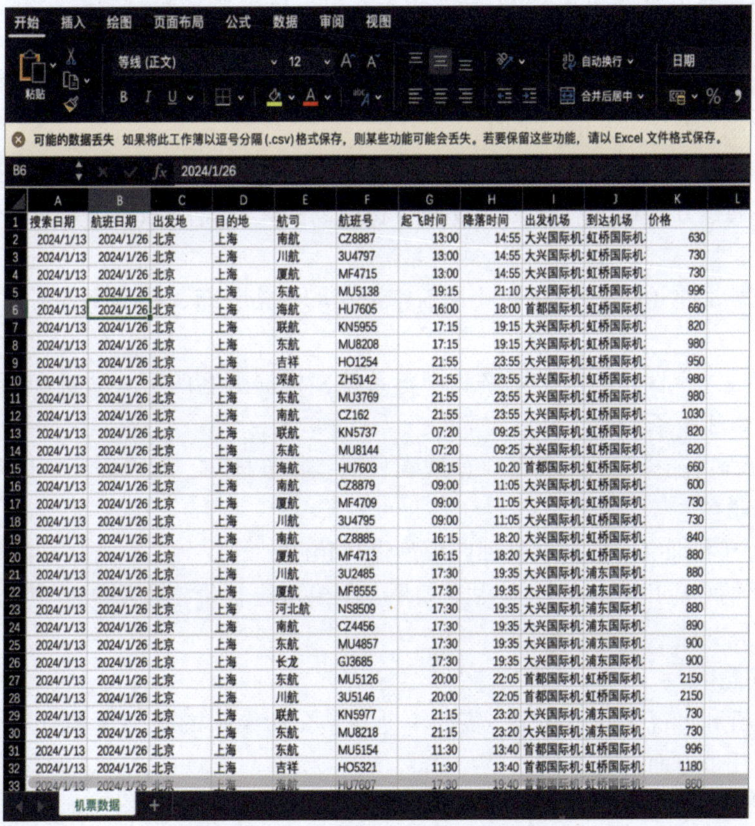

	A	B	C	D	E	F	G	H	I	J	K
1	搜索日期	航班日期	出发地	目的地	航司	航班号	起飞时间	降落时间	出发机场	到达机场	价格
2	2024/1/13	2024/1/26	北京	上海	南航	CZ8887	13:00	14:55	大兴国际机	虹桥国际机	630
3	2024/1/13	2024/1/26	北京	上海	川航	3U4797	13:00	14:55	大兴国际机	虹桥国际机	730
4	2024/1/13	2024/1/26	北京	上海	厦航	MF4715	13:00	14:55	大兴国际机	虹桥国际机	730
5	2024/1/13	2024/1/26	北京	上海	东航	MU5138	19:15	21:10	大兴国际机	虹桥国际机	996
6	2024/1/13	2024/1/26	北京	上海	海航	HU7605	16:00	18:00	首都国际机	虹桥国际机	660
7	2024/1/13	2024/1/26	北京	上海	联航	KN5955	17:15	19:15	大兴国际机	虹桥国际机	820
8	2024/1/13	2024/1/26	北京	上海	东航	MU8208	17:15	19:15	大兴国际机	虹桥国际机	980
9	2024/1/13	2024/1/26	北京	上海	吉祥	HO1254	21:55	23:55	大兴国际机	虹桥国际机	950
10	2024/1/13	2024/1/26	北京	上海	深航	ZH5142	21:55	23:55	大兴国际机	虹桥国际机	980
11	2024/1/13	2024/1/26	北京	上海	东航	MU3769	21:55	23:55	大兴国际机	虹桥国际机	980
12	2024/1/13	2024/1/26	北京	上海	南航	CZ162	21:55	23:55	大兴国际机	虹桥国际机	1030
13	2024/1/13	2024/1/26	北京	上海	联航	KN5737	07:20	09:25	大兴国际机	虹桥国际机	820
14	2024/1/13	2024/1/26	北京	上海	东航	MU8144	07:20	09:25	大兴国际机	虹桥国际机	820
15	2024/1/13	2024/1/26	北京	上海	海航	HU7603	08:15	10:20	首都国际机	虹桥国际机	660
16	2024/1/13	2024/1/26	北京	上海	南航	CZ8879	09:00	11:05	大兴国际机	虹桥国际机	600
17	2024/1/13	2024/1/26	北京	上海	厦航	MF4709	09:00	11:05	大兴国际机	虹桥国际机	730
18	2024/1/13	2024/1/26	北京	上海	川航	3U4795	09:00	11:05	大兴国际机	虹桥国际机	730
19	2024/1/13	2024/1/26	北京	上海	南航	CZ8885	16:15	18:20	大兴国际机	虹桥国际机	840
20	2024/1/13	2024/1/26	北京	上海	厦航	MF4713	16:15	18:20	大兴国际机	虹桥国际机	880
21	2024/1/13	2024/1/26	北京	上海	川航	3U2485	17:30	19:35	大兴国际机	浦东国际机	880
22	2024/1/13	2024/1/26	北京	上海	厦航	MF8555	17:30	19:35	大兴国际机	浦东国际机	880
23	2024/1/13	2024/1/26	北京	上海	河北航	NS8509	17:30	19:35	大兴国际机	浦东国际机	880
24	2024/1/13	2024/1/26	北京	上海	南航	CZ4456	17:30	19:35	大兴国际机	浦东国际机	890
25	2024/1/13	2024/1/26	北京	上海	东航	MU4857	17:30	19:35	大兴国际机	浦东国际机	900
26	2024/1/13	2024/1/26	北京	上海	长龙	GJ3685	17:30	19:35	大兴国际机	浦东国际机	900
27	2024/1/13	2024/1/26	北京	上海	东航	MU5126	20:00	22:05	首都国际机	虹桥国际机	2150
28	2024/1/13	2024/1/26	北京	上海	川航	3U5146	20:00	22:05	首都国际机	虹桥国际机	2150
29	2024/1/13	2024/1/26	北京	上海	联航	KN5977	21:15	23:20	大兴国际机	浦东国际机	730
30	2024/1/13	2024/1/26	北京	上海	东航	MU8218	21:15	23:20	大兴国际机	浦东国际机	730
31	2024/1/13	2024/1/26	北京	上海	东航	MU5154	11:30	13:40	首都国际机	虹桥国际机	996
32	2024/1/13	2024/1/26	北京	上海	吉祥	HO5321	11:30	13:40	首都国际机	虹桥国际机	1180
33	2024/1/13	2024/1/26	北京	上海	海航	HU7607	17:30	19:40	首都国际机	虹桥国际机	860

图7-2-1　机票价格数据集（部分）

该数据集包括搜索日期、航班日期、出发地、目的地、航司、航班号、起飞时间、降落时间、出发机场、到达机场和价格。

（1）搜索日期表示用户搜索机票的日期，用于分析用户在不同时间段内的搜索行为。

（2）航班日期为航班实际起飞的日期，帮助用户分析特定节假日和旅游旺季的价格变化。

（3）出发地和目的地字段用于分析不同城市的价格差异及其对整体价格的影响。

（4）航司字段涉及航空公司名称，帮助用户研究不同航空公司的价格策略。

（5）航班号用于识别和分析特定航班的价格趋势。

（6）起飞时间和降落时间则用于分析不同时间段的航班价格差异。

（7）出发机场和到达机场字段用于研究不同机场对价格的影响。

1. 确定问题

本实训项目旨在研究航空公司如何通过动态定价策略优化收益、提升市场竞争力以及提高客户满意度。具体问题包括：

（1）如何通过实时分析市场需求和供求关系，动态调整机票价格以优化航空公司的收益？

（2）如何通过分析竞争对手的价格策略和市场变化，灵活调整自身价格以提升市场竞争力？

（3）如何通过个性化的价格策略和推荐系统，根据乘客的行为轨迹和消费习惯，提供贴合需求的价格和服务，提高客户满意度？

2. 分解问题

将大问题分解为小问题。针对本实训项目，问题可分解为以下几点：

（1）如何通过实时分析市场需求和供求关系，动态调整机票价格以优化航空公司的收益？

① 数据收集：收集机票价格、航班信息、历史销售数据等，包含搜索日期、航班日期、出发地、目的地、航司、价格等字段。

② 数据预处理：处理缺失值和异常值，确保数据质量，转换日期类型，进行分类编码。

（2）如何通过分析竞争对手的价格策略和市场变化，灵活调整自身价格以提升市场竞争力？

探索性数据分析（EDA）：分析不同航空公司的价格分布，绘制不同时间段和航班的价格变化图表。

（3）如何通过个性化的价格策略和推荐系统，根据乘客的行为轨迹和消费习惯，提供贴合需求的价格和服务，提高客户满意度？

① 特征工程：选择和编码特征，如搜索日期、航班日期、起飞时间、降落时间、航司、出发地、目的地等。

② 模型选择和训练：使用线性回归模型进行预测。

③ 模型评估和应用：评估模型性能，并应用模型进行价格预测，生成分析报告，提供决策支持。

3. 评估问题

在数据分析和可视化的过程中，需要不断评估分析结果的准确性和有效性。具体来说，可以通过以下几个方面进行评估：

（1）数据质量评估：检查数据预处理的效果，确保数据的完整性和一致性。

（2）分析方法评估：评估所选统计分析方法的适用性和有效性，确保分析结果的可靠性。

（3）结果验证：通过实际数据验证分析结果的准确性，确保预测的可信度。

（4）可视化效果评估：评估图表的清晰度和美观性，确保可视化展示能够有效传达分析结果。

4. 总结问题

在完成数据分析和可视化后，需要对整个实训过程进行总结。总结内容包括实训收获、遇到的问题与挑战、解决方案和改进建议，以及分析机票价格的实际应用价值和前景。

（三）分析过程

1. 数据导入

（1）选择导入方法（图 7-2-2）。

当 Excel 提示“文本导入向导”时，选择“分隔符号”选项，然后点击“下一步”。

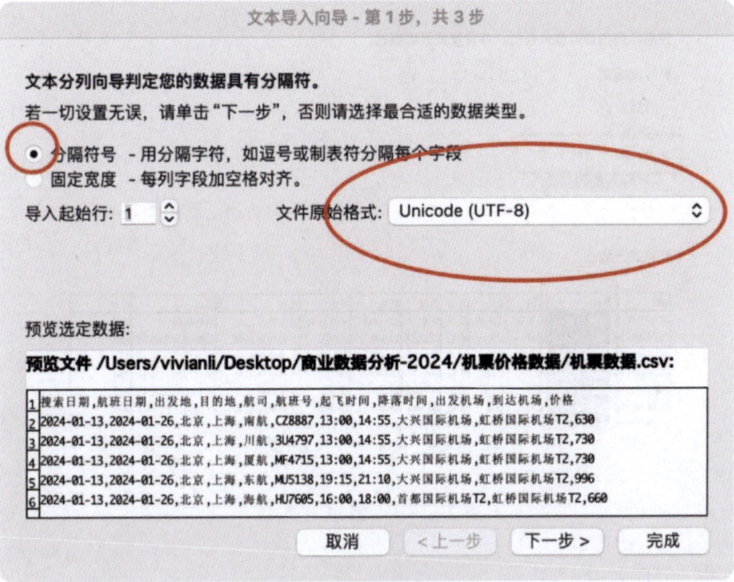

图 7-2-2 数据导入①

（2）设置分隔符（图 7-2-3）。

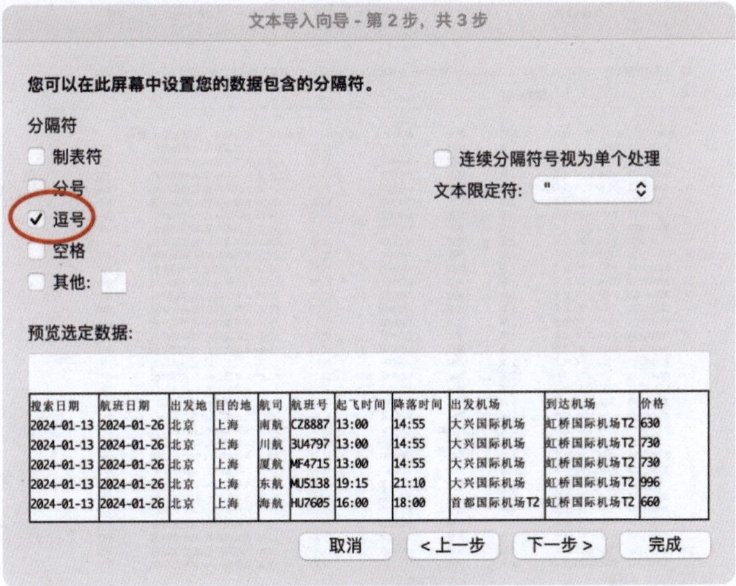

图 7-2-3 数据导入②

① 在设置分隔符时，勾选“逗号”选项，确保其他分隔符（如“空格”）未被选中。

② 点击“下一步”按钮。

（3）设置列数据格式（图 7-2-4）。

① 在“列数据格式”页面，可以根据需要调整各列的数据格式。一般情况下，选择“常规”即可。

② 如果某列包含特定的数据类型（如日期、数字），可以单独选择该列并设置相应的数据格式。

③ 点击“完成”按钮。

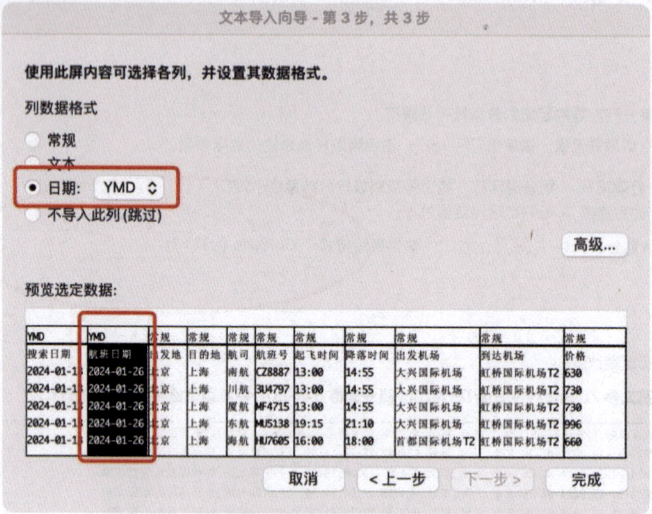

图 7-2-4　数据导入③

（4）查看数据（图 7-2-5）。

CSV 文件的数据已经正确导入 Excel 中，现在可以查看并编辑这些数据。

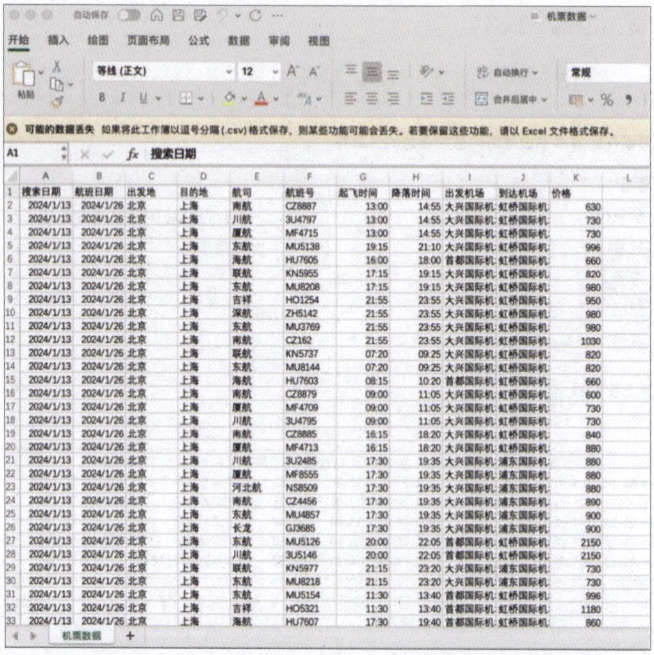

	A	B	C	D	E	F	G	H	I	J	K
1	搜索日期	航班日期	出发地	目的地	航司	航班号	起飞时间	降落时间	出发机场	到达机场	价格
2	2024/1/13	2024/1/26	北京	上海	南航	CZ8887	13:00	14:55	大兴国际机	虹桥国际机	630
3	2024/1/13	2024/1/26	北京	上海	川航	3U4797	13:00	14:55	大兴国际机	虹桥国际机	730
4	2024/1/13	2024/1/26	北京	上海	厦航	MF4715	13:00	14:55	大兴国际机	虹桥国际机	730
5	2024/1/13	2024/1/26	北京	上海	东航	MU5138	19:15	21:10	大兴国际机	虹桥国际机	996
6	2024/1/13	2024/1/26	北京	上海	海航	HU7605	16:00	18:00	首都国际机	虹桥国际机	660
7	2024/1/13	2024/1/26	北京	上海	联航	KN5955	17:15	19:15	大兴国际机	虹桥国际机	820
8	2024/1/13	2024/1/26	北京	上海	东航	MU8208	17:15	19:15	大兴国际机	虹桥国际机	980
9	2024/1/13	2024/1/26	北京	上海	吉祥	HO1254	21:55	23:55	大兴国际机	虹桥国际机	950
10	2024/1/13	2024/1/26	北京	上海	深航	ZH5142	21:55	23:55	大兴国际机	虹桥国际机	980
11	2024/1/13	2024/1/26	北京	上海	东航	MU3769	21:55	23:55	大兴国际机	虹桥国际机	980
12	2024/1/13	2024/1/26	北京	上海	南航	CZ162	21:55	23:55	大兴国际机	虹桥国际机	1030
13	2024/1/13	2024/1/26	北京	上海	联航	KN5737	07:20	09:25	大兴国际机	虹桥国际机	820
14	2024/1/13	2024/1/26	北京	上海	东航	MU8144	07:20	09:25	大兴国际机	虹桥国际机	820
15	2024/1/13	2024/1/26	北京	上海	海航	HU7603	08:15	10:20	首都国际机	虹桥国际机	660
16	2024/1/13	2024/1/26	北京	上海	南航	CZ8879	09:00	11:05	大兴国际机	虹桥国际机	600
17	2024/1/13	2024/1/26	北京	上海	厦航	MF4709	09:00	11:05	大兴国际机	虹桥国际机	730
18	2024/1/13	2024/1/26	北京	上海	川航	3U4795	09:00	11:05	大兴国际机	虹桥国际机	730
19	2024/1/13	2024/1/26	北京	上海	南航	CZ8885	16:15	18:20	大兴国际机	虹桥国际机	840
20	2024/1/13	2024/1/26	北京	上海	厦航	MF4713	16:15	18:20	大兴国际机	虹桥国际机	880
21	2024/1/13	2024/1/26	北京	上海	川航	3U2485	17:30	19:35	大兴国际机	浦东国际机	880
22	2024/1/13	2024/1/26	北京	上海	厦航	MF8555	17:30	19:35	大兴国际机	浦东国际机	880
23	2024/1/13	2024/1/26	北京	上海	河北航	NS8509	17:30	19:35	大兴国际机	浦东国际机	880
24	2024/1/13	2024/1/26	北京	上海	南航	CZ4456	17:30	19:35	大兴国际机	浦东国际机	890
25	2024/1/13	2024/1/26	北京	上海	东航	MU4857	17:30	19:35	大兴国际机	浦东国际机	900
26	2024/1/13	2024/1/26	北京	上海	长龙	GJ3685	17:30	19:35	大兴国际机	浦东国际机	900
27	2024/1/13	2024/1/26	北京	上海	东航	MU5126	20:00	22:05	首都国际机	虹桥国际机	2150
28	2024/1/13	2024/1/26	北京	上海	川航	3U5146	20:00	22:05	首都国际机	虹桥国际机	2150
29	2024/1/13	2024/1/26	北京	上海	联航	KN5977	21:15	23:20	大兴国际机	浦东国际机	730
30	2024/1/13	2024/1/26	北京	上海	东航	MU8218	21:15	23:20	大兴国际机	浦东国际机	730
31	2024/1/13	2024/1/26	北京	上海	东航	MU5154	11:30	13:40	首都国际机	虹桥国际机	996
32	2024/1/13	2024/1/26	北京	上海	吉祥	HO5321	11:30	13:40	首都国际机	虹桥国际机	1180
33	2024/1/13	2024/1/26	北京	上海	海航	HU7607	17:30	19:40	首都国际机	虹桥国际机	860

图 7-2-5　导入好的数据

2. 数据清洗

（1）打开数据。

确保已经将 CSV 文件导入 Excel 中，并打开该工作簿。

（2）使用条件格式检查缺失值。

① 选择整个数据范围。

② 点击“开始”菜单，选择“条件格式”（图 7-2-6）。

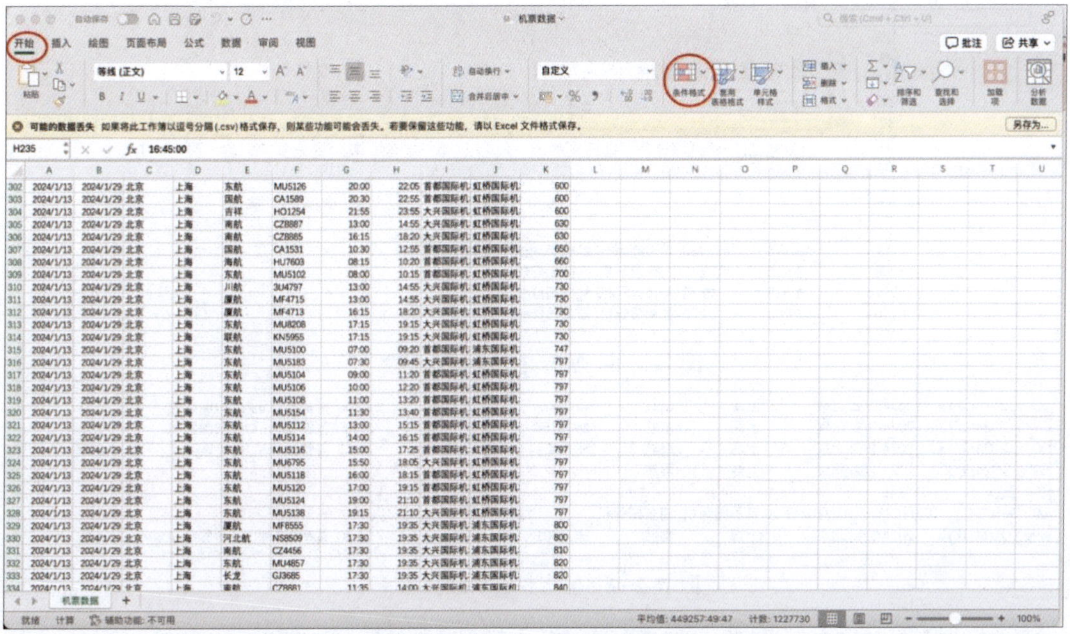

图 7-2-6 检查是否有缺失值①

③ 选择“新建规则”，然后选择“仅对包含以下内容的单元格格式化”（图 7-2-7）。

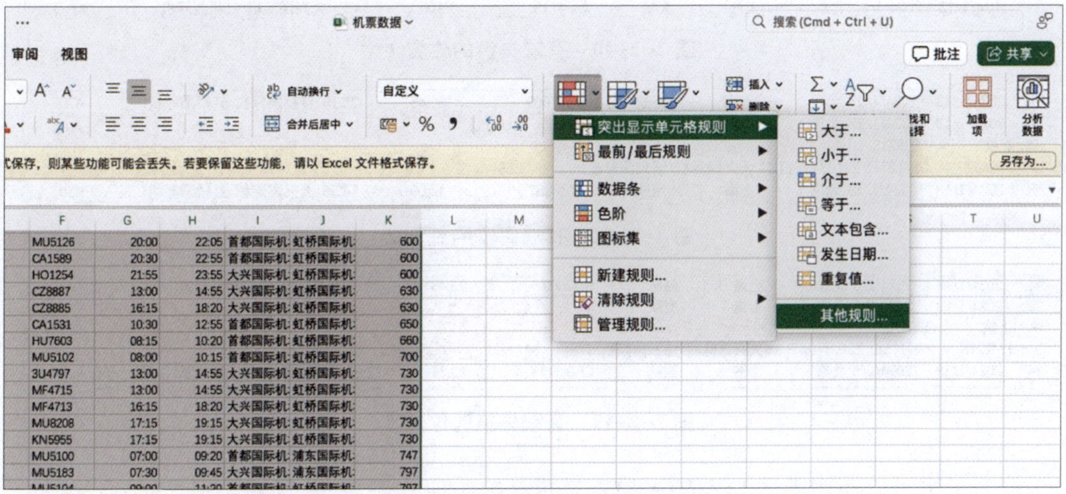

图 7-2-7 检查是否有缺失值②

④ 选择“空值”，然后设置一种醒目的填充颜色，比如红色，点击“确定”（图 7-2-8）。

（3）现在，所有缺失值将以红色显示，方便检查（图 7-2-9～图 7-2-12）。

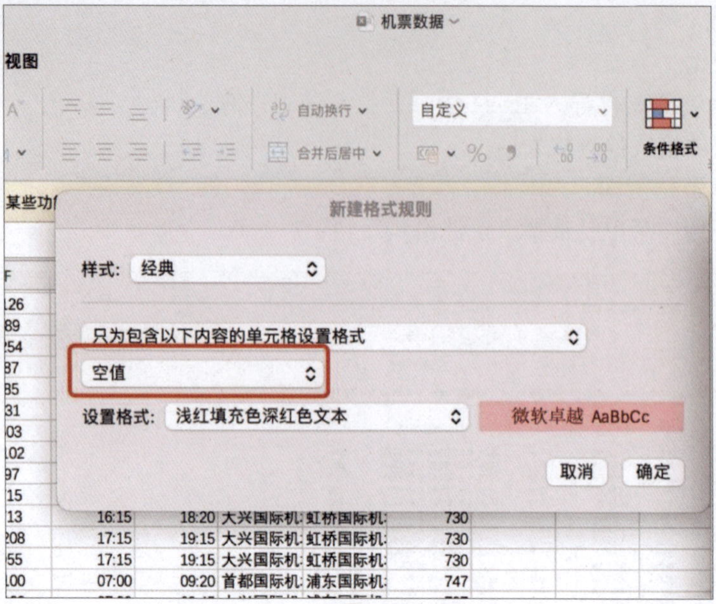

图 7-2-8　检查是否有缺失值③

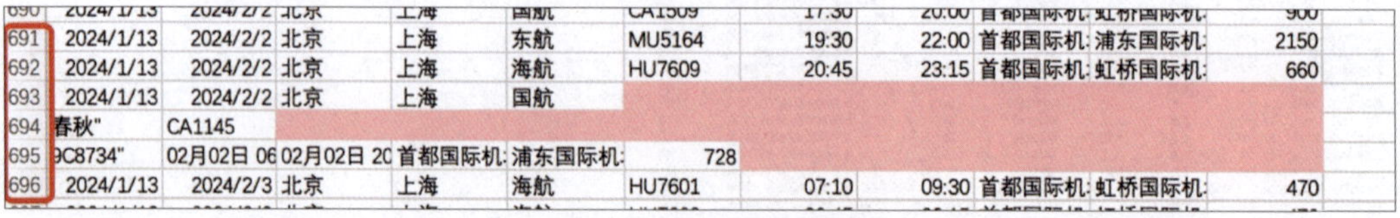

691	2024/1/13	2024/2/2	北京	上海	东航	MU5164	19:30	22:00	首都国际机:	浦东国际机:	2150
692	2024/1/13	2024/2/2	北京	上海	海航	HU7609	20:45	23:15	首都国际机:	虹桥国际机:	660
693	2024/1/13	2024/2/2	北京	上海	国航						
694	春秋"	CA1145									
695	9C8734"	02月02日 06	02月02日 20	首都国际机:	浦东国际机:	728					
696	2024/1/13	2024/2/3	北京	上海	海航	HU7601	07:10	09:30	首都国际机:	虹桥国际机:	470

图 7-2-9　检查是否有缺失值④

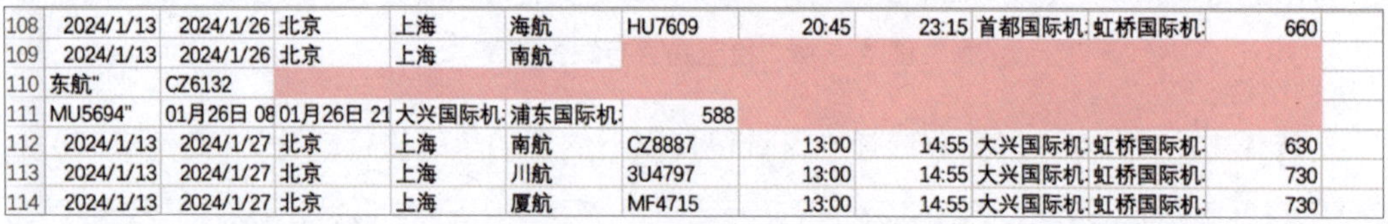

108	2024/1/13	2024/1/26	北京	上海	海航	HU7609	20:45	23:15	首都国际机:	虹桥国际机:	660
109	2024/1/13	2024/1/26	北京	上海	南航						
110	东航"	CZ6132									
111	MU5694"	01月26日 08	01月26日 21	大兴国际机:	浦东国际机:	588					
112	2024/1/13	2024/1/27	北京	上海	南航	CZ8887	13:00	14:55	大兴国际机:	虹桥国际机:	630
113	2024/1/13	2024/1/27	北京	上海	川航	3U4797	13:00	14:55	大兴国际机:	虹桥国际机:	730
114	2024/1/13	2024/1/27	北京	上海	厦航	MF4715	13:00	14:55	大兴国际机:	虹桥国际机:	730

图 7-2-10　有缺失值的位置①

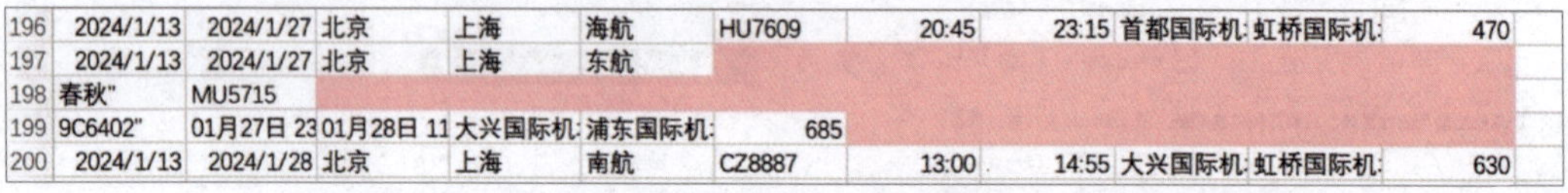

196	2024/1/13	2024/1/27	北京	上海	海航	HU7609	20:45	23:15	首都国际机:	虹桥国际机:	470
197	2024/1/13	2024/1/27	北京	上海	东航						
198	春秋"	MU5715									
199	9C6402"	01月27日 23	01月28日 11	大兴国际机:	浦东国际机:	685					
200	2024/1/13	2024/1/28	北京	上海	南航	CZ8887	13:00	14:55	大兴国际机:	虹桥国际机:	630

图 7-2-11　有缺失值的位置②

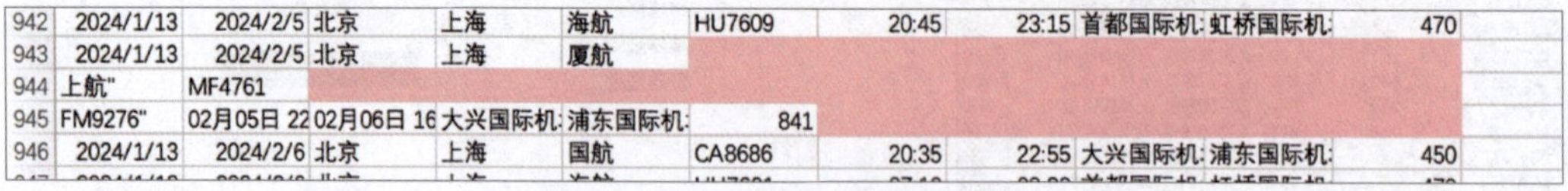

942	2024/1/13	2024/2/5	北京	上海	海航	HU7609	20:45	23:15	首都国际机:	虹桥国际机:	470
943	2024/1/13	2024/2/5	北京	上海	厦航						
944	上航"	MF4761									
945	FM9276"	02月05日 22	02月06日 16	大兴国际机:	浦东国际机:	841					
946	2024/1/13	2024/2/6	北京	上海	国航	CA8686	20:35	22:55	大兴国际机:	浦东国际机:	450

图 7-2-12　有缺失值的位置③

或者，也可以使用函数 COUNTA 检查是否有缺失值（图 7-2-13）。

（4）检查异常值，包括不正常的数值和非数值的情况。

使用 ISNUMBER 函数检查应该是数值的位置出现了非数值的情况，并返回 TRUE（图 7-2-14）。

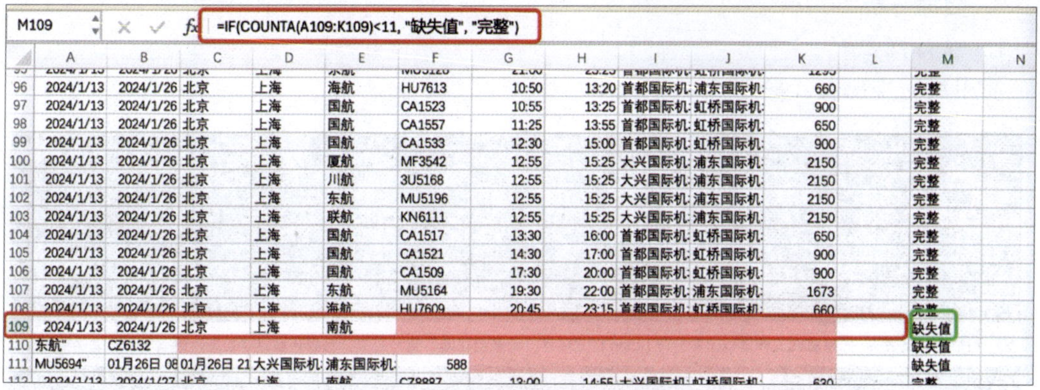

M109　=IF(COUNTA(A109:K109)<11, "缺失值", "完整")

	A	B	C	D	E	F	G	H	I	J	K	L	M	N
96	2024/1/13	2024/1/26	北京	上海	海航	HU7613	10:50	13:20	首都国际机:	浦东国际机:	660		完整	
97	2024/1/13	2024/1/26	北京	上海	国航	CA1523	10:55	13:25	首都国际机:	虹桥国际机:	900		完整	
98	2024/1/13	2024/1/26	北京	上海	国航	CA1557	11:25	13:55	首都国际机:	虹桥国际机:	650		完整	
99	2024/1/13	2024/1/26	北京	上海	国航	CA1533	12:30	15:00	首都国际机:	虹桥国际机:	900		完整	
100	2024/1/13	2024/1/26	北京	上海	厦航	MF3542	12:55	15:25	大兴国际机:	浦东国际机:	2150		完整	
101	2024/1/13	2024/1/26	北京	上海	川航	3U5168	12:55	15:25	大兴国际机:	浦东国际机:	2150		完整	
102	2024/1/13	2024/1/26	北京	上海	东航	MU5196	12:55	15:25	大兴国际机:	浦东国际机:	2150		完整	
103	2024/1/13	2024/1/26	北京	上海	联航	KN6111	12:55	15:25	大兴国际机:	浦东国际机:	2150		完整	
104	2024/1/13	2024/1/26	北京	上海	国航	CA1517	13:30	16:00	首都国际机:	虹桥国际机:	650		完整	
105	2024/1/13	2024/1/26	北京	上海	国航	CA1521	14:30	17:00	首都国际机:	虹桥国际机:	900		完整	
106	2024/1/13	2024/1/26	北京	上海	国航	CA1509	17:30	20:00	首都国际机:	虹桥国际机:	900		完整	
107	2024/1/13	2024/1/26	北京	上海	东航	MU5164	19:30	22:00	首都国际机:	浦东国际机:	1673		完整	
108	2024/1/13	2024/1/26	北京	上海	海航	HU7609	20:45	23:15	首都国际机:	虹桥国际机:	660		完整	
109	2024/1/13	2024/1/26	北京	上海	南航								缺失值	
110	东航"	CZ6132											缺失值	
111	MU5694"	01月26日 08	01月26日 21	大兴国际机:	浦东国际机:	588							缺失值	

图 7-2-13　使用函数检查是否有缺失值

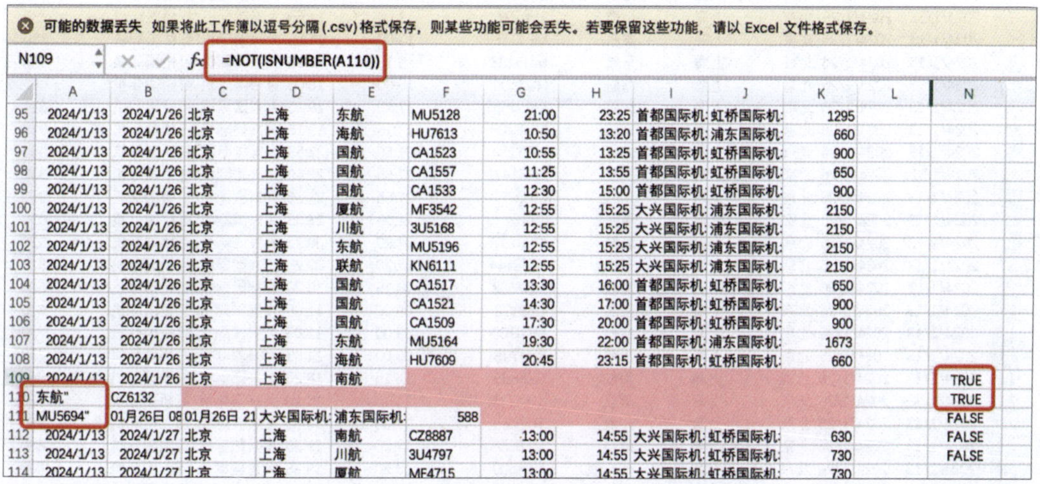

可能的数据丢失　如果将此工作簿以逗号分隔 (.csv) 格式保存，则某些功能可能会丢失。若要保留这些功能，请以 Excel 文件格式保存。

N109　=NOT(ISNUMBER(A110))

	A	B	C	D	E	F	G	H	I	J	K	L	N
95	2024/1/13	2024/1/26	北京	上海	东航	MU5128	21:00	23:25	首都国际机:	虹桥国际机:	1295		
96	2024/1/13	2024/1/26	北京	上海	海航	HU7613	10:50	13:20	首都国际机:	浦东国际机:	660		
97	2024/1/13	2024/1/26	北京	上海	国航	CA1523	10:55	13:25	首都国际机:	虹桥国际机:	900		
98	2024/1/13	2024/1/26	北京	上海	国航	CA1557	11:25	13:55	首都国际机:	虹桥国际机:	650		
99	2024/1/13	2024/1/26	北京	上海	国航	CA1533	12:30	15:00	首都国际机:	虹桥国际机:	900		
100	2024/1/13	2024/1/26	北京	上海	厦航	MF3542	12:55	15:25	大兴国际机:	浦东国际机:	2150		
101	2024/1/13	2024/1/26	北京	上海	川航	3U5168	12:55	15:25	大兴国际机:	浦东国际机:	2150		
102	2024/1/13	2024/1/26	北京	上海	东航	MU5196	12:55	15:25	大兴国际机:	浦东国际机:	2150		
103	2024/1/13	2024/1/26	北京	上海	联航	KN6111	12:55	15:25	大兴国际机:	浦东国际机:	2150		
104	2024/1/13	2024/1/26	北京	上海	国航	CA1517	13:30	16:00	首都国际机:	虹桥国际机:	650		
105	2024/1/13	2024/1/26	北京	上海	国航	CA1521	14:30	17:00	首都国际机:	虹桥国际机:	900		
106	2024/1/13	2024/1/26	北京	上海	国航	CA1509	17:30	20:00	首都国际机:	虹桥国际机:	900		
107	2024/1/13	2024/1/26	北京	上海	东航	MU5164	19:30	22:00	首都国际机:	浦东国际机:	1673		
108	2024/1/13	2024/1/26	北京	上海	海航	HU7609	20:45	23:15	首都国际机:	虹桥国际机:	660		
109	2024/1/13	2024/1/26	北京	上海	南航								TRUE
110	东航"	CZ6132											TRUE
111	MU5694"	01月26日 08	01月26日 21	大兴国际机:	浦东国际机:	588							FALSE
112	2024/1/13	2024/1/27	北京	上海	南航	CZ8887	13:00	14:55	大兴国际机:	虹桥国际机:	630		FALSE
113	2024/1/13	2024/1/27	北京	上海	川航	3U4797	13:00	14:55	大兴国际机:	虹桥国际机:	730		FALSE

图 7-2-14　使用函数检查是否有异常值

比如，以上判断“搜索日期”的位置出现了航班号或者航空公司名称，且剩余大部分信息都是缺失的，这些数据所在的行应当全部删除。

接着，使用 Python 删除含有缺失值的行，操作代码如下：

```
import pandas as pd

# 加载 CSV 文件
file_path = './data/机票数据.csv'
flight_data = pd.read_csv(file_path)

# 删除包含缺失值的行
cleaned_flight_data = flight_data.dropna()

# 以正确的编码保存清理后的数据到新的 CSV 文件
cleaned_file_path_utf8 = './cleaned_机票数据_utf8.csv'
cleaned_flight_data.to_csv(cleaned_file_path_utf8, index=False, encoding='utf-8-sig')
```

3. 数据分析

1）统计摘要。

使用数据透视表（图 7-2-15）。

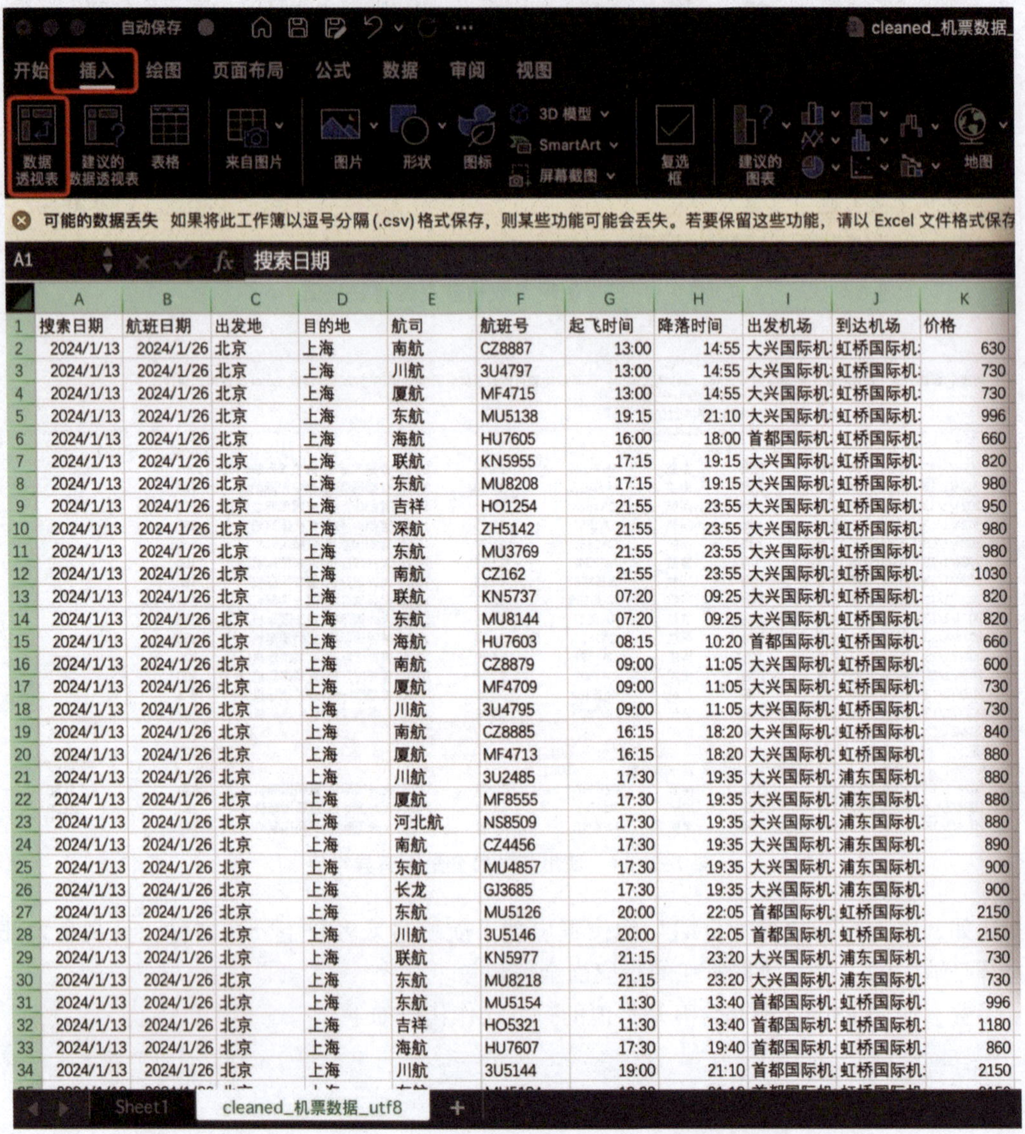

搜索日期	航班日期	出发地	目的地	航司	航班号	起飞时间	降落时间	出发机场	到达机场	价格
2024/1/13	2024/1/26	北京	上海	南航	CZ8887	13:00	14:55	大兴国际机	虹桥国际机	630
2024/1/13	2024/1/26	北京	上海	川航	3U4797	13:00	14:55	大兴国际机	虹桥国际机	730
2024/1/13	2024/1/26	北京	上海	厦航	MF4715	13:00	14:55	大兴国际机	虹桥国际机	730
2024/1/13	2024/1/26	北京	上海	东航	MU5138	19:15	21:10	大兴国际机	虹桥国际机	996
2024/1/13	2024/1/26	北京	上海	海航	HU7605	16:00	18:00	首都国际机	虹桥国际机	660
2024/1/13	2024/1/26	北京	上海	联航	KN5955	17:15	19:15	大兴国际机	虹桥国际机	820
2024/1/13	2024/1/26	北京	上海	东航	MU8208	17:15	19:15	大兴国际机	虹桥国际机	980
2024/1/13	2024/1/26	北京	上海	吉祥	HO1254	21:55	23:55	大兴国际机	虹桥国际机	950
2024/1/13	2024/1/26	北京	上海	深航	ZH5142	21:55	23:55	大兴国际机	虹桥国际机	980
2024/1/13	2024/1/26	北京	上海	东航	MU3769	21:55	23:55	大兴国际机	虹桥国际机	980
2024/1/13	2024/1/26	北京	上海	南航	CZ162	21:55	23:55	大兴国际机	虹桥国际机	1030
2024/1/13	2024/1/26	北京	上海	联航	KN5737	07:20	09:25	大兴国际机	虹桥国际机	820
2024/1/13	2024/1/26	北京	上海	东航	MU8144	07:20	09:25	大兴国际机	虹桥国际机	820
2024/1/13	2024/1/26	北京	上海	海航	HU7603	08:15	10:20	首都国际机	虹桥国际机	660
2024/1/13	2024/1/26	北京	上海	南航	CZ8879	09:00	11:05	大兴国际机	虹桥国际机	600
2024/1/13	2024/1/26	北京	上海	厦航	MF4709	09:00	11:05	大兴国际机	虹桥国际机	730
2024/1/13	2024/1/26	北京	上海	川航	3U4795	09:00	11:05	大兴国际机	虹桥国际机	730
2024/1/13	2024/1/26	北京	上海	南航	CZ8885	16:15	18:20	大兴国际机	虹桥国际机	840
2024/1/13	2024/1/26	北京	上海	厦航	MF4713	16:15	18:20	大兴国际机	虹桥国际机	880
2024/1/13	2024/1/26	北京	上海	川航	3U2485	17:30	19:35	大兴国际机	浦东国际机	880
2024/1/13	2024/1/26	北京	上海	厦航	MF8555	17:30	19:35	大兴国际机	浦东国际机	880
2024/1/13	2024/1/26	北京	上海	河北航	NS8509	17:30	19:35	大兴国际机	浦东国际机	880
2024/1/13	2024/1/26	北京	上海	南航	CZ4456	17:30	19:35	大兴国际机	浦东国际机	890
2024/1/13	2024/1/26	北京	上海	东航	MU4857	17:30	19:35	大兴国际机	浦东国际机	900
2024/1/13	2024/1/26	北京	上海	长龙	GJ3685	17:30	19:35	大兴国际机	浦东国际机	900
2024/1/13	2024/1/26	北京	上海	东航	MU5126	20:00	22:05	首都国际机	虹桥国际机	2150
2024/1/13	2024/1/26	北京	上海	川航	3U5146	20:00	22:05	首都国际机	虹桥国际机	2150
2024/1/13	2024/1/26	北京	上海	联航	KN5977	21:15	23:20	大兴国际机	浦东国际机	730
2024/1/13	2024/1/26	北京	上海	东航	MU8218	21:15	23:20	大兴国际机	浦东国际机	730
2024/1/13	2024/1/26	北京	上海	东航	MU5154	11:30	13:40	首都国际机	虹桥国际机	996
2024/1/13	2024/1/26	北京	上海	吉祥	HO5321	11:30	13:40	首都国际机	虹桥国际机	1180
2024/1/13	2024/1/26	北京	上海	海航	HU7607	17:30	19:40	首都国际机	虹桥国际机	860
2024/1/13	2024/1/26	北京	上海	川航	3U5144	19:00	21:10	首都国际机	虹桥国际机	2150

图 7-2-15 删除缺失值后的数据并制作数据透视表

（1）插入数据透视表：

① 选择数据范围；

② 点击“插入”选项卡，然后选择“数据透视表”；

③ 选择将数据透视表放在新工作表或现有工作表中。

（2）配置数据透视表：

① 将数值字段（如价格）拖动到“值”区域；

② 在“值字段设置”中选择“最大值”“最小值”“平均值”“标准差”等（图 7-2-16~图 7-2-21）。

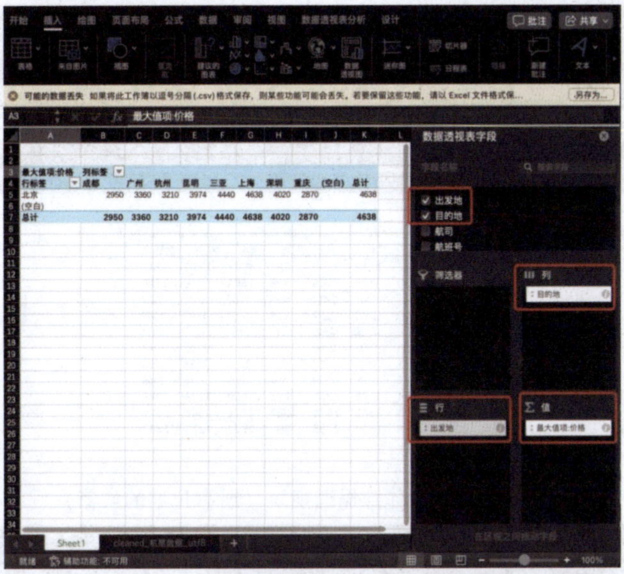

图 7-2-16　制作数据透视表（最大值）

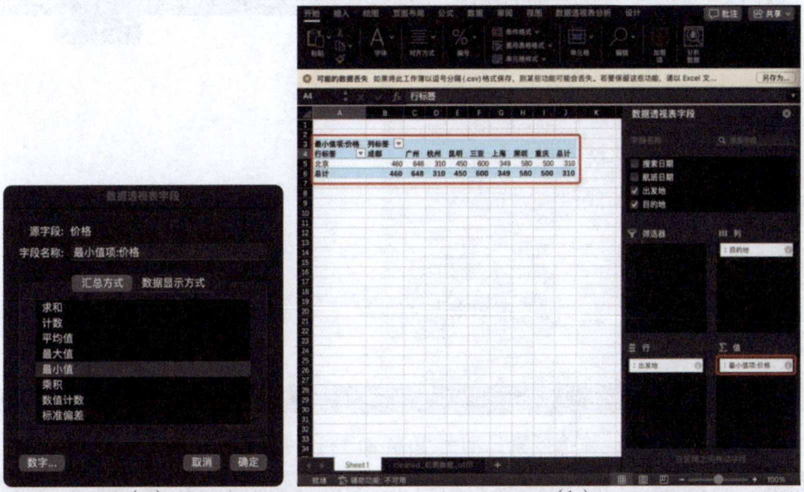

（a）　（b）

图 7-2-17　制作数据透视表（最小值）

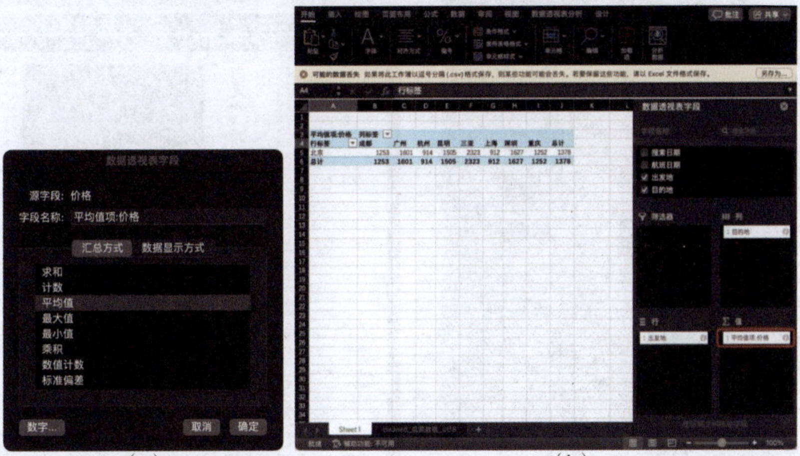

（a）　（b）

图 7-2-18　制作数据透视表（平均值）

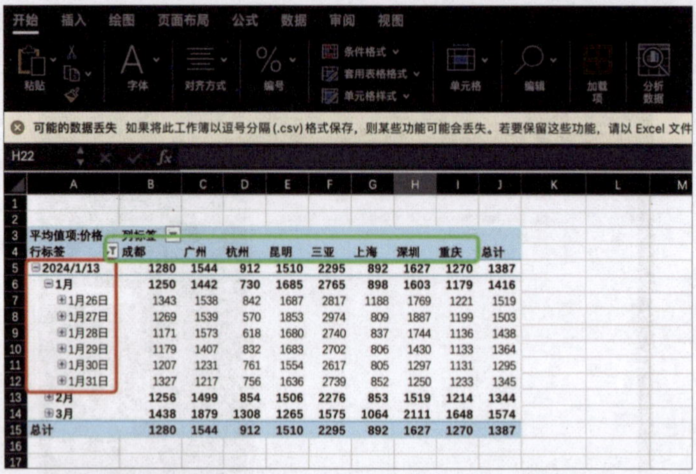

图 7-2-19　制作数据透视表（所有日期的均值）

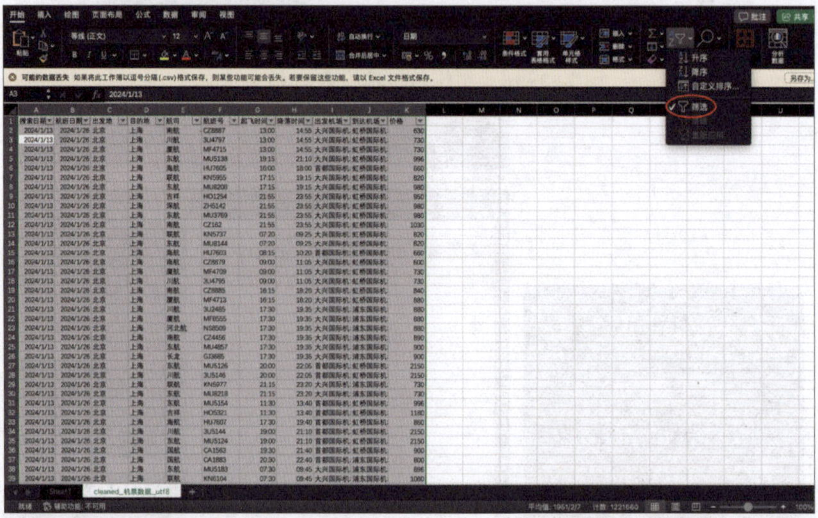

图 7-2-20　筛选搜索日期为 2024/1/13，目的地为上海的航班①

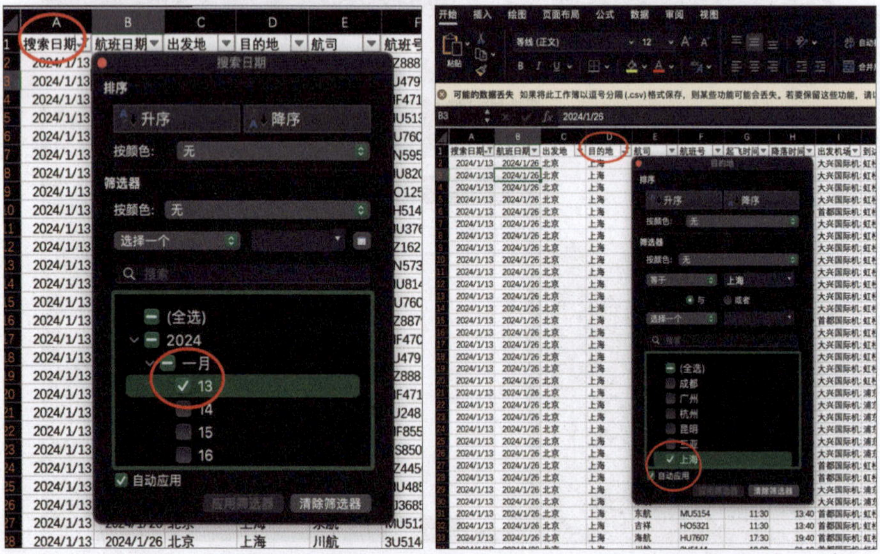

图 7-2-21　筛选搜索日期为 2024/1/13，目的地为上海的航班②

2）图形探索。

通过制作单一箱线图（图 7-2-22）和不同箱线图（图 7-2-23）之间的比较，上海的价格范围最广，由 500 元到 2 000 元多不等，且大多数价格集中在 800~900 元。飞往杭州的航班，整体价格都较低，在 600~900 元。重庆和成都价格分布相差不大，位于 1 200~1 400 元。广州和深圳的价格都比上述城市的价格要高，且深圳略高于广州，在 1 600 元~1 800 元。剩下两座旅游休闲目的地，其中昆明的价格和分布与深圳近似，飞往三亚的航班，整体价格最高，且差异小。

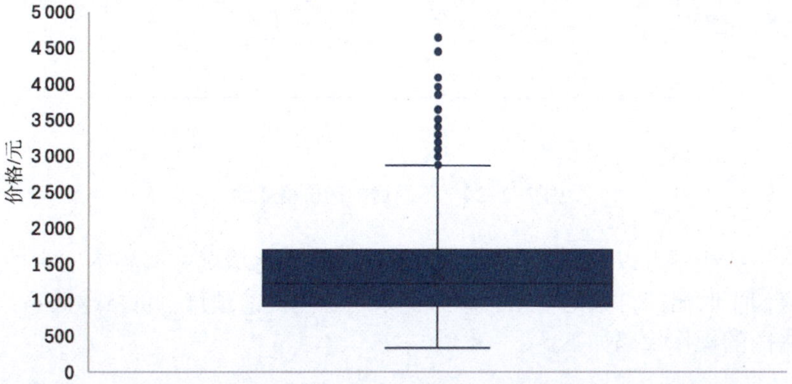

图 7-2-22　2024 年 1 月 13 日搜索北京至上海 2024 年 1 月 26 日航班价格

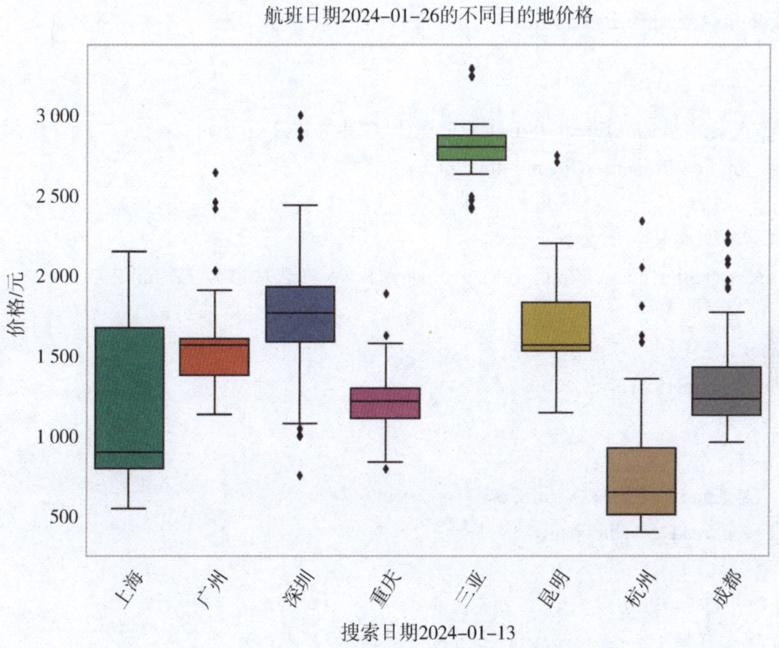

图 7-2-23　不同目的地的箱线图比较

比较完同一日不同目的地航线的价格分布后，再拉大时间窗口，比较不同城市航线价格的波动（图 7-2-24）。不同城市航线均价还是和上面箱线图的结果一致，即三亚价格最高，其次是深圳、昆明、广州，紧跟的是成都和重庆，最低的价格是飞往上海和杭州的航线。

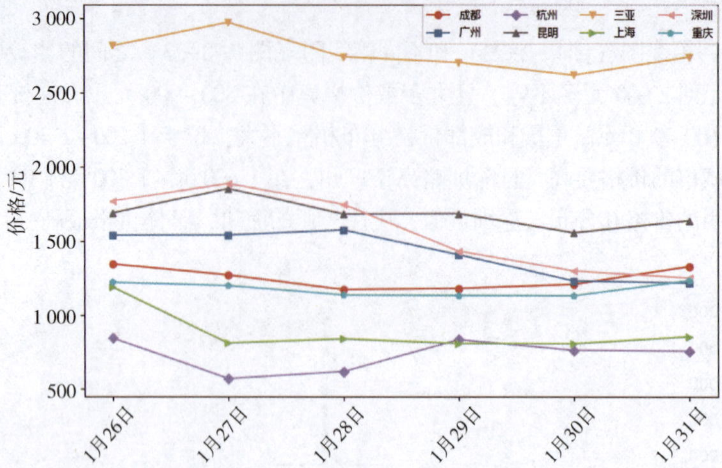

图 7-2-24　不同目的地价格变动

但是，由于折线图可以看到不同日期机票价格的变化情况，回到本实训的任务动态定价，再结合人们平时出门订票的习惯，思考机票一定越提前预订，价格越低吗？

以上两张图的操作代码如下：

```
import pandas as pd
import matplotlib. pyplot as plt
import seaborn as sns
import matplotlib. font_manager as fm

# 设置中文字体路径
font_path = '/Users/vivianli/Library/Fonts/方正楷体_GBK FZKTK. TTF'
font_prop = fm. FontProperties(fname=font_path)

# 打印字体名称以确认字体加载正确
print(fm. FontProperties(fname=font_path). get_name())   # 确认输出为 FZKai-Z03

# 设置 Seaborn 样式
sns. set(style="whitegrid")

# 1. 导入数据
file_path = '. /cleaned_机票数据_utf8. csv'
flight_data = pd. read_csv(file_path)

# 确保 '搜索日期'和 '航班日期'列是日期类型
flight_data['搜索日期'] = pd. to_datetime(flight_data['搜索日期'])
flight_data['航班日期'] = pd. to_datetime(flight_data['航班日期'])

# 6. 同一个搜索日期和航班日期时,不同目的地的箱线图
# 选择特定的搜索日期和航班日期
search_date = '2024-01-13'
flight_date = '2024-01-26'
```

```
# 筛选数据
filtered_data = flight_data[(flight_data['搜索日期'] == search_date) & (flight_data['航班日期'] == flight_
date)]

# 创建箱线图
plt. figure(figsize=(10, 8))
ax = sns. boxplot(x='目的地', y='价格', data=filtered_data, palette='Set2')

# 设置标题和标签
ax. set_title(f'航班日期 {flight_date} 的不同目的地价格',
fontproperties=font_prop, fontsize=16, pad=20)
ax. set_xlabel(f'搜索日期 {search_date}', fontproperties=font_prop, fontsize=14, labelpad=15)
ax. set_ylabel('价格 (元)', fontproperties=font_prop, fontsize=14, labelpad=15)

# 设置刻度标签的字体大小和位置
plt. xticks(fontproperties=font_prop, fontsize=12, rotation=45)
plt. yticks(fontproperties=font_prop, fontsize=12)

# 调整刻度标签和轴标签的距离
ax. tick_params(axis='x', which='major', pad=10)
ax. tick_params(axis='y', which='major', pad=10)

# 取消网格
plt. grid(False)
plt. tight_layout()

# 保存图表
plt. savefig('. /boxplot_filtered_data_slim. png')  # 请替换为你的本地保存路径

# 显示图表
plt. show()

import pandas as pd
import matplotlib. pyplot as plt
import seaborn as sns
import matplotlib. font_manager as fm

# 设置中文字体路径
font_path = '/System/Library/Fonts/PingFang. ttc'
font_prop = fm. FontProperties(fname=font_path)

# 打印字体名称以确认字体加载正确
print(fm. FontProperties(fname=font_path). get_name())
```

```
# 设置 Seaborn 样式
#sns.set(style="whitegrid")

# 创建数据
data = {
    '日期': ['1月26日', '1月27日', '1月28日', '1月29日', '1月30日', '1月31日'],
    '成都': [1343, 1269, 1171, 1179, 1207, 1327],
    '广州': [1538, 1539, 1573, 1407, 1231, 1217],
    '杭州': [842, 570, 618, 832, 761, 756],
    '昆明': [1687, 1853, 1680, 1683, 1554, 1636],
    '三亚': [2817, 2974, 2740, 2702, 2617, 2739],
    '上海': [1188, 809, 837, 806, 805, 852],
    '深圳': [1769, 1887, 1744, 1430, 1297, 1250],
    '重庆': [1221, 1199, 1136, 1133, 1131, 1233]
}

# 转换为 DataFrame
df = pd.DataFrame(data)

# 设置日期为索引
df.set_index('日期', inplace=True)

# 颜色列表,高对比度颜色
colors = ['#E24A33', '#348ABD', '#988ED5', '#777777', '#FBC15E', '#8EBA42', '#FFB5B8', '#17BECF']
# 标记列表,不同的标记
markers = ['o', 's', 'D', '^', 'v', '>', '<', 'p']

# 创建折线图
plt.figure(figsize=(10, 6))
for i, city in enumerate(df.columns):
plt.plot(df.index, df[city], marker=markers[i], label=city, color=colors[i])

# 设置标题和标签
plt.title('2024年1月13日搜索的不同日期的机票价格', fontproperties=font_prop, fontsize=16, pad=20)
plt.xlabel('日期', fontproperties=font_prop, fontsize=14, labelpad=15)
plt.ylabel('价格 (元)', fontproperties=font_prop, fontsize=14, labelpad=15)

# 设置刻度标签的字体大小和位置
plt.xticks(fontproperties=font_prop, fontsize=12, rotation=45)
plt.yticks(fontproperties=font_prop, fontsize=12)

# 添加图例,设置为两行多列
plt.legend(prop=font_prop, fontsize=12, ncol=4, loc='best', borderaxespad=0.)
```

```
# 保存图表
plt.savefig('lineplot_ticket_prices_high_contrast_markers.png')  # 请替换为你的本地保存路径

# 显示图表
plt.show()
```

接下来，我们再做进一步的分析：

（1）不同时段的航班价格。

即使定下来出游日期，但是一天中不同时段或者不同航司，对应的机票价格也不一样。

操作上，我们可以根据起飞时间和降落时间将航班划分为不同的时间段。通常，可以将一天分为几个时段，如早晨（6：00—12：00）、下午（12：00—18：00）、晚上（18：00—24：00）和夜间（24：00—6：00），结果如图 7-2-25 所示。

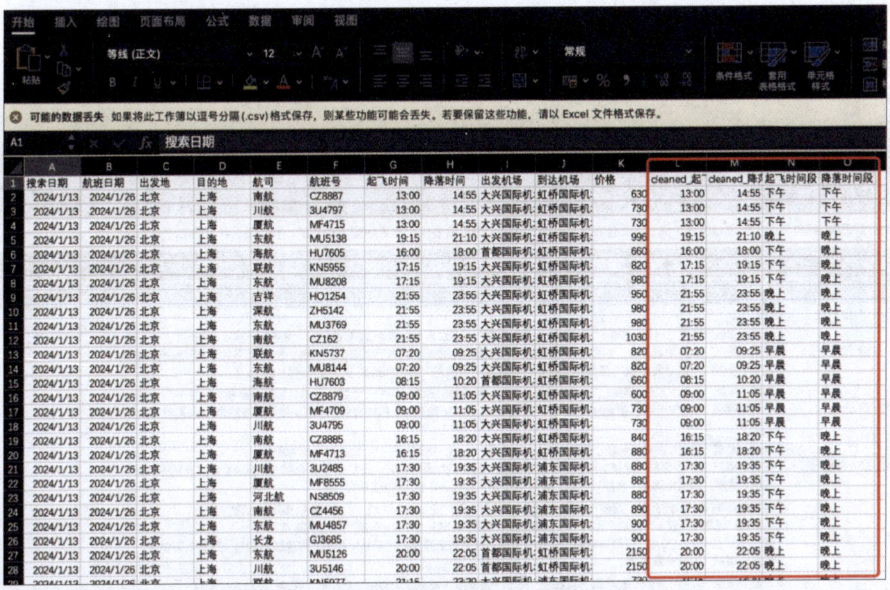

	搜索日期	航班日期	出发地	目的地	航司	航班号	起飞时间	降落时间	出发机场	到达机场	价格	cleaned_起	cleaned_降	起飞时间段	降落时间段
2	2024/1/13	2024/1/26	北京	上海	南航	CZ8887	13:00	14:55	大兴国际机	虹桥国际机	630	13:00	14:55	下午	下午
3	2024/1/13	2024/1/26	北京	上海	川航	3U4797	13:00	14:55	大兴国际机	虹桥国际机	730	13:00	14:55	下午	下午
4	2024/1/13	2024/1/26	北京	上海	厦航	MF4715	13:00	14:55	大兴国际机	虹桥国际机	730	13:00	14:55	下午	下午
5	2024/1/13	2024/1/26	北京	上海	东航	MU5138	19:15	21:10	大兴国际机	虹桥国际机	996	19:15	21:10	晚上	晚上
6	2024/1/13	2024/1/26	北京	上海	海航	HU7605	16:00	18:00	首都国际机	虹桥国际机	660	16:00	18:00	下午	晚上
7	2024/1/13	2024/1/26	北京	上海	联航	KN5955	17:15	19:15	大兴国际机	虹桥国际机	820	17:15	19:15	下午	晚上
8	2024/1/13	2024/1/26	北京	上海	东航	MU8208	17:15	19:15	大兴国际机	虹桥国际机	980	17:15	19:15	下午	晚上
9	2024/1/13	2024/1/26	北京	上海	吉祥	HO1254	21:55	23:55	大兴国际机	虹桥国际机	950	21:55	23:55	晚上	晚上
10	2024/1/13	2024/1/26	北京	上海	深航	ZH5142	21:55	23:55	大兴国际机	虹桥国际机	980	21:55	23:55	晚上	晚上
11	2024/1/13	2024/1/26	北京	上海	东航	MU3769	21:55	23:55	大兴国际机	虹桥国际机	980	21:55	23:55	晚上	晚上
12	2024/1/13	2024/1/26	北京	上海	南航	CZ162	21:55	23:55	大兴国际机	虹桥国际机	1030	21:55	23:55	晚上	晚上
13	2024/1/13	2024/1/26	北京	上海	联航	KN5737	07:20	09:25	大兴国际机	虹桥国际机	820	07:20	09:25	早晨	早晨
14	2024/1/13	2024/1/26	北京	上海	东航	MU8144	07:20	09:25	大兴国际机	虹桥国际机	820	07:20	09:25	早晨	早晨
15	2024/1/13	2024/1/26	北京	上海	海航	HU7603	08:15	10:20	首都国际机	虹桥国际机	660	08:15	10:20	早晨	早晨
16	2024/1/13	2024/1/26	北京	上海	南航	CZ8879	09:00	11:05	大兴国际机	虹桥国际机	600	09:00	11:05	早晨	早晨
17	2024/1/13	2024/1/26	北京	上海	厦航	MF4709	09:00	11:05	大兴国际机	虹桥国际机	730	09:00	11:05	早晨	早晨
18	2024/1/13	2024/1/26	北京	上海	川航	3U4795	09:00	11:05	大兴国际机	虹桥国际机	730	09:00	11:05	早晨	早晨
19	2024/1/13	2024/1/26	北京	上海	南航	CZ8885	16:15	18:20	大兴国际机	虹桥国际机	840	16:15	18:20	下午	晚上
20	2024/1/13	2024/1/26	北京	上海	厦航	MF4713	16:15	18:20	大兴国际机	虹桥国际机	880	16:15	18:20	下午	晚上
21	2024/1/13	2024/1/26	北京	上海	川航	3U2485	17:30	19:35	大兴国际机	浦东国际机	880	17:30	19:35	下午	晚上
22	2024/1/13	2024/1/26	北京	上海	厦航	MF8555	17:30	19:35	大兴国际机	浦东国际机	880	17:30	19:35	下午	晚上
23	2024/1/13	2024/1/26	北京	上海	河北航	NS8509	17:30	19:35	大兴国际机	浦东国际机	880	17:30	19:35	下午	晚上
24	2024/1/13	2024/1/26	北京	上海	南航	CZ4456	17:30	19:35	大兴国际机	浦东国际机	890	17:30	19:35	下午	晚上
25	2024/1/13	2024/1/26	北京	上海	东航	MU4857	17:30	19:35	大兴国际机	浦东国际机	900	17:30	19:35	下午	晚上
26	2024/1/13	2024/1/26	北京	上海	长龙	GJ3685	17:30	19:35	大兴国际机	浦东国际机	900	17:30	19:35	下午	晚上
27	2024/1/13	2024/1/26	北京	上海	东航	MU5126	20:00	22:05	首都国际机	虹桥国际机	2150	20:00	22:05	晚上	晚上
28	2024/1/13	2024/1/26	北京	上海	川航	3U5146	20:00	22:05	首都国际机	虹桥国际机	2150	20:00	22:05	晚上	晚上

图 7-2-25 划分好时段后的数据集

操作代码如下：

```
# Define a function to categorize time into time periods
def categorize_time(time_str):
    hour = int(time_str.split(':')[0])
    if 6 <= hour < 12:
        return '早晨'
    elif 12 <= hour < 18:
        return '下午'
    elif 18 <= hour < 24:
        return '晚上'
    else:
        return '夜间'
```

```
# Apply the function to categorize 起飞时间 and 降落时间
data ['起飞时间段'] = data ['起飞时间'] . apply ( categorize_ time )
data ['降落时间段'] = data ['降落时间'] . apply ( categorize_ time )

# Display the first few rows to check the new columns
data [ ['起飞时间', '起飞时间段', '降落时间', '降落时间段'] ] . head ( )
```

查看同一条航线，都有哪些航空公司运营，操作代码如下：

```
# 获取同一天同一个目的地的运营航司列表
airlines_by_date_dest = processed_data. groupby(['搜索日期', '目的地'])['航司']. unique(). reset_index()

# 显示处理后的数据
print(airlines_by_date_dest. head())
```

结果如图 7-2-26 所示。

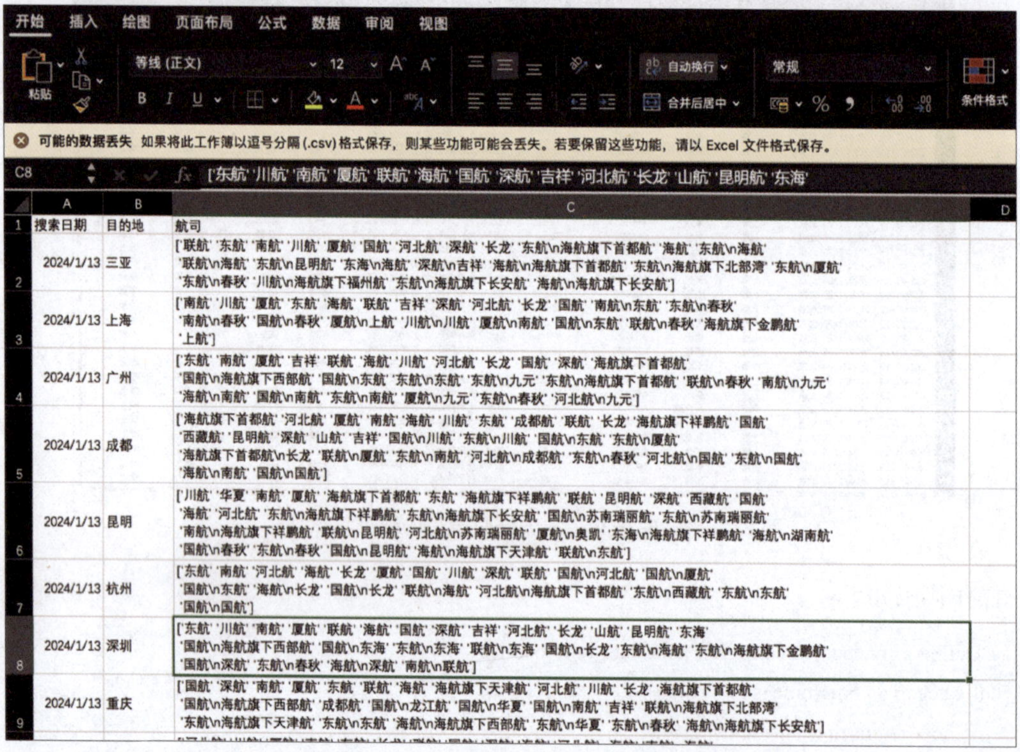

搜索日期	目的地	航司
2024/1/13	三亚	['联航' '东航' '南航' '川航' '厦航' '国航' '河北航' '深航' '长龙' '东航\n海航旗下首都航' '海航' '东航\n海航' '联航\n海航' '东航\n昆明航' '东海\n海航' '深航\n吉祥' '海航\n海航旗下首都航' '东航\n海航旗下北部湾' '东航\n厦航' '东航\n春秋' '川航\n海航旗下福州航' '东航\n海航旗下长安航' '海航\n海航旗下长安航']
2024/1/13	上海	['南航' '川航' '厦航' '东航' '海航' '联航' '吉祥' '深航' '河北航' '长龙' '国航' '南航\n东航' '东航\n春秋' '南航\n春秋' '国航\n春秋' '厦航\n上航' '川航\n川航' '厦航\n南航' '国航\n东航' '联航\n春秋' '海航旗下金鹏航' '上航']
2024/1/13	广州	['东航' '南航' '厦航' '吉祥' '联航' '海航' '川航' '河北航' '长龙' '国航' '深航' '海航旗下首都航' '国航\n海航旗下西部航' '国航\n东航' '东航\n东航' '东航\n九元' '东航\n海航旗下首都航' '联航\n春秋' '南航\n九元' '海航\n南航' '国航\n南航' '东航\n南航' '厦航\n九元' '东航\n春秋' '河北航\n九元']
2024/1/13	成都	['海航旗下首都航' '河北航' '厦航' '南航' '海航' '川航' '东航' '成都航' '联航' '长龙' '海航旗下祥鹏航' '国航' '西藏航' '昆明航' '深航' '山航' '吉祥' '国航\n川航' '东航\n川航' '国航\n东航' '东航\n厦航' '海航旗下首都航\n长龙' '联航\n厦航' '东航\n南航' '河北航\n成都航' '东航\n春秋' '河北航\n国航' '东航\n国航' '海航\n南航' '国航\n国航']
2024/1/13	昆明	['川航' '华夏' '南航' '厦航' '海航旗下首都航' '东航' '海航旗下祥鹏航' '联航' '昆明航' '深航' '西藏航' '国航' '海航' '河北航' '东航\n海航旗下祥鹏航' '东航\n海航旗下长安航' '国航\n苏南瑞丽航' '东航\n苏南瑞丽航' '南航\n海航旗下祥鹏航' '联航\n昆明航' '河北航\n苏南瑞丽航' '厦航\n奥凯' '东海\n海航旗下祥鹏航' '海航\n湖南航' '国航\n春秋' '东航\n春秋' '国航\n昆明航' '海航\n海航旗下天津航' '联航\n东航']
2024/1/13	杭州	['东航' '南航' '河北航' '海航' '长龙' '厦航' '国航' '川航' '深航' '联航' '国航\n河北航' '国航\n厦航' '国航\n东航' '海航\n长龙' '国航\n长龙' '联航\n海航' '河北航\n海航旗下首都航' '东航\n西藏航' '东航\n东航' '国航\n国航']
2024/1/13	深圳	['东航' '川航' '南航' '厦航' '联航' '海航' '国航' '深航' '吉祥' '河北航' '长龙' '山航' '昆明航' '东海' '国航\n海航旗下西部航' '国航\n东海' '东航\n东海' '联航\n东海' '国航\n长龙' '东航\n海航' '东航\n海航旗下金鹏航' '国航\n深航' '东航\n春秋' '海航\n深航' '南航\n联航']
2024/1/13	重庆	['国航' '深航' '南航' '厦航' '东航' '联航' '海航' '海航旗下天津航' '河北航' '川航' '长龙' '海航旗下首都航' '国航\n海航旗下西部航' '成都航' '国航\n龙江航' '国航\n华夏' '国航\n南航' '吉祥' '联航\n海航旗下北部湾' '东航\n海航旗下天津航' '东航\n东航' '海航\n海航旗下西部航' '东航\n华夏' '东航\n春秋' '海航\n海航旗下长安航']

图 7-2-26 同一条航线运营的航空公司

（2）比较不同时间段同一航线的平均价格。

不同时段均价的比较（图 7-2-27），三亚和昆明作为休闲旅游目的地，早上出发时段航班价格的均价都是最高的，其次是中午、晚上的均价最低。剩余的城市，除重庆外，都是下午出发价格略高，其次是晚上出发和早上出发，但是价格差异都不明显。总体来看，商务城市的航班价格在工作时间段较高，而旅游城市的价格波动则更多与游客的出行习惯有关。

不同时段的均价，也可以结合数据透视表来查看（图 7-2-28）。

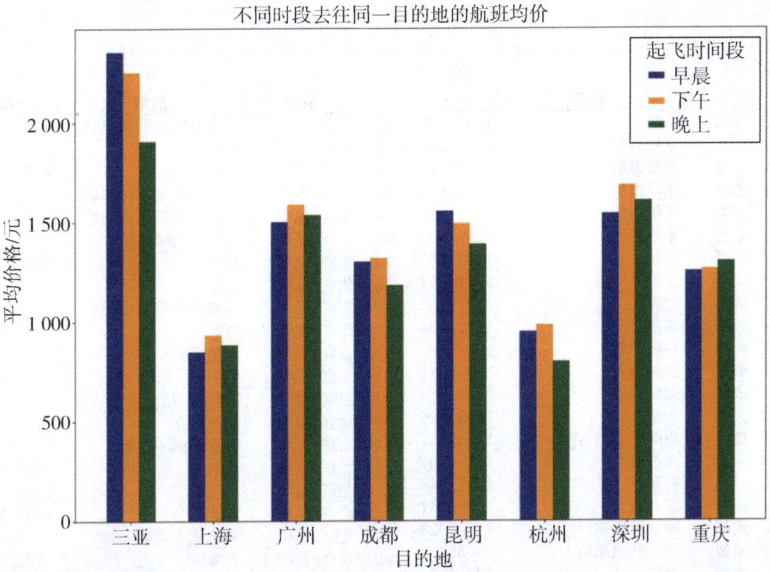

图 7-2-27 2024 年 1 月 13 日搜索的 2024 年 1 月 26 日不同目的地不同时段的价格

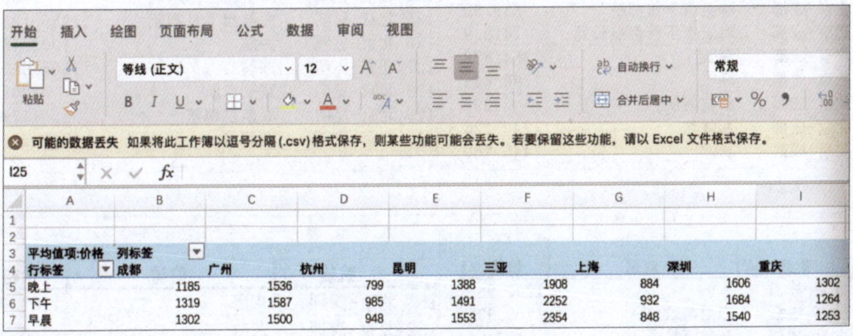

平均值项:价格	列标签							
行标签	成都	广州	杭州	昆明	三亚	上海	深圳	重庆
晚上	1185	1536	799	1388	1908	884	1606	1302
下午	1319	1587	985	1491	2252	932	1684	1264
早晨	1302	1500	948	1553	2354	848	1540	1253

图 7-2-28 数据检视图（2024 年 1 月 13 日搜索的 2024 年 1 月 26 日不同目的地不同时段的价格）

（3）同一航线，不同航空公司运营的平均价格（图 7-29）。

操作代码如下：

```
import pandas as pd

#加载过滤后的数据
filtered_data = pd. read_csv('filtered_机票数据_20240113_utf8. csv')

#创建一个新的列来表示航线
filtered_data['航线'] = filtered_data['出发地'] + '-'+ filtered_data['目的地']

#计算每个航线和航空公司的平均价格
average_price_by_route_airline = filtered_data. groupby(['航线', '航司'])['价格']. mean(). reset_index()

#保存结果到 Excel 文件
output_file_path = 'average_price_by_route_airline. xlsx'
average_price_by_route_airline. to_excel(output_file_path, index=False)

print(f'Results saved to {output_file_path}')
```

结果如图 7-2-29 所示。

	A	B	C
1	航线	航司	价格
72	北京-成都	东航	1293.983
73	北京-成都	东航南航	1205.333
74	北京-成都	东航厦航	1376.5
75	北京-成都	东航国航	1206.5
76	北京-成都	东航川航	892
77	北京-成都	东航春秋	818.3333
78	北京-成都	南航	1202.082
79	北京-成都	厦航	1347.957
80	北京-成都	吉祥	1722.1
81	北京-成都	国航	1472.024
82	北京-成都	国航东航	899
83	北京-成都	国航国航	610
84	北京-成都	国航川航	723
85	北京-成都	山航	1208.919
86	北京-成都	川航	1154.417
87	北京-成都	成都航	1169.063
88	北京-成都	昆明航	1208.919
89	北京-成都	河北航	1059.041
90	北京-成都	河北航国航	828
91	北京-成都	河北航成都航	854.5
92	北京-成都	海航	987.6974
93	北京-成都	海航南航	1156
94	北京-成都	海航旗下祥鹏航	1312.708
95	北京-成都	海航旗下首都航	839.95
96	北京-成都	海航旗下首都航长龙	1419.9
97	北京-成都	深航	1254.828
98	北京-成都	联航	1285.668
99	北京-成都	联航厦航	1396
100	北京-成都	西藏航	1242.126
101	北京-成都	长龙	1445.769

(a)

	A	B	C
1	航线	航司	价格
102	北京-昆明	东海海航旗下祥鹏航	1134
103	北京-昆明	东航	1413.449
104	北京-昆明	东航春秋	744.3333
105	北京-昆明	东航海航旗下祥鹏航	1140.5
106	北京-昆明	东航海航旗下长安航	1279.4
107	北京-昆明	东航苏南瑞丽航	1414
108	北京-昆明	华夏	1578.451
109	北京-昆明	南航	1433.813
110	北京-昆明	南航海航旗下祥鹏航	1638
111	北京-昆明	厦航	1719.025
112	北京-昆明	厦航奥凯	1242
113	北京-昆明	国航	1438.227
114	北京-昆明	国航昆明航	672.25
115	北京-昆明	国航春秋	773
116	北京-昆明	国航苏南瑞丽航	1450
117	北京-昆明	川航	1586.638
118	北京-昆明	昆明航	1356.528
119	北京-昆明	河北航	1696.765
120	北京-昆明	河北航苏南瑞丽航	1189.5
121	北京-昆明	海航	1281.75
122	北京-昆明	海航海航旗下天津航	680
123	北京-昆明	海航湖南航	1750
124	北京-昆明	海航旗下祥鹏航	1400
125	北京-昆明	海航旗下首都航	1256.125
126	北京-昆明	深航	1902.45
127	北京-昆明	联航	1807.969
128	北京-昆明	联航东航	1003
129	北京-昆明	联航昆明航	1779
130	北京-昆明	西藏航	1809.474
201			

(b)

	A	B	C
1	航线	航司	价格
72	北京-成都	东航	1293.983
73	北京-成都	东航南航	1205.333
74	北京-成都	东航厦航	1376.5
75	北京-成都	东航国航	1206.5
76	北京-成都	东航川航	892
77	北京-成都	东航春秋	818.3333
78	北京-成都	南航	1202.082
79	北京-成都	厦航	1347.957
80	北京-成都	吉祥	1722.1
81	北京-成都	国航	1472.024
82	北京-成都	国航东航	899
83	北京-成都	国航国航	610
84	北京-成都	国航川航	723
85	北京-成都	山航	1208.919
86	北京-成都	川航	1154.417
87	北京-成都	成都航	1169.063
88	北京-成都	昆明航	1208.919
89	北京-成都	河北航	1059.041
90	北京-成都	河北航国航	828
91	北京-成都	河北航成都航	854.5
92	北京-成都	海航	987.6974
93	北京-成都	海航南航	1156
94	北京-成都	海航旗下祥鹏航	1312.708
95	北京-成都	海航旗下首都航	839.95
96	北京-成都	海航旗下首都航长龙	1419.9
97	北京-成都	深航	1254.828
98	北京-成都	联航	1285.668
99	北京-成都	联航厦航	1396
100	北京-成都	西藏航	1242.126
101	北京-成都	长龙	1445.769
201			

(c)

	A	B	C
1	航线	航司	价格
151	北京-深圳	东海	1160.952
152	北京-深圳	东航	1248.505
153	北京-深圳	东航东海	928.5
154	北京-深圳	东航春秋	835
155	北京-深圳	东航海航	914.8
156	北京-深圳	东航海航旗下金鹏航	1124
157	北京-深圳	南航	1504.406
158	北京-深圳	南航联航	810
159	北京-深圳	厦航	1578.671
160	北京-深圳	吉祥	1982.963
161	北京-深圳	国航	1647.958
162	北京-深圳	国航东海	760
163	北京-深圳	国航海航旗下西部航	1345
164	北京-深圳	国航深航	1000
165	北京-深圳	国航长龙	710
166	北京-深圳	山航	2284.928
167	北京-深圳	川航	1669.081
168	北京-深圳	昆明航	2284.928
169	北京-深圳	河北航	1210
170	北京-深圳	海航	1352.934
171	北京-深圳	海航深航	790
172	北京-深圳	深航	1786.169
173	北京-深圳	联航	1315.75
174	北京-深圳	联航东海	684
175	北京-深圳	长龙	1637.083

(d)

图 7-2-29　同一航线，不同航空公司运营的平均价格

1	航线	航司	价格
47	北京-广州	东航	1326.852
48	北京-广州	东航东航	997.5
49	北京-广州	东航九元	737.3333
50	北京-广州	东航南航	951.3333
51	北京-广州	东航春秋	704
52	北京-广州	东航海航旗下首都航	926
53	北京-广州	南航	1463.865
54	北京-广州	南航九元	948
55	北京-广州	厦航	1554.919
56	北京-广州	厦航九元	766
57	北京-广州	吉祥	1803.368
58	北京-广州	国航	1691.458
59	北京-广州	国航东航	906
60	北京-广州	国航南航	814
61	北京-广州	国航海航旗下西部航	1329
62	北京-广州	川航	1622.908
63	北京-广州	河北航	1414.5
64	北京-广州	河北航九元	648
65	北京-广州	海航	1310.844
66	北京-广州	海航南航	1226
67	北京-广州	海航旗下首都航	1285.4
68	北京-广州	深航	1857.406
69	北京-广州	联航	1556.173
70	北京-广州	联航春秋	1004
71	北京-广州	长龙	1526.375

(e)

1	航线	航司	价格
131	北京-杭州	东航	634.6986
132	北京-杭州	东航东航	931
133	北京-杭州	东航西藏航	692
134	北京-杭州	南航	760.8922
135	北京-杭州	厦航	876.8627
136	北京-杭州	国航	1034.375
137	北京-杭州	国航东航	1032
138	北京-杭州	国航厦航	723.6667
139	北京-杭州	国航国航	820
140	北京-杭州	国航河北航	576.6667
141	北京-杭州	国航长龙	1235.5
142	北京-杭州	川航	953.3333
143	北京-杭州	河北航	717.9626
144	北京-杭州	河北航海航旗下首都航	742.5
145	北京-杭州	海航	775.1
146	北京-杭州	海航长龙	1909
147	北京-杭州	深航	1961.792
148	北京-杭州	联航	557.5
149	北京-杭州	联航海航	1217
150	北京-杭州	长龙	752.7273

(f)

1	航线	航司	价格
176	北京-重庆	东航	1160.096
177	北京-重庆	东航东航	971
178	北京-重庆	东航华夏	634.6667
179	北京-重庆	东航春秋	642
180	北京-重庆	东航海航旗下天津航	1232
181	北京-重庆	南航	1084.382
182	北京-重庆	厦航	1220.446
183	北京-重庆	吉祥	1618.333
184	北京-重庆	国航	1326.867
185	北京-重庆	国航华夏	1039.333
186	北京-重庆	国航南航	805
187	北京-重庆	国航海航旗下西部航	1046.857
188	北京-重庆	国航龙江航	820
189	北京-重庆	川航	1299.34
190	北京-重庆	成都航	1548.71
191	北京-重庆	河北航	965.6842
192	北京-重庆	海航	1069.905
193	北京-重庆	海航海航旗下西部航	1660
194	北京-重庆	海航海航旗下长安航	791
195	北京-重庆	海航旗下天津航	1208.235
196	北京-重庆	海航旗下首都航	960.375
197	北京-重庆	深航	1808.198
198	北京-重庆	联航	1287.534
199	北京-重庆	联航海航旗下北部湾	1034
200	北京-重庆	长龙	1276.786

(g)

1	航线	航司	价格
25	北京-上海	上航	697.3333
26	北京-上海	东航	884.7777
27	北京-上海	东航春秋	685
28	北京-上海	南航	806.4822
29	北京-上海	南航东航	588
30	北京-上海	南航春秋	482
31	北京-上海	厦航	986.3177
32	北京-上海	厦航上航	841
33	北京-上海	厦航南航	606
34	北京-上海	吉祥	989.3373
35	北京-上海	国航	794.3027
36	北京-上海	国航东航	692
37	北京-上海	国航春秋	708
38	北京-上海	川航	1119.109
39	北京-上海	川航川航	4634
40	北京-上海	河北航	714.5
41	北京-上海	海航	701.1688
42	北京-上海	海航旗下金	1098.824
43	北京-上海	深航	969.2308
44	北京-上海	联航	931.592
45	北京-上海	联航春秋	564.5
46	北京-上海	长龙	951

(h)

图 7-2-29　同一航线，不同航空公司运营的平均价格（续）

3）分析结论。

根据以上结果，可以得到以下结论：

（1）最低价航空公司：

① 南航、春秋、东航等联合航班：这些航司在多个航线上提供了最低的票价，尤其是在北京—上海和北京—三亚等热门航线上。例如，南航与春秋的联合航班在北京—上海航线上的均价仅为 482 元，是所有航线中最便宜的选择之一。

② 河北航、九元、联航等：这些航空公司在一些特定航线上提供了非常有竞争力的价格，如河北航与九元在北京—广州航线上的均价为 648 元，联航在北京—杭州航线上的均价为 557.5 元。

（2）最高价航空公司：

① 深航：在多个航线上提供了较高的票价，尤其是在北京—深圳和北京—重庆等航线上。例如，深航在北京—深圳航线上的均价为 2 284.93 元，是该航线上的最高价。

② 川航：川航在北京—上海航线上的均价为 4 634 元，是所有航线中最贵的。

③ 海航：海航及其子公司在一些航线上也提供了较高的票价，如在北京—三亚航线上，海航的均价为 3 276.21 元。

（3）价格差异：

① 航线价格差异显著：同一航线上的不同航空公司之间价格差异显著。例如，北京—上海航线的价格从南航与春秋的 482 元到川航的 4 634 元不等，这表明不同航空公司在同一航线上的定价策略有很大不同。

② 选择多样性：乘客在选择航班时可以根据自己的需求和预算选择合适的航空公司。如果希望节省开支，可以选择如南航、春秋等联合航班；如果更注重服务质量或有特定航空公司的会员福利，则可以选择如深航、川航等高价航空公司。

（4）航线特点：

① 商务航线：如北京—上海和北京—广州等商务航线，价格差异较大。这些航线上的高价航班通常提供更好的服务和灵活性，适合商务旅行者。

② 旅游航线：如北京—三亚和北京—昆明等旅游航线，低价航班更受欢迎。这些航线的乘客更关注价格，因此低价航空公司在这些航线上的竞争力更强。

（5）市场策略：

① 低成本航空公司：如春秋航空、九元航空等，通过提供低价票吸引价格敏感的乘客，从而在竞争激烈的市场中占据一席之地。

② 全服务航空公司：如深航、川航和海航，通过提供高质量的服务和更多的航班选择，以更高的票价吸引对价格不太敏感但更注重服务质量的乘客。

（四）任务拓展——航班价格预测

为了演示如何构建一个简单的价格预测模型，本实训提供了一个基于假设数据的示例代码。这个模型将使用线性回归来预测航班价格。假设数据集包含以下列：出发地、目的地、航司、起飞时间段、航班日期和价格。

具体步骤如下：

1. 建立模型

使用线性回归模型。

2. 训练模型

用训练数据、训练模型。

3. 预测价格

使用模型预测航班价格。

操作代码如下：

```
import pandas as pd
from sklearn. model_selection import train_test_split
```

```
from sklearn. linear_model import LinearRegression
from sklearn. preprocessing import LabelEncoder
from sklearn. metrics import mean_squared_error

#假设的机票数据
data = pd. DataFrame({
    '出发地': ['北京', '北京', '北京', '上海', '上海'],
    '目的地': ['上海', '广州', '深圳', '北京', '广州'],
    '航司': ['南航', '国航', '东航', '南航', '国航'],
    '价格': [500, 600, 700, 550, 650],
    '起飞时间段': ['早晨', '下午', '晚上', '早晨', '下午'],
    '航班日期': ['2024-01-13', '2024-01-13', '2024-01-13', '2024-01-14', '2024-01-14']
})

#数据预处理
label_encoder = LabelEncoder()

data['出发地'] = label_encoder. fit_transform(data['出发地'])
data['目的地'] = label_encoder. fit_transform(data['目的地'])
data['航司'] = label_encoder. fit_transform(data['航司'])
data['起飞时间段'] = label_encoder. fit_transform(data['起飞时间段'])
data['航班日期'] = label_encoder. fit_transform(data['航班日期'])

#特征和目标变量
X = data[['出发地', '目的地', '航司', '起飞时间段', '航班日期']]
y = data['价格']

#划分训练集和测试集
X_train, X_test, y_train, y_test = train_test_split(X, y, test_size=0. 2, random_state=42)

#建立线性回归模型
model = LinearRegression()

#训练模型
model. fit(X_train, y_train)

#预测
y_pred = model. predict(X_test)

#评估模型
mse = mean_squared_error(y_test, y_pred)
print(f'均方误差: {mse}')

#打印预测结果
print('预测的价格:', y_pred)
```

```
#将预测结果和实际结果进行比较
comparison = pd. DataFrame ( {'实际价格': y_ test, '预测价格': y_ pred} )
print ( comparison )
输出:
均方误差: 500. 0
预测的价格: [650. 700. ]
实际价格  预测价格
3  550  650
2  700  700
```

航班价格预测的主要目的是提高航空公司的收益、增强市场竞争力、优化资源配置以及保障乘客利益。通过优化定价策略，航空公司可以根据市场需求和乘客行为灵活调整票价，在需求高峰期提高票价，在需求低谷期降低票价，以最大化收益并提升盈利能力。精准的价格预测可以帮助航空公司更好地理解市场需求，精准定位客户群体，提供个性化服务，从而在激烈的市场竞争中占据优势地位。通过优化航班调度和资源配置，航空公司可以提高运营效率和控制成本，避免因价格波动带来的经济损失。此外，价格预测有助于航空公司提供合理的票价和策划更有吸引力的优惠活动，提升客户满意度和忠诚度。

航班价格预测具有重要的意义，它为数据驱动决策提供了科学依据，增强了航空公司的决策能力和市场适应能力。通过实时价格预测，航空公司可以快速响应市场变化，满足乘客多样化需求，并提供多样化的票价和服务选择。价格预测推动了数据科学和人工智能等技术的发展和应用，提升了航空行业的整体动态定价水平和市场竞争力。此外，优化定价策略和资源配置不仅显著提升了航空公司的经济效益和盈利能力，还带动了相关产业的发展，如旅游业、酒店业和物流业，促进了经济的整体发展。通过航班价格预测，航空公司能够在激烈的市场竞争中占据优势地位，实现收益最大化和资源优化配置。

（五）总结

本次实训任务的首要目标是通过对航班数据的分析，理解航班动态定价的基本概念。首先，数据预处理包括加载数据、处理缺失值等步骤。接着，进行价格分析，包括对比同一航线不同时段价格的变化，同一时段内不同航司的航班价格，找出价格最高和最低的航空公司及其均价。这些分析帮助学生理解不同航线和航司的定价策略，以及价格在时间和需求变化中的波动。

为了更好地理解价格预测的基本步骤，我们使用线性回归模型对航班价格进行预测。特征变量包括出发地、目的地、航司、起飞时间段和航班日期，目标变量为价格。通过 train_test_split 将数据集划分为训练集和测试集，使用训练数据对线性回归模型进行训练，然后使用测试数据进行预测。模型性能通过均方误差（MSE）进行评估、预测结果与实际结果进行比较，以分析模型的准确性。学生通过这些步骤初步掌握了机器学习的基本流程和模型评估的方法。

本次实训任务通过数据预处理、价格分析和价格预测模型的建立，帮助学生全面理解航班动态定价的基本原理。学生不仅学会了如何处理分类变量、检查和处理缺失值，还掌握了如何建立和评估简单的预测模型。最终，学生能够通过数据分析找出不同航线和航司的价格差异，并利用线性回归模型进行价格预测。

【知识链接】

航空公司定价策略是机票价格分析中的关键部分，它直接影响机票的最终售价以及公司的盈利能力。

1. 动态定价

动态定价是航空公司根据市场需求、竞争态势、剩余座位数量和购买时间等因素实时调整票价的一种策略。通过动态定价，航空公司能够在需求高峰期提高票价，在需求低谷期降价吸引更多乘客，从而最大化收益。具体的动态定价方法包括以下几种：

(1) 基于需求的定价，在需求高峰期（如节假日、旅游旺季）提高票价，在需求低谷期（如淡季、非高峰时段）降低票价。

(2) 实时市场响应，根据竞争对手的定价策略和市场变化，实时调整票价。

(3) 利用预测模型，通过历史数据和市场分析，预测未来需求，并基于预测结果提前调整票价。

2. 收益管理

收益管理是另一种重要的定价策略，它通过优化价格和座位配置，最大化航班总收益。收益管理综合考虑多个因素，如预订时间、座位等级、市场需求和客户行为等。具体方法包括以下几种：

(1) 舱位管理，将机舱分为不同等级，如头等舱、商务舱和经济舱，并为每个舱位设置不同的票价，动态调整各舱位的座位数量和价格。

(2) 提前预订折扣，鼓励乘客提前预订，提供价格优惠，确保航班座位提前售出，提高航班的整体收益。

(3) 最后一分钟销售，在航班起飞前通过降价吸引最后时刻的乘客，填补剩余座位，最大化航班载客率。

(4) 促销活动也是常见的策略之一，航空公司定期或不定期推出各种促销活动，以吸引更多乘客，增加市场份额，如季节性促销、会员优惠和联合促销等。

3. 分层定价和竞争定价也是航空公司定价策略的重要组成部分

(1) 分层定价是根据不同客户群体的支付意愿和需求，制定差异化的价格，通过分析客户行为和偏好，实施个性化定价，满足不同客户的需求。具体方法包括差异化定价，根据客户的购买历史、忠诚度和消费能力，制定差异化的价格策略，如常旅客计划和高端客户优惠；附加服务收费，通过提供行李托运、选座服务、餐饮服务等附加服务，收取额外费用，提高整体收益；灵活票价，提供不同的票价类型，如不可退票、半退票和全退票，满足不同客户的需求，提高票价灵活性。

(2) 竞争定价则是航空公司根据竞争对手的定价策略和市场环境，制定具有竞争力的票价，包括价格匹配、市场细分和品牌溢价等策略。

通过理解和分析这些定价策略，我们可以更全面地掌握机票价格的波动规律，提升机票价格预测的准确性，为旅游者和航空公司提供有价值的决策支持。

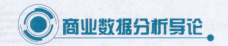

五、实训项目拓展创新：智慧定价——酒店动态定价策略分析

（一）任务描述

在现代酒店行业中，动态定价已成为提升收入和竞争力的关键策略。随着市场需求的波动和竞争对手的不断变化，如何通过精准的定价策略最大化酒店收益，成为酒店管理者亟须解决的问题。在本次实训项目中，学生从各大在线旅游平台（如 Booking、Agoda、携程等）获取与酒店动态定价相关的数据，这些数据包括酒店的历史房价、竞争对手的价格、用户评价、房间预订情况、季节性信息以及重大活动的相关数据。由于采集到的数据可能存在缺失、不一致或异常情况，学生需要对这些数据进行清洗和预处理，将其整理为结构化数据，确保数据的准确性和完整性。接下来，学生运用统计分析和机器学习技术对处理后的数据进行深入分析，重点研究市场需求波动、竞争对手价格策略、季节变化以及特定事件对酒店房价的影响。最后，学生使用可视化工具（如 Tableau、Power BI 或 Python 中的可视化库）将分析结果以图表形式直观展示，生成如价格波动趋势图、竞争对手价格比较图和市场需求影响图等，并结合这些可视化结果，提出优化动态定价策略的建议。

（二）分析讨论

（1）动态定价策略对不同季节的影响：分析季节性因素如何影响酒店的定价策略？根据不同的季节需求波动，酒店应如何调整价格以最大化收益？

（2）竞争对手价格策略的影响分析：如何评估竞争对手的定价策略对本酒店房价和预订情况的影响？酒店应该如何应对竞争对手的价格变动？

（3）重大事件对酒店定价的影响：重大活动或节假日如何影响市场需求和房价波动？酒店在这些特殊时间段应采取怎样的定价策略来优化收入？

（4）用户评价对房价的关联分析：用户评价和评分如何影响酒店的定价决策？在价格和评价之间，酒店应如何平衡以提升预订量？

（5）市场需求预测与价格优化：通过对历史数据的分析，如何预测市场需求的变化趋势，并制定相应的动态定价策略来提高酒店的总体收益？

应用领域实训 3　财务数据分析（公司）

【学习目标】

【知识目标】

- 了解数字经济背景下财务数据分析的价值与意义；
- 理解并掌握财务数据分析思路与实施流程；
- 理解并掌握不同财务数据分析需求下的数据指标以及模型方法选择。

【能力目标】

- 能够根据财务数据分析需求，熟练设计方案；
- 能够运用平台工具获取公司的财务数据；
- 能够使用平台工具进行数据筛选、清洗；
- 能够使用平台工具对数据进行加工；
- 能够掌握各种图形表达方式的特点，根据公司业务场景进行相应数据可视化呈现；
- 能够熟练运用平台工具高质量地完成财务数据分析任务，辅助公司进行商务决策；
- 能够撰写财务数据分析报告。

【素养目标】

- 树立中国特色社会主义核心价值观，具有良好的道德品质；
- 培养一定的人文科学素养和勤奋学习、勇于创造、大胆实践的职业习惯；
- 培养爱岗敬业、精益求精的工匠精神，培养诚实守信、廉洁自律、客观公正的职业道德素质；
- 培养探索公司财务数据的实践操作能力，建立正确的财务数据分析思维。

知识能力图谱

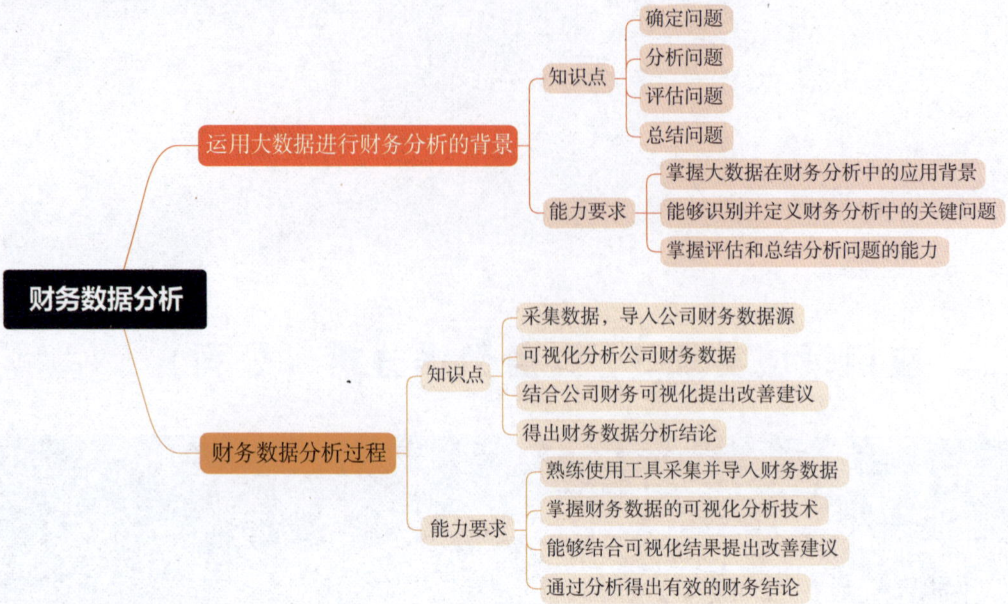

实训内容

一、实训项目需求背景

在当今竞争激烈且充满不确定性的商业环境中，企业的生存和发展高度依赖对财务状况的精准把握和及时决策。每月对企业的财务数据进行深入分析，已成为企业管理层制定战略、评估绩效、优化资源配置以及防范风险的关键环节。

作为一家积极进取的企业，面临着市场需求的波动、原材料价格的起伏、竞争对手的挑战以及政策法规的变化等诸多外部因素的影响。同时，企业内部的生产效率、成本控制、销售策略以及资金运作等方面也在不断变化。

为了在复杂多变的环境中保持竞争力，实现可持续发展，企业有必要每月对财务数据（状况）进行全面、细致的分析，以洞察经营态势，发现潜在问题，并及时采取有针对性的措施解决。

二、实训项目场景描述

某公司正在进行内部财务优化和外部市场扩展的战略调整，其 6 月份的财务表现对未来决策至关重要。现在我们需要对 6 月份的财务状况进行全面分析，并达成以下目标：

（1）获取并解读公司 6 月份的财务报表，掌握财务状况和运营成果。

（2）通过对比预算与实际财务数据的差异，发现并分析产生差异的原因，提升编制预算和执行的准确性。

（3）评估主要产品的成本控制和盈利能力，提出优化建议，提升公司整体利润水平。

（4）分析现金流量，识别风险点并提出改进措施，确保公司财务健康。

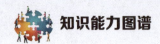

（5）综合各项分析，撰写详细的财务分析报告，并向管理层汇报材料，支持公司战略决策。

三、实训项目思路解析

（一）需求识别 1

公司月度财务报表中主要有哪些指标？这些指标如何反映收入和成本之间的关系？

解决思路如下：

公司的月度财务分析主要包括以下内容：本月及年初至今的收入、成本、资产、负债等关键数据的汇总，以及与上月实际数据和预算数据的对比。

1. 收入分析

收入分析包括各产品线或业务板块的收入情况（毛利润、净利润）及利润率贡献比例、收入的增长或下降趋势分析、原因探讨（如市场需求变化、销售策略调整等）以及新客户带来的收入及老客户的收入变动。

（1）毛利润：即企业销售收入减去销售成本后的利润，反映产品或服务的基本盈利水平。例如，一家制造业企业生产的某款产品，其销售收入为 100 万元，直接材料、直接人工和制造费用等成本为 60 万元，毛利润即为 40 万元。

（2）净利润：即扣除所有费用（包括运营成本、利息、税收等）后的最终盈利。例如，一家服务型企业月度总收入为 80 万元，运营成本为 50 万元，利息支出为 5 万元，税收为 10 万元，则净利润为 15 万元。

（3）利润率：包括毛利率和净利率，用于衡量企业每一元销售收入所能带来的利润比例。假设某零售企业月度销售额为 50 万元，毛利润为 15 万元，毛利率即为 30%。

2. 成本分析

成本分析包括直接成本（如原材料、劳动力）和间接成本（如管理费用、销售费用）的明细及变动情况以及成本控制措施的效果评估。

（1）管理费用。

管理费用是指企业行政管理部门为组织和管理生产经营活动而发生的各种费用。包括企业董事会和行政管理部门在企业经营管理中发生的，或者应当由企业统一负担的公司经费（包括行政管理部门职工工资及福利费、物料消耗、办公费、差旅费等）、工会经费、董事会费、聘请中介机构费、咨询费、诉讼费、业务招待费、技术转让费等。

（2）销售费用。

销售费用是指企业销售商品和材料、提供劳务的过程中发生的各种费用。包括保险费、包装费、展览费、广告费、商品维修费、预计产品质量保证损失、运输费、装卸费等，以及为销售本企业商品而专设的销售机构（含销售网点、售后服务网点等）的职工薪酬、业务费、折旧费等经营费用。

（3）成本结构

分析直接成本、间接成本、固定成本和变动成本的比例，寻找成本控制的关键点。例如：一家生产企业直接材料成本占总成本的 40%，直接人工成本占总成本的 20%，间接成本占总成本的 30%，固定成本占总成本的 10%。

总的来说，财务分析的起点是阅读财务数据，终点是作出某种判断（包括评价和找出问题），中间的财务报告分析过程，由比较、分类、类比、归纳、演绎、分析和综合等认识事物的步骤和方法组成。财务分析的方法与工具众多，具体应用应根据分析者的目的而定。

（二）需求识别 2

公司需要了解 6 月份每日销售费用和管理费用的构成及变化情况，以便优化成本控制和提高运营效率。具体需求包括详细分析每日的费用内容和分组，识别出费用波动的原因和潜在的节约机会。

解决思路如下：

1. 数据收集与整理

（1）收集 6 月份每天的销售费用和管理费用数据。

（2）将数据导入 Excel，按日期整理费用内容和费用分组。

2. 费用构成分析

（1）按费用内容分组，计算每组费用的总金额。

（2）使用饼图或柱状图展示每组费用占总费用的比例。

3. 费用波动分析

（1）制作时间序列图，显示每天销售费用和管理费用的变化趋势。

（2）标注出费用波动较大的日期，进一步分析这些日期的费用内容。

（三）需求识别 3

公司需要通过对 6 月份每日费用数据的分析，优化费用结构，减少不必要的支出，提高资源配置效率。

解决思路如下：

1. 费用结构分析

（1）收集 6 月份每天的销售费用和管理费用数据，按费用内容分组整理。

（2）计算每组费用占总费用的比例，识别出主要费用项。

2. 优化费用结构

（1）对比各费用项的支出比例，找出占比过高的费用项。

（2）分析每组费用的具体内容，识别出可能存在的浪费或不必要的支出。

3. 改进措施

针对占比过高的费用项，提出具体的优化建议，如优化采购流程、减少重复支出等。

四、实训项目任务实施

（一）实训简介

目前市面上分析企业财务状况（数据）的常见工具包括以下几种：

1. 电子表格软件

如 Excel，它可以帮助人们进行数据整理、计算和可视化分析。人们可以使用 Excel 来制作财务报表、进行比率分析、绘制图表等。

2. 财务分析软件

市面上有许多专门的财务分析软件，如 QuickBooks（Intuit 公司的财务管理软件）、SAP

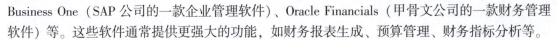

Business One（SAP 公司的一款企业管理软件）、Oracle Financials（甲骨文公司的一款财务管理软件）等。这些软件通常提供更强大的功能，如财务报表生成、预算管理、财务指标分析等。

3. BI 工具

商业智能（BI）工具可以帮助人们从多个数据源中提取数据，并进行可视化分析和制作报表。一些常见的 BI 工具包括 Microsoft Power BI（微软公司的数据可视化软件）、Tableau（Tableau 软件公司的数据可视化软件）、QlikView（瑞典 QlikTech 公司的数据可视化软件）等。

4. 数据库管理系统

如果需要处理大量的财务数据，可以使用数据库管理系统来存储和管理数据。常用的数据库管理系统有 MySQL、Oracle、SQL Server 等。

5. 统计分析软件

统计分析软件如 SPSS、SAS 等可以用来进行更深入的数据分析和建模，帮助人们发现数据中的趋势和关系。

6. 其他行业特定软件

根据特定的行业，可能有一些专门的软件适用于财务分析。例如，金融行业可能使用金融分析软件，制造业可能使用成本核算软件等。

这些工具可以帮助人们更好地理解企业的财务状况，发现潜在的问题和机会，并作出更明智的决策。选择适合个人需求和技能水平的工具，并结合财务知识和经验进行分析。此外，还可以咨询专业的财务分析师或会计师，以获取更准确和深入的财务分析。

本实训通过定量研究某公司 2020 年 6 月份的财务数据，发现该公司初始财务数据信息庞大。我们运用可视化数据分析平台对该公司 6 月份的费用支出情况做财务分析，制作可视化仪表盘。通过详细的数据整理和可视化，识别费用构成及波动的原因，并找出潜在的节约机会。从而帮助管理者直观高效地发现公司当期各类费用支出存在的问题。

学生将学习如何利用 BI 商业数据分析平台，运用统计方法进行数据处理与分析，并通过可视化工具展示分析结果。通过本次实训，学生不仅能够掌握数据处理与分析的基本技能，还能理解如何通过分析公司的财务数据掌握公司的运营状况，提升解决实际问题的能力，为未来适应公司财务数据分析岗位工作打下坚实的基础。

（二）实训思路

1. 确定问题

本实训主要通过对费用明细、费用内容等数据进行分析，将实际财务数据与月度预算进行对比，分析产生差异的原因，及时调整预算或改进经营策略。通过对以上多个数据进行分析，可以全面、深入地了解企业的月度财务状况，为企业的决策提供有力支持。

具体来说，需要确定以下几个关键问题：

（1）各类费用的具体金额如何细分？需涵盖直接成本和间接成本的详细支出，以便于管理审查。

（2）各类费用在整体费用中所占比例的变化对成本结构管理有何影响？

（3）6 月份的费用支出趋势如何？与上月及预算数据相比，这些差异对财务规划和预算控制有何启示？

（4）如何通过精心设计的图表直观地展示费用金额、支出比例及其变化趋势，以便于高层作出管理决策和战略调整？

2. 分解问题

将大问题分解为小问题。针对本实训，问题可分解为以下几点：

（1）各类费用金额。

（2）各类费用支出比例。

（3）6 月份费用支出的变化趋势。

（4）可视化呈现：通过设计和制作图表，将分析结果进行可视化展示，帮助管理者直观理解数据背后的信息。

3. 评估问题

本实训中，影响评估的因素有费用细分、时间等。

（1）费用细分：收集和整理当月各类费用数据，详细分类为直接成本和间接成本，确保数据的准确性和完整性。

（2）费用比例变化：计算各类费用在当月总费用中的比例，评估成本结构的合理性。

（3）支出趋势与差异分析：将当月实际支出与预算进行对比，识别差异，分析原因，提出优化建议。

（4）图表可视化：设计并制作图表（如柱状图、饼图），直观展示当月费用金额和比例，辅助高层作出管理决策和战略调整。

4. 总结问题

本实训通过对企业费用明细和费用内容的详细分析，全面了解企业的月度财务状况。具体分析各类费用细分和支出比例，评估其对成本结构管理的影响，比较实际支出与预算之间的差异，并通过精心设计的图表直观展示数据，最终为企业的财务规划和战略决策提供有力支持。

（三）分析过程

某公司 2020 年 6 月份财务数据（单元：万元）如图 7-3-1 所示。

	A	B	C	D	E	F	G	H
1	科目代码	科目名称	日期	业务日期	凭证字号	费用内容	金额	费用内容分组
2	5501	销售费用	2020/6/30	2020/6/30	记 - 102	计提6月工资	16.20	工资
3	5501	销售费用	2020/6/30	2020/6/30	记 - 102	计提6月工资	33.82	工资
4	5501	销售费用	2020/6/30	2020/6/30	记 - 105	支付6月社保公积金	15.26	社保公积金
5	5501	销售费用	2020/6/30	2020/6/30	记 - 105	支付6月社保公积金	18.25	社保公积金
6	5502	管理费用	2020/6/1	2020/6/30	记 - 1	支付住宿费及机票	15.80	交通费
7	5502	管理费用	2020/6/2	2020/6/30	记 - 2	支付住宿费及交通费	15.19	交通费
8	5502	管理费用	2020/6/3	2020/6/30	记 - 3	支付工作点心等	15.22	团建
9	5502	管理费用	2020/6/4	2020/6/30	记 - 4	支付培训费用	15.04	会务培训
10	5502	管理费用	2020/6/5	2020/6/30	记 - 5	支付业务招待费	15.20	会务培训
11	5502	销售费用	2020/6/6	2020/6/30	记 - 5	支付餐费及交通费	15.52	交通费
12	5502	销售费用	2020/6/7	2020/6/30	记 - 5	支付住宿费	15.08	会务培训
13	5502	管理费用	2020/6/8	2020/6/30	记 - 5	支付办公用品	15.05	办公用品
14	5502	管理费用	2020/6/9	2020/6/30	记 - 6	支付机票及火车票、住宿费、餐补、交通补贴	15.67	交通费
15	5502	管理费用	2020/6/10	2020/6/30	记 - 6	支付电话补贴	15.18	通信费
16	5502	管理费用	2020/6/11	2020/6/30	记 - 6	支付机票及火车票、住宿费、餐补、交通补贴	15.47	交通费
17	5502	管理费用	2020/6/12	2020/6/30	记 - 6	支付机票及火车票、住宿费、餐补、交通补贴	15.47	交通费
18	5502	管理费用	2020/6/13	2020/6/30	记 - 6	支付招待费	15.10	会务培训
19	5502	销售费用	2020/6/14	2020/6/30	记 - 6	支付床上用品	15.17	其他
20	5502	销售费用	2020/6/15	2020/6/30	记 - 7	支付交通费	15.04	交通费
21	5502	管理费用	2020/6/16	2020/6/30	记 - 8	支付招聘费	15.97	其他
22	5502	管理费用	2020/6/17	2020/6/30	记 - 9	支付加班费用	15.06	加班费
23	5502	管理费用	2020/6/18	2020/6/30	记 - 12	支付油费	15.05	交通费
24	5502	管理费用	2020/6/19	2020/6/30	记 - 12	支付餐费	15.04	会务培训
25	5502	管理费用	2020/6/20	2020/6/30	记 - 12	支付办公用品	15.04	办公用品
26	5502	管理费用	2020/6/21	2020/6/30	记 - 16	支付招待费	15.07	会务培训
27	5502	销售费用	2020/6/22	2020/6/30	记 - 16	支付礼品费	15.23	会务培训

图 7-3-1 某公司 2020 年 6 月份财务数据

1. 切换到数据源界面

切换到数据源界面，选择文本数据上传，输入“某公司 2020 年 6 月费用”，上传数据源“某公司 2020 年 6 月费用 . CSV”，点击“保存”按钮，如图 7-3-2 所示。

图 7-3-2　新建项目原始数据上传

2. 进入数据视图页面

进入数据视图页面，点击“新增”按钮，进入数据查询界面；左侧选择“文本数据”，然后在查询框中输入“select * from 某公司 2020 年 6 月费用”，点击“查询”按钮；最后输入数据视图名“某公司 2020 年 6 月费用”，并保存，如图 7-3-3 所示。

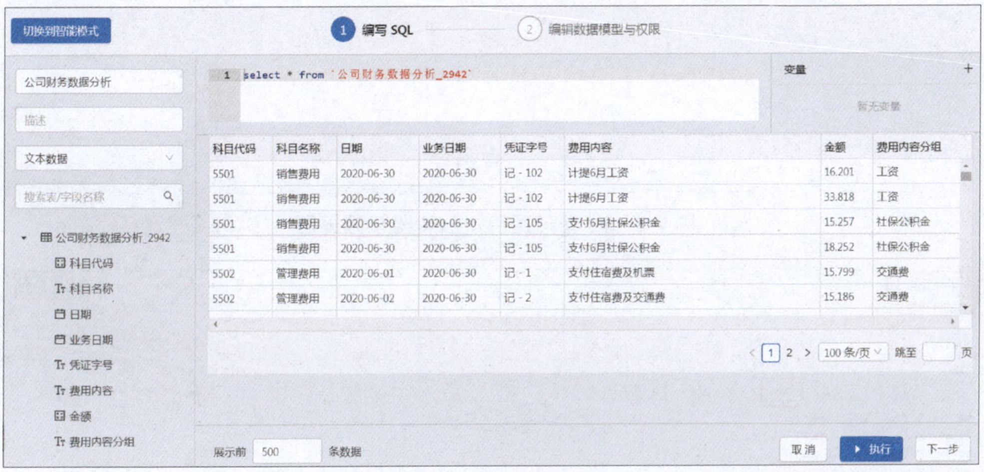

图 7-3-3　新增查询数据

3. 进入可视化数据分析界面

进入可视化数据分析界面，首先分析“管理费用、销售费用总体情况”。进行维度、度量的拖动操作，建立可视化图表。先选择数据“某公司 2020 年 6 月费用”（下同），再选择图表驱动，将“金额”拖入指标，将“科目名称”拖入筛选，筛选出管理费用。然后选择图表翻牌器。再点击“样式”，调整“金额”展示，最后输入图表名称“管理费用”，点击“保存”按钮，如图 7-3-4 ~ 图 7-3-6 所示。

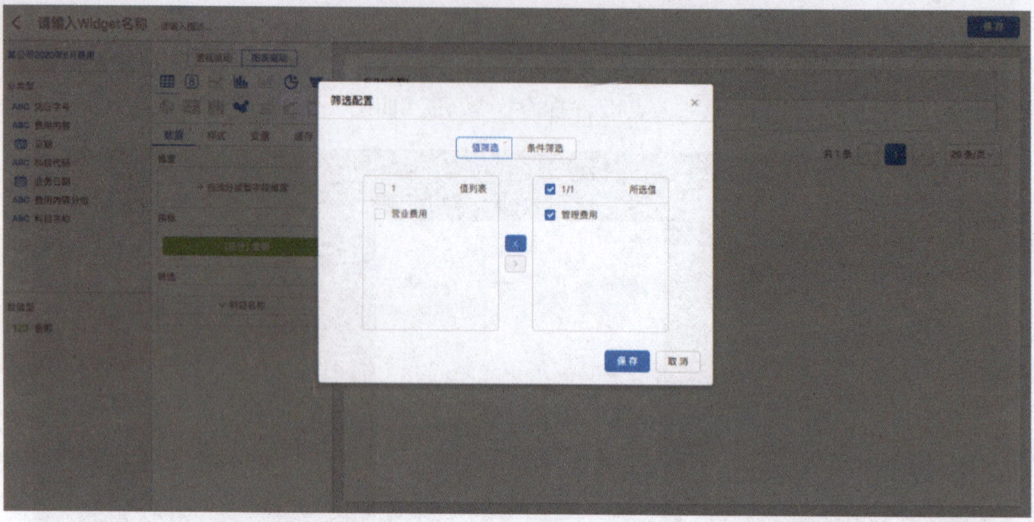

图 7-3-4　值筛选操作示意图

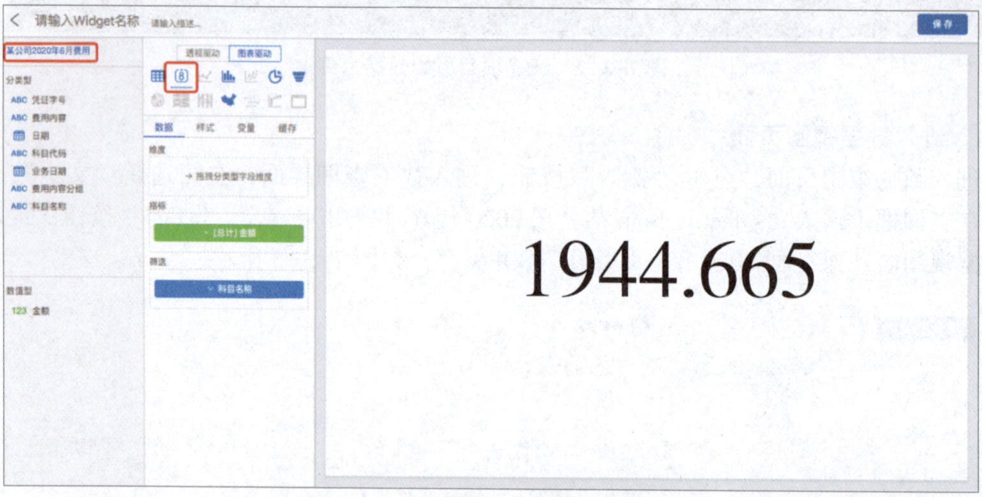

图 7-3-5　管理费用“翻牌器”效果图

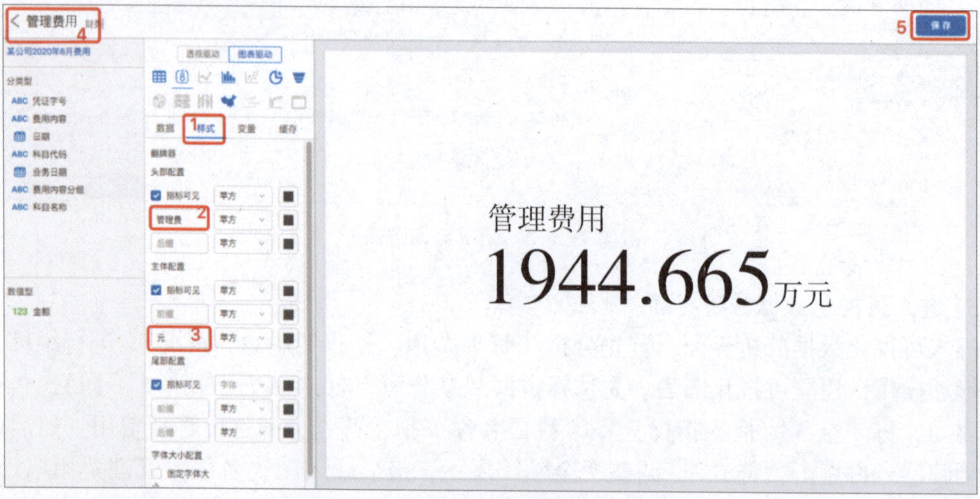

图 7-3-6　管理费用样式设置示意图

这时，页面跳转到可视化组件页面，再次点击“添加”按钮，进入可视化数据分析界面，按照步骤继续汇总计算销售费用，如图 7-3-7 所示。

图 7-3-7　销售费用“翻牌器”效果图

从上述分析可以清晰计算得出管理费用、销售费用金额。

4. 分析不同类型的费用占比情况

继续新建图表，进入可视化数据分析界面，选择图表驱动，将“科目名称”拖入维度，将“金额”拖入指标，选择图表饼图。接下来将“科目名称”拖入颜色，对指标进行可视化调整，再点击“样式”，勾选环状和显示标签，如图 7-3-8～图 7-3-10 所示。

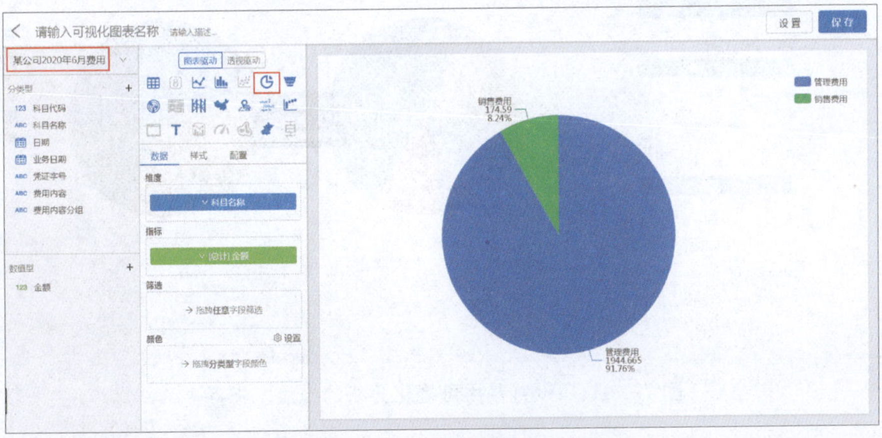

图 7-3-8　不同类型费用占比情况

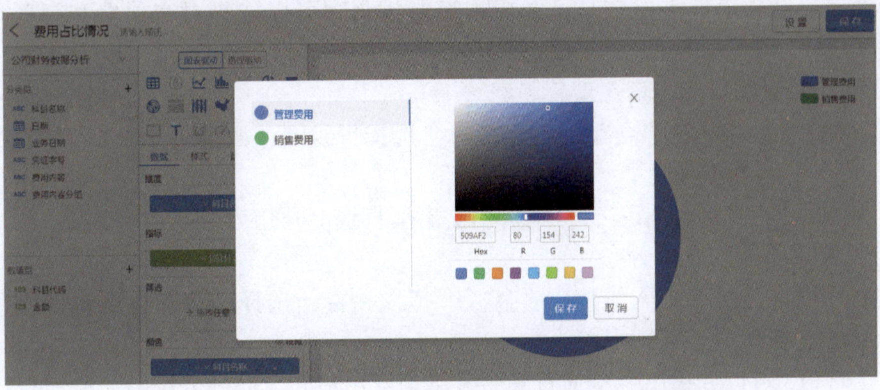

图 7-3-9　不同费用类型颜色设置示意图

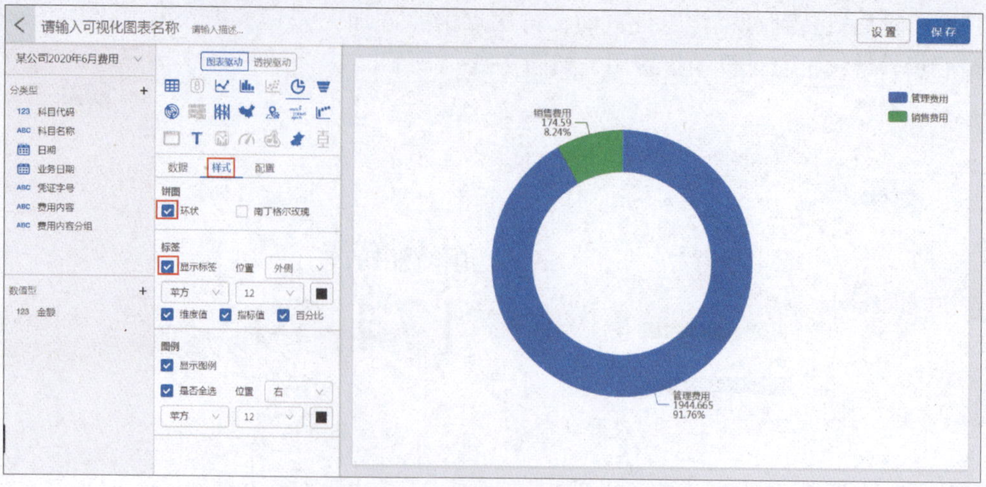

图 7-3-10　设置可视化显示标签

查看费用明细情况，继续新建图表，选择透视驱动，将“科目名称”拖入维度，将“金额”拖入指标，选择饼图，再将“费用内容分组”拖入颜色，如图 7-3-11 所示。

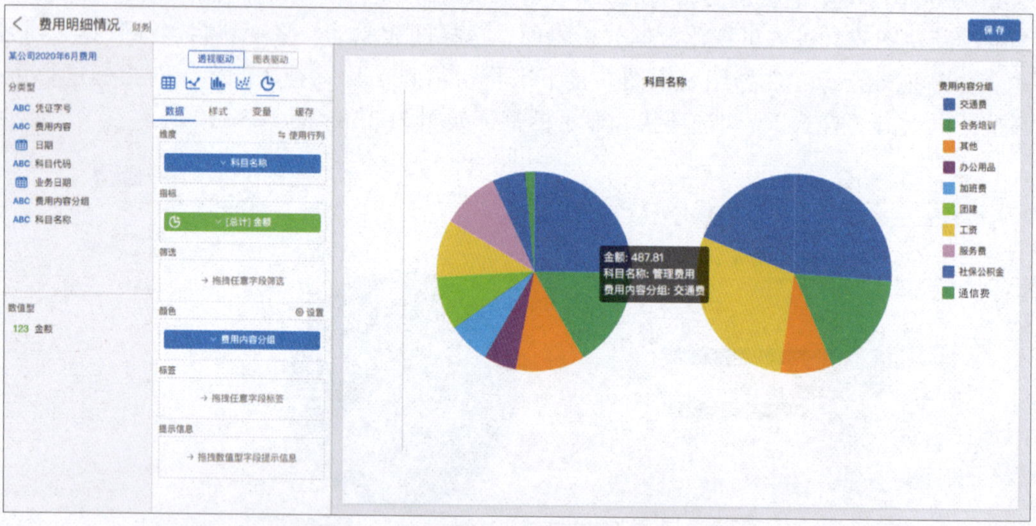

图 7-3-11　设置费用可视化分析的维度、指标

由上面可视化图形可以分析得出管理费用占比约为 92%，远远高于销售费用，而管理费用中交通费、会务培训占比较高，在成本控制过程中可以选择对交通费和会务培训重点控制。

5. 分析 6 月份每日支出资金变化趋势

将“日期”拖入维度，“金额”拖入指标，选择折线图，如图 7-3-12 所示，最后命名保存。

从折线图的变化趋势上来看，月尾费用支出呈直线上升趋势。

6. 分析费用不同内容的分布

将“费用内容分组”拖入维度，“金额”拖入指标，选择柱状图，再将“费用内容分组”拖入颜色，如图 7-3-13 所示。

从图 7-3-13 可以分析出，交通费、会务培训支出最高，而办公用品、通信费较低。

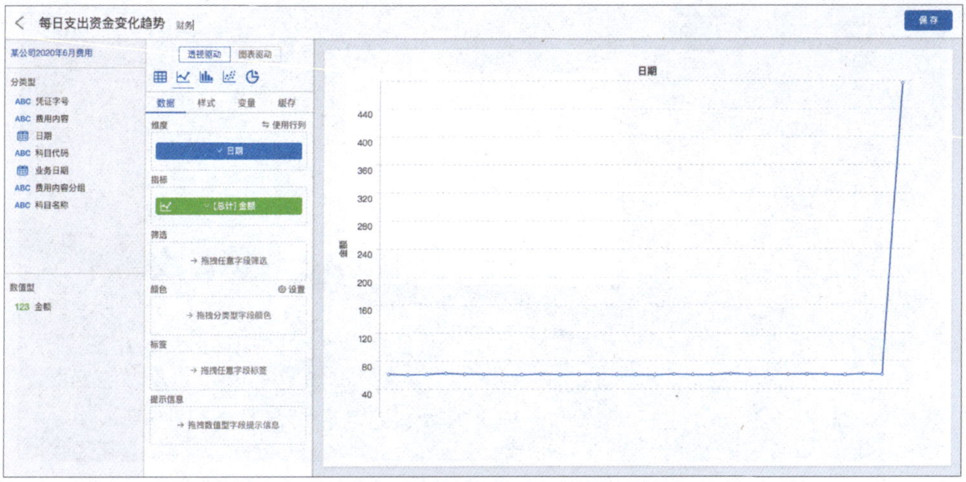

图 7-3-12　当月每日支出资金变化趋势

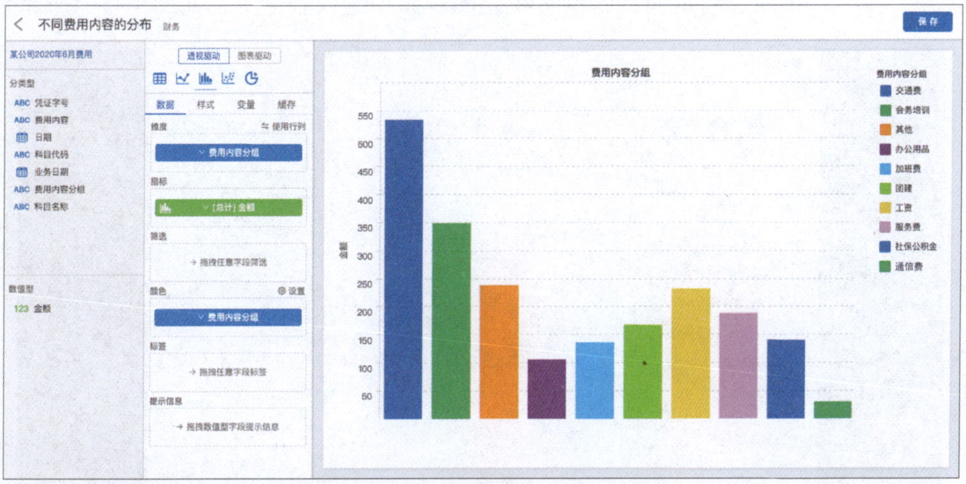

图 7-3-13　不同费用内容的柱状图

7. 创建新仪表盘

进入仪表盘界面，美化调整已完成的图表，并进行相关的联动操作。

如图 7-3-14 和图 7-3-15 所示，先创建新仪表盘。

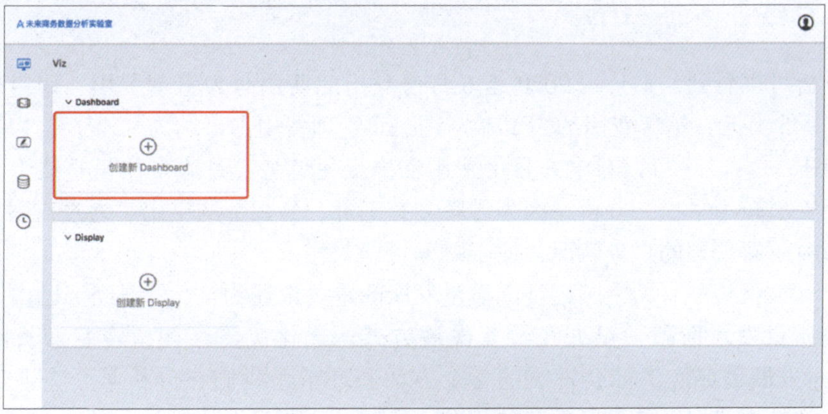

图 7-3-14　创建新仪表盘

图 7-3-15　新增仪表盘截图

点击“新增”按钮，将所有已绘制可视化图表添加进仪表盘中，如图 7-3-16 所示。

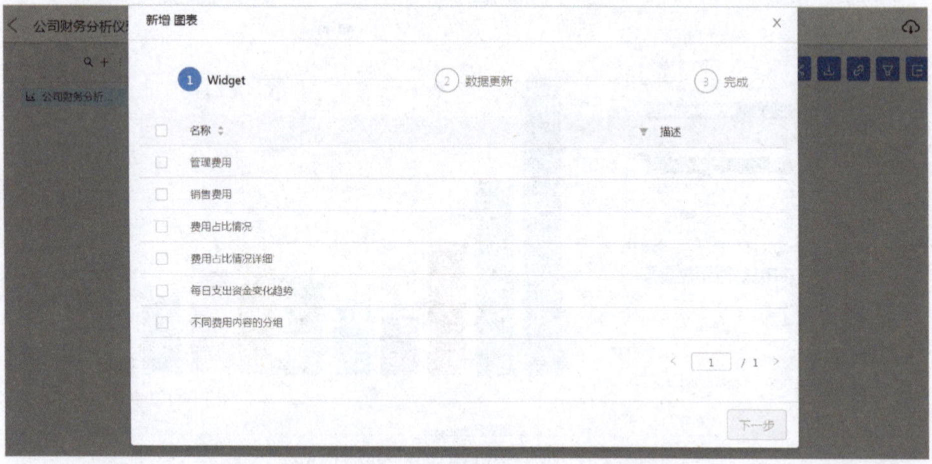

图 7-3-16　将所有已绘制可视化图表添加进仪表盘

最后，通过拖动等方式调整仪表盘里的图表展示，得到最终的公司财务数据分析仪表盘，如图 7-3-17 所示。

（四）总结

通过分析可以看到，某公司 2020 年 6 月份支出的费用分为管理费用、销售费用，管理费用约为 1 945 万元，销售费用约为 175 万元，而管理费用占比约为 92%，销售费用占比约为 8%。从图 7-3-17 中可以看出 6 月份费用支出变化趋势，月底费用呈直线上升趋势，其他日期费用支出较为平稳，分析原因为月底会有工资、公积金的支出。通过对财务数据的分析，可以及时了解公司的财务状况，便于财务管理工作。

党的十九大报告中有关中国经济高质量发展的重要论述为：“我国经济已由高速增长阶段，转向高质量发展阶段，正处在转变发展方式，优化经济结构，转变增长动力的攻关期。”高质量发展贯穿经济社会发展的各个方面和环节。我们在分析某个企业的财务状况时，首要关注的也是财务信息所反映的问题，应该是企业发展的质量问题。

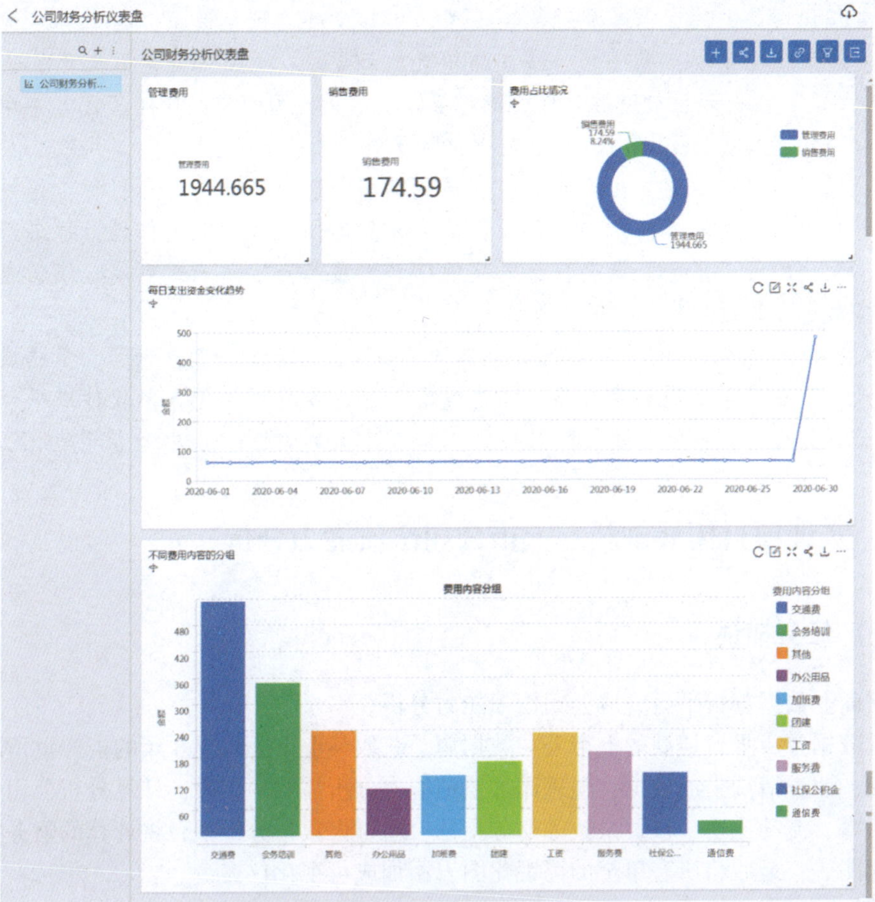

图 7-3-17　公司财务数据分析仪表盘

本实训要求学生通过学习财务数据分析，建立可持续科学发展的理念，形成量变与质变的辩证思维，更好地理解企业营业收入、费用、利润之间的联系。在同等营业收入的前提下应尽可能地减少费用开支，提高企业收益水平。可视化数据分析可以为企业管理决策提供强有力的支持，学生学会使用财务数据分析的新知识、新技能，可提升个人能力，用现代化的科技手段提高工作效率，实现社会、企业、个人的共赢。

【知识链接】

财务目标是一定社会经济条件下的产物，是企业在市场竞争过程中的必然选择。在不同的社会经济发展时期和不同的现实约束条件下，企业的财务目标相应有不同的选择。1978 年，我国实行经济体制改革以后，市场经济模式逐渐确立，企业面向市场自主经营、自负盈亏，开放经济深深地唤醒了竞争者追求经济利益的动机。同时，企业的经济利益也得到了各方的认同。国家把利润作为考核企业经营情况的首要指标，职工的经济利益与企业利润的大小紧密联系在一起，企业必须关心市场、关心利润，这使得“利润最大化”逐渐成为企业财务管理的主要目标。

党的十五大报告中确定了我国国有企业的改革方向是建立现代企业制度，现代企业制度中委托代理关系的存在以及近几年我国产权制度的尝试性改革，为财务目标理论的丰富和发展又提供了现实基础。为适应新情况、新要求，“股东财富最大化”逐渐取代“利润最大化”而成为目前财务目标的流行观点。由于我国国有企业在国民经济中的特殊地位，有的学者又提出“相关者利益最大化”等社会责任目标论。

从上述分析可以看出，在不同的经济发展时期，选择不同的财务目标，是社会经济发展尤其是市场经济发展的产物。财务目标的选择遵循其本身的规律性，每个经济主体都要根据变化的经济形势，根据自身发展规律和发展特点，适当地制定、修正或更新自己的财务目标，以适应市场经济发展的需要。

“大智移云”时代，以人工智能为标志的第四次产业革命已悄然而至，数据成为一项重要资产，企业出于实现自身财务目标的考虑，通过各种可视化分析软件或平台进行财务数据分析，提高企业经济效益，以实现“股东财富最大化”“企业价值最大化”。

五、实训项目拓展创新：上市公司偿债能力分析

（一）任务描述

根据商业数据分析平台完成公司偿债能力分析。

通过数据分析平台挂载的上市公司数据源，获取某上市公司近 5 年的资产负债表，完成数据采集；通过清洗集成数据，整理添加偿债能力分析需要的字段；计算分析公司近 5 年的资产负债率、流动比率、权益乘数等财务指标；通过大数据分析平台将计算的财务指标添加至可视化图表；最后将所有单个的可视化图表添加成可视化仪表盘。

（二）分析讨论

对上市公司偿债能力的分析一般围绕以下三个方面展开：

1. 比率分析

计算短期偿债能力比率，通过观察这些比率在近 5 年的数值变化，评估公司短期偿债能力的强弱。例如，若流动比率逐年上升且保持在合理水平（如一般行业大于 2），表明公司短期偿债能力增强。计算长期偿债能力比率，如资产负债率逐年下降，说明公司长期偿债的财务风险在降低；利息保障倍数上升，则体现公司支付债务利息的能力在增强。

2. 趋势分析

观察各偿债能力指标随时间（近 5 年）的变化趋势。比如流动比率呈现下降趋势，可能意味着公司流动资产相对流动负债在减少，要进一步分析是因为存货积压、应收账款回收困难还是其他原因导致流动资产减少。对于长期偿债能力指标，像产权比率如果持续上升，说明公司债务融资占比相对股权融资在增加，可能使长期偿债压力增大。

3. 比较分析

与同行业其他公司对比，若该公司的流动比率低于行业平均水平，可能表示其短期偿债能力在行业中较弱；而资产负债率高于行业均值，则意味着其长期偿债风险可能高于行业内其他公司。另外，还可以与公司自身的历史标准比较，若某个偿债指标明显偏离以往的正常范围，也需要探究原因。

应用领域实训 4　消费行为分析

【学习目标】

【知识目标】

- 理解消费行为分析的背景和意义、市场竞争的变化和促销活动对销售的影响；
- 掌握消费行为分析在提升营销决策水平和市场策略制定中的重要性；
- 掌握消费行为分析的基本概念和技术、关联分析的基本原理和应用场景；
- 熟悉 Python 和 Oracle 在数据采集、处理、分析和可视化中的应用；
- 掌握数据采集、清洗、处理、机器学习和可视化的步骤和技术要点。

【能力目标】

- 能够根据消费行为分析需求，熟练设计数据分析方案；
- 能够使用 Python 进行数据的采集、清洗，掌握数据格式转换和实现商品组合推荐算法；
- 能够利用 Oracle 进行数据可视化，直观展示分析结果；
- 能够根据项目需求进行角色分配和工期安排；
- 能够有效组织数据采集、清洗、处理、分析和可视化等各个环节的工作；
- 能够熟练运用数据分析平台（工具），完成消费者消费行为分析，辅助进行商务决策。

【素养目标】

- 培养基于数据分析和挖掘的科学思维，提升解决实际问题的能力；
- 培养在消费行为分析中探索新的应用场景和方法的能力；
- 培养与团队成员合作的能力和项目执行能力；
- 培养跨部门沟通和协调的能力，提升项目管理能力；
- 树立数据隐私保护意识，遵守相关法律法规。

知识能力图谱

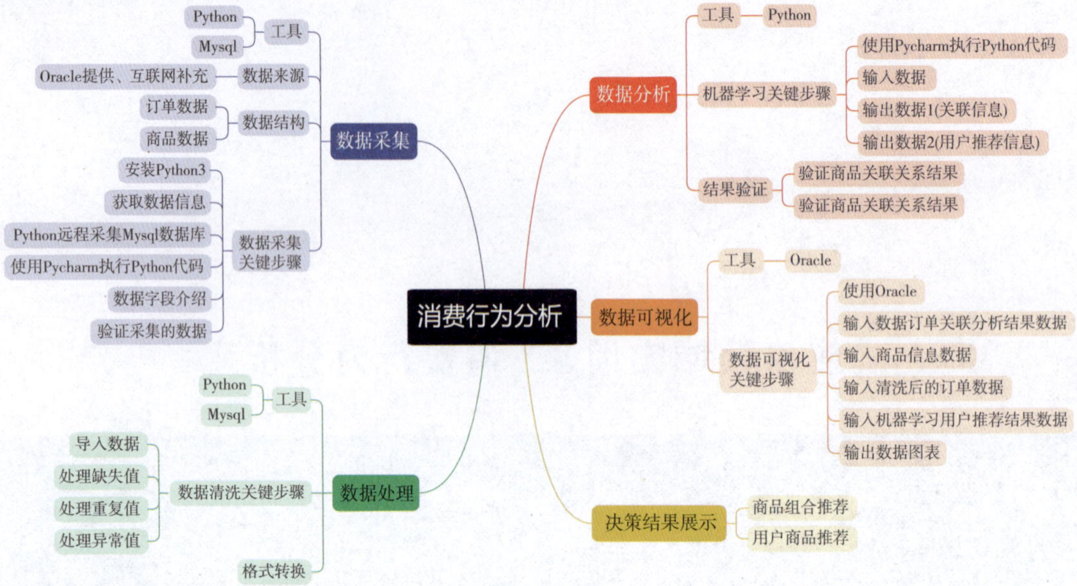

实训内容

一、实训项目需求背景

随着市场竞争日益激烈，传统依赖产品质量、价格和市场差异化的手段已经不足以让一些商超与购物平台在竞争中取胜。从 2009 年起，每年的 11 月 11 号，以天猫、京东为代表的大型电子商务网站会在这一天进行大规模打折促销活动，提高销售额，“双 11” 已成为中国互联网最大的商业活动。随着移动互联网的普及和技术创新的推动，电商市场的规模以惊人的速度增长。消费者购物习惯也随之发生深刻变革，从传统的实体购物逐渐转向更加便捷的在线购物。电商平台的迅速扩展不仅体现在商品种类的增加和销售渠道的多样化上，更重要的是通过大数据、人工智能和云计算等技术的应用，实现了个性化服务和精细化运营。这些技术使得电商平台能够提供精准的商品推荐、更高效的客户服务和无缝的支付与物流体验，从而极大地提升了用户的购物满意度。

在电商行业中，数据已经成为企业制定战略、优化运营的核心资源。每天，电商平台都会生成海量的用户行为数据，这些数据涵盖了用户从浏览到购买和评价的全过程。通过对这些数据的深入分析，企业能够全面了解消费者的购物习惯和偏好，预测市场趋势，并作出更为科学的商业决策。在这样的背景下，消费行为分析显得尤为重要。例如，通过对消费者的消费订单进行关联分析，得出消费者在购买 A 商品和 B 商品时还会购买其他商品，并依此提出营销方案，为用户进行精准的购物推荐，提升购买率。通过分析用户的浏览和购买行为，电商平台可以识别出热门商品和滞销商品，进而调整库存管理策略，降低成本和风险。此外，企业还可以利用数据构建消费者画像，开展精准营销，提供定制化的推荐服务和优惠活动，从而提升用户的购买率和忠诚度。

数据驱动的商业决策不仅帮助电商企业在销售和营销领域取得成效，而且在供应链管理、客户服务和风险控制等方面产生了积极影响。通过优化供应链流程和提前预测市场需求，企业可以降低物流成本，提高运营效率。与此同时，分析用户反馈的数据还可以帮助企业改进客户服务，提高用户满意度，进而增强品牌忠诚度。

总的来说，在电商行业的激烈竞争中，如何有效地收集、分析、解读和利用消费行为数据，已成为企业获得竞争优势的关键。而具备数据分析能力的专业人才，在这一领域中无疑是企业成功的核心驱动力。掌握电商平台消费行为分析技能的从业者，不仅能为企业提供有价值的消费信息，还能支持企业在复杂多变的市场环境中制定更加科学有效的商业策略。

二、实训项目场景描述

随着电子商务的迅猛发展，市场上涌现了各种用于消费行为分析的工具和方法。然而，大多数工具仅能对消费行为数据进行简单的收集和初步分析，难以满足商家深入洞察消费行为的需求。但在面对海量数据时，传统的统计分析方法凭借其强大的数据处理能力和优异的可视化效果，依然在消费行为分析中发挥着重要作用。

消费行为分析在现代商业中具有重要意义。通过深入分析消费者的购物订单数据，商家可以准确把握市场需求，制定更为有效的营销策略。通过分析“双 11”等大促活动的订单数据，商家能够提供有价值的促销组合建议，提升销量并实现精准推销。通过掌握用户的购买习惯，商家不仅可以为用户精准推荐商品，提升购买率，还能减少资源浪费，增强市场竞争力。消费行为分析还能为商家提供热销商品组合，提高营销效率，减少制作营销方案的时间，最终帮助商家实现事半功倍的效果。

本实训数据主要来自电子商务平台的消费订单，涵盖了消费者的购买行为、参与促销活动的情况等多方面内容。通过分析这些数据，可以探索消费者的行为模式及其背后的影响因素，为商家提供精准的商品推荐和营销方案，从而提高销售率。本实训内容包括利用网络爬虫技术获取数据，应用统计方法进行数据处理与分析，并通过可视化工具展示分析结果。

三、实训项目思路解析

（一）需求识别 1

商家如何利用现有工具收集数据、深入分析了解消费者行为，获得更有价值的信息，以指导精准的营销决策？

解决思路如下：

通过使用网络爬虫技术，从电子商务平台上获取全面且翔实的消费者订单数据。获取数据后，利用传统的统计分析方法对数据进行深度处理，包括数据清洗、特征提取和模式识别。通过这些步骤，深入理解消费者的购买行为模式及其背后的影响因素，为商家提供有价值的信息。

（二）需求识别 2

商家如何生成精准的商品推荐和促销组合，以提升销售效果，提高营销效率并减少资源浪费？

解决思路如下：

利用数据分析工具和统计模型，对订单数据进行细致分析，识别不同消费群体的购买习惯和促销响应度。通过数据挖掘，生成个性化的商品推荐和促销组合建议。这些分析结果可以帮助商家更精准地制定营销策略，提升购买率，实现资源的最佳配置。

（三）需求识别 3

商家如何快速理解数据分析结果，并将其有效应用于实际的营销决策中？如何掌握数据可视化技能来满足这一需求？

解决思路如下：

应用先进的可视化工具，将复杂的分析结果以图表和报告的形式直观地展示出来。

本实训内容包括如何选择适当的图形化表现方式？如何生成易于理解的报告？以及如何利用可视化结果支持商家快速作出营销决策？

四、实训项目任务实施

（一）实训简介

本实训数据主要来源于电子商务平台的消费者订单数据，旨在了解消费者的行为模式及其影响因素，帮助商家制定更为精准的营销策略。通过对这些数据的分析，可以揭示消费者的购买习惯、促销活动的效果，以及其他相关因素的影响。

学生将学习如何利用网络爬虫技术获取数据，运用统计方法进行数据处理与分析，并通过可视化工具展示分析结果。通过本次实训，学生不仅能够掌握数据处理与分析的基本技能，还能提升解决实际问题的能力，为未来在电子商务和市场营销领域的数据分析工作打下坚实的基础。

（二）实训思路

1. 确定问题

在本实训中，需要分析和预测消费行为的模式及其背后的影响因素。这一问题对于商家和消费者都具有重要意义。商家可以根据分析结果优化营销策略，而消费者可以获得更为精准的商品推荐，从而提升购物体验。具体来说，需要确定以下几个关键问题：

（1）消费行为的主要模式是什么？

（2）哪些因素对消费行为有显著影响？

（3）不同时间段的消费行为变化趋势如何？

（4）如何通过数据可视化清晰展示分析结果？

2. 分解问题

将大问题分解为小问题。针对本实训，问题可分解为以下几点：

（1）数据搜集：通过网络爬虫技术获取历史消费数据和相关影响因素的数据，如订单信息、商品信息、日期、促销活动等。

（2）数据预处理：对获取的原始数据进行清洗和整理，处理缺失值、重复值和异常值，确保数据的质量和一致性。

（3）数据分析：运用统计分析方法对数据进行深入分析，揭示消费行为的模式和主要影响因素，包括关联分析等。

（4）数据可视化：通过设计和制作图表，将分析结果进行可视化展示，帮助商家直观理解数据背后的信息，为行业从业人员提供可视化数据，支撑其决策。

3. 评估问题

在数据分析和可视化的过程中，需要不断评估分析结果的准确性和有效性。具体来说，可以通过以下几个方面进行评估：

（1）数据质量评估：检查数据预处理的效果，确保数据的完整性和一致性。

（2）分析方法评估：评估所选统计分析方法的适用性和有效性，确保分析结果的可靠性。

（3）结果验证：通过实际数据验证分析结果的准确性，确保预测的可信度。

（4）可视化效果评估：评估图表的清晰度和美观性，确保可视化展示能够有效传达分析结果。

4. 总结问题

在完成数据分析和可视化后，需要对整个实训过程进行总结。总结内容包括实训收获、遇到的问题与挑战、解决方案和改进建议，以及消费行为分析的实际应用价值和前景。

通过上述步骤的详细规划和执行，我们能够系统地进行消费行为分析，从而为商家提供有价值的营销决策支持，并为消费者提供更为精准的购物推荐。

（三）分析过程

在整个数据分析项目中，我们首先进行环境搭建，包括选择开发语言（如 Python）、配置编译器（如 Pycharm），并使用包管理工具（如 Pip）来安装必要的第三方库。接下来，进行工程搭建，创建并配置数据分析项目的基本结构。完成工程搭建后，我们开始采集数据，从多种数据源获取原始数据。采集到的数据往往包含噪声，因此需要数据清洗步骤来去除不完整或异常的数据，确保数据的准确性。随后进入数据处理阶段，对数据进行转换和整理，以便后续分析和建模。基于清洗和处理后的数据，我们应用机器学习算法，挖掘出潜在的消费模式和趋势。最后，通过可视化操作直观呈现分析结果，为企业提供有价值的营销决策支持，同时为消费者提供更为精准的购物推荐。

1. 环境搭建（镜像中已包含基础环境）

（1）安装 Python。

① 安装压缩包（需要连接互联网）。

② 解压软件包目录下的 Python 安装包。

③ 安装 Python，执行安装命令。

操作代码如下：

```
./configure
make all
make install
```

④ 建立软连接。

操作代码如下：

```
rm -rf /usr/bin/python
ln -s /usr/local/bin/python3 /usr/bin/python
```

⑤ 安装 Python 软件包（需要连接互联网）。

操作代码如下：

```
pip3 install pymysql && \
pip3 install numpy && \
pip3 install pandas && \
pip3 install sklearn && \
pip3 install apyori && \
pip3 install matplotlib
```

（2）安装 Pycharm。

① 进入软件包目录。

② 解压安装文件。

③ 安装文件。

添加桌面快捷方式，在桌面新建文件，命名为：Pycharm. Desktop。使用 vi 命令编辑该文件。

点击图标“”，使用 Pycharm。

2. 工程搭建（图 7-4-1）

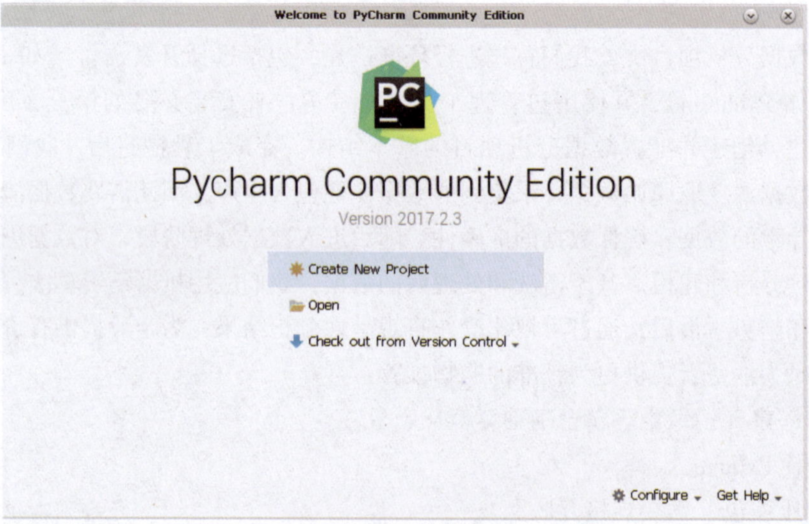

图 7-4-1　工程搭建

Python 工程搭建概要如下

（1）基本技术配置。

① 开发语言：Python。

② 编译器：Pycharm。

③ 包管理工具：Pip。

④ 运行方式：在 Pycharm 中搭建并运行 Python 工程。

(2) 创建工程（图 7-4-2 和图 7-4-3）。

注意工程路径的设置。

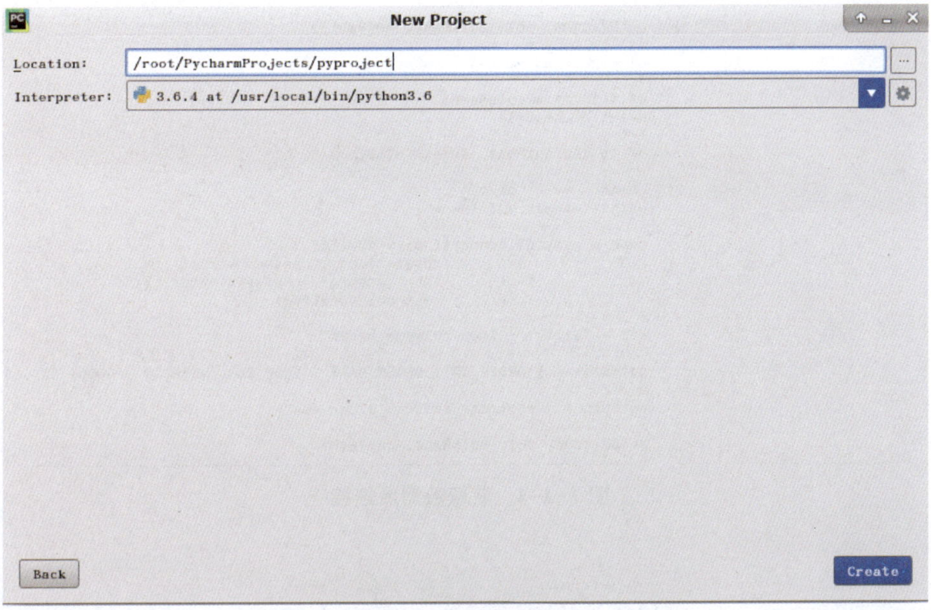

图 7-4-2　新建项目①

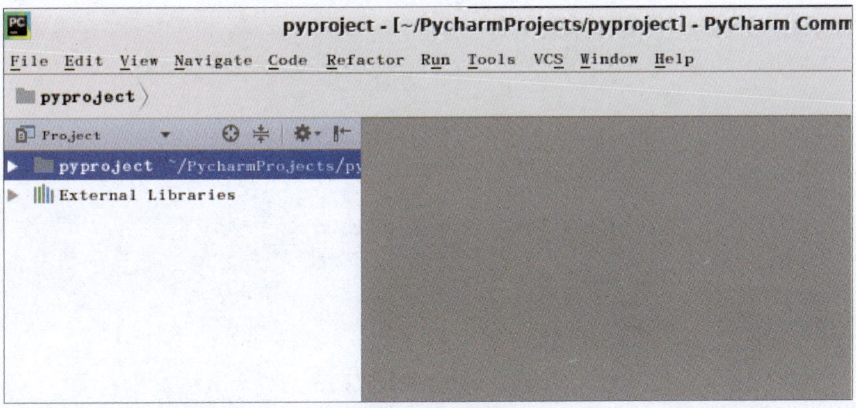

图 7-4-3　新建项目②

① 打开 Pycharm 创建完成。

② 在工程内编写功能代码实现业务需求。

(3) 代码运行。

按代码页右键"▶ Run"执行代码。

3. 数据采集

数据存储在数据服务器关系型数据库 Mysql 中，需要将数据采集到本地文件系统中。通过 Python 将远程 Mysql 数据库中的数据获取到本地文件系统中，用于后续分析。

(1) 打开 Pycharm，通过 Python 获取数据库连接，如图 7-4-4 所示。

(2) 执行程序，如图 7-4-5 所示。

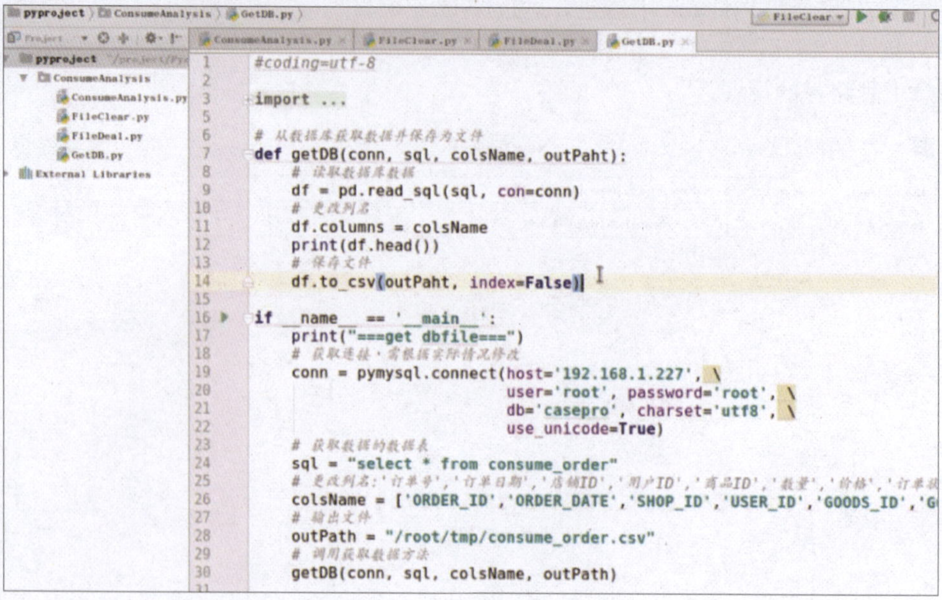

pyproject
ConsumeAnalysis
GetDB.py
FileClear
ConsumeAnalysis.py
FileClear.py
FileDeal.py
GetDB.py
External Libraries
#coding=utf-8
import ...
# 从数据库获取数据并保存为文件
def getDB(conn, sql, colsName, outPaht):
# 读取数据库数据
df = pd.read_sql(sql, con=conn)
# 更改列名
df.columns = colsName
print(df.head())
# 保存文件
df.to_csv(outPaht, index=False)
if __name__ == '__main__':
print("===get dbfile===")
# 获取连接，需根据实际情况修改
conn = pymysql.connect(host='192.168.1.227', \
user='root', password='root', \
db='casepro', charset='utf8', \
use_unicode=True)
# 获取数据的数据表
sql = "select * from consume_order"
colsName = ['ORDER_ID','ORDER_DATE','SHOP_ID','USER_ID','GOODS_ID','G
# 输出文件
outPath = "/root/tmp/consume_order.csv"
# 调用获取数据方法
getDB(conn, sql, colsName, outPath)

图 7-4-4　获取数据库连接

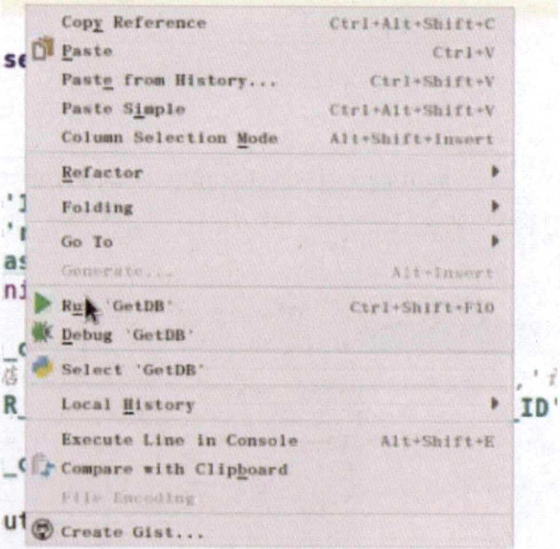

图 7-4-5　执行代码

（3）在 Cmd 中查看输出数据，如图 7-4-6 所示。

[root@master ~]# cat /root/tmp/consume_order.csv |more
ORDER_ID,ORDER_DATE,SHOP_ID,USER_ID,GOODS_ID,GOODS_NUM,PRICE,ORDER_TYPE,MAILI
NG

图 7-4-6　查看输入数据

4. 数据清洗

（1）通过 Python 的 Pandas 包对数据进行处理。

合并需要的字段，去除包含空字段的数据，剔除无关数据和异常数据，根据需求保留需要的字段。操作过程中首先要查看具体代码，定义输入输出文件，执行清洗命令，如图 7-4-7 所示。

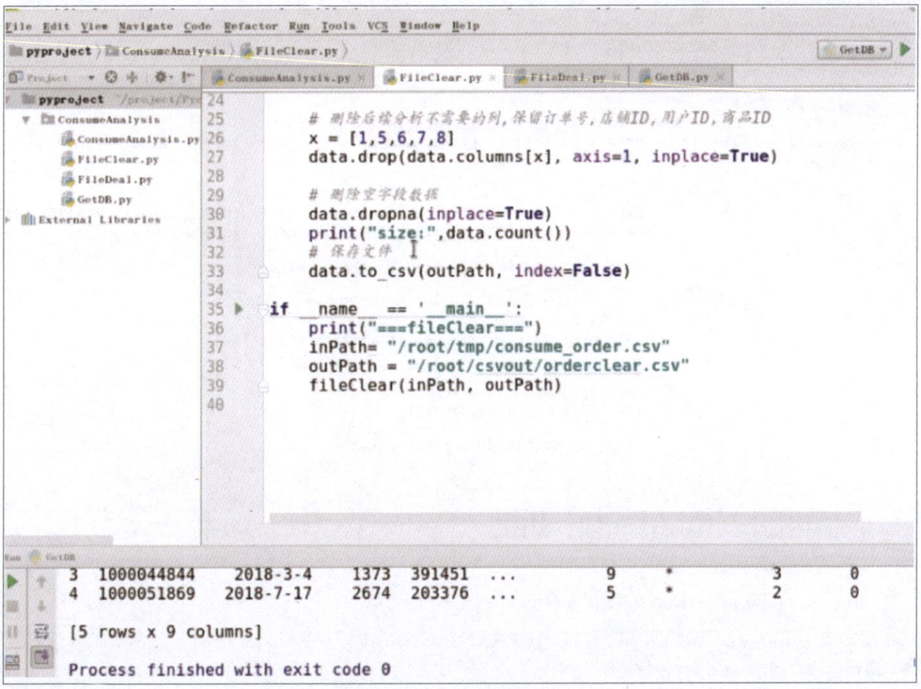

图 7-4-7　数据清洗①

然后以 CSV 的方式读取输入文件，定义删除标识字段，传入参数为订单日期和订单类型。对于删除方法中返回值为“1”的数据进行删除，如图 7-4-8 所示。

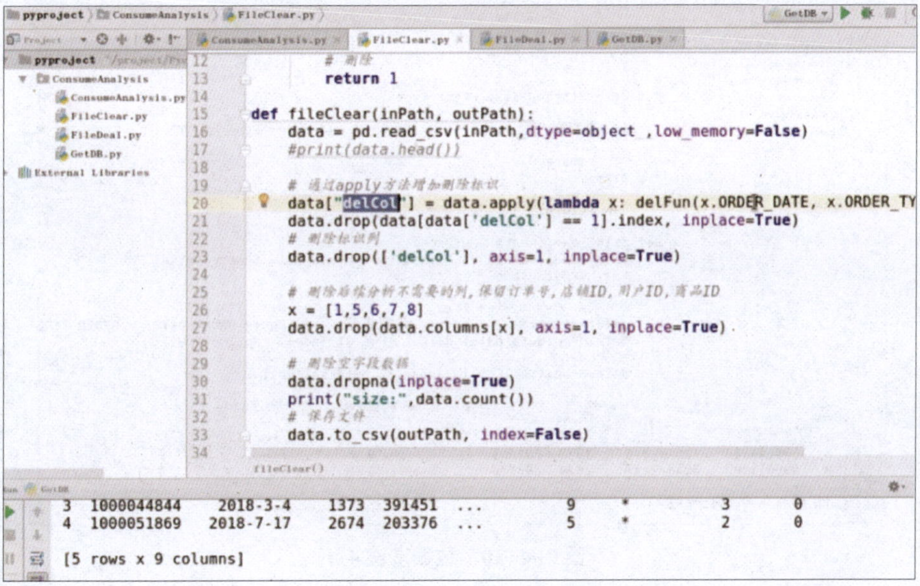

图 7-4-8　数据清洗②

判断订单日期是否为“双 11”的数据，判断订单日期状态，如果满足条件返回 0，代表数据是保留数据，不满足条件的返回值为“1”，则代表此数据需要删除，如图 7-4-9 所示。

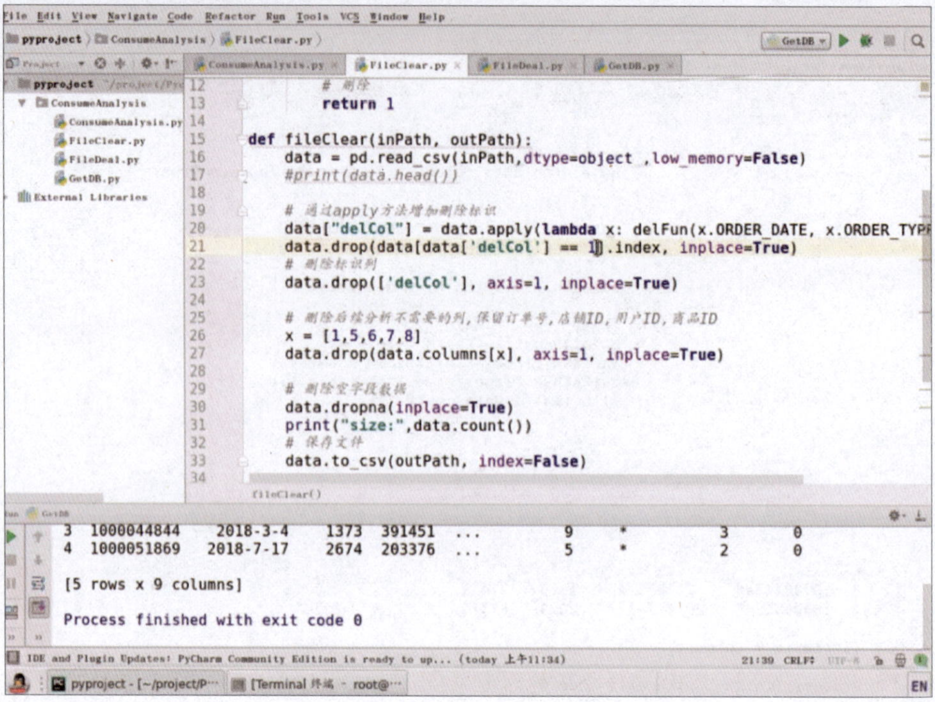

图 7-4-9　数据清洗③

执行完数据删除操作后删除标识，列提取需要的字段，包括订单号、店铺 ID、用户 ID、商品 ID。删除不需要的字段，删除字段有空的数据，最后打印剩余数据，如图 7-4-10 所示。

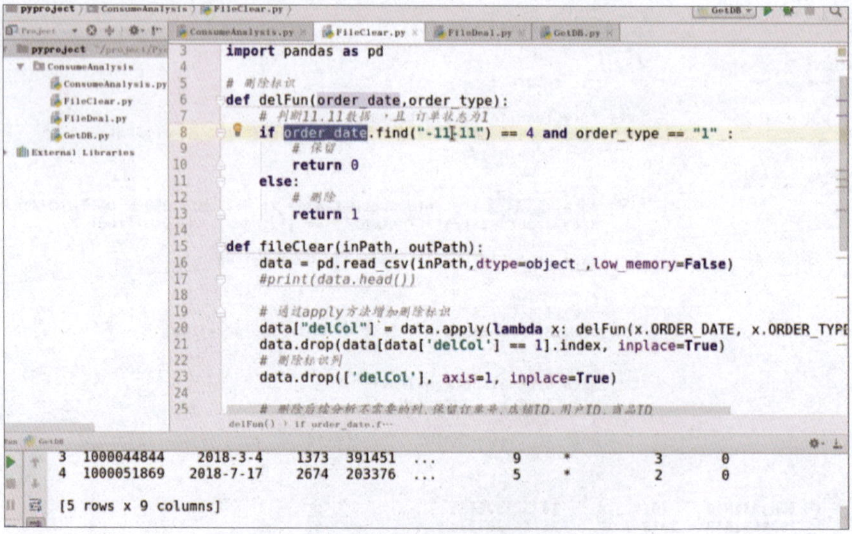

图 7-4-10　数据清洗④

（2）将结果数据保留为 CSV 文件，如图 7-4-11 所示。

（3）执行程序，如图 7-4-12 所示。

（4）在 Cmd 中查看输出数据。

① 输入命令，如图 7-4-13 所示。

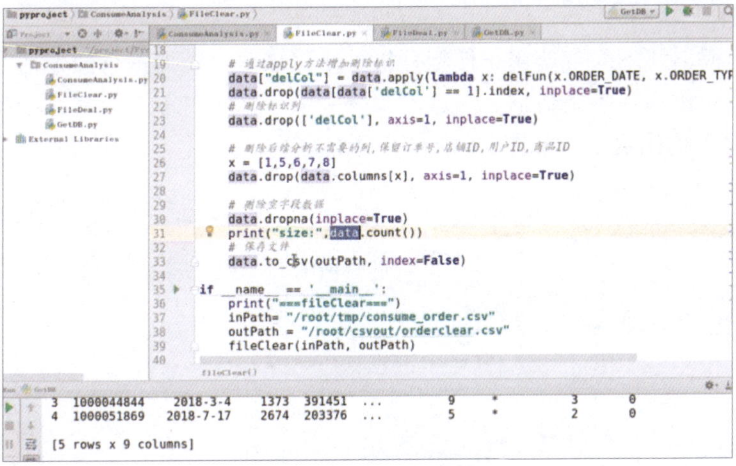
data["delCol"] = data.apply(lambda x: delFun(x.ORDER_DATE, x.ORDER_TYP
data.drop(data[data['delCol'] == 1].index, inplace=True)
data.drop(['delCol'], axis=1, inplace=True)
x = [1,5,6,7,8]
data.drop(data.columns[x], axis=1, inplace=True)
data.dropna(inplace=True)
print("size:",data.count())
data.to_csv(outPath, index=False)
if __name__ == '__main__':
print("===fileClear===")
inPath= "/root/tmp/consume_order.csv"
outPath = "/root/csvout/orderclear.csv"
fileClear(inPath, outPath)
[5 rows x 9 columns]

图 7-4-11　数据保存

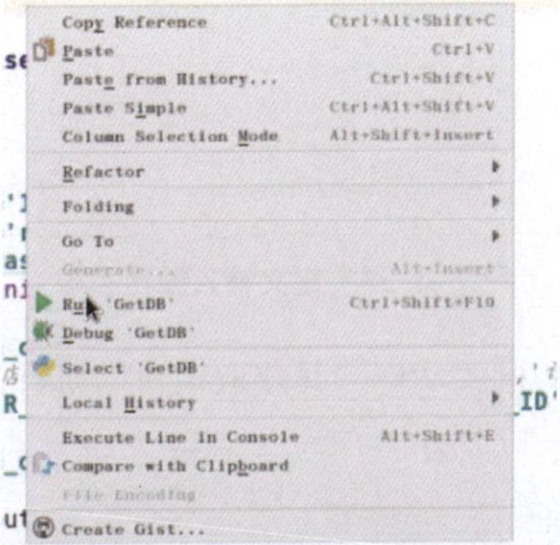
Copy Reference
Paste
Paste from History...
Paste Simple
Column Selection Mode
Refactor
Folding
Go To
Run 'GetDB'
Debug 'GetDB'
Select 'GetDB'
Local History
Execute Line in Console
Compare with Clipboard
Create Gist...

图 7-4-12　执行程序

[root@master ~]# cat /root/csvout/orderclear.csv | more

图 7-4-13　输入命令

② 获取数据信息，如图 7-4-14 所示。

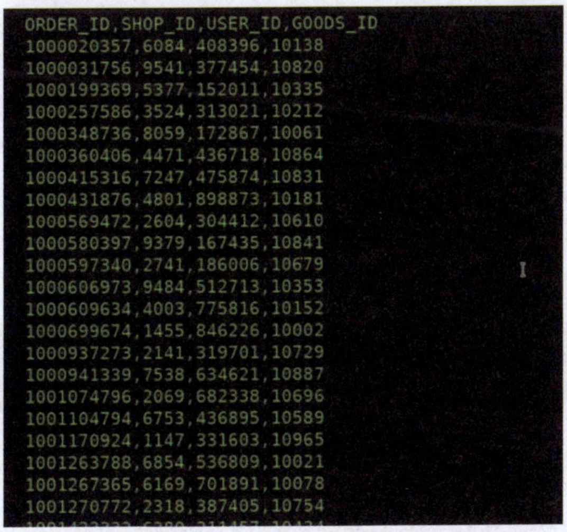
ORDER_ID,SHOP_ID,USER_ID,GOODS_ID
1000020357,6084,408396,10138
1000031756,9541,377454,10820
1000199369,5377,152011,10335
1000257586,3524,313021,10212
1000348736,8059,172867,10061
1000360406,4471,436718,10864
1000415316,7247,475874,10831
1000431876,4801,898873,10181
1000569472,2604,304412,10610
1000580397,9379,167435,10841
1000597340,2741,186006,10679
1000606973,9484,512713,10353
1000609634,4003,775816,10152
1000699674,1455,846226,10002
1000937273,2141,319701,10729
1000941339,7538,634621,10887
1001074796,2069,682338,10696
1001104794,6753,436895,10589
1001170924,1147,331603,10965
1001263788,6854,536809,10021
1001267365,6169,701891,10078
1001270772,2318,387405,10754

图 7-4-14　获取数据信息

5. 数据处理

由于原始数据格式不能直接用于模型分析，所以需要对数据进行预处理。通过清洗将用户所有商品记录转化为一条条数据。

（1）定义输入输出目录，如图 7-4-15 所示。

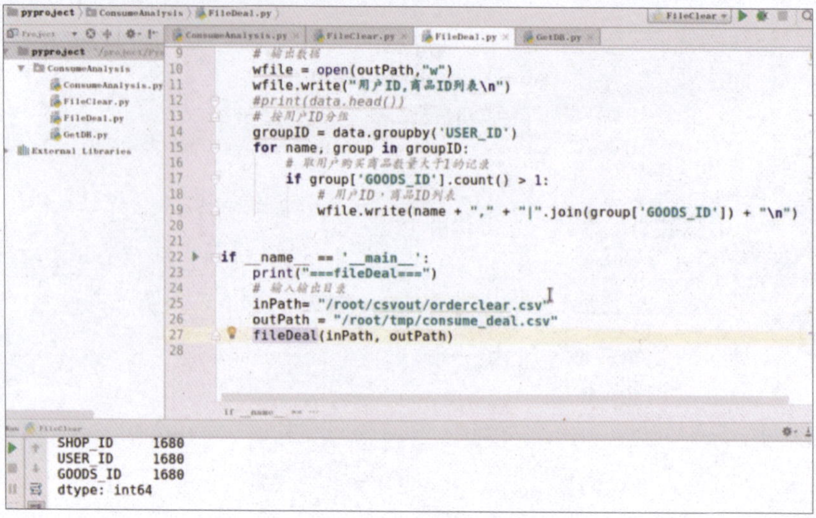

图 7-4-15　定义输入输出目录

（2）使用 Pandas 读取 CSV 格式文件，并获取用户的所有订单数据，如图 7-4-16 所示。

（3）执行程序，如图 7-4-17 所示。

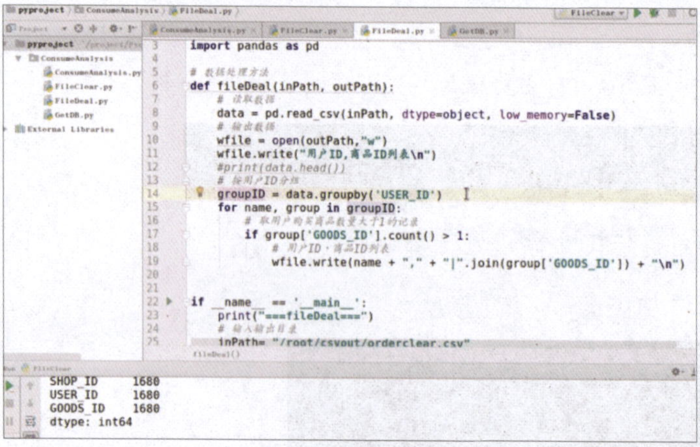

图 7-4-16　获取数据

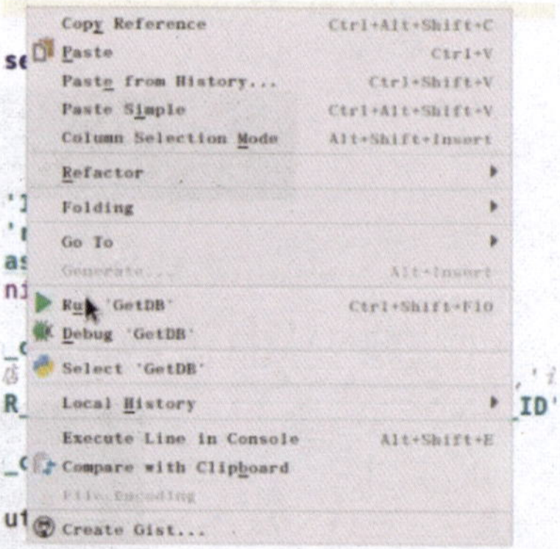

图 7-4-17　执行程序

（4）在 Cmd 中查看结果。

① 输入命令，如图 7-4-18 所示。

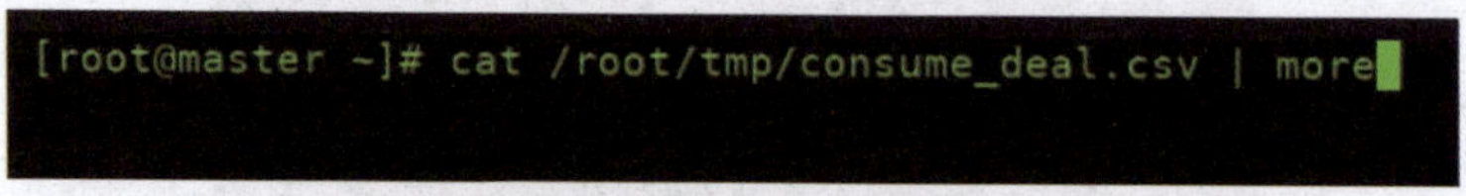

图 7-4-18　输入命令

② 输出信息为用户 ID 和商品 ID，如图 7-4-19 所示。

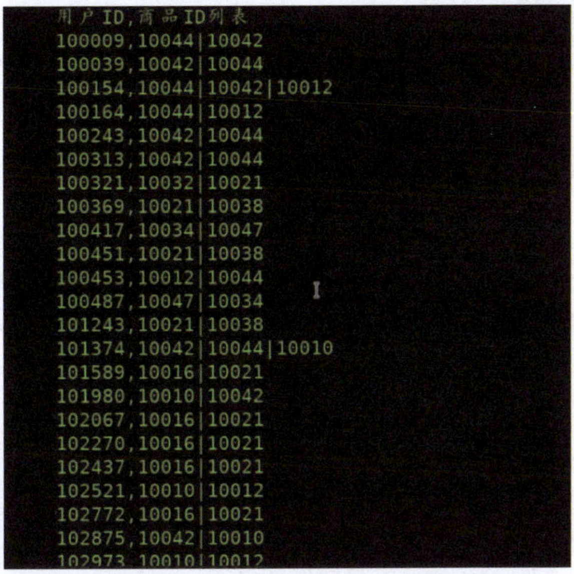
用户ID，商品ID列表
100009,10044|10042
100039,10042|10044
100154,10044|10042|10012
100164,10044|10012
100243,10042|10044
100313,10042|10044
100321,10032|10021
100369,10021|10038
100417,10034|10047
100451,10021|10038
100453,10012|10044
100487,10047|10034
101243,10021|10038
101374,10042|10044|10010
101589,10016|10021
101980,10010|10042
102067,10016|10021
102270,10016|10021
102437,10016|10021
102521,10010|10012
102772,10016|10021
102875,10042|10010

图 7-4-19　输出信息为用户 ID 和商品 ID

6. 机器学习

通过关联分析算法对处理后的订单数据进行分析，得到商品间的关联概率。分析结果中得到关联概率越大，代表关联性越大，证明同时购买的可能性越高。输出商品关联信息数据，通过将商品关联信息数据与用户购买商品数据进行对比，为用户推荐潜在需求的商品。通过 Python 算法库中的关联分析算法，对数据进行处理，得到商品的关联分析结果，并通过关联商品数据为用户推荐商品。

（1）定义相关需求文件，如图 7-4-20 所示。

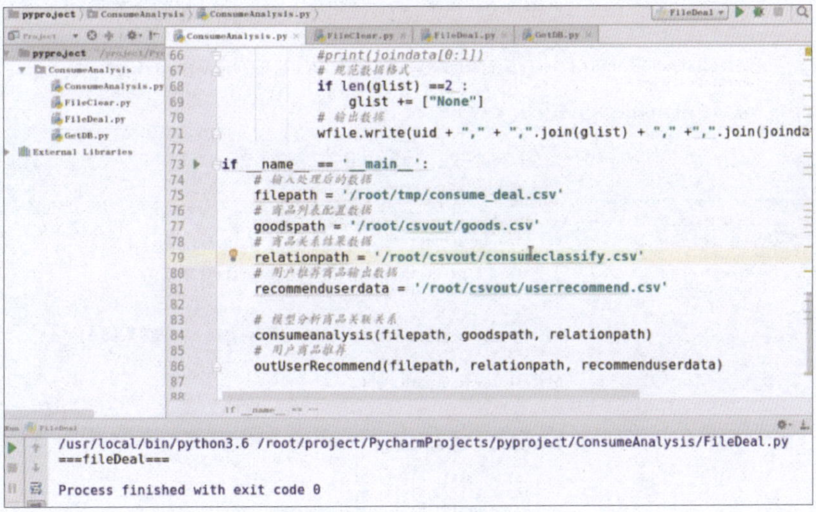
pyproject
ConsumeAnalysis
ConsumeAnalysis.py
FileClear.py
FileDeal.py
GetDB.py
External Libraries
#print(joindata[0:1])
规范数据格式
if len(glist) ==2 :
glist += ["None"]
输出数据
wfile.write(uid + "," + ",".join(glist) + "," +",".join(joinda
if __name__ == '__main__':
# 输入处理后的数据
filepath = '/root/tmp/consume_deal.csv'
# 商品列表配置数据
goodspath = '/root/csvout/goods.csv'
# 商品关系结果数据
relationpath = '/root/csvout/consumeclassify.csv'
# 用户推荐商品输出数据
recommenduserdata = '/root/csvout/userrecommend.csv'
# 模型分析商品关联关系
consumeanalysis(filepath, goodspath, relationpath)
# 用户商品推荐
outUserRecommend(filepath, relationpath, recommenduserdata)
/usr/local/bin/python3.6 /root/project/PycharmProjects/pyproject/ConsumeAnalysis/FileDeal.py
===fileDeal===
Process finished with exit code 0

图 7-4-20　定义相关需求文件

（2）定义空数组对存储模型分析的数据，如图 7-4-21 所示。

（3）调用相关算法，如图 7-4-22 所示。

（4）打印输出，如图 7-4-23 所示。

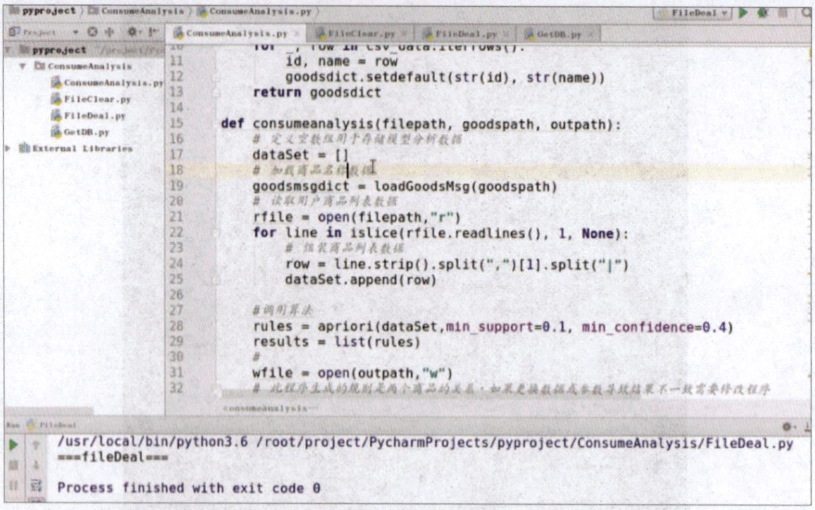

pyproject
ConsumeAnalysis
ConsumeAnalysis.py
FileClear.py
FileDeal.py
GetDB.py
External Libraries
id, name = row
goodsdict.setdefault(str(id), str(name))
return goodsdict
def consumeanalysis(filepath, goodspath, outpath):
# 定义空数组用于存储模型分析数据
dataSet = []
# 加载商品名称数据
goodsmsgdict = loadGoodsMsg(goodspath)
# 读取用户商品列表数据
rfile = open(filepath,"r")
for line in islice(rfile.readlines(), 1, None):
# 组装商品列表数据
row = line.strip().split(",")[1].split("|")
dataSet.append(row)
#调用算法
rules = apriori(dataSet,min_support=0.1, min_confidence=0.4)
results = list(rules)
#
wfile = open(outpath,"w")
/usr/local/bin/python3.6 /root/project/PycharmProjects/pyproject/ConsumeAnalysis/FileDeal.py
===fileDeal===
Process finished with exit code 0

图 7-4-21　定义空数组对存储模型分析的数据

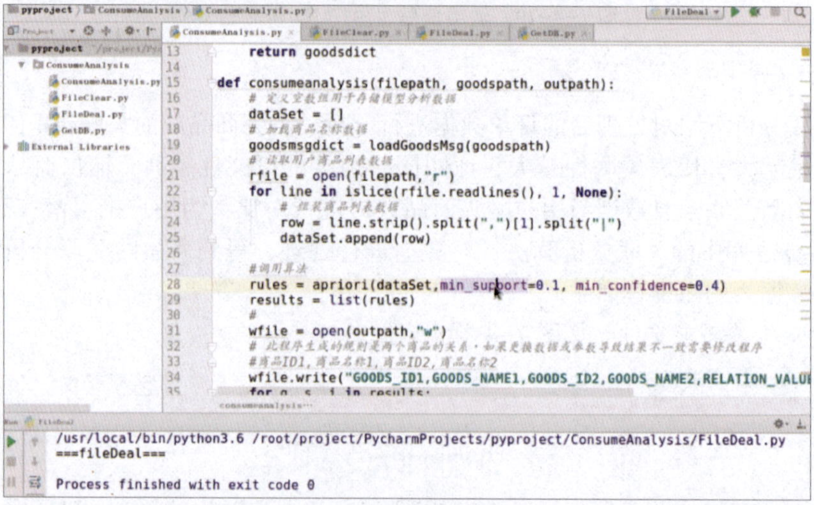

pyproject
ConsumeAnalysis
ConsumeAnalysis.py
FileClear.py
FileDeal.py
GetDB.py
External Libraries
return goodsdict
def consumeanalysis(filepath, goodspath, outpath):
# 定义空数组用于存储模型分析数据
dataSet = []
# 加载商品名称数据
goodsmsgdict = loadGoodsMsg(goodspath)
# 读取用户商品列表数据
rfile = open(filepath,"r")
for line in islice(rfile.readlines(), 1, None):
# 组装商品列表数据
row = line.strip().split(",")[1].split("|")
dataSet.append(row)
#调用算法
rules = apriori(dataSet,min_support=0.1, min_confidence=0.4)
results = list(rules)
#
wfile = open(outpath,"w")
#商品ID1,商品名称1,商品ID2,商品名称2
wfile.write("GOODS_ID1,GOODS_NAME1,GOODS_ID2,GOODS_NAME2,RELATION_VALU
/usr/local/bin/python3.6 /root/project/PycharmProjects/pyproject/ConsumeAnalysis/FileDeal.py
===fileDeal===
Process finished with exit code 0

图 7-4-22　调用相关算法

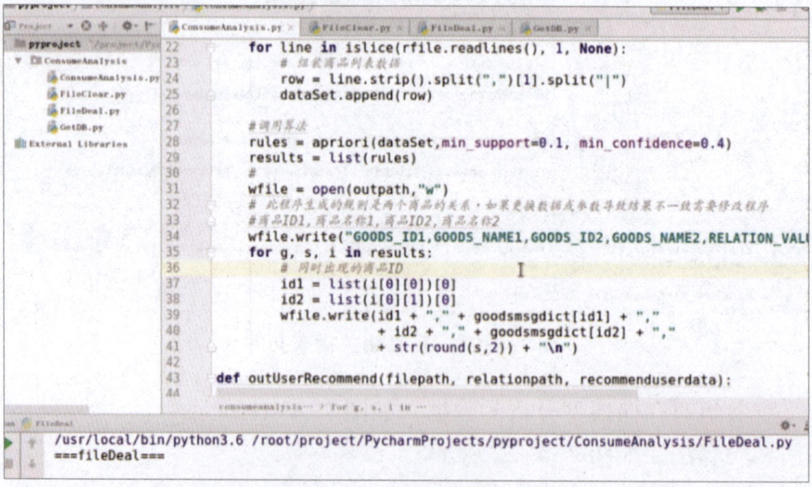

pyproject
ConsumeAnalysis
ConsumeAnalysis.py
FileClear.py
FileDeal.py
GetDB.py
External Libraries
for line in islice(rfile.readlines(), 1, None):
# 组装商品列表数据
row = line.strip().split(",")[1].split("|")
dataSet.append(row)
#调用算法
rules = apriori(dataSet,min_support=0.1, min_confidence=0.4)
results = list(rules)
#
wfile = open(outpath,"w")
#商品ID1,商品名称1,商品ID2,商品名称2
wfile.write("GOODS_ID1,GOODS_NAME1,GOODS_ID2,GOODS_NAME2,RELATION_VALU
for g, s, i in results:
# 同时出现的商品ID
id1 = list(i[0][0])[0]
id2 = list(i[0][1])[0]
wfile.write(id1 + "," + goodsmsgdict[id1] + ","
+ id2 + "," + goodsmsgdict[id2] + ","
+ str(round(s,2)) + "\n")
def outUserRecommend(filepath, relationpath, recommenduserdata):
/usr/local/bin/python3.6 /root/project/PycharmProjects/pyproject/ConsumeAnalysis/FileDeal.py
===fileDeal===

图 7-4-23　打印输出

（5）执行商品推荐方法，如图 7-4-24 所示。

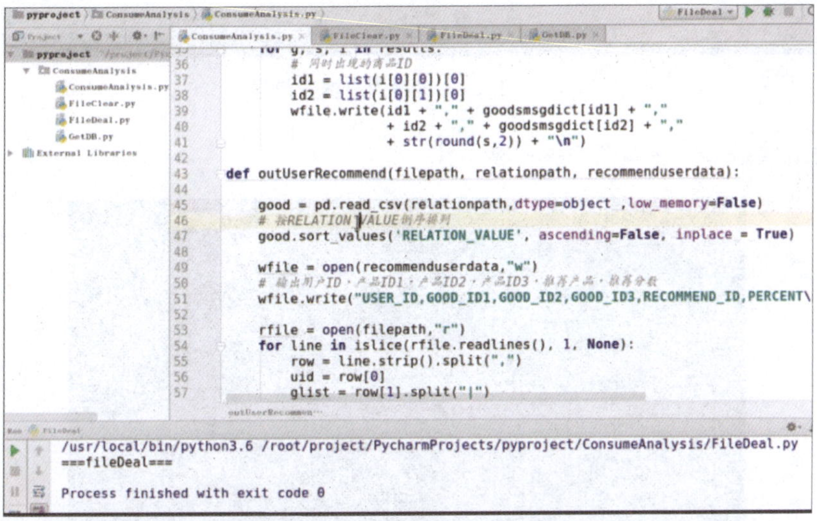

图 7-4-24　执行商品推荐方法

（6）输出关联商品关系数据与用户数据，如图 7-4-25 所示。

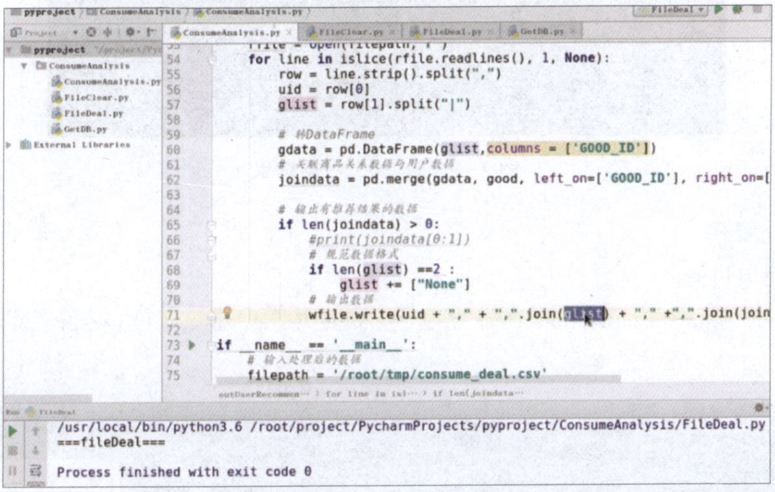

good = pd.read_csv(relationpath,dtype=object ,low_memory=False)
good.sort_values('RELATION_VALUE', ascending=False, inplace = True)
for line in islice(rfile.readlines(), 1, None):
row = line.strip().split(",")
uid = row[0]
glist = row[1].split("|")
gdata = pd.DataFrame(glist,columns = ['GOOD_ID'])
joindata = pd.merge(gdata, good, left_on=['GOOD_ID'], right_on=[
if len(joindata) > 0:
#print(joindata[0:1])
if len(glist) ==2 :
glist += ["None"]
wfile.write(uid + "," + ",".join(glist) + "," +",".join(join
if __name__ == '__main__':
filepath = '/root/tmp/consume_deal.csv'
/usr/local/bin/python3.6 /root/project/PycharmProjects/pyproject/ConsumeAnalysis/FileDeal.py
===fileDeal===
Process finished with exit code 0

图 7-4-25　输出关联商品关系数据与用户数据

（7）在 Cmd 中查看结果，如图 7-4-26 所示。

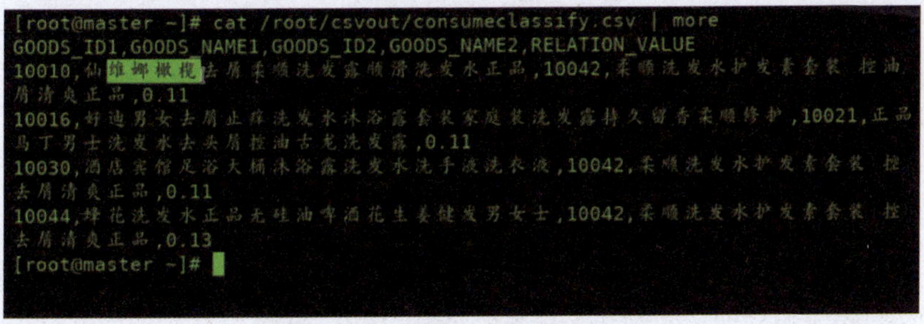

[root@master ~]# cat /root/csvout/consumeclassify.csv | more
GOODS_ID1,GOODS_NAME1,GOODS_ID2,GOODS_NAME2,RELATION_VALUE
10010,仙维娜橄榄去屑柔顺洗发露顺滑洗发水正品,10042,柔顺洗发水护发素套装 控油屑清爽正品,0.11
10016,好迪男女去屑止痒洗发水沐浴露套装家庭装洗发露持久留香柔顺修护,10021,正品马丁男士洗发水去头屑控油古龙洗发露,0.11
10030,酒店宾馆足浴大桶沐浴露洗发水洗手液洗衣液,10042,柔顺洗发水护发素套装 控去屑清爽正品,0.11
10044,蜂花洗发水正品无硅油啤酒花生姜健发男女士,10042,柔顺洗发水护发素套装 控去屑清爽正品,0.13
[root@master ~]#

图 7-4-26　在 Cmd 中查看结果

（8）查看用户推荐数据，如图 7-4-27 所示。

```
[root@master ~]# cat /root/csvout/userrecommend.csv | more
```

图 7-4-27　查看用户推荐数据

（9）输出数据结果，如图 7-4-28 所示。

```
USER_ID,GOOD_ID1,GOOD_ID2,GOOD_ID3,RECOMMEND_ID,PERCENT
100009,10044,10042,None,10042,0.13
100039,10042,10044,None,10042,0.13
100154,10044,10042,10012,10042,0.13
100164,10044,10012,None,10042,0.13
100243,10042,10044,None,10042,0.13
100313,10042,10044,None,10042,0.13
100453,10012,10044,None,10042,0.13
101374,10042,10044,10010,10042,0.13
101589,10016,10021,None,10021,0.11
101980,10010,10042,None,10042,0.11
102067,10016,10021,None,10021,0.11
102270,10016,10021,None,10021,0.11
102437,10016,10021,None,10021,0.11
102521,10010,10012,None,10042,0.11
102772,10016,10021,None,10021,0.11
102875,10042,10010,None,10042,0.11
102973,10010,10012,None,10042,0.11
103515,10034,10016,None,10021,0.11
103756,10034,10016,10012,10021,0.11
103945,10034,10016,None,10021,0.11
103955,10042,10010,None,10042,0.11
103959,10012,10032,10010,10042,0.11
```

图 7-4-28　输出数据结果

7. 可视化操作

（1）创建项目。

打开 Oracle Data Visualization Desktop，进入主页，点击“创建项目”，如图 7-4-29 所示。

图 7-4-29　创建项目

（2）导入数据，如图 7-4-30 所示。

① 点击添加，如图 7-4-31 所示。

② consumeclassify. csv 添加成功，继续添加数据源，点击下方“+”号，依次添加数据源，如图 7-4-32 所示。

图 7-4-30　导入数据

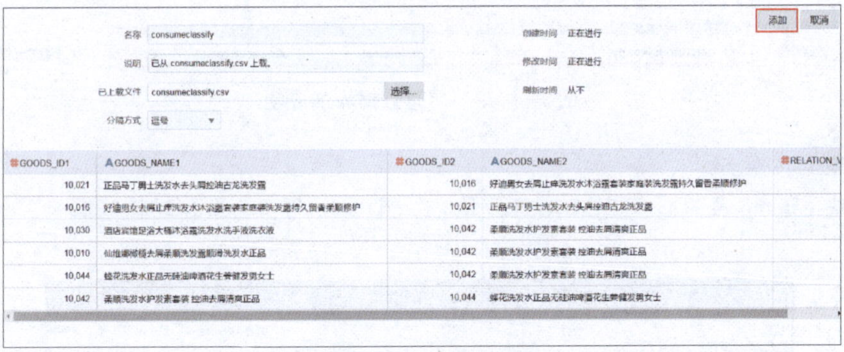

图 7-4-31　点击添加

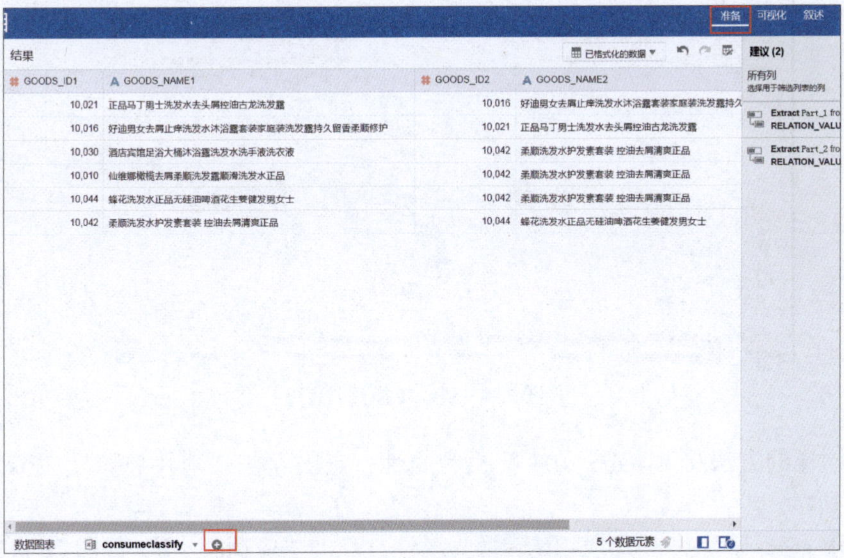

图 7-4-32　依次添加数据源

③ 所有数据添加成功，如图 7-4-33 所示。

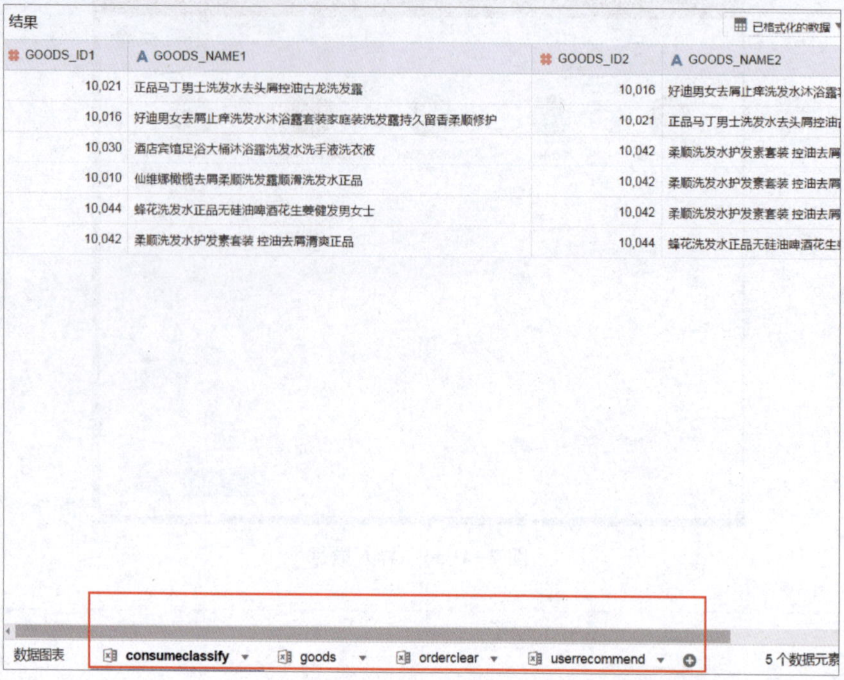

图 7-4-33　所有数据添加成功

（3）数据转换。

① 选中 consumeclassify，点击 GOODS_ID1 左侧“#”号，将数据转换为属性，如图 7-4-34 所示。

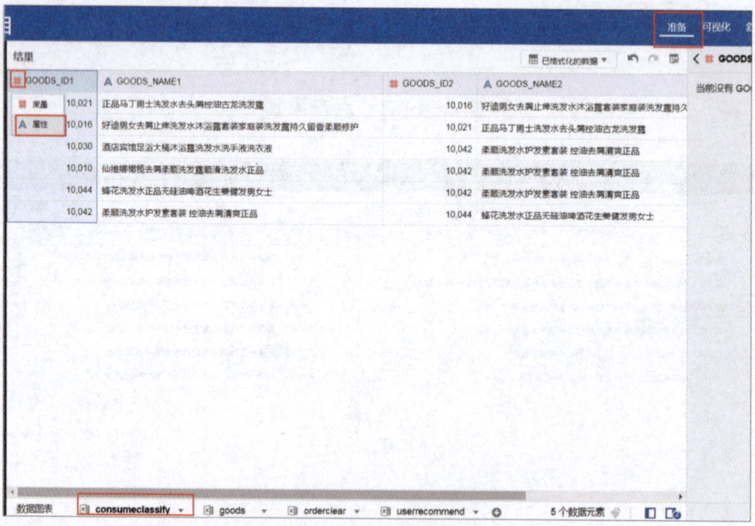

图 7-4-34　转换属性①

② 用同样的方法将 GOODS_ID2 转换为属性，点击左侧“应用脚本”，修改生效，如图 7-4-35所示。

③ 选中 goods 表，将 GOODS_ID 转换为属性，点击“应用脚本”，如图 7-4-36 所示。

④ 选中 orderclear，将所有列转换为属性，点击“应用脚本”，如图 7-4-37 所示。

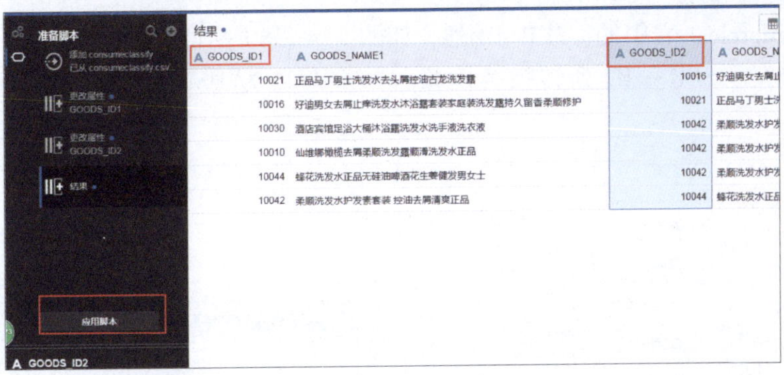

图 7-4-35　转换属性②

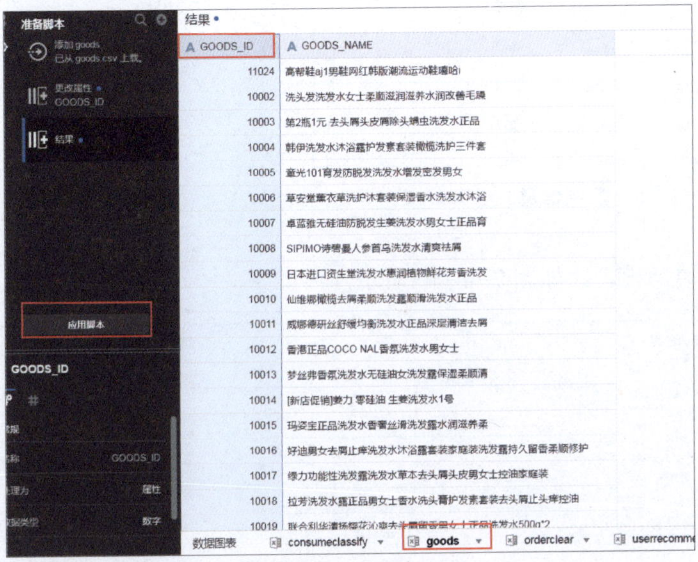

图 7-4-36　转换属性③

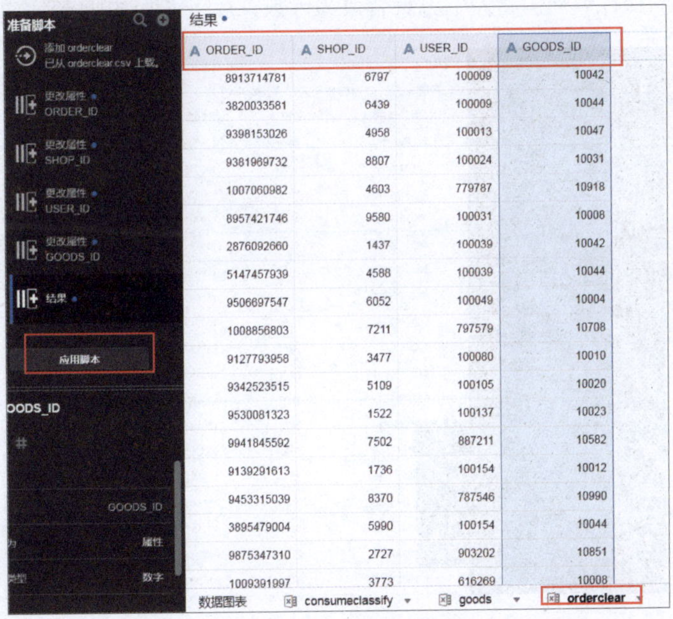

图 7-4-37　转换属性④

⑤ 复制 orderclear 表中的 USER_ID 列，如图 7-4-38 所示。

⑥ 将复制的 USER_ ID 列转换为度量，并重命名为 USER_ ID 计数，如图 7-4-39 所示。

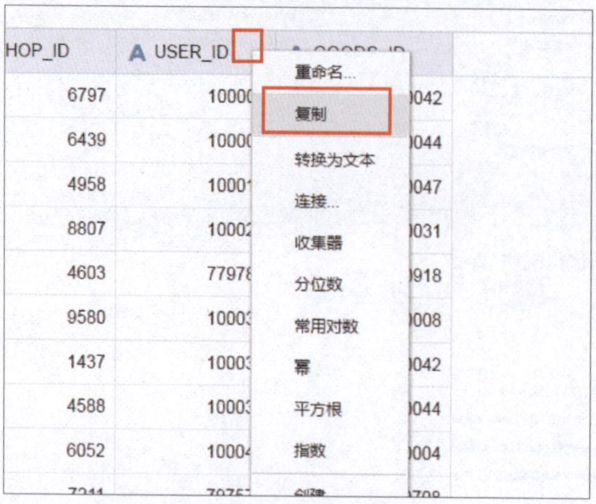

图 7-4-38　复制信息

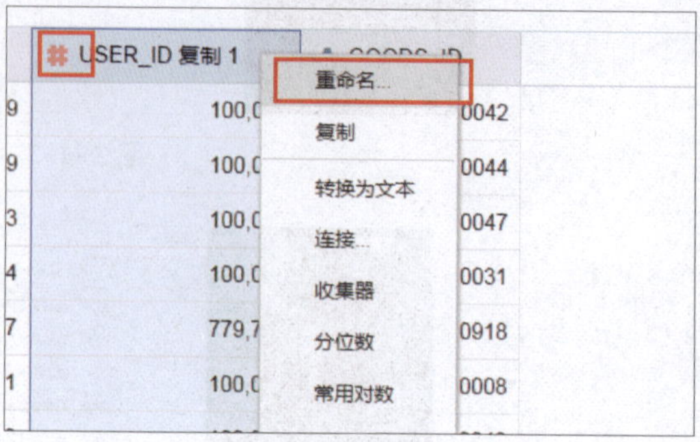

图 7-4-39　重命名

⑦ 点击"添加步骤"，如图 7-4-40 所示。

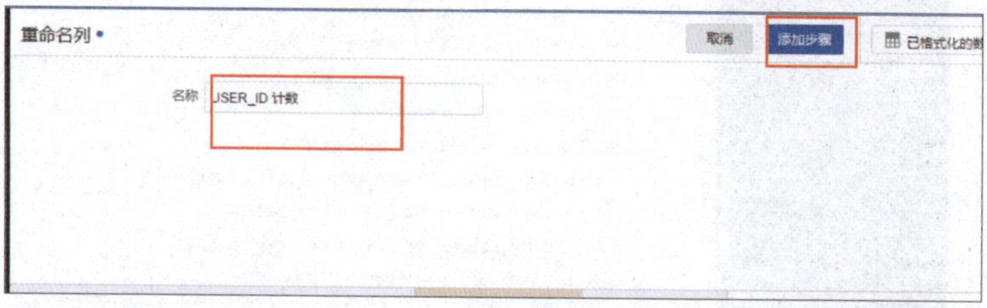

图 7-4-40　添加步骤

⑧ 选中 USER_ID 计数列，将左下方聚合改为计数，点击"应用脚本"，如图 7-4-41 所示。

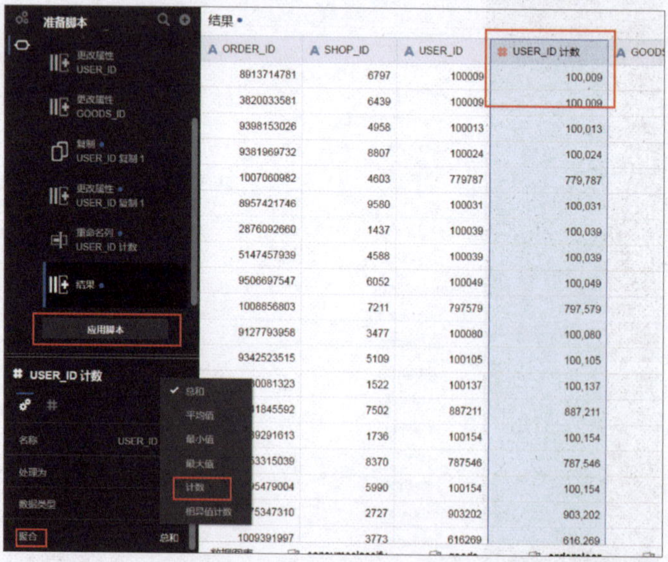

图 7-4-41　计数①

⑨ 对 orderclear 表中的 GOODS_ID 列进行同样操作，如图 7-4-42 所示。

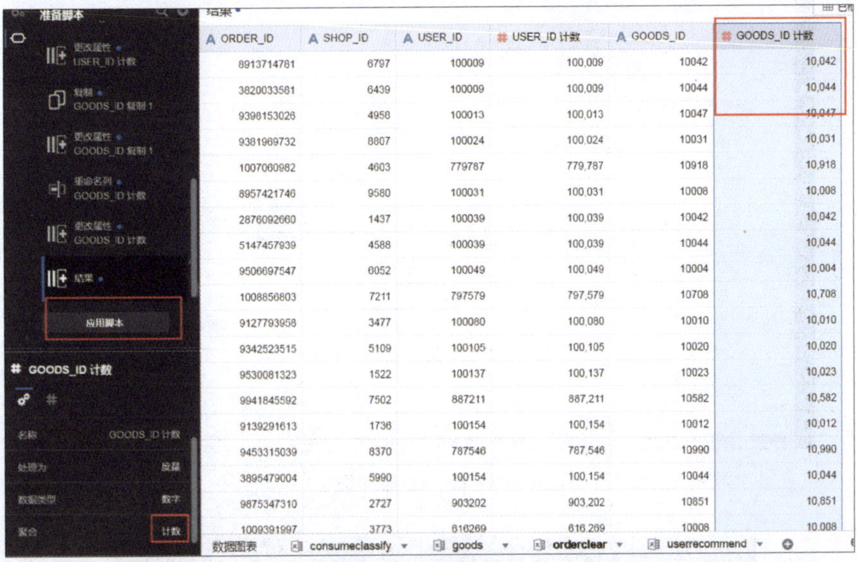

图 7-4-42　计数②

⑩ 选中 userrecommend，将除 PERCENT 之外的列转换为属性，点击“应用脚本”，如图 7-4-43所示。

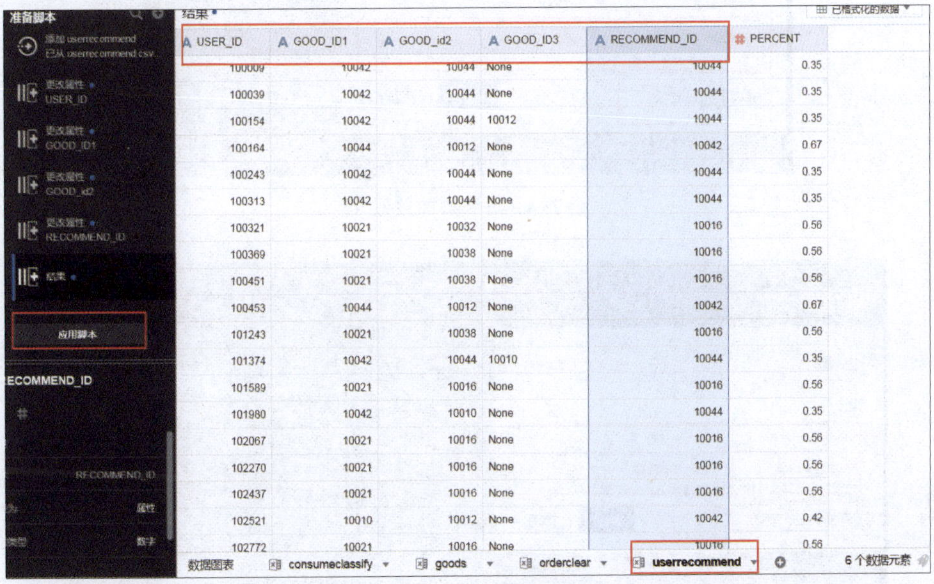

图 7-4-43　转换属性

（4）数据图表链接。

① 点击“准备”，点击“数据图表”，点击 goods 和 orderclear 中间的“0”，对表进行链接，如图 7-4-44 所示。

② 点击“添加其他匹配项”，选中 GOODS_ID 进行表关联，如图 7-4-45 所示。

③ 点击 userrecommend 和 orderclear 中的数字“0”，点击“添加其他匹配项”，用 RECOMMEND_ID 和 GOODS_ID 进行表关联，如图 7-4-46 所示。

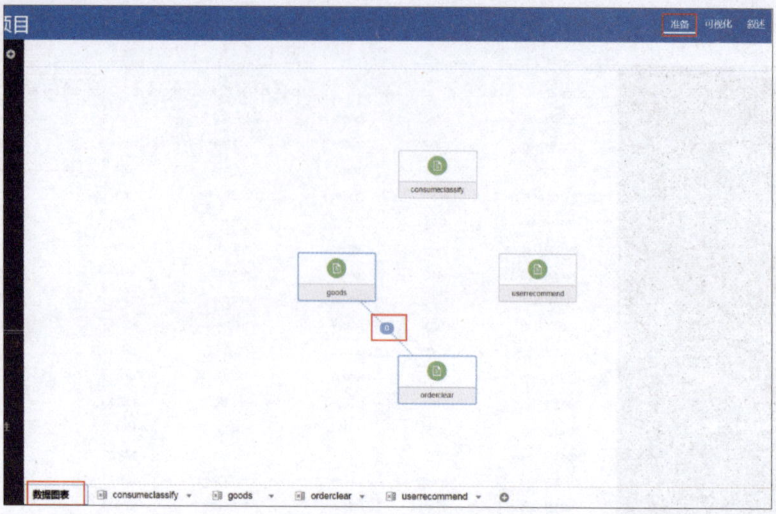

图 7-4-44　添加关联①

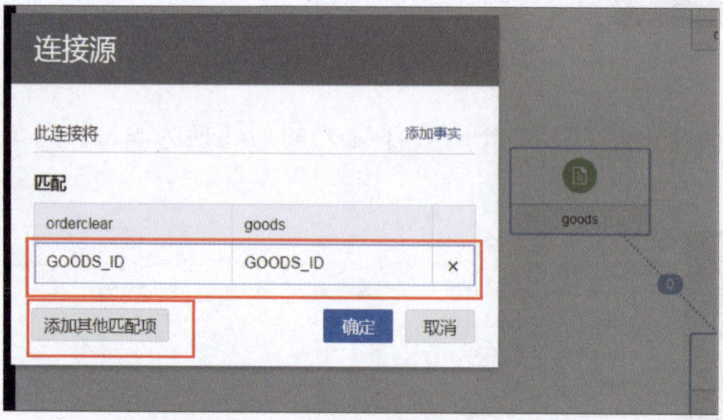

图 7-4-45　添加关联②

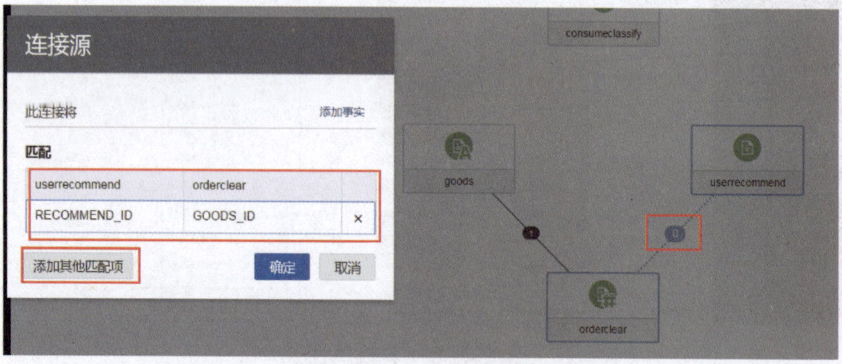

图 7-4-46　添加关联③

④ 数据图表链接完成，如图 7-4-47 所示。

（5）商品组合推荐。

① 点击上方“可视化”，将画布名称改为“商品组合推荐”，点击左侧“可视化”，双击弦图表，找到左下标题，点击“定制”，将标题改为“商品关联信息”，如图 7-4-48 所示。

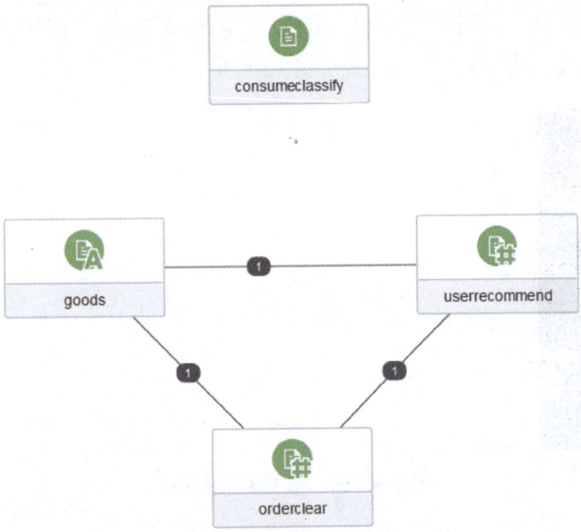

图 7-4-47 关联完成

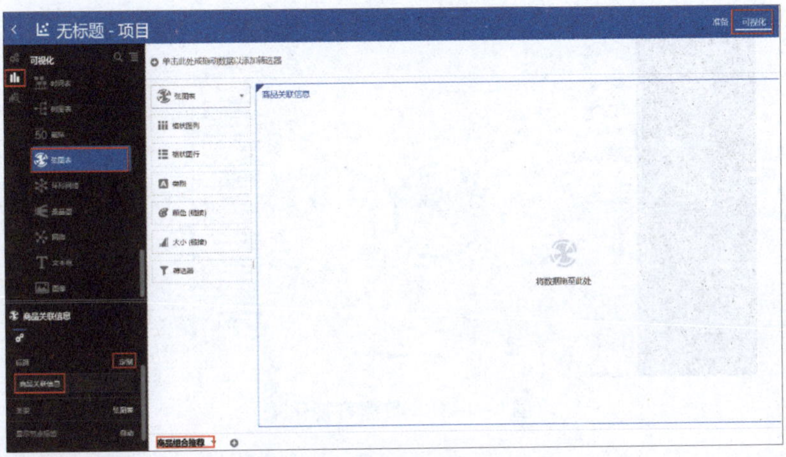

图 7-4-48 数据可视化①

② 点击左侧“数据元素”，将 consumeclassify 表中 GOODS_NAME1 和 GOODS_NAME2 拖拽至“类别”，将 RELATION_VALUE 拖拽至“大小”，如图 7-4-49 所示。

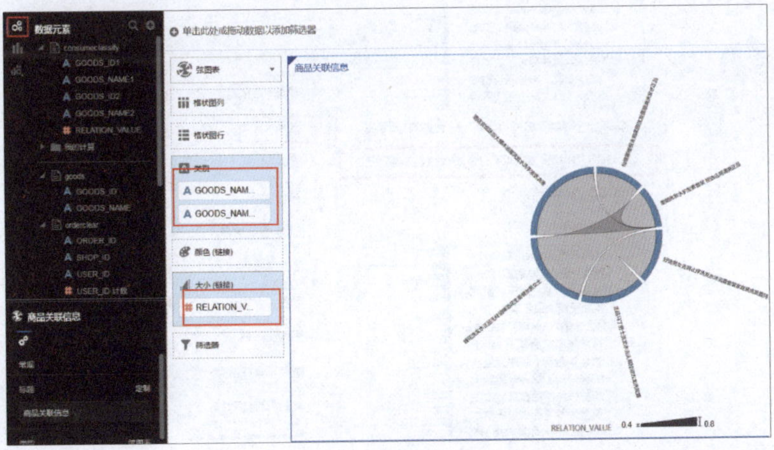

图 7-4-49 数据可视化②

③ 点击左侧“可视化”，将水平条形图拖拽至画布右侧，找到左下标题，点击“定制”，将标题改为“商品销量排行”，如图 7-4-50 所示。

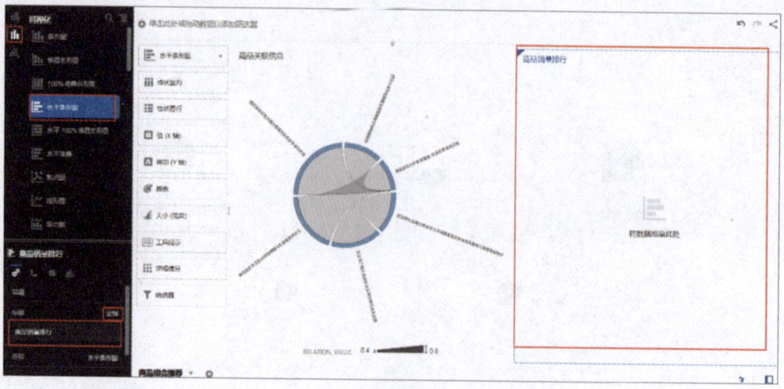

图 7-4-50　数据可视化③

④ 点击左侧“数据元素”，将 goods 表中 GOODS_NAME 拖拽至“类别”，将 orderclear 表中的 GOODS_ID 计数拖拽至“值”，如图 7-4-51 所示。

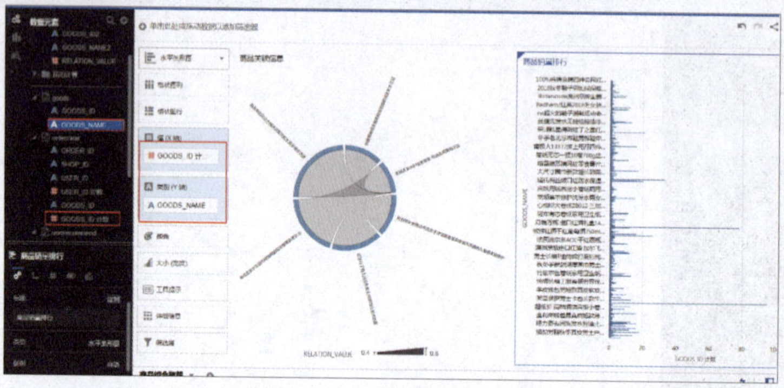

图 7-4-51　数据可视化④

⑤ 用右键点击“图形”，点击“排序”，从高到低排序，如图 7-4-52 所示。

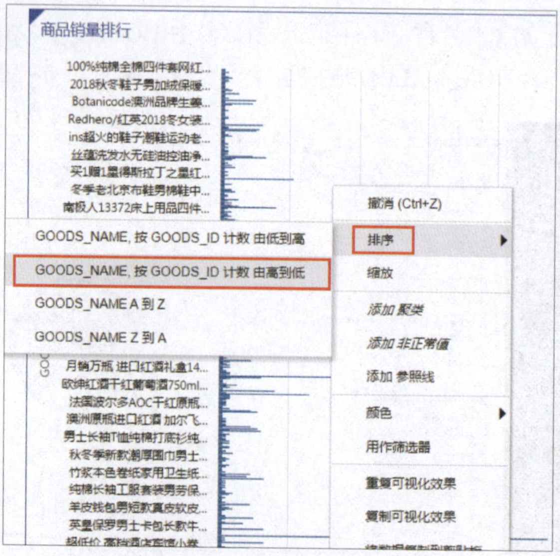

图 7-4-52　数据可视化⑤

⑥ 选中区域后点击“缩放”，可缩放图形，如图 7-4-53 所示。

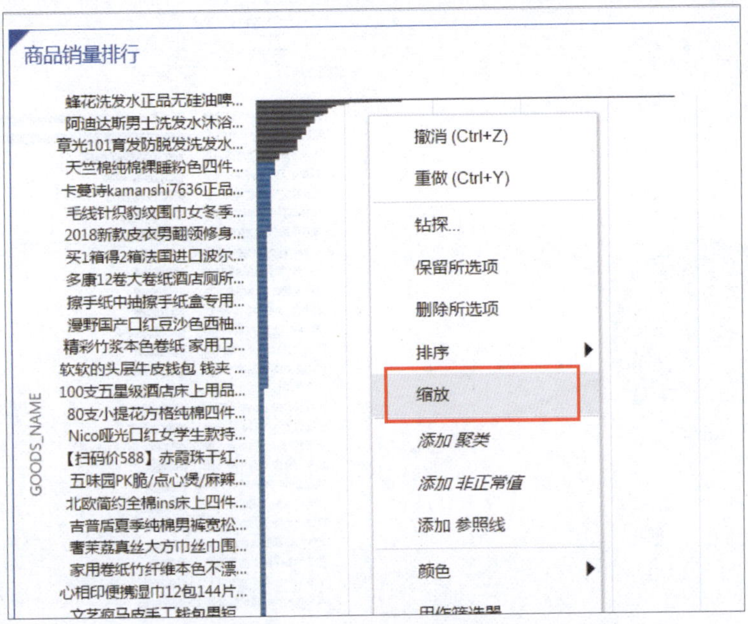

图 7-4-53　数据可视化⑥

⑦ 拖拽可改变缩放位置，鼠标滑轮可改变缩放大小，如图 7-4-54 所示。

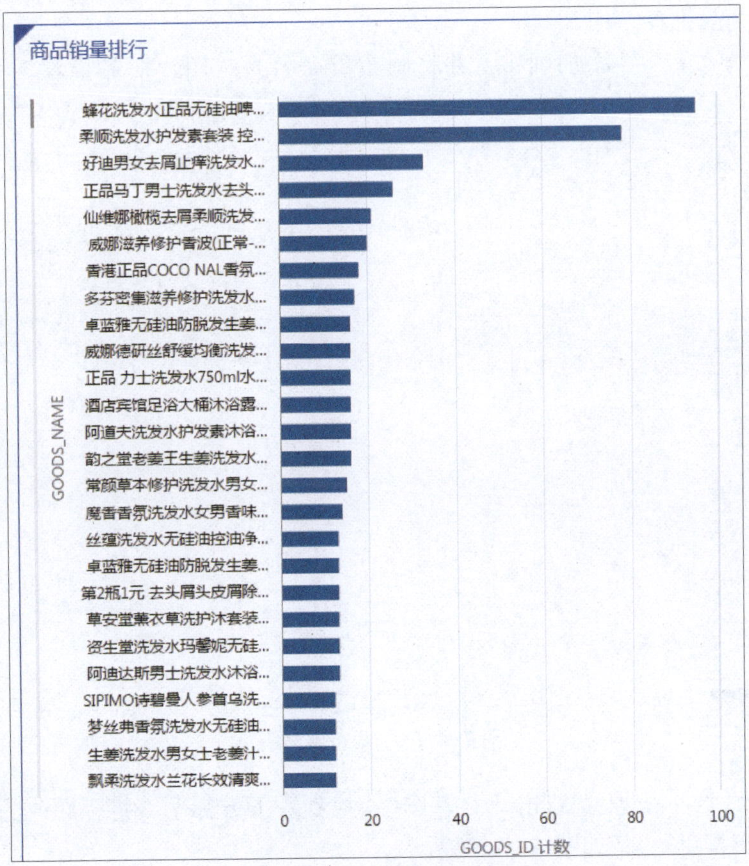

图 7-4-54　数据可视化⑦

⑧ 绘制完成如图 7-4-55 所示，此图形可展示商品关联度分析和商品销量排行信息。

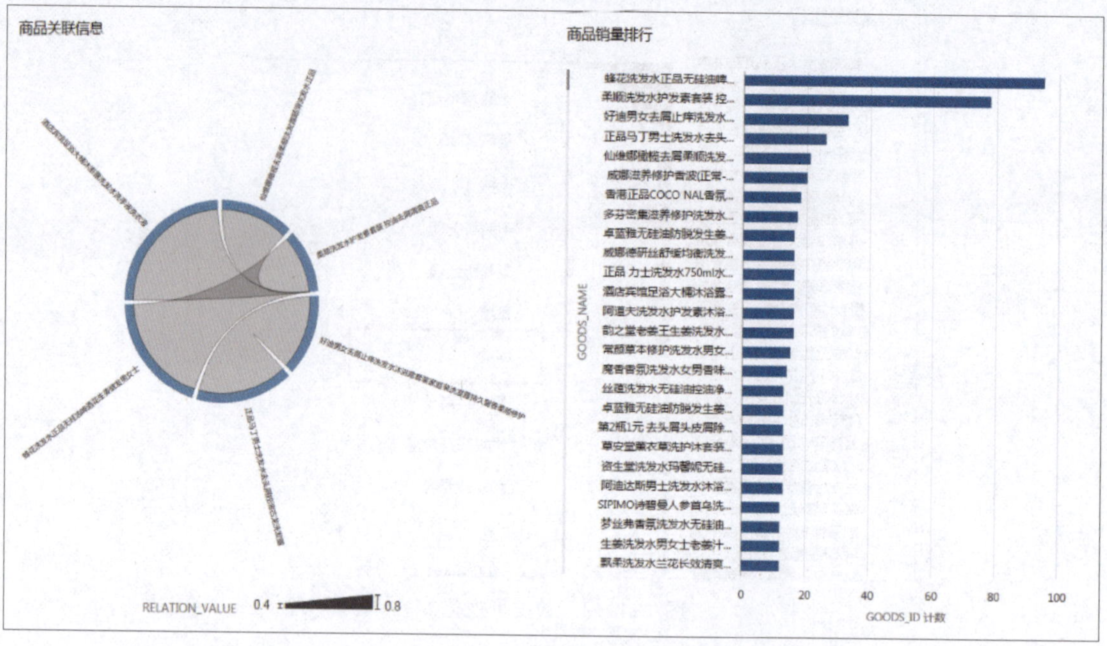

图 7-4-55　数据可视化⑧

（6）用户商品推荐。

① 点击下方“+”号添加画布，并将画布重命名为“用户商品推荐”，如图 7-4-56 所示。

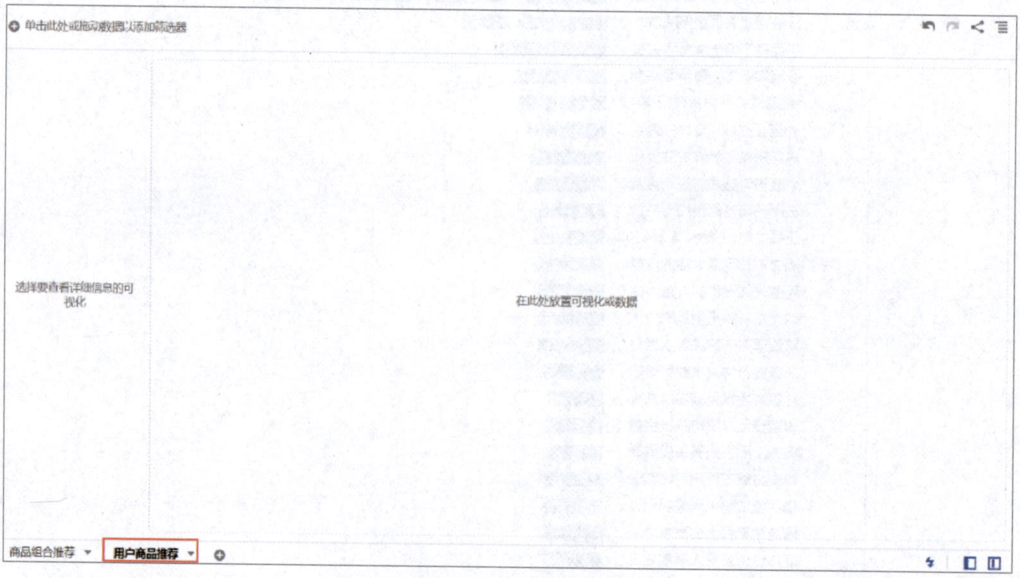

图 7-4-56　画布重命名

② 点击左侧“可视化”，双击“桑基图”，找到左下方标题，将标题改为“定制”，名称改为“用户推荐商品”，如图 7-4-57 所示。

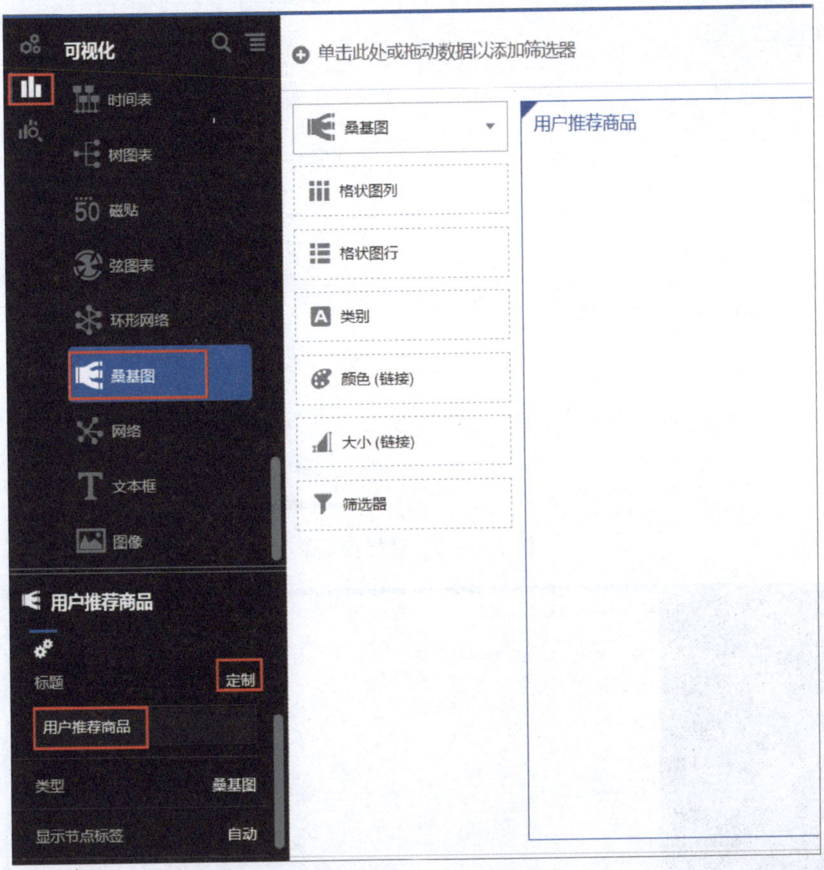

图 7-4-57 选择图形

③ 将 userrecommend 中的数据依次拖拽至“值”和“类别”，将 PERCENT 拖拽至“大小”，如图 7-4-58 和图 7-4-59 所示。

④ 点击左侧“可视化”，将雷达条形图拖拽至画布右侧，找到左下标题，改为“定制”，标题名称改为“用户购买力信息”，如图 7-4-60 所示。

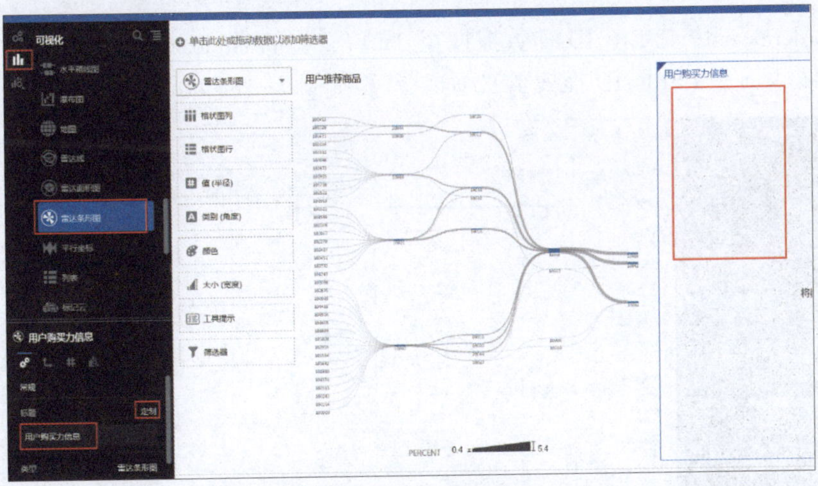

图 7-4-58 选择变量①

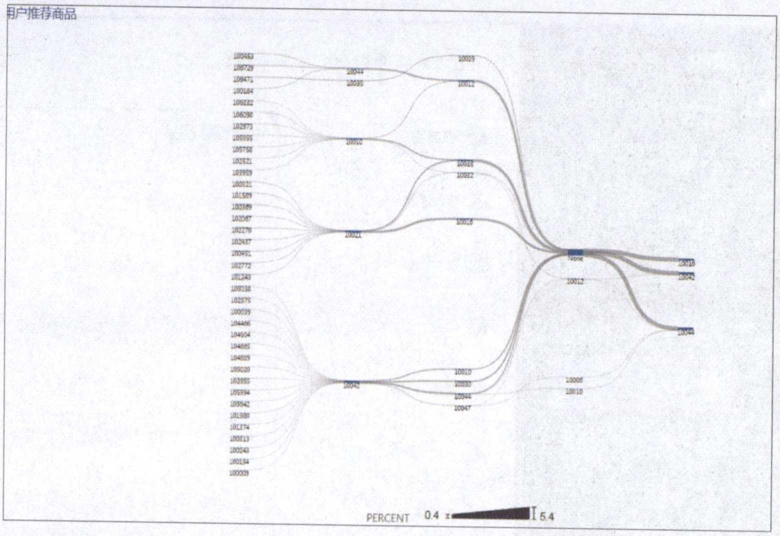

图 7-4-59　选择变量②

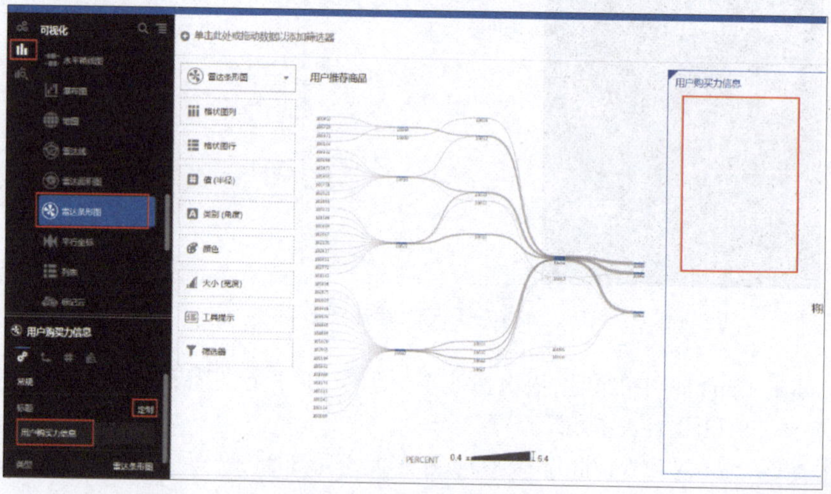

图 7-4-60　数据可视化

⑤ 将 orderclear 中 USER_ID 计数拖拽至“值”，将 orderclear 中 USER_ID 拖拽至“类别”，将 orderclear 中 USER_ID 拖拽至“筛选器”，如图 7-4-61 所示。

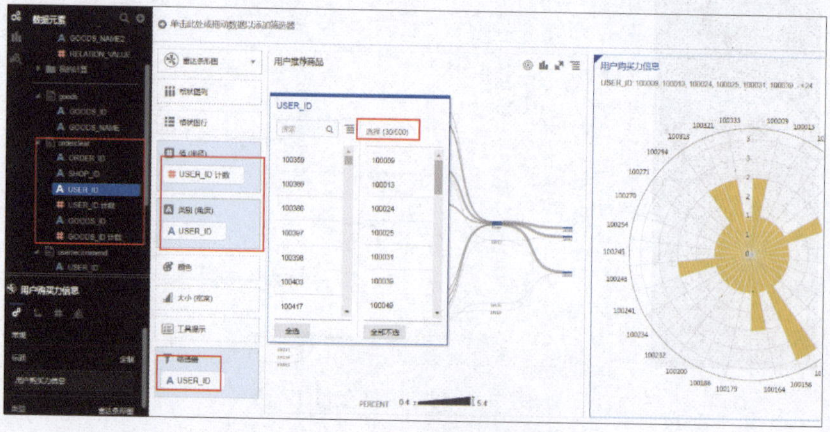

图 7-4-61　拖拽变量

⑥ 绘制完成如图 7-4-62 所示，此图形可展示用户购买商品信息、用户推荐商品信息和用户购买力信息。

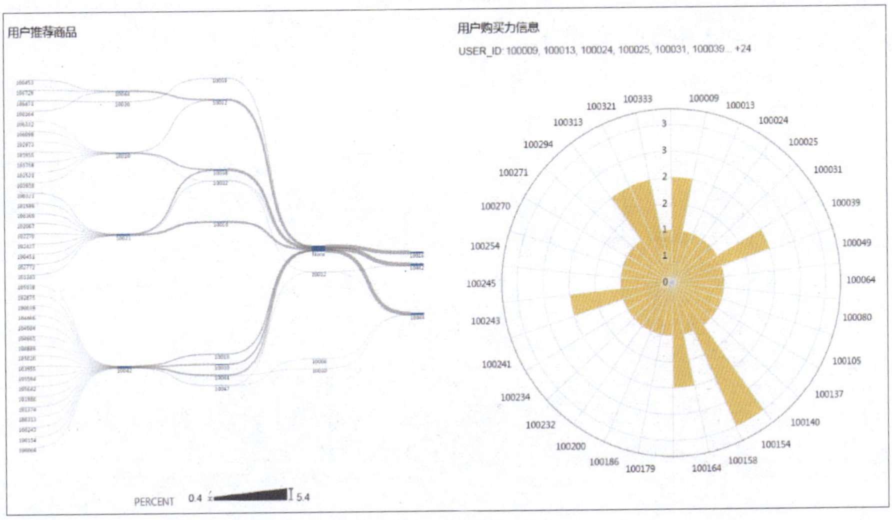

图 7-4-62　数据可视化

（四）总结

本实训项目通过系统的理论学习与实践操作，帮助学生掌握从数据收集、处理、分析到结果展示的全流程技能。通过使用网络爬虫技术获取真实的消费订单数据，学生深入了解电子商务平台上的消费者行为模式，并通过传统统计分析方法对数据进行深入挖掘，揭示影响消费者决策的关键因素。

【知识链接】

在电子商务行业中，消费行为分析是理解消费者购买行为、优化营销策略和提升销售额的关键工具。通过对消费者购物习惯和偏好的深入分析，商家能够制定更为精准的市场策略，从而提高市场竞争力。精准营销基于对消费者行为和需求的深入研究，能够进行有针对性的推广活动。通过分析消费者的购买历史、浏览记录和搜索关键词，商家可以为不同群体制定个性化的营销方案。例如，当消费者在购物车中添加特定商品时，系统可以自动推荐相关商品的促销信息，从而提高购买意愿和客单价。关联分析是一种数据挖掘技术，用于发现消费者在购买某些商品时，通常还会购买哪些其他商品。通过这种分析，商家可以制定商品组合销售策略，从而提高整体销售额。例如，分析发现购买面包的消费者通常也会购买黄油，那么在销售面包时，商家可以搭配推荐黄油，进一步增加销量。

动态定价是电子商务平台常用的一种策略，它根据市场需求、库存水平和竞争对手的定价策略，实时调整商品价格。通过动态定价，商家可以在需求高峰期提高价格，在需求低谷期通过降价吸引更多消费者，从而最大化收益。例如，在促销活动期间，商家可以根据消费者的实时反应调整折扣力度，以优化销售效果。用户细分则是将消费者按照购买行为、消费能力和偏好等因素分为不同群体，并针对各个群体制定差异化的营销策略。通过用户细分，商家可以更精准地满足不同消费者的需求。例如，高价值客户可以享受VIP专属折扣和优质服务，而价格敏感型客户则可以通过低价促销吸引。促销活动是吸引消费者、增加销售的重要手段，商家可以定期或不定期推出各种促销活动，如限时折扣、满减活动和积分换购等，刺激消费者的购买欲望。在重大节假日期间推出全场五折活动，可以吸引大量消费者购买，从而提升销量。

数据可视化是将复杂的数据分析结果直观展示出来的重要工具。通过图表和图形，商家可以更好地理解消费行为和市场趋势。例如，销售数据的时间序列图可以清晰展示不同时间段的销售变化趋势，帮助商家制定更有效的市场策略。通过数据可视化，商家能够迅速发现市场中的热点和问题，从而及时调整营销策略，优化资源配置。此外，数据可视化还可以提升团队协作效率，帮助不同部门之间共享信息，统一步调。通过理解和应用这些消费行为分析策略，商家可以更全面地掌握消费者的购买行为，提高营销决策的准确性，从而提升市场竞争力和销售额。这些分析方法不仅帮助商家在竞争激烈的市场中脱颖而出，而且为消费者提供了更好的购物体验。

五、实训项目拓展创新

（一）任务描述

在当今电商行业中，理解消费者行为是制定成功营销策略的关键。为了帮助学生掌握这一重要技能，本实训项目基于数据科学社区（Kaggle）上的在线零售数据集（Online Retail Dataset）进行消费行为分析。该数据集包含了某零售商在2022年12月至2023年12月期间的交易记录，涵盖了产品购买信息、客户细节、交易时间等，提供了丰富的数据源供学生探索。通过数据清洗、分析和可视化，学生将学习如何识别消费者的购买模式、分类高价值客户，并为制定营销策略提供数据支持，通过深入分析这些交易数据，揭示影响消费者购买行为的关键因素，并为不同消费者群体提出个性化的营销建议。

本实训项目拓展将主要解决以下问题

（1）哪些因素驱动了消费者的购买决策？

（2）如何通过商业数据分析准确地定位高价值客户？

（二）分析讨论

（1）通过对数据的清洗和描述性分析，发现产品受欢迎程度、购物高峰时段等重要信息，这些结果为企业优化营销策略提供基础。

（2）通过聚类分析和关联规则挖掘，进一步识别不同类型的消费群体和常见的购买组合，为制定个性化营销策略提供依据。

（3）需要注意数据分析的局限性。例如，数据集中缺少部分客户信息，可能会影响分析结果的准确性。

参考文献

[1] 羊依军. Excel 数据分析方法、技术与案例 [M]. 北京：人民邮电出版社，2022.

[2] 吴常玉. 数据分析：统计、描述、预测与应用 [M]. 北京：清华大学出版社，2021.

[3] [美] 道格拉斯·哈伯德. 数据化决策：第 3 版 [M]. 邓洪涛，王正林，译. 北京：中国科学技术出版社，2022.

[4] 胡华江，杨甜甜. 商务数据分析与应用 [M]. 北京：电子工业出版社，2018.

[5] 朱晓峰，程琳，王一民. 商务数据分析导论 [M]. 北京：机械工业出版社，2021.

[6] 刘征驰. 机器学习与经济大数据分析 [M]. 北京：北京大学出版社，2024.

[7] 赵德昊. 数据挖掘与预测分析：第 2 版 [M]. 北京：清华大学出版社，2020.

[8] [美] 彼得·艾肯. 数据素养 [M]. 上海静安区国际数据管理协会，译. 北京：人民邮电出版社，2023.

[9] 零一. Python 商业数据分析：零售和电子商务案例详解 [M]. 北京：电子工业出版社，2021.

[10] 刘宝强. 商务数据采集与处理：微课版 [M]. 北京：人民邮电出版社，2019.

[11] 陈建新，凌洁，倪莉莉，等. 商务数据采集与处理 [M]. 北京：人民邮电出版社，2022.

[12] 米洪，张鸰. 数据采集与预处理 [M]. 北京：人民邮电出版社，2021.

[13] 王鑫. 商业智能数据化运营实战 [M]. 北京：电子工业出版社，2021.

[14] 蒋盛益. 商务数据挖掘 [M]. 北京：电子工业出版社，2020.

[15] [美] Galit Shmueli，Peter C. Bruce，Peter Gedeck，等. Python 商业数据挖掘：第 6 版 [M]. 吴文国，金柏琪，译. 北京：清华大学出版社，2023.

[16] [美] 杰弗里·坎姆，詹姆斯·科克伦，迈克尔·弗里，等. 商业数据分析：第 3 版 [M]. 耿修林，译. 北京：机械工业出版社，2023.

[17] [美] 杰弗里·坎姆. 商业数据分析 [M]. 耿修林，宋哲，译. 北京：机械工业出版社，2017.

[18] 王目文，彭玉珊，曹丽，等. 商业数据分析 [M]. 北京：清华大学出版社，2024.

[19] [印] 罗伊·贾法里. Python 数据预处理 [M]. 北京：清华大学出版社，2023.

[20] 任韬，刘帅. 大数据预处理：基于 Python 的应用 [M]. 北京：首都经济贸易大学出版社，2022.

[21] 卢山红，莫梦笔. 商务大数据分析项目化教程 [M]. 北京：中国铁道出版社有限责任公司，2022.

[22] 陈晴光，龚秀芳，文燕平. 电子商务数据分析理论、方法、案例：微课版 [M]. 人民邮电出版社，2020.

[23] 陈垣作. 基于财务视角下五粮液集团的战略分析 [J]. 经营与管理，2021（7）：26-31.

[24] 杨超，付琳. 基于 SWOT 模型分析汽车逆向物流发展战略研究 [J]. 物流工程与管理，

2021，43（11）：19-21.
[25] 史贤龙. 经销商运用5W2H决策模型选牌［J］. 现代家电，2005（4）：18-19.
[26] 张兰，王睿. 从波特“五力”模型看B站“破圈”［J］. 中国报业，2021（04）：20-21.
[27] 李鸿，许菱，王锐. 基于AARRR模型的IT技术类微信公众号运营优化［J］. 电子商务，2020（03）：73-75，84.
[28] 王明艳. 基于Power BI的RFM客户价值分类模型［J］. 科技创新与生产力，2021（09）：30-33.
[29] 安一宁. 基于SCP分析模型的H公司竞争力评价与提升路径研究［D］. 河北：河北工程大学，2020.
[30] 蒋涛. AISAS模型下淘宝网服装品牌推广研究［D］. 湖南：湖南师范大学，2015.
[31] 夏江，蒋春英. 分组分析法及其应用［J］. 中国卫生统计，2002，19（04）：227.
[32] 林伯阳，周竞赛. 全国学会会员管理服务状况调查研究：会员服务满意度状况分析［J］. 学会，2019（04）：29-35.
[33] 潘瑞晓，徐天祥. 波士顿矩阵分析法在济南市城市竞争力研究中的应用：基于15个副省级城市的对比［J］. 住宅与房地产，2020（06）：245-246.
[34] 周贺敏. ABC分析法在企业库存管理中的应用［J］. 内燃机与配件，2020（02）：177-178.
[35] 邱实，韩用明，王文灿. 数据趋势分析法的审计运用［J］. 财会月刊，2014（24）：86-88.
[36] 喜乐君. 数据可视化分析：第2版［M］. 北京：电子工业出版社，2023.
[37] 吴星辰. 写给UI设计师看的数据可视化设计［M］. 北京：电子工业出版社，2021.
[38] 李锐. 跟李锐学Excel数据分析［M］. 北京：人民邮电出版社，2021.
[39] 韩小良. Excel函数和动态图表［M］. 北京：水利水电出版社，2019.
[40] 刘大成. Python数据可视化之Matplotlib精进［M］. 北京：电子工业出版社，2019.
[41] 董付国. Python数据分析、挖掘与可视化（慕课版）：第2版［M］. 北京：人民邮电出版社，2024.
[42] 魏伟一，李晓红，高志玲. Python数据分析与可视化［M］. 北京：清华大学出版社，2021.
[43] 王琳. 基于消费者行为的航空机票动态定价研究［D］. 南京：东南大学，2021.
[44] 施飞，陈森发. 随时间变化的机票折扣定价研究［J］. 交通运输系统工程与信息，2010，10（1）：112-116.
[45] ［日］大岛祥誉. 麦肯锡思考工具［M］. 朱悦玮，译. 北京：北京时代文华书局出版社，2023.
[46] ［美］查克·希曼. 数字营销分析［M］. 海侠，译. 北京：机械工业出版社. 2024.